人民交通出版社股份有限公司
"十三五"重点图书出版规划项目

城市轨道交通
企业信息系统的建设与应用

何霖 主编

DEVELOPMENT AND APPLICATION OF ENTERPRISE INFORMATION SYSTEM IN URBAN RAIL TRANSPORTATION

人民交通出版社股份有限公司
China Communications Press Co.,Ltd.

内 容 提 要

本书汇聚了广州地铁集团有限公司十多年的信息化实践经验，同时借鉴了较为完善的信息化管理理念、管理体系、管理方法和最佳实践。

全书共分九章，前四章描述了城市轨道交通企业信息化概述、信息化项目从规划到建设的管理体系，第五至八章介绍了城市轨道交通企业主要信息系统、资产一体化管理信息化实践、信息系统运维服务管理、信息安全管理，最后一章对城市轨道交通企业信息化进行了总结和展望。

本书主要面向城市轨道交通企业管理人员、信息化工作者和参与信息化建设的业务人员。

图书在版编目(CIP)数据

城市轨道交通企业信息系统的建设与应用 / 何霖主编. — 北京 : 人民交通出版社股份有限公司，2015.12

ISBN 978-7-114-12628-4

Ⅰ. ①城… Ⅱ. ①何… Ⅲ. ①城市铁路—交通运输企业—管理信息系统 Ⅳ. ①F570.73

中国版本图书馆 CIP 数据核字(2015)第 274667 号

书　　名：城市轨道交通企业信息系统的建设与应用
著 作 者：何　霖
责任编辑：吴燕伶
出版发行：人民交通出版社股份有限公司
地　　址：(100011)北京市朝阳区安定门外外馆斜街 3 号
网　　址：http://www.ccpress.com.cn
销售电话：(010)59757973
总 经 销：人民交通出版社股份有限公司发行部
经　　销：各地新华书店
印　　刷：北京鑫正大印刷有限公司
开　　本：787 × 1092　1/16
印　　张：17.5
字　　数：400 千
版　　次：2015 年 12 月　第 1 版
印　　次：2015 年 12 月　第 1 次印刷
书　　号：ISBN 978-7-114-12628-4
定　　价：55.00 元

《城市轨道交通企业信息系统的建设与应用》
编写人员

主　编:何　霖

副主编:姚世峰　胡晓萱

编　者:何　霖　姚世峰　韩松龄　李　杨(第一章)

姚世峰　冯亚琳　胡晓萱　张　芃　林　真　李　杨(第二章)

姚世峰　李　杨　张　芃　胡晓萱　林德辉　何佳嘉　罗伟庭　梁　宇　何朝阳　刘　纯(第三章)

林德辉　程　涛　曹　佳(第四章)

姚世峰　林德辉　冯亚琳　胡晓萱　曹　佳　卢国云　程　涛　艾凌博　饶憬韡　何佳嘉　罗伟庭　曾剑云　陈建忠　陈秀丰　廖贤聪　罗慧华　钟　鸣　刘靖昌　李　罗　梁　宇　张日见(第五章)

姚世峰　何佳嘉(第六章)

李　红　吕利民　胡晓萱　徐国飞　廖　清　张　涛(第七章)

林德辉　程　涛　罗伟庭　江南翔(第八章)

姚世峰　刘　辉　李　杨　胡晓萱(第九章)

前言 Introduction

近年来，我国城市轨道交通行业进入了高速发展期。截至2014年年底，中国内地已有22个城市拥有了94条建成并正式运营的城市轨道交通线路，运营总里程达3173km。就像路基托起了钢轨，大规模的城市轨道交通建设和运营需要信息化手段来支撑，企业信息化在城市轨道交通企业经营管理中的作用也越来越重要。城市轨道交通企业信息化不仅具有一般企业信息化的特点，还具有行业信息化的特点——专业众多、资产密集、面向公众、建设规模大、运营线网复杂、附属资源种类繁多等。城市轨道交通企业应当根据所属行业特点和结合企业实际情况，选择合适的企业信息化发展道路、信息化管理体系和信息系统建设方法，秉承以人为本的服务理念打造"想用、实用、好用"的信息系统，让信息化融入企业业务，从而促进企业的持续发展。

广州地铁集团有限公司企业信息化起步较早。1997年广州地铁就成立了总公司信息中心，开始了信息化基础设施建设和部门级信息系统的开发。1999年6月28日，随着广州地铁第一条地铁线路全面开通运营，企业业务从以建设为重点，逐步转入建设、运营和资源开发并行的快速发展阶段。同年，广州地铁开始了一系列向现代化企业转型的改革，编制了第一个企业五年发展战略。2000年，为了配合企业改革的深化和落实改革成果，在企业发展战略指导下，广州地铁开始进行企业级信息化建设，第一个企业信息化五年战略规划是一个突破口，同时也为后续发展奠定了基础。到目前为止，广州地铁企业信息化已走过第3个五年发展阶段，形成了较为完善的企业信息化管理体系和信息化人才队伍，建成和运维了40多个管理信息系统，建立和完善了信息化基础设施，有效推动了企业向规范化、标准化、精细化管理的方向健康快速发展。此外，广州地铁还提炼了一系列完整的企业信息化管理体系和方法论，其中包括企业信息化管控体系、信息化规划方法论、企业信息化项目管理体系、企业信息安全管理体系以及企业信息化运维服务体系等。

为了总结和共享广州地铁信息化建设过程中积累的宝贵经验，广州地铁集团有限公司联合广州城市轨道交通培训学院特别组织编写了这本理论与实践相结合的企业信息化读本，取名为《城市轨道交通企业信息系统建设与应用》。本书是一本面向城市轨道交通企业管理人员和从事信息化建设人员的管理读本。全书共分为九章。第一～四章主要描述了城市轨道交通企业信息化概况，以及信息化项目从规划到建设的管理体系；第五章是本书的核心内容，以广州地铁为例，结合国内其他城市轨道交通企业，按照统一展现层、决策支撑层、支撑管理层、核心业务层、公共基础层划分，对城市轨道交通企业主要信息系统的建设背景、系统方案和应用效益进行了详细介绍；第六章围绕城市轨道交通企业资产一体化理念详细介绍了实现资产一体化的信息化对策、方案要点和成效；第七章详细介绍了城市轨道交通企业信息系统运维服务体系框架、组织模式和主要流程管理要点，第八章介绍了城市轨道交通企业信息安全管理体系框架和建设要点；第九章总结了城市轨道交通信息化的关键成功要素和主要成效，同时对云计算、物联网、大数据等现代信息技术在城市轨道交通企业信息化的应用进行了展望。

总之，本书内容将理论与实践相结合，是广州地铁多年信息化经验的沉淀，也是广州地铁企业信息化与其他兄弟企业交流的一种方式，希望能有更多的城市轨道交通企业关注、思考和分享信息化的成果，共同促进轨道交通企业信息化的全面发展。

最后谨向为广州地铁信息化工作付出努力的各位领导、同事以及合作伙伴们表示深深的敬意和衷心的感谢，向在本书编写过程中给予鼓励、支持和帮助的所有人员表示衷心的感谢！特别要感谢广州地铁培训学院韩松龄、张春海对本书编写和出版的支持，黄慧瑾的全程参与和协调；感谢张晓波、谢晓虹、彭伟泽参与了本书的校对与插图绘制等工作。

由于编者技术水平及实践经验的局限性，书中难免有描述不当之处，敬请读者批评指正，对此，我们将十分感激。

作　者

2015 年 11 月

目录 Contents

第一章 城市轨道交通企业信息化概述

第一节 城市轨道交通企业信息化发展状况

一、城市轨道交通行业概况

按照《城市轨道交通技术规范》(GB 50490—2009)规定,城市轨道交通包括地铁、轻轨、单轨、现代有轨电车、磁浮交通、市域轻轨等类型。相比之下,地铁的发展历史较为悠久。自1863年世界第一条地铁在英国伦敦建成通车后,城市轨道交通行业已经历经了150多年的发展。据统计,目前全球共有40多个国家和地区的120多座城市修建了地铁。

我国第一条地铁线路于1969年10月在北京建成通车,历经40余年的发展,截至2014年年底,中国内地已有22个城市拥有了94条建成并正式运营的城市轨道交通线路,运营总里程达3173km。2014年城市轨道交通在建城市40个,在建里程达4073km[1]。预计至2020年,我国城市轨道交通建设将扩展到79个城市,规划总里程1.4万km,远景设想总规模3万km左右。我国城市轨道交通呈现出规模化快速扩张、多制式结构协调发展、网络化统筹运作、集约化资源共享的发展趋势。

二、城市轨道交通企业信息化概况

(一)城市轨道交通企业发展面临的挑战

随着国内城市轨道交通的快速发展,城市轨道交通企业的发展也遇到了问题和挑战,如何充分利用信息化手段为城市轨道交通的发展业务提供支持,是各企业需要重点考虑的问题。

1. 如何在大规模建设的形势下确保工程安全和质量

随着国家新一轮对各地城市轨道交通线网规划的批复,国内越来越多城市开始兴建城市轨道交通,有的城市则进入大规模、高强度的建设。城市轨道交通工程是一项复杂的系统工

[1] 数据来源于中国城市轨道交通协会编制的《城市轨道交通2014年度统计分析报告》。

程，是岩土、建筑、结构、机电设备、通信、信号、车辆、轨道、自动控制等各专业的高度集成，需要规划、勘测、设计、施工、监理、供货等众多管理人员和技术人员的紧密配合，需要自始至终高效细致的管理。建设管理过程中的任何纰漏都有可能导致严重的后果，甚至是无法估量的灾难。因管理失误以及管理不到位导致工程事故、工期延误、投资增加等事例在城市轨道交通建设中屡见不鲜。如何通过信息化手段加强工程风险的管控，现场施工和监理人员的到位，以及关键工序的控制等，是各城市轨道交通企业需要去重点考量的问题。

2. 如何在客流量快速增长的情况下保证服务质量

城市轨道交通由于其安全、准点、快捷等特点，已成为居民城市交通出行的主要选择。截至 2014 年年底，国内城市轨道交通日均客运量超过 500 万人次的城市已有 3 个（北京 953 万人次/日、上海 784 万人次/日、广州 610 万人次/日）。同时，每开通一条新线都会带来既有核心线路客流的大幅增加，给运营服务能力带来巨大挑战。依靠手工方式开展运输策划、设备保障和乘客服务的手段已力不从心，需要采用先进的工具和技术，利用计算机管理软件、物联网技术、移动互联等方式，在做好内部管理的同时，打造“智慧车站”和“智慧城轨”，为乘客提供更优质的出行服务。

3. 如何在巨量资产增长中做到有效管理

城市轨道交通企业属于资产密集型企业。城市轨道交通建造成本巨大，国内建设一条地铁线路的投资基本在 100 亿元以上，建设完成后将形成巨量的资产，如广州地铁在建成 236km 的线网后，公司资产已达到 1736 亿元[1]。而且城市轨道交通使用率非常高，进入运营期后，城市轨道交通基础设施会不断老化，车站、车辆和轨道需要整修，以确保设施处于良好状态来支撑运营的需要。为了保证企业资产的保值增值，需要通过信息化手段构建高效的资产管理体系，整合资产全生命周期管理过程中的流程、数据和系统，保证流程高效、数据一致、系统集成以及业务协同，最终缩短项目周期、降低项目成本，并提高资产的运转效率。

因此，对于城市轨道交通企业而言，信息化已经不是一个可选项，而是维系企业生产运营活动正常开展的必要生产工具和管理工具。

（二）城市轨道交通企业信息化发展状况

由于国内大部分城市地铁建设的起步时间都不相同，因此城市轨道交通企业业务发展水平和对应的信息化水平也相差较大，大致可分为三个发展阶段。

1. 起步期

正在投入建设或正准备建设城市轨道交通的企业。在此阶段中企业刚刚组建，公司架构、人员组成、业务组织还不稳定，此时公司的业务重心基本上都在城市轨道交通规划和筹备以及工程建设方面。

2. 发展期

企业已有部分线路投入运营，公司的内部管理不断完善，组织架构及人员组织相对健全，衍生资源经营也开始初见规模。此阶段的信息化主要是体现在企业内部管理和部分业务支撑

[1] 数据源于《广州地铁 2014 年度报告》。

管理系统的建设和应用方面，包括合同管理、档案管理、财务管理、人力资源管理、资产管理、车务管理和采购管理等方面，企业信息化已有一定的覆盖面，但在深度和广度上还需进一步扩展。

3. 成熟期

企业已经具备较大的线网运营规模，管理模式比较成熟，形成了较为完善的信息化组织与管理体系。企业信息化不仅实现了工程建设、运营和衍生资源开发等主要业务的支撑，同时还向资产管理等企业核心的业务延伸，信息化应用逐步深化，信息化价值不断得到体现。

第二节
城市轨道交通交通企业信息化主要构成与特点

一、城市轨道交通交通企业信息化主要构成

信息化经过多年的发展，一些城市轨道交通企业信息化水平已比较成熟，已形成了比较完善的信息化体系，并且逐渐为行业内其他企业所借鉴。以下以成熟的城市轨道交通企业信息化为例，分不同的角度介绍城市轨道交通企业信息化构成。为简化描述，本书中也用“IT”来表示“信息化”。

（一）信息化架构

从信息化架构角度划分，城市轨道交通企业信息化总体架构由业务架构和IT架构两部分组成，其中IT架构包括IT应用架构、IT数据架构和IT技术架构，其中业务架构为源头、IT应用架构为基础、IT数据架构为核心、IT技术架构为支撑。

（二）信息化工作

从信息化工作角度划分，城市轨道交通企业信息化管理职能包括IT规划管理、IT建设管理和IT运维管理。核心管理业务包括IT需求管理、IT应用管理、IT数据管理、IT技术管理、IT项目管理、IT运维服务、IT资产管理和信息安全管理等内容。

（三）信息化服务

根据信息化服务范围划分，城市轨道交通企业信息化构成包括企业级应用、部门级应用、子公司级应用。对于企业级应用，由企业统一建设；对于部门级应用及子公司级应用，可进行有效授权建设。

（四）信息系统类型

根据信息系统类型划分，城市轨道交通企业信息系统的类型可划分为统一展现层、决策支持层、支撑管理层、核心业务层以及公共基础层五种类型。统一展现层信息系统主要包括企业外部门户系统和企业内部门户系统。决策支持层系统包括企业数据平台和组织绩效管理系统

等。支撑管理层信息系统包括财务管理系统、协同办公管理系统、人力资源管理系统、合同管理系统、全面预算管理系统、内部控制管理系统、资金管理系统和费用控制系统等。核心业务层信息系统包括工程项目管理系统、设备维修管理系统、运营施工管理系统、物流管理系统、供应商门户系统、站务管理系统、票务管理系统、乘客服务管理系统、资源管理系统等。公共基础层信息系统包括企业服务总线系统、企业工作流系统和企业用户管理系统等。

二、城市轨道交通企业信息化特点

城市轨道交通企业信息化除了具备一般企业信息化的特点外,还具有以下行业特征。

(一)信息化涉及业务面广、专业众多

城市轨道交通企业的核心业务包括城市轨道交通的规划、设计、建设、运营以及衍生资源的开发经营。企业信息化除需要建立财务管理系统、人力资源管理系统、办公自动化系统等通用信息系统外,还需要实施具有城市轨道交通企业特点的工程项目管理系统、运营施工管理系统、物流管理系统、乘客服务管理系统、站务管理系统、票务管理系统、设备维修管理系统等专业系统,以支撑企业核心业务的发展。

(二)企业规模会随着线路的延伸而迅速增长

城市轨道交通企业在成立初期企业规模一般较小,主要业务集中在城市轨道交通的规划及首条(首期)线路的建设,人员规模一般为 200 ~ 300 人,一旦进入运营筹备期,或者是陆续开通后续线路时,企业人员规模往往迅速增长到 1000 ~ 2000 人,如深圳地铁在 2005 年年底,人员总数为 1495 人,但到 2013 年年末,开通里程为 179km,人员数已达到 10575 人[1]。因此城市轨道交通企业在进行 IT 规划时,应充分考虑和满足企业规模快速增长的需要。

(三)需整体考虑与生产设备信息系统的集成

城市轨道交通生产控制设备信息化程度已经相当高,如车辆、通信、信号、AFC(自动售检票系统)和主控系统等,均大量采用信息技术进行控制和管理,这些系统运行后将产生大量有价值的数据信息,企业信息化需考虑如何与生产系统进行数据共享、利用和分析,以支持和提高企业生产管理水平。

第三节 城市轨道交通企业信息化建设思路与成效

较早开通地铁线路的城市如香港、北京、上海和广州等,从它们的城市轨道交通企业发展路径中可以看出,企业信息化总是伴随着企业发展而逐步开展并得到不断地完善。随着运营

[1] 数据源于《深圳地铁集团公司 2014 年度报告》。

线路的不断延伸,特别是形成整个城市的轨道交通线网后,城市轨道交通企业人员不断增多,企业规模日益庞大,内部管理日益复杂,信息化投资也会越来越大。选择合适的企业信息化建设方针和方法是信息化顺利开展的前提。

一、城市轨道交通企业信息化建设指导方针

根据一些国内城市轨道交通企业的信息化建设经验总结,信息化建设应坚持总体规划、分步实施、需求驱动、务实高效、协同建设、统一管理、支持决策、促进发展的方针原则开展。

(一)总体规划、分步实施

"总体规划、分步实施"是企业信息化建设的总体原则。企业信息化需从企业整体利益出发,应坚持全集团信息化的总体规划,有效整合各类业务需求、全面支持公司决策;同时合理调配企业信息化资源,分批分期组织信息化项目的实施,充分保证实施的整体效果。

(二)需求驱动、务实高效

服务业务是企业信息化建设的出发点和信息化存在的根本。"需求驱动、务实高效"就是坚持以业务主导信息化发展、以需求驱动信息化建设、注重实际应用成效,追求应用对管理效率和效益的有效提升。此外,在具体的建设过程中,要做到"实用、好用、想用"。

(三)协同建设、统一管理

"协同建设、统一管理"是一体化业务战略对信息化建设的基本要求。是指在企业信息化总体规划原则下,根据业务特点,可选择不同的信息化项目建设方式,同时必须坚持企业信息化的统一管理,视业务管控要求,进行有序授权。

(四)支持决策、促进发展

"支持决策、促进发展"是企业信息化的最终目的。在信息化建设过程中,对公司各级决策的支持和对企业发展的促进将作为信息化建设的根本任务和IT部门绩效评估的关键指标。

二、城市轨道交通企业信息化建设策略

常用的信息化建设策略如下。

(一)继承已有成果,充分考虑信息化现状

在已有信息化成果的基础上,充分考虑现有项目的状况,根据当前的应用系统和项目进展状况,考虑相互间的依赖关系,制定信息化建设策略。

(二)以项目为承载,逐步完善信息化整体技术架构

企业技术架构的建设要结合企业应用系统和核心技术平台的建设需要,在适当的时候进行建设。核心技术平台的建设需要经过项目的检验,以确定平台是否达到预期目标,同步应开展规范的建设,促进项目不断完善。

(三)充分重视实施过程中的风险,先试点、后推广

企业信息化系统的建设不是一蹴而就的,需要经过一个较长的积累过程,在项目实施过程

中积累经验。在应用系统、技术架构以及基础设施和网络的建设过程中,要注重整体规划,并且以动态的观点来分析问题。项目实施分阶段推进,先基础再全面,先试点再推广,尽量降低项目建设风险。

三、城市轨道交通企业信息化成效

城市轨道交通企业信息系统的成效,主要体现在企业内部管理目标的达成。以广州地铁为例,信息化从 2001 年第一个五年信息化战略发展规划开始,经历了三个规划期,建成了 45 个核心应用系统,基本覆盖了整个集团 70% 以上的业务,对各项业务起到了重要的支撑作用,体现了良好的效益。

(一)管理效益

1. 促进资产保值增值

通过信息化手段打通资产管理关键业务环节,实现资产一体化管理,促进千亿资产的保值增值。

广州地铁 2009 年启动了“资产一体化项目(IAM)”,引入“资产全生命周期管理”理念,搭建了广州地铁涵盖投资计划、设计、建造采购安装、验收移交接管、运行、维护/维修、报废处置资产全生命周期七个阶段的资产管理体系,对财务核算、工程投资管理、合同管理、设备维修管理、采购物流管理等系统进行流程梳理,打通了包括采购—合同—财务—投资等关键业务环节,实现了资产从前端合同数据直接通过信息系统转为资产数据和设备维修数据,确保了数据的一致性,使广州地铁的资产信息从合同采购到建造和移交运营维护的全过程完整信息得到记录和可追溯。目前,在系统中已管理了 10 万余台资产,资产信息分别以价值信息、实物资产信息及设备信息存储在财务系统和设备管理信息系统,并实现了信息的联动,确保账实相符。

2. 实现精细化管理

通过信息化手段,实现企业工程建设、设备维修等核心业务的精细化管理。

①在工程建设领域建成了融入“规范化、标准化、精细化、信息化”思想的“一体化工程项目管理系统”。2011 年,广州地铁以土建项目为试点,将 8 类工法划分为 572 道标准工序,并将工序提交物作为控制点,推动现场施工单位和监理单位采用信息化手段加强施工过程关键点的监控,建成了一体化工程项目管理系统,从轨道交通九号线开始试点,通过采取强有力的推广手段,目前已实现“开工一个,上线一个”的目标,有效管理了 12 条新线所有新开工工点,系统中已管理了 65089 份工程文档、约 40 万份设计图纸、9000 余份设计变更。并扩展到所有专业,有效地固化了 8 类工程和专业,总共 2089 道工序。有效促进了新线建设过程管理规范化、专业管理标准化、施工管理精细化、责任管理信息化(图 1-1),使得现场可监控、过程可跟踪,提升了工程建设管理水平与监管效率。

②在运营管理领域建成了 LMIS(精细化维修信息系统)。对运营维修管理的 21 个专业的 1068 份作业工序标准进行了全面梳理,采用移动终端方式支撑现场完成每个单体设备的检修记录填报,并对关键工序要求强制性拍照互检,实现了设备维修管理从维修策略、计划统筹、作业执行监控、作业执行分析全过程的管理。使用系统后,可有效地规范维修人员到场的管理,加强了安全防护与管控。同时管理人员可从系统实时获取各项管理指标,并实时掌握检修作

业完成情况。截至2014年12月31日,系统中管理了近9万台套设备,对这些设备的测点值设置超过40万个;拥有超过3500份标准作业模板,对各类设备、各类规程作业工序予以标准化与规范化管理;根据维修规程固化了超过4万份预防性维护计划。每个月通过系统自动生成的预防性维修计划平均达28万份,极大地规范了维修作业。

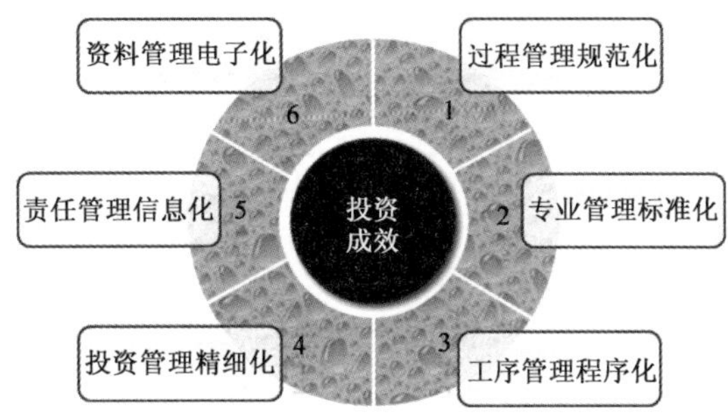

图1-1　提高工程建设管理水平

3.强化集团化管控

通过信息化手段,强化集团化财务、人力、合同以及投资等管控力度(图1-2)。

图1-2　强化集团化管控

①通过财务管理系统,统一了集团公司财务标准,全面实现集团内部多组织财务的合并和管理,已管理了集团所有的核算主体(含下属子公司,超过30个)的核算科目;实现公司多个业务前段数据接口,包括合同应付、资金应收应付、物资采购库存、资金及资产等管理系统间的衔接。

②通过人力资源管理系统,覆盖至下属业务单元和板块,使用统一标准的岗位体系和职务体系,管理了集团公司各事业总部、中心2万多名员工的基本信息,并逐步推广到全资子公司。

③通过合同管理系统,强化和完善城市轨道交通工程项目建设过程中的成本归集,让概算单元和开支类型从合同开项开始到竣工决算贯穿项目合同的整个生命周期,在概算执行过程中进行跟踪管理,从合同计划、议题申报、招投标以及合同审批、支付到结算实现全过程信息化管理,有效实现概算的日常回归和投资控制,系统中已管理了9000多份合同,完成了6000多

份合同变更和2万多份支付信息。

④通过预算管理系统,实现了预算管理的事前预算、事中控制、事后分析,强化了全面预算管理。对预算的编制、下达和执行实现了信息化的全控制,尤其是实现了与相关业务管理系统(合同管理系统、费用报销系统)的集成,对预算可用数进行事中校验,达到精确化预算控制的目的;通过与后端财务系统等实现集成,实现大部分预算数据的自动反馈,提高反馈数据质量,能及时准确地体现预算执行、实现预算不同维度的比较分析。

⑤通过项目投资管理系统,对全公司(含投资企业)6000多个各类投资项目(含投资类、科研类)的立项、调整审批,项目执行过程监控、评估等进行了全过程信息化管理。

4. 规范业务操作

通过信息化手段,规范业务流程与操作,减少企业各类管理风险(图1-3)。

图1-3 规范管理流程与业务操作

①广州地铁信息系统中管理了企业超过360多个关键业务流程。通过规范完整的审批流程信息、清晰的审批过程留痕以及规范透明的流程设计,对各类业务的管理全过程提供固化和留痕,提供了事后备查的监督工具。结合系统功能、业务分工进行严格的权限控制,通过预设的功能,规范了业务操作,让各类审批控制更加自动化,减少人为错误选择带来的流程节点错误,使企业各项审批业务得到有效监控。如在设备合同到货及支付环节中,系统要求必须实现合同清单信息与基建物流到货清单、发票信息的完整一致后,方可完成支付,杜绝了设备变更后与合同签订不一致的问题。在费用控制系统中对费用的申请、借款和报销事项进行了全过程信息化记录和自动关联,上一环节(如申请)未完成,下一环节(如报销)无法启动,并根据集团财务管理的权限,对各级审批的金额在系统中做了预设,超出金额必须到上一级审批,避免了超权限审批的问题,同时在系统中还引入了影像系统,对原始凭证(支付审批件)进行规范和统一的扫描录入,方便后续直接调阅原始材料,确保了资料的唯一性,并为总公司后续财务共享中心的成立奠定基础。

②通过内控内审系统和廉洁风险防控等系统,对合同计划、招标、变更、审批等流程设置了25类检测规则,自动产生预警信息,实现管理手段由"人脑"到"电脑"转变、管理方法由"粗放"到"精细"转变、风险防控由"事后算账"向"事前预警"转变,进而为工程管理建立"监测哨",为阻隔腐败建立"防火墙"(图1-4)。

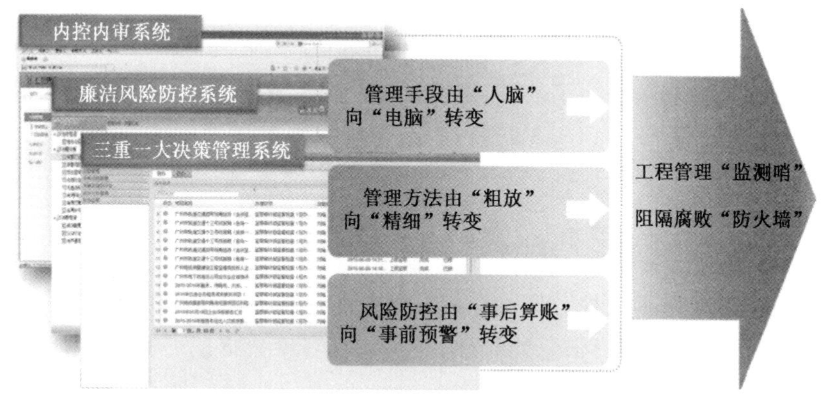

图 1-4　提高企业内审与风险防控能力

③通过供应商网上比价系统,防范廉政风险,确保了程序控制、权力制衡、过程监督,实现阳光采购;从系统上线至今,共进行网上比价 8000 次以上,共涉及合同金额 19.8 亿元以上,实现零差错、零投诉、零违纪违规。

④通过运营施工管理系统,实现调度命令零误听零误写,以及零年度严重错误发生率,保证了运营施工的安全。

5. 促进管理可视化

通过信息化手段,提高管理效率,促进管理可视化、简单化。

①综合利用内部门户、微信等多种沟通工具,提升了企业沟通与宣传管理水平。通过企业内部门户,实现企业内部信息发布与协同办公的一体化,集成和实现了企业所有信息系统的单点登录,支持基于部门级文件的权限控制和共享,体现了“一站式”的系统应用体验,提高了各级人员的协同办公效率和企业内部管理人员工作与信息交流。结合移动互联技术发展趋势,实现了企业内部通信 Glink、企业公众微信、维修精细化服务号、运营日报应用等移动互联应用。企业内部通信 Glink 实现了广州地铁内部沟通协作,同时实现了对工程建设、维修管理等相关外部单位的签到考勤管理,基于 Glink 开发了 EAP 阳光心语、维修精细化、运营日报、危机公关查询、地铁舆情资讯、廉洁地铁、深度交响等 17 个服务号,成为企业服务进行社交化的传播者。

②缩短行政审批时间,降低手工录入工作量。如通过人力资源管理系统集中管理组织主数据、员工主数据等人力资源数据信息,实现一次录入多次使用,通过系统计算薪资,输出统计报表,减轻人力资源管理手工操作,降低手工操作效率低或出错的概率。

③缩短企业运营过程的时间,提高业务的运作效率。

通过车务及线网管理系统,站务排班从一天缩短为两小时,乘务排班从两天缩短到半天,线网列车运行图编制从一天缩短到半小时。

通过施工管理系统,为运营施工计划、请销点、停送电、拆挂地线的审批和管理提供服务,目前日均创建施工计划 480 多份,日均请销点 480 多次作业,大幅缩短施工计划的审批时间、现场作业组织时间、调度命令发布时间,较未使用系统前效率提升了 1 倍以上。

6. 支持决策分析

搭建数据平台,支撑业务智能分析和支持(图1-5)。

广州地铁通过搭建涵盖全公司的统一数据管理平台,将企业的数据资产有效地整合与利用,通过对数据的统计分析,发现业务问题,进而为业务管理提供参考,同时提升数据质量,最终为决策分析提供支持。目前数据平台已为运输、采购物流、资源经营、人力、财务、合同等8个业务领域提供数据分析,管理了254张统计报表,88个台账,1315个指标,16个分析主题。通过信息化,掌握了47个综合体,312个纯商业体,533个写字楼及广州地区地价、土地信息,为投资开发策划提供了数据支撑。通过金融城酒店商业管理系统、客流分析系统的建设,预计可实现对金融城商铺信息、商户信息的管理,并实现对客流数据的分析,从而为经营决策提供数据支撑。

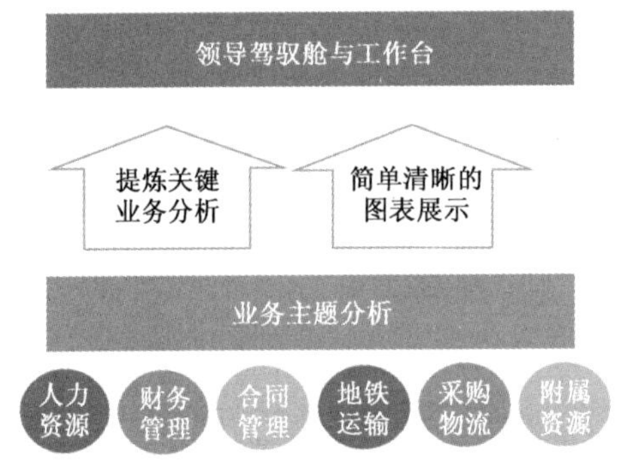

图1-5 支持经营决策

7. 提高服务水平

通过信息化手段为乘客出行提供更优质的服务。

广州地铁已搭建完成了外部网站、微信、微博、乘客APP、呼叫中心、乘客服务管理平台等统一对外服务的信息化渠道,将面向乘客的事务进行了集中梳理和统一处理(入口),推广标准化服务及自助服务,树立有特色的数字化服务形象;并将乘客信息进行统一发布(出口),实现乘客信息集中后台发布,前端(网站、短信、微博、微信、APP)等渠道同步发出。形成多服务渠道联合支撑业务的合力,通过各种自动化服务有效减少现场服务人员压力。目前系统中已录入并处理了314629条公众咨询记录,每年处理乘客事务量超过6.2万条,日均数据量大于500条。大大提升了运营一线生产效率,提升了网络化运营管理水平。

(二)经济效益

①通过信息化手段,实现费用支出的可视化与实时分析,有效促进企业成本控制。

a. 通过费用控制系统,构建标准化、规范化、高质高效的费用管理全流程,有效控制各项管理成本,实现对全集团公司235项费用类型的报销过程管理。自2011年年底上线以来,系统已管理费用报销金额约11.23亿元,有效贯彻落实了公司共享中心管控要求、财务开支管理办法要求。

b. 通过作业成本信息化项目,从整体控制企业运营成本。实现对车辆、维修、客运服务及支持性服务四大作业任务、14大类资产27个专业设备的作业成本标准的管理与作业成本数据的收集,对标准与实际成本进行分析,了解作业成本业务和管理中存在的问题,从整体上达到企业控制成本、节约成本的目标。

c.通过物流管理系统，有效提升物资的采购效率，降低了物资的库存积压成本。如在运营类物资的需求和计划管理中，原有的手工模式由于二级库的管理全部在各业务单位，缺乏统一调拨和共享的机制，在需求计划的管理上则缺乏系统化的手段进行预算的控制，计划部门和需求部门在库存的平衡上缺乏明确的规定。通过系统的库存自动计划—重订购点计划，并在需求计划申请界面限制选择使用库存计划功能，实现了物资的自动计划。

②通过信息化手段，有效地节约局部业务单元的人力成本。

a.通过网上比价系统，有效地管理了来自多达23个省市2000多家供应商、4亿的合同金额、2300多项比价项目，采购周期由79天降至25天，比价时间由15天降至5分钟，采购时间由79天降至25天，所需人员由20人减至2人，有效地提高了采购效率，拓宽了采购渠道，降低了采购成本，同时有效地防范了廉政风险。

b.通过票务管理系统，大幅提升票务核对业务与调账业务工作效率，为票务工作人员提供了极大便利。使得原本一条线需要3~4名核对员才能完成的工作，现在只需要1名核对员就能够胜任，节约了公司的人力成本。

③通过信息化手段，使企业获得可观的收益。

通过资金管理系统，实现了集团内部资金的集中管理，支持多元化融资，降低了融资成本，增加了客观的利息收入。为各下属单位争取免保证金的银行承兑汇票、保函保证金，实现集团内部资金融通，通过内部委托贷款、资金调剂累计为各成员单位提供资金，实现资金集中理财，每年创造直接经济效益3000万~4000万元。

第二章 城市轨道交通企业信息化管控体系

第一节 城市轨道交通企业信息化管控体系概述

企业信息化管控体系(又称 IT 管控体系)可以简单理解为:在企业内部如何管理、控制、运作信息化业务。具体来说包括企业对信息化的核心业务如何决策、资源如何配置、信息化管理部门(又称 IT 部门)如何定位、业务部门与 IT 部门的分工与合作如何界定以及 IT 部门自身的管理机制和管理流程如何制定等。IT 管控体系可自上而下分为两个层次:信息化治理体系(又称 IT 治理体系)和信息化管理体系(又称 IT 管理体系),如图 2-1 所示。

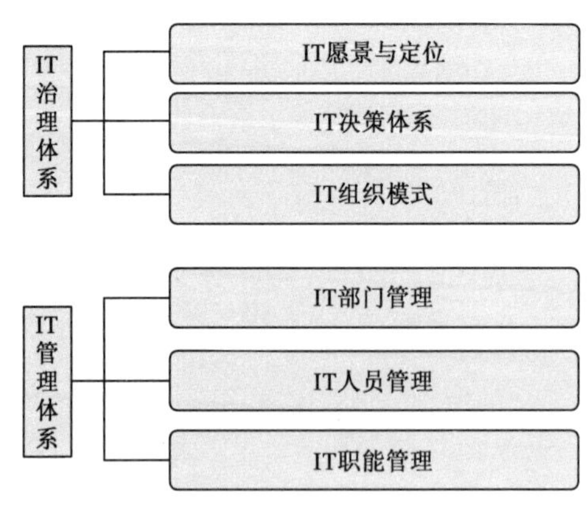

图 2-1　IT 管控体系框架图

IT 治理体系属于企业治理体系的一部分,与企业业务战略和管控模式相匹配。IT 治理体系的具体内容包括:企业信息化发展战略和业务发展目标、IT 部门的定位和组织架构、企业信息化决策流程以及管控策略,以及企业 IT 部门与业务部门之间的协作机制等内容。对 IT 治理体系的设计需重点关注其与企业业务战略的匹配性。

IT 管理体系属于企业职能管理体系的一部分。它是在 IT 治理体系之下,对信息化管理职

能进行细分,并建立制度与流程以支持管理职能的实现。IT 管理体系的设计需要支撑 IT 治理体系的落地,需重点关注其流程设计的合规性以及效率和风险是否可控。

IT 管控体系重点需要解决两个层面的问题:在治理层,需解决信息化业务在企业内的定位、发展目标以及价值期望,构建合理的治理结构,明确信息化决策流程,进而确定信息管理部门的组织结构,包括在集团层面信息化管理的集权或者分权策略与机制等;在管理层,需要在治理层设计之下,进一步确定信息管理业务核心职责的定义与流程设计,设立合理的风险控制点,以确保信息化业务运作的安全、高效与可控。在具体对其进行设计时,需根据企业的发展阶段、业务战略以及企业的实际管理状况、企业文化等,同时结合 IT 行业的新技术发展等方面综合考虑。

如果说企业信息化能力是企业的生产力(信息化业务涉及的人员、手段以及对象),那么 IT 管控体系所反映的关系就是企业的生产关系(在企业信息化过程中人与人的关系)。如果生产关系不适应生产力的状况,生产力的发挥就会受到影响和制约,同样的道理,IT 管控体系的搭建、有效运行以及适时的优化调整是非常必要的,企业管理者必须将其放在非常重要的地位加以考量。

第二节
城市轨道交通企业信息化治理体系

企业 IT 治理体系中最重要的内容有三个方面:一是构建信息化与业务战略的关系,确定信息化业务的愿景、定位;二是制订集团信息化决策机制与流程;三是明确集团信息化的组织模式。

一、信息化愿景和定位

为了把握信息化的发展方向和目标、信息化工作的定位和所承担的责任以及信息化工作的重点和策略,需要明确信息化的愿景和定位。信息化愿景用于表达对企业信息化最终发展目标的共同期望。信息化的根本目的在于支持企业业务运作和战略发展、以信息化手段促进公司远景目标的实现,为此需要根据企业业务发展战略制订企业信息化愿景。

如广州地铁在 2010—2015 年战略规划中明确的企业愿景是:对城市轨道交通的建设、运营和附属资源的综合开发实行一体化管理,走自主经营、自我约束、自我完善、自我发展的道路,逐步实现自负盈亏;不断提高经营管理效率和社会、经济效益,为员工提供实现人生价值的表现舞台,让客户享受不断增值的优质服务;塑造广州地铁优秀的国际品牌形象,争取成为我国轨道交通行业的典范。

相应地,在广州地铁信息化战略发展规划中制定的信息化愿景如下:建成数字化地铁,成为我国轨道交通行业信息化的成功典范;信息化范围全面涵盖集团业务,支撑公司一体化经营和业务管控;通过信息化手段促进企业管理的标准化、规范化、精细化和智能化,为员工提供信息高度集成、沟通方便快捷、知识充分共享、利于创新的信息化环境，让客户享受因信息化手段的应用而不断增值的优质服务。

信息化定位反映信息化和公司业务的关联关系，这种关系和企业本身的发展以及信息技术的总体发展有关。一般可将 IT 部门定位划分为四种类型，分别为成本型、服务型、合作伙伴型和创新型，如图 2-2 所示。

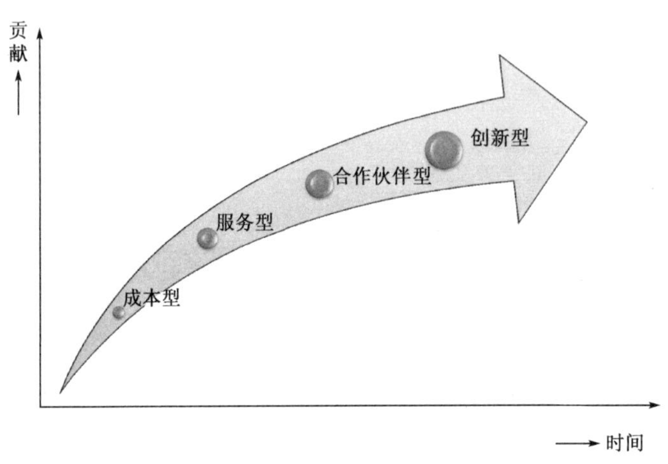

图 2-2 企业信息化定位发展路径图

各类型特点如下：

（一）成本型

信息化以低成本的方式为企业提供日常支持服务，比如安装计算机、安装单机软件、处理计算机故障等。

（二）服务型

信息化以专业化、流程化的方式提供优质服务，此时企业已有部分信息系统，信息化已建立标准化服务流程，IT 部门的主要作用表现在对业务进行有效的支撑上。从 2000 年开始，随着个人计算机和管理软件的发展，我国城市轨道交通企业开始建设企业管理信息系统。在企业信息化发展的初期，企业 IT 部门的基本任务是根据业务流程建设信息系统并提供应用支持，这个阶段的 IT 部门属于服务型。

（三）合作伙伴型

IT 部门与业务部门共同制订信息化发展规划，并共同投入资源和人力推进计划实现，IT 部门在对业务部门支撑的基础上，对相关的业务流程进行一定的分析，为企业整体业务流程的优化提供基础参考，从而优化整个业务运作基础。随着企业信息系统范围的不断扩大和应用的逐步深入，企业信息化开始进入"总体规划和优化提升"阶段，业务部门在应用过程中了解到信息化对业务的支撑和推进作用，开始积极参与信息系统的建设，这个阶段的 IT 部门属于合作伙伴型。

（四）创新型

IT 部门在对内提升企业运作整体流程的基础上，借助于已有的信息系统，更好地整合内外部资源。同时，在掌握内外部信息的基础上，更好地寻找出利于企业发展的关键因素，研究、推荐和实施的信息化方案可持续支持业务战略发展，乃至扩展业务服务领域，创新业务发展，逐步成为利润中心。

二、信息化决策体系

企业信息化重要决策事项包括：信息化指导思想和工作方针、信息化理念与文化、信息化发展战略规划的审定、重大信息化事项的决策、重大信息化投资决策等方面。

企业需要建立相应的决策组织，并明确决策机制。如企业可建立如图 2-3 所示的信息化决策体系，IT 部门向信息化领导小组汇报工作，信息化领导小组对信息化的重要决策进行审议。

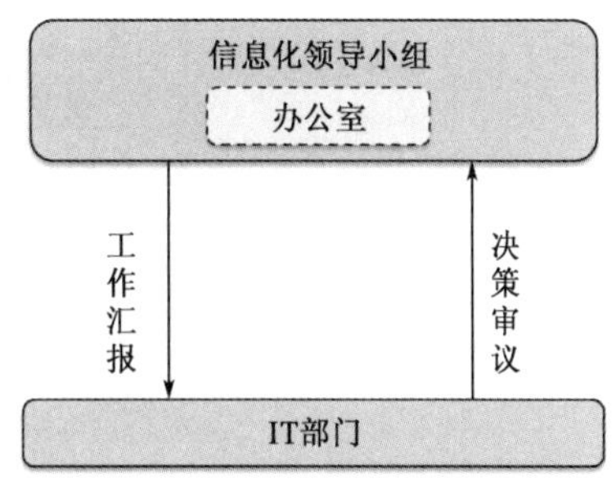

图 2-3　信息化决策体系

信息化领导小组内设信息化领导小组办公室（简称信息化办公室），作为信息化领导小组的日常工作机构，对信息化日常工作进行审议，其主要审议内容包括：审议信息化项目立项汇报，包括建设内容、工期计划、项目资金预算等；审议信息化项目建设的阶段性成果和最终成果；审议重要的信息化管理制度。

三、信息化组织模式

根据集团内信息化业务集权或者分权程度的不同，集团信息化的组织模式一般有三种通用模式，分别是集中式、分散式和联盟式。

（一）集中式管控模式

集中式管控模式属于集权模式。在企业内，由统一的 IT 部门负责对集团所有下属组织与机构的信息化进行强有力的直接管理，从资金、人员、资源调配等各个方面进行规范和统筹，各下属组织与机构不设立 IT 部门，如图 2-4 所示。

此种模式适用于业务相对单一、管控力度大、强调规范化的组织。目前一些大型的交通运输企业和轨道交通企业等均采用此种模式。

（二）分散式管控模式

分散式管控模式属于分权模式。信息化组织分散在下属业务板块，由各业务板块独立决策和独立管理其信息化业务，彼此互不隶属，没有集团层面的 IT 部门，如图 2-5 所示。

此种组织模式适用于各业务部门业务相对独立的企业，或者用在信息化建设初期阶段。目前仅少数企业采用此种模式。

（三）联盟式管控模式

联盟式管控模式是以上两种模式的结合。集团公司和下属业务单位都要承担信息化管理职责。在集团层面设置集团 IT 部门,在下属业务部门也设置专门的 IT 组织或者 IT 人员。集团公司的 IT 部门负责集团信息化的总体管理,并对下属业务单位的信息化工作进行指导,业务部门的 IT 组织或 IT 人员承担所在部门的信息化管理职责。根据不同的管理范畴在集团公司和下属单位间进行信息化工作的分工与协作,如图 2-6 所示。

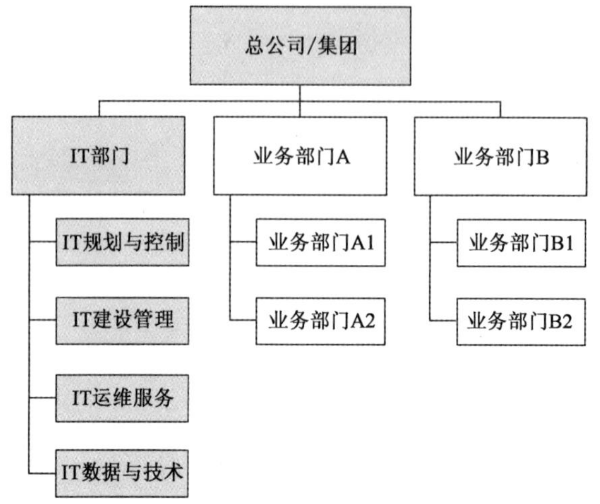

图 2-4 集中式管控模式

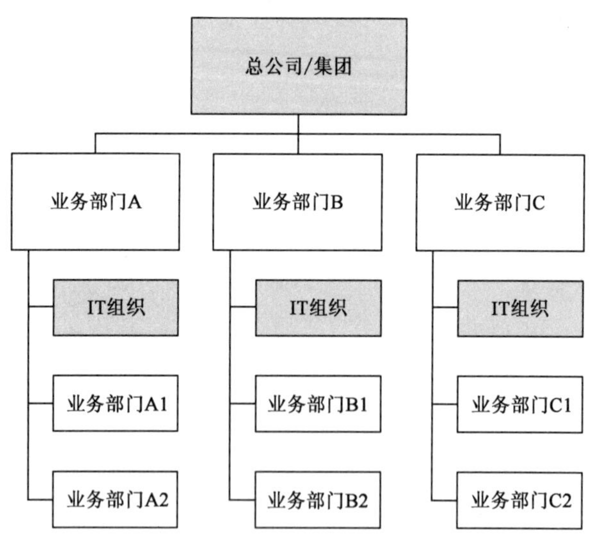

图 2-5 分散式管控模式

此种模式适用于业务多元化、管控力度不是很强的组织。据了解,一些大型集团采用此种模式。

北大光华管理学院的调查显示,约 70% 的企业的信息化组织采用了集中式管控模式❶。各种模式均有其优势与不足,详细分析见表 2-1。

❶ 见《中国企业的 IT 治理之道》,王仰富、刘继承编著,清华大学出版社。

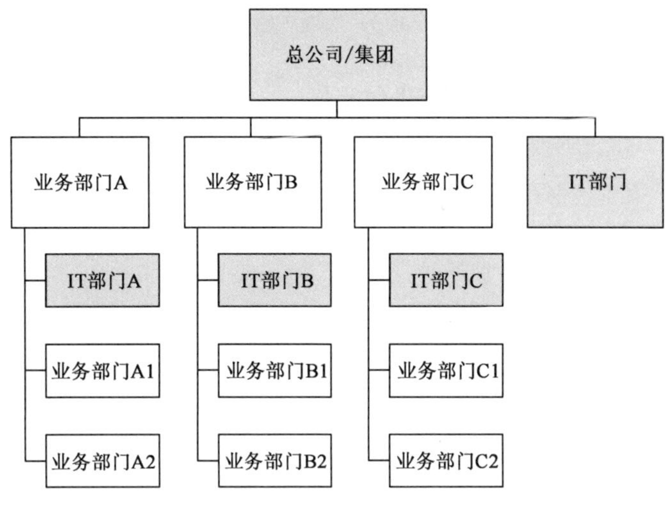

图 2-6　联盟式管控模式

组织模式比较　　表 2-1

组织模式	集中式管控模式	联盟式管控模式	分散式管控模式
优势	从企业整体利益出发统一IT战略与目标、统一规划,集中IT资源,有计划地满足业务需求,标准化和规范化程度高,能发挥整体优势,注重集团整体需求,易于培养核心能力	取得集中与分权的平衡,满足整体利益,也兼顾个性化需求,响应效率有提升	建立个性化的系统,及时满足业务需求,灵活性较大
不足	需求响应效率较低; 对不同组织的局部需求满足不够; 业务部门不承担成本	易导致类似系统的重复建设; 难以标准化,导致成本增加; 需建立强有力的管控组织和能力	缺少企业层面的统筹,容易各自为政、重复建设; 建设成效难以满足总公司业务管控要求; 资源分散,整体IT成本增加

随着信息技术作用的日益彰显,为了更有效地发挥IT对业务的支撑作用,越来越多的企业在考虑联盟式管控模式,在“统”与“分”之间寻找平衡。更多的企业“统”了这些业务——包括IT规划管理、IT标准管理、IT决策、IT核心平台建设与维护、IT基础设施资源采购与维护等;而“分”了这些业务——IT人员管理、专业性的项目建设、分布式的应用支持等。

城市轨道交通企业在集团管控中除了考虑以上方面外,还应充分考虑管理信息化与生产信息化的管控模式。随着科技的发展,城市轨道交通在线运营系统都可以称之为信息系统,比如AFC系统、主控系统等都是非常典型的信息系统,管理者对其产生的数据有必要进行统一管理。因此在策略上我们建议应在技术标准、数据标准层面统一规划,协同建设,对于数据要在确保安全的基础上,进行统一利用。

第三节
城市轨道交通企业信息化管理体系

企业 IT 管理体系定由 IT 部门管理、IT 人员管理和 IT 职能管理组成。

一、IT 部门管理

在集团信息化管控策略明确后，信息化组织应重点考虑其职能部门的设置、职责分工和人员配置。总体来说，IT 部门主要有四大职责——IT 规划、IT 建设、IT 运维和 IT 管控，在企业的不同发展阶段，几个职责在 IT 部门所占的比重是不同的。

如某城市轨道交通企业采用集团统一管控的模式，建立了如图 2-7 所示的信息化组织。

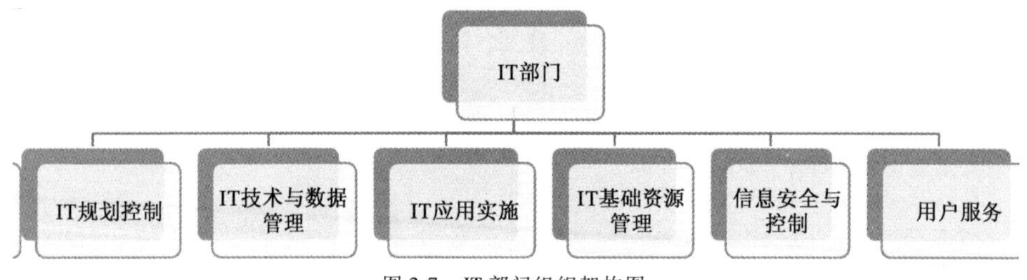

图 2-7 IT 部门组织架构图

各职能模块的主要职责如下。

(一)IT 规划控制模块

①牵头制订全集团中长期 IT 规划；
②负责 IT 架构控制；
③年度实施计划与投资管理；
④IT 需求管理；
⑤IT 管控体系管理；
⑥信息资产管理；
⑦综合管理；
⑧业务拓展。

(二)IT 技术与数据管理

①负责集团 IT 技术与数据架构规划；
②负责技术与数据架构控制；
③IT 技术、数据标准管理；
④新技术研究与科研；
⑤数据分析管理。

（三）IT 应用实施管理

①需求分析、制订解决方案；
②软件应用项目的采购与项目管理；
③软件应用系统推广；
④软件应用系统的维护管理。

（四）IT 基础资源管理

①全集团 IT 基础设施资源的统一建设；
②管理、维护全集团 IT 基础设施资源（包括网络、机房、系统等）。

（五）信息安全与控制

①信息安全管理；
②信息化制度与标准；
③IT 内控体系管理；
④IT 投资效益管理。

（六）用户服务

①全集团服务协议与水平管理；
②全集团桌面支持和热线服务。

二、IT 人员管理

（一）人员能力要求

城市轨道交通企业 IT 部门需逐步增强自身的核心能力，以匹配企业的需要。重点可考虑六个方面的能力：IT 领导能力、IT 规划能力、业务实现能力、IT 资源统筹能力、IT 管控能力和 IT 系统运维能力。如图 2-8 所示。

（二）人员培养路径

1. 制订中长期成长计划

一般由员工和职能经理共同确定员工的中长期成长计划。具体可以由部门在年度工作计划中，对每个职能需提高的核心能力根据战略规划进行分解，并细化到具体个人的工作目标。

2. 建立合理的岗位体系

鼓励员工在岗位上成长。可按照管理和技术两个序列，为企业信息化人员设立多样化的职业发展通道，并针对重要的岗位、重要人员建立人才梯队。在岗位薪酬值的设定上，需考虑人员的成长性，岗位数量可相对固定；职级的设置则采取要求具有一定的资质和工作经验作为条件，对于符合条件的人员，可进行申请。

3. 重视人员的培训

信息化技术发展很快，企业信息化人员需不断更新自身知识，才能更好地履行信息化建设和管理的职责。培训的重点可以考虑两个方面：一是信息化的专业知识培训，如 IT 架构、Cobit

理论、ITIL、IT 项目管理、Oracle EBS 实施培训、数据库系统管理、Java、.NET、ETL 培训、BI 建模培训等课程；二是企业的业务管理知识，可根据岗位的要求安排人员到业务部门（建设、运营等）进行跟岗学习。

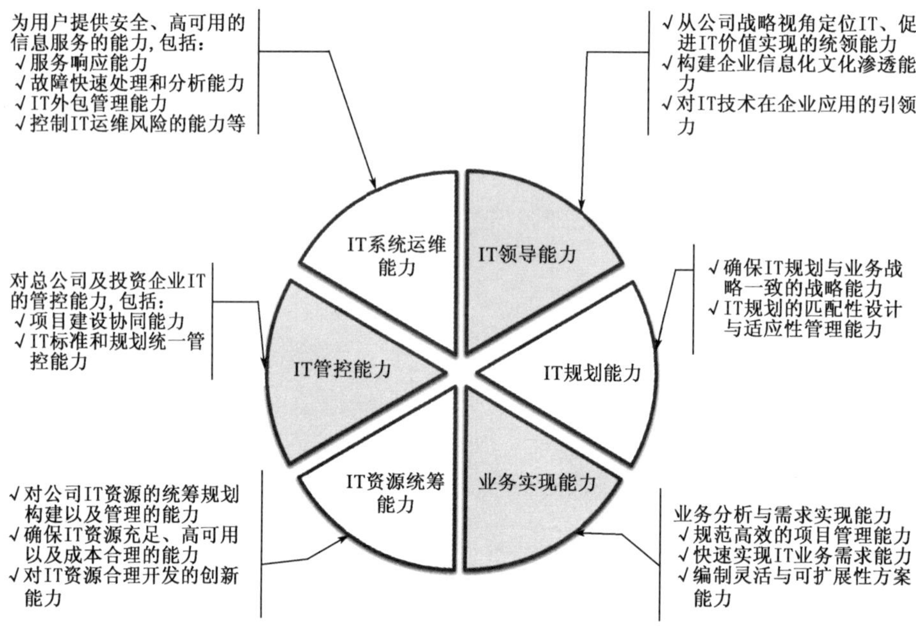

图 2-8　信息化核心能力

三、IT 职能管理

IT 职能管理工作包括 IT 需求管理、IT 应用管理、IT 资产管理、IT 数据管理、IT 技术管理、IT 项目管理、IT 服务管理和信息安全管理等内容，下面对前五项工作进行描述，其他工作的描述见本书相关章节。

（一）IT 需求管理

IT 需求是描述业务管理需求的载体，也是信息系统建设的指导蓝图与前置输入。基于信息化覆盖的维度，需求可分为无信息系统覆盖的业务需求和对现有信息系统功能调整、扩展和缺陷修改的需求；基于业务的维度，可分为城市轨道交通设计、建设、运营服务和房产物业开发等核心业务需求或财务、人力、计划和组织绩效管理等支撑管理需求。

需要建立一整套从需求的搜集、调研分析、方案设计、需求实现、需求交付、实现效益评估等全过程的需求管理制度与流程，重点应关注以下问题：

①充分掌握各干系人的需求：城市轨道交通各业务之间关联紧密，如运营部门提出资产管理业务需求，潜在需求可能涉及设计、建设、财务和合同等关键业务环节，因此受理需求后应充分挖掘、掌握各干系人的需求，避免需求遗漏造成系统实施后制约业务运作。

②关注需求管理时效性：在一般情况下，各需求申请部门申报需求时均希望尽快实现，以支撑匹配业务的发展，但由于轨道交通行业的资金来源普遍为政府投资，受控环节较多，项目立项、招标等流程相对较长，同时需求管理涉及环节也较多，因此需求实现周期普遍较长，因此

应特别注意管控各环节的时效性，尽可能提升各环节效率。

③关注需求实施方案：在设计系统实施方案时，应充分关注系统间集成关系及各种风险，充分考虑技术可行性及经济性，细致评估分析各种方案，择其最优予以实施。

④关注需求实施效果：需求实施并非需求管理的终点，应通过对实现效果进行评估，积累需求管理的经验，并注意从中梳理出后续需要滚动优化的需求，为后续工作做好准备。

(二)IT 应用管理

IT 应用管理包括应用规划、系统建设、系统优化和系统应用推广工作等全过程。企业 IT 应用管理体系一般采用“组织—计划—执行—检查—评估”闭环的管理模式。IT 应用管理体系包括纵向管理体系与横向协同体系。纵向管理体系一般采用三层组织架构，即决策层、管控层、执行层；横向管理体系一般由各系统业务主管部门、企业信息管理部门、系统使用部门共同开展。关注重点如下：

①以企业 IT 应用架构作为指导，在项目建设立项前，要充分考虑系统的业务重要性、业务成熟度、业务管控模式、战略重要性和应用范围等因素。应测算系统的应用效益，以此作为系统立项的决策依据，以确保应用系统建成后的切实推广使用。

②系统实施过程中，充分考虑系统操作界面的友好性，细化系统用户操作手册，建立完善的权限管理机制，提升系统操作的规范性，固化已经稳定的业务流程，不断增强用户对系统的依赖，促进系统单轨运行，为用户提供良好的体验，为系统应用推广工作提供良好的基础。

③在系统应用阶段，应加强系统业务主管部门的主导作用，尤其是提升系统关键用户的能力，通过多方合作、多种应用推广措施相结合，最大化地发挥系统的应用价值。

④把握系统应用推广的最佳时间段。系统上线试运行至随后一年是系统应用推广的重要阶段，系统业务主管部门、信息管理部门、系统实施单位共同推进系统培训、系统问题处理、系统宣传等工作，使得用户在系统开始运行阶段就易于接受，则后续的系统应用推广工作就比较好做了。另外，若系统涉及多个系统业务主管部门，信息管理部门需要发挥协调作用，需要协调的问题应向企业分管业务领导进行汇报解决，通过应用推广工作的有效组织来切实实现信息系统的价值。

⑤企业信息化的应用推广需要一定的刚性管理作支撑。企业推行信息化的最终目的是为了业务的提升，信息系统的上线往往伴随着流程的改变、操作模式的改变等，为了达到信息化的最初目的，需要业务管理自上而下强有力的推动，必须遵循先“僵化”“固化”，后“优化”的思路。

(三)IT 资产管理

信息资产主要指管理信息系统涉及的计算机硬件设备(服务器、存储设备、网络设备、个人计算机、安全设备、计算机外设、可移动设备、移动存储设备和布线系统等)、软件系统(操作系统、数据库应用程序、网络软件、文字处理软件、业务管理应用系统和软件开发工具等)、数据和与之相关的资料文档。数据、文档管理的相关管理要点详见本书其他章节。信息资产管理的目标是确保信息资产的安全、完整。

一般来说，城市轨道交通企业 IT 资产管理涉及的部门包括财务资产管理部门、信息管理部门和业务使用部门等。信息资产的全生命周期管理涉及资产的立项、采购、验收移交、调拨、变更、维修维护、清查盘点和处置等各环节。

(四)IT 数据管理

企业 IT 数据管理体系是对企业数据进行全生命周期、全方位管理的体系,包括一整套为保证企业数据定义、数据分布、数据存储、数据交换和数据分析利用等工作的管理制度与管理流程,包括企业数据管理组织、数据架构规划、数据标准管理和数据质量管理等工作。

企业数据管理组织一般可划分为决策层、管理层和执行层三个层次,企业 IT 管理小组是企业数据管理的决策层组织,负责指导、审定和监督企业的数据管理工作,信息管理部门是企业数据管理的管理层组织,负责牵头组织企业的数据管理工作,各信息系统的业务归口管理部门组成数据管理工作的执行层,各自承担相关业务领域的数据管理工作。

数据架构规划是企业 IT 规划的核心内容。在数据架构的规划设计中,需要结合现状与需求分析结果,参考业界和行业最佳实践,编制适合企业具体情况的数据架构蓝图,并对数据架构中的各要素进行管控。

数据标准制定的目的是对信息进行统一描述,确保在使用过程中信息的一致性和准确性,提高信息系统数据质量。首先应建立企业数据标准体系,明确数据标准的分类分层框架。可以按照基础类标准、专业类标准、应用类标准等类别进行分类,也可以按照数据源层、数据交换层、数据存储层和数据分析层四个层次进行划分。根据需求紧迫度和业务成熟度,逐步进行数据标准的建设,同时要明确标准的维护方式、严格标准的审批和维护流程,并对标准执行情况进行检查和考核。

数据质量管理的目的是发现信息系统数据质量问题,分析制订合理的解决方案,改进和提高信息系统的数据质量,促进公司数据持续地向健康、良性的状况发展,满足业务管理和支持决策的需要。数据质量管理是数据管理的核心工作,是保证系统应用效果的关键工作。在数据质量管理工作中,要坚持"普遍管控、重点稽核"、"标准管理、过程受控"、"闭环的数据质量持续改进"原则。建立数据管理的闭环流程,进行针对数据质量问题发现、评估分析、质量改进的循环持续的闭环管理,并且优先改进数据源系统的数据质量。

(五)IT 技术管理

IT 技术管理体系是指在企业信息化建设过程中,对所用信息技术进行全生命周期、全方位管理的体系,包括企业技术架构规划、技术标准建设和技术管控相关的管理制度与流程,由技术架构体系、技术标准体系和技术管控体系组成。其中技术架构体系是核心,决定技术管理的基本内容和管理框架,技术标准体系和技术管控体系是保障,通过技术标准规范的持续建设和全生命周期的技术管控工作,保障信息化建设各项工作符合架构规划以及标准规范的要求。

企业 IT 技术管理组织包括决策层、管理层、执行层三个层次。在决策层,由企业信息化管理小组承担信息化技术决策层工作,负责对重大技术问题的决策等工作;在管理层,由 IT 部门负责 IT 技术管理工作,组织建立 IT 技术管理制度和标准规范,开展技术管控和技术决策等活动;在执行层,在信息化建设和运维过程中,各相关人员都需要执行企业 IT 技术管理体系和规章制度的各项要求。

在企业 IT 技术管理工作中,需要通过全程的 IT 技术管控、第三方测评和基础设施资源调配等日常工作保证技术架构规划的落地执行以及标准规范的有效执行。

第三章 城市轨道交通企业信息化规划

第一节 城市轨道交通企业信息化规划概述

IT 规划是指在理解企业发展战略和评估企业信息化现状的基础上，结合所属行业的信息化实践和信息技术发展情况，提出企业信息化愿景、目标和战略，设计企业 IT 总体架构，以及编制 IT 实施计划等一系列工作。IT 规划是指导企业 IT 建设的基本纲领和总体蓝图，是企业发展规划的重要组成部分。

一、城市轨道交通企业信息化规划的作用

（一）统一企业信息化理念和认识

企业业务战略规划是 IT 规划的输入条件，通过 IT 规划可构建信息化与业务的桥梁，明确信息化的定位和核心价值，获得业务和企业管理者的认同和支持；IT 规划通过评估企业现有的信息化软硬件、应用等状况，判断目前 IT 建设所处的发展阶段，使企业能够评价自身当前的信息化应用水平，找出差距和下一阶段的发展目标和信息化建设重点。

（二）形成企业信息化完整的体系架构

IT 规划可完整地规划设计企业未来的信息化蓝图，系统性地对企业的 IT 架构进行设计，避免功能的重叠、技术标准的不统一，避免各部门各自为政、分头建设而产生“信息孤岛”、与系统的重复建设和整合。可统筹考虑企业发展全局，同时综合考虑各种问题和因素，明确规划内容和重点，分出轻重缓急，制定更有利于企业发展的信息化实施策略。

（三）使企业信息化价值发挥最大化

通过 IT 规划，能够打破业务部门“局部优化”的狭隘视野，辅助和优化企业业务流程，促进企业管理标准化、规范化和精细化。积极推进企业“信息共享”的企业文化，最终避免产生“信息孤岛”等现象，实现信息化为业务发展助力的最优化目标。对企业的信息化资源（人、财、物）进行整合与部署，最大限度地利用资源，从而降低信息化投资风险，提高信息化投资收益。

二、城市轨道交通企业 IT 规划方法论

企业 IT 规划一般采用“自上而下”地规划、“自下而上”地实施的方法。其中具有代表性的 IT 规划方法论包括企业系统规划法(Business System Planning,简称 BSP)和基于企业架构(Enterprise Architecture,简称 EA)的规划方法论。

(一)企业系统规划法

企业系统规划法,是由 IBM 公司于 20 世纪 70 年代提出的一种企业管理信息系统规划的结构化方法论,其目的在于帮助企业制订信息系统的规划,以满足企业近期和长期的信息需求。BSP 法较早运用面向过程的管理思想,是现阶段影响最为广泛的系统规划方法。

BSP 的核心思想是通过对企业“自上而下”的目标识别和细分,分析企业战略、业务流程和数据资源,然后再“自下而上”地进行数据建模、系统结构设计,逐步地将企业目标转化为管理信息系统的目标和结构,从而更好地支持企业目标的实现。

BSP 能保证信息系统独立于企业的组织架构,信息系统的架构体系不会因企业组织架构或管理体系的变化而受到过大的冲击。然而,BSP 对企业架构规划的整体考虑,以及对企业目标和系统目标的一致性考虑。

(二)基于企业架构的规划方法论

EA 概念产生于 1987 年,是由美国架构规划专家扎克曼(J. A. Zachman)在 IBM 的一个内部刊物上提出的。概念的提出是为了应对日益复杂的 IT 系统,以及高投资、低回报的问题。随着 EA 的发展,产生了很多流派,其中由欧洲共同体的 IT 协会 Open Group 开发的体系架构框架(The Open Group Architecture Framework, 简称 TOGAF)是当前一个主要流派。TOGAF 是一个开放的、标准化的体系架构框架,为企业 IT 架构开发提供了一个详细的方法和相关支持资源的集合,为组织设计、评价和建立正确的架构而服务。任何一个基于内部使用的组织,开发信息系统体系架构时都可免费使用,TOGAF 支持企业业务架构、IT 应用架构、IT 数据架构和 IT 技术架构的设计。

相比 BSP 方法,基于企业架构的规划方法较好地解决了对企业架构规划缺少整体考虑的问题,将企业架构设计和规划过程统一到以需求为中心的持续改进过程中。企业架构是一套比较系统的信息化理论和方法论体系,是对企业多层面、多角度的建模与描绘;是承接企业业务战略与 IT 战略之间的桥梁;是从企业战略角度看待信息化,保证 IT 战略与业务战略的一致性。

(三)广州地铁 IT 规划方法论

在业界 BSP、EA 等方法论基础上,广州地铁根据实践提炼出了适合企业自身情况的 IT 规划方法论。整套方法论包括方法框架体系、方法描述、工具和参考模型、成果文档模板、参考样例说明、方法论知识库等内容。这套方法论已经在国内多家城市轨道交通企业的 IT 规划中得到应用和不断完善。广州地铁 IT 规划方法论框架如图 3-1 所示。

广州地铁 IT 规划方法论包括项目启动、现状评估及需求分析、IT 体系设计、IT 战略实施计划共四个阶段的工作。各阶段主要工作和成果如下:

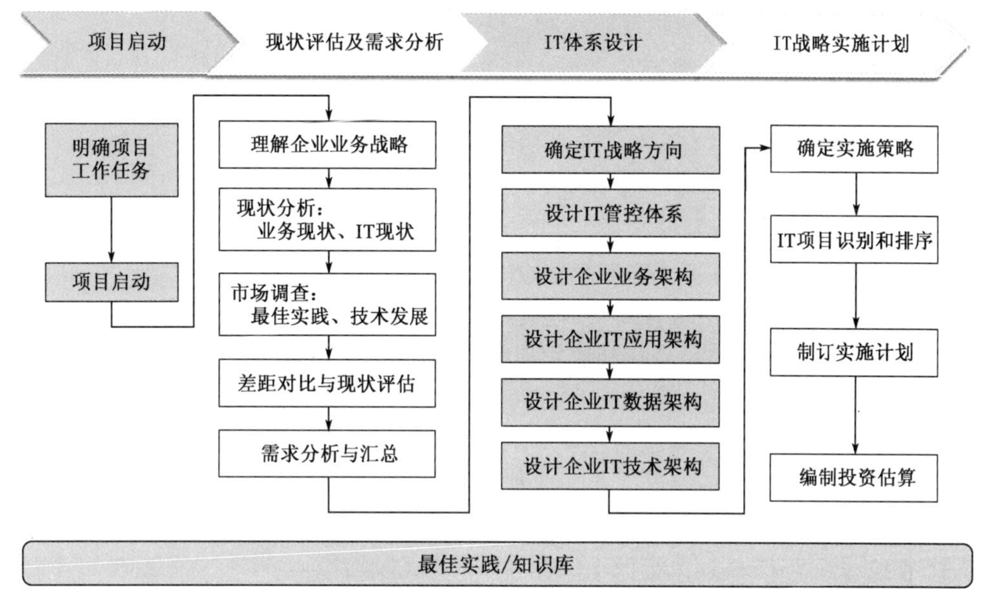

图 3-1　广州地铁 IT 规划方法论框架

1. 项目启动阶段

在项目启动阶段，需要明确 IT 规划项目的工作目标、工作组织、总体工作计划、工作范围与内容，形成《项目策划报告》和《项目工作任务说明书》。同时通过项目启动会，进行信息化理念培训，讲解 IT 规划项目目标、工作方法和工作安排等内容。

2. 现状评估与需求分析阶段

现状评估与需求分析阶段的主要工作包括开展业务和信息化两方面的调研、对比、评估和需求分析等工作。通过分析企业业务战略、梳理业务职能、分析业务流程和最佳实践对比、分析技术发展的影响以及对企业信息化能力进行评估，识别出企业的 IT 战略和 IT 需求。

本阶段关注要点如下：

①在战略与业务分析过程中，需要充分解读和理解企业发展概况、企业经营现状、内外部环境情况和企业业务战略等内容，为后阶段的规划设计提供明确的方向和依据。

②在业务组织梳理与流程分析过程中，需要对核心业务流程进行梳理、对业务管理问题和重点业务信息等进行相关分析，识别企业业务价值链及其业务优化和信息化重点。

③在 IT 现状分析过程中，需要从 IT 数据架构、IT 应用架构、IT 技术架构、IT 管控体系四方面进行分析，评估信息化的投资效益，进而评估前期规划目标的实现程度。

④在 IT 需求分析过程中，要基于对企业业务战略分析和 IT 现状分析的基础上，结合行业最佳实践，找出现状与目标之间的差距，进行 IT 需求分析，并将 IT 需求划分为数据类需求、应用类需求、技术类需求和管控类需求。

⑤在确定企业 IT 战略方向过程中，需要在理解企业业务发展战略的基础上，分析业务战略对信息技术提出的要求，制定企业 IT 战略方向，包括 IT 愿景、关键的 IT 目标、需要的 IT 能力，以及 IT 在企业业务中应该扮演的角色等内容。

3. 信息化体系设计阶段

在信息化体系设计阶段，需要完成企业架构设计，包括企业业务架构设计、IT 应用架构设计、IT 数据架构设计、IT 技术架构设计、IT 管控体系设计等工作。

①业务架构描述企业应该具有的业务功能以及业务功能之间的关系。在企业业务战略及业务现状分析的基础上，要基于企业未来业务可能发生的变化进行规划设计，为企业应用架构、技术架构、数据架构的规划设计提供依据。

②IT 应用架构是联系业务需求与信息化实施的桥梁，也是指导 IT 建设的蓝图。IT 应用架构应体现应用的层次、应用组件及功能、应用集成等信息。

③IT 数据架构是为了实现信息和应用的整合，主要包括数据定义、数据分布、数据分析利用和数据管控等内容。

④IT 技术架构是 IT 规划体系的重要组成部分，包括集成架构、基础架构和安全体系等内容，是信息化应用落地实现的基础支撑。应根据企业发展、应用架构变化、业界新技术应用以及企业内外部环境情况建立合适的技术架构。

⑤IT 管控体系是 IT 规划执行的保障体系。IT 管控体系包括 IT 治理体系和 IT 管理体系，具体内容详见本书第二章。

4. 信息化实施计划阶段

在信息化实施计划阶段，需要制定信息化实施策略，根据应用架构蓝图，对信息化项目进行识别及优先级排序，并安排项目实施计划，对项目组合、项目目标、实施内容、实施时间、资源投入、所需资金等进行明确描述，最后提出实施风险与建议。

在制定信息化总体实施计划的过程中，需要根据业务急迫性、业务成熟度、业务重要性、应用广度等方面对 IT 应用进行评分及排序，进而进行项目组合、项目定义、投资估算、应用系统选型分析比较、确定最终投资估算、制订完整的总体实施计划。

第二节 城市轨道交通企业信息化架构模型

城市轨道交通企业信息化架构包括企业业务架构、IT 应用架构、IT 数据架构、IT 技术架构和 IT 管控体系等内容，其中 IT 管控体系内容详见第二章。

一、企业业务架构

企业业务架构包括企业战略、商业模式、组织架构、业务流程、业务能力等内容。可以使用多种方式表现企业业务架构，业务组件模型（Component Business Model，简称 CBM）是其中一种表现方式。业务组件模型可以按照企业业务价值链和业务层级两个维度对业务组件进行组织。企业业务价值链维度描述企业核心业务，业务层级描述业务活动的责任特性，包括方向、控制和执行。三个责任级别有不同的优先考虑目标。执行组件强调生产效率和轻松的信息访问;控制组件协调其他层组件,以有效的流程控制为目标;方向层组件处理较高级别的活动,以分析的便利性、数据分析的广度和深度为目标。

(一)设计业务组件模型

业务组件是企业业务架构的基本功能模块,是具有内在联系的一系列业务活动,是将企业的业务活动提炼为单个的组件,相当于企业的"零件"。一个设计良好的业务组件模型,可用来描述企业的整体运作状态,因此也称为"一页纸上的业务模型"。

图 3-2 是某城市轨道交通企业的业务组件模型示例。如图所示,业务层次(图中左列)从高到低划分为方向、控制和执行三个层次;业务价值链(图中第一行)涵盖了新线建设、运输组织、维修维护、衍生资源经营、物业开发和企业支撑管理共六类业务,具体的组件内容如下:

①新线建设:涵盖了从规划、建设、验收移交等新线建设全过程的业务环节,包括新线规划、工程计划管理、前期管理、工程投资管理、工程设计管理、工程进度管理、工程质量管理、工程安全管理、新线验交管理、工程协调管理和基建采购管理 11 个业务组件。

②运输组织、维修维护:共同涵盖了城市轨道交通线路运营过程的业务环节,包括运输策略规划、运营生产计划管理、运营质量技术研究分析 3 个共有的业务组件。同时,运输组织业务价值链包括网络化运营管理、调度指挥、乘务组织、票务管理等 8 个单独的业务组件,维修维护业务价值链包括维修策略管理、维修计划管理、施工计划管理、成本管理、物资采购与库存管理、设备管理、计划性维修、故障性维修、状态性维修、设备大中修 10 个单独的业务组件。

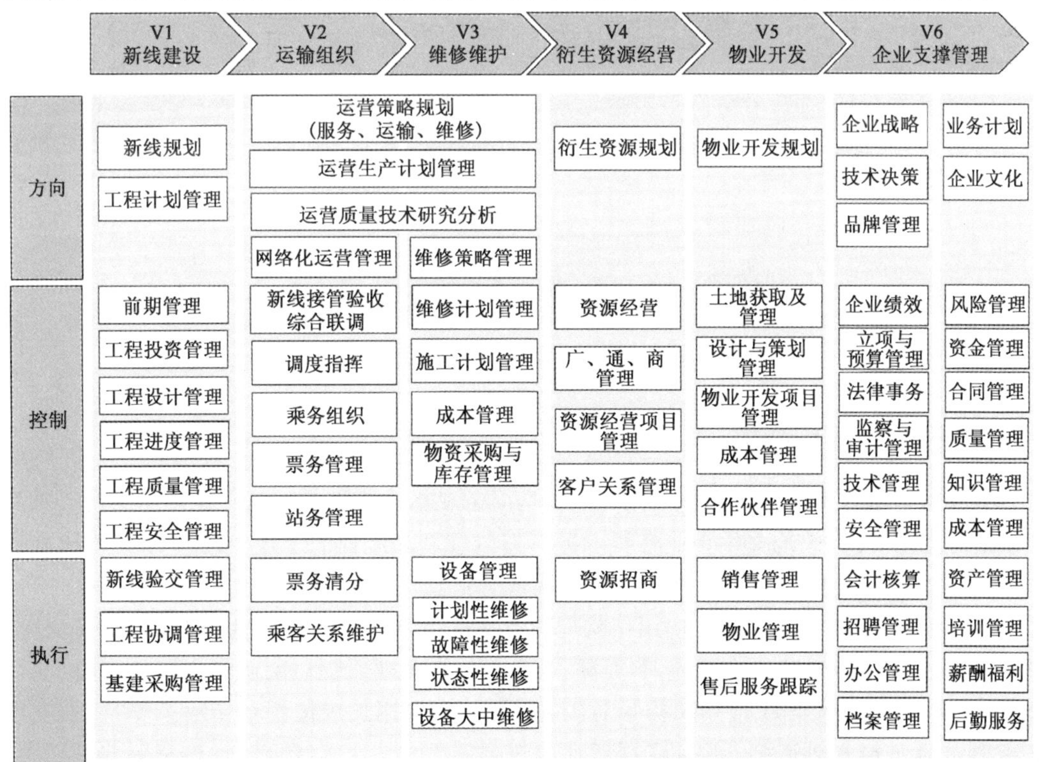

图 3-2　城市轨道交通企业业务架构图

③衍生资源经营:涵盖了衍生资源开发与管理过程的业务环节,包括衍生资源规划、资源开发项目管理、资源经营项目管理等 6 个业务组件。

④物业开发:定位于支撑企业整体的物业开发管理,包括物业开发规划、土地获取及管理、物业开发项目管理、销售管理、物业管理等 9 个业务组件。

⑤企业支撑管理:定位于支撑企业整体的管理过程,共包括企业战略、业务计划、企业绩效、风险管理、质量管理等 25 个业务组件。

(二)设计业务主线图

依据公司战略、核心竞争力、影响程度、运营成本、发生频率等要素,识别出企业的核心业务组件(主要业务活动)后,还需要根据内在业务逻辑梳理出核心业务价值链之间的流转关系,形成业务关系图,为将来应用系统切分时分析不同模块的应用关系,以及核心数据流转的分析提供支持。需要注意的是,在后续的 IT 建设中,在涉及具体模块时,还需对每个价值链的二级业务流转进行分析。

如某城市轨道交通企业识别出的企业也价值链包括企业管理、市场营销、客户管理、运输组织、投资建设、维护维修、经营管理等 7 个价值链。企业业务关系如图 3-3 所示。

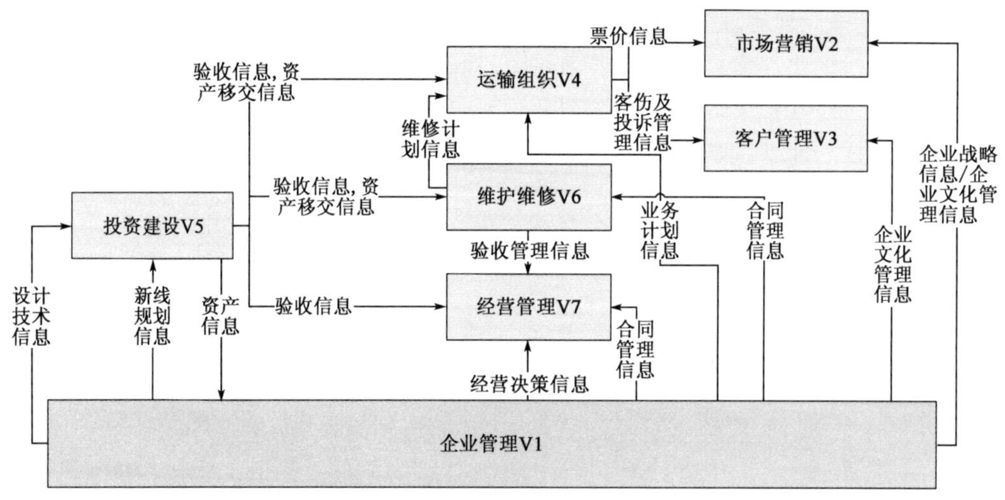

图 3-3 城市轨道交通企业业务关系图

二、企业 IT 应用架构

IT 应用架构体系是 IT 规划体系的核心,是用于联系业务需求与信息化实施的桥梁和指导 IT 建设的蓝图,可有效地支持企业各类业务形态的管理和流程的实现。IT 应用架构体现信息化管理层次、信息化应用组件及功能和应用集成等信息。

作为城市轨道交通企业,IT 应用架构应以支撑企业各项业务发展为目标,采用模块化、分层级的设计思想,有效整合企业内 IT 资源,为企业信息化建设提供明确和敏捷的蓝图。图 3-4 是某城市轨道交通企业 IT 应用架构示意图,图中的 IT 应用架构体系包括决策支持层、支撑管理层、核心业务层和渠道接入层 4 个层级。

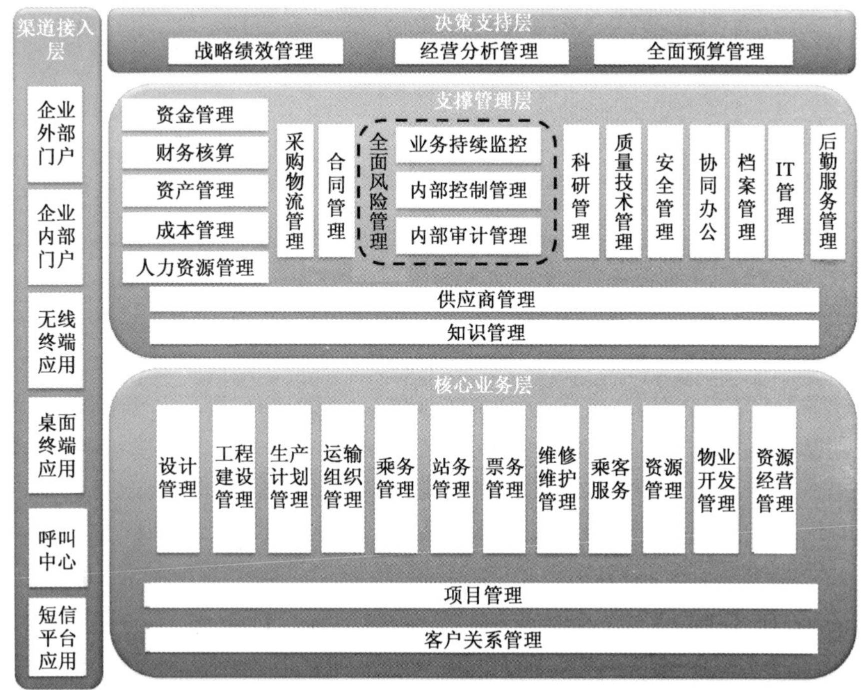

图 3-4　城市轨道交通企业 IT 应用架构示意图

(一)决策支持层

决策支持层应用综合提供各种定性和量化的绩效状况,为企业管理人员提供公司各类业务和经营数据的统计和分析结果,为管理人员提供管理和决策的参考及依据,包括战略绩效管理、经营分析管理和全面预算管理等内容,是面向企业各级管理决策的应用,常常以图表方式展现。

(二)支撑管理层

支撑管理层应用是企业最基本的应用,是对企业各项职能管理业务的支撑,为企业的人、财、物、信息的管理提供信息化支撑手段,对各业务线提供公共管理,包括财务管理、人力资源管理、办公管理、档案管理、合同管理、成本管理、合作伙伴管理、资金管理、内部评标专家管理、审计管理、知识管理等应用。支撑管理类的应用之间以及与其他类应用之间的交互关系也非常紧密,为业务管理类和渠道接入类相关应用提供相关管理和服务支持信息,为业务决策类的应用提供决策支持信息。

(三)核心业务层

核心业务层的应用作为企业主业开展的信息化载体,是服务于企业核心业务的应用,是决策支持类等应用的数据来源,是体现企业信息化价值的主要应用。由于企业一体化经营管理中业务价值链之间的有机衔接和相互支持,生产辅助类应用间以及与其他类次应用间也有较紧密的联系。核心业务层的应用为不同专业线的业务提供信息化支持,这些业务包括运营设备维护管理、运营施工管理、调度命令发布、工作证管理、物流管理、项目进度管理、设计管理、线网图编制辅助、线网指挥、车务管理、票务管理、客服管理、销售管理等业务。

核心业务层同时也为支撑管理层、决策支持层提供更直接的业务信息，为渠道接入层提供相关信息。

(四)渠道接入层

渠道接入层系统为其他应用系统提供公共技术支撑，为应用系统之间的交互和集成提供基础。渠道接入层包括企业内外部门户、企业服务总线系统、企业用户管理系统、无线终端应用、桌面终端应用、呼叫中心、短信平台等应用。

三、企业 IT 数据架构

企业 IT 数据架构是企业集中、统一的数据体系和管理架构，数据架构是 IT 架构的核心，因为信息系统支撑下的业务运作状况，是通过信息系统中的数据反映出来的，数据是信息系统管理的重要资源。通过构建完整科学的数据架构，首先可以分析业务运作模式的本质，为未来核心应用系统的确定提供依据；其次通过分析核心数据与业务之间的应用关系，可以分析规划应用系统间的集成关系；三是可以明确企业的核心业务数据，这些数据是应用系统实施与运行时 IT 系统实施人员和业务部门应该重点关注的，要时时考虑保证这些数据在整个企业层面的一致性、完整性与准确性。城市轨道交通企业数据架构图如图 3-5 所示。

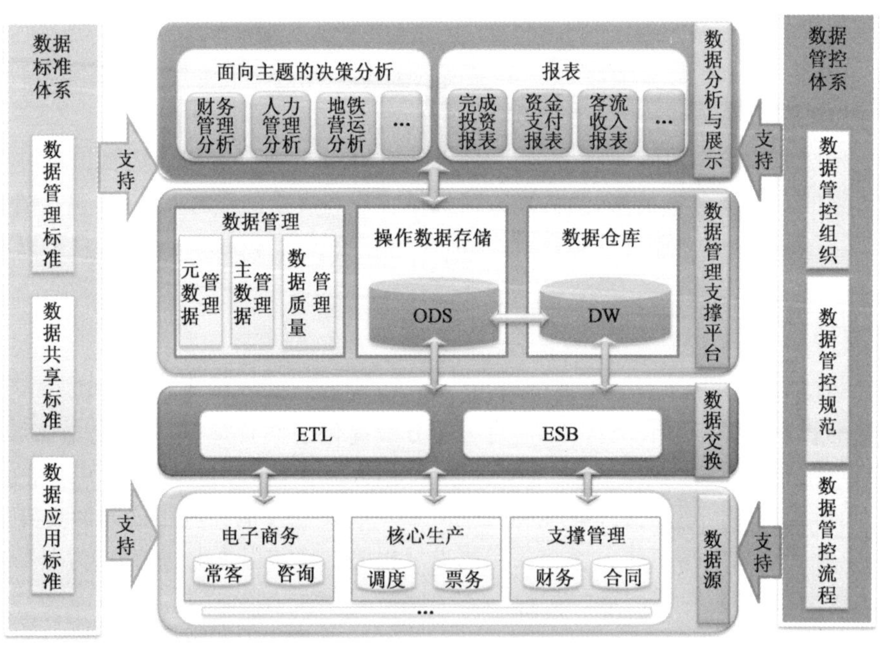

图 3-5 城市轨道交通企业数据架构图

(一)数据架构分析

数据架构的设计思路如下：

①数据识别和分析。全面了解需要进行管理的数据，并按照企业数据抽取原则确定企业

数据；以业务目标和业务流程为基础，分析业务数据流的流转、各业务之间的数据关联关系、输入输出的信息等内容。

②数据分类架构体系设计。以各业务的数据实体（包括数据单元）为元素，按照合理、科学的分类原则，进行层级划分和分类，即数据分类体系架构；基于数据分类体系架构，按照数据全生命周期管理的概念，选取能够代表多数业务实体的关键核心业务数据，进行标准化的定义。

③数据管控体系设计。建立相应的数据管理组织、流程和标准规范体系。

在数据架构设计过程中，需要结合企业业务架构图，对业务组件间的数据流转进行分析，分析结果如图 3-6 所示。

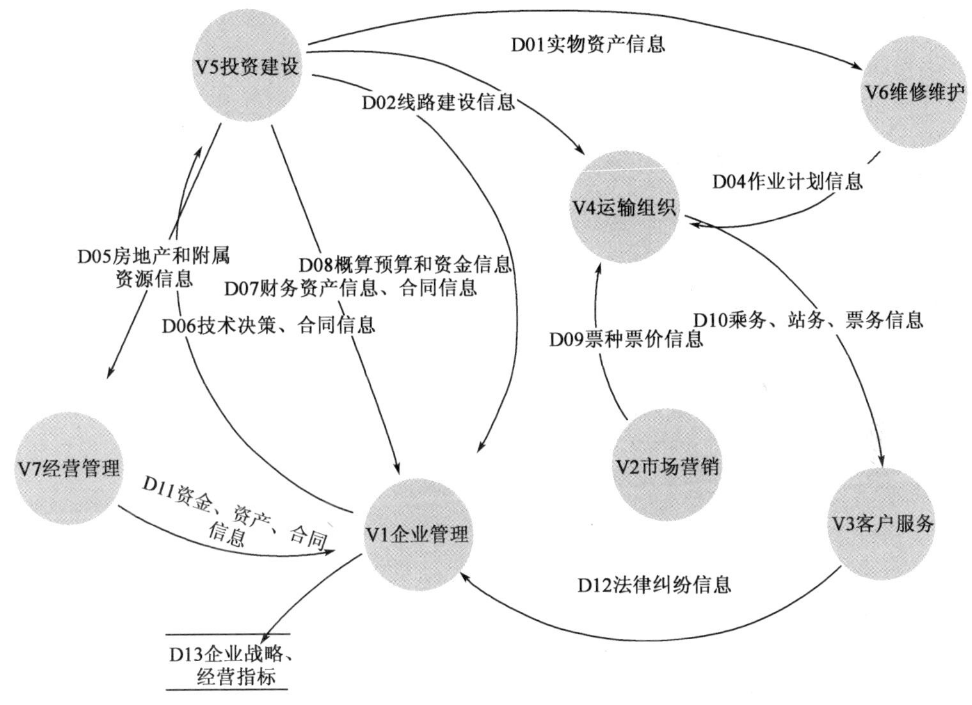

图 3-6　企业数据流图（示例）

（二）数据架构

城市轨道交通企业 IT 数据架构包括数据标准体系、数据管控体系以及数据应用体系三部分内容。

1. 数据标准体系

数据标准体系包括数据交换共享、数据存储管理和数据应用三大类数据标准，如描述企业所有业务核心数据的统一视图的企业概念数据模型，规范企业各类公共数据的标准，企业各业务领域核心数据的编码规范等。

2. 数据管控体系

数据管控体系由管控规范、管控流程及管控组织三个重要部分构成。主要是通过正式的管理组织，制定各种制度及规范，严格把控信息系统建设过程及系统应用过程中的数据问题，提高信息系统数据质量。

3. 数据应用体系

数据应用体系由数据源层、数据交换层、数据管理支撑平台层及数据分析与展现层四个层次构成。数据源层描述了企业整体数据分析应用的来源，即各业务信息系统；数据交换层描述了数据源层与数据管理及数据应用之间的数据集成关系及相应平台，如企业服务总线（Enterprise Service Bus，简称 ESB）、数据抽取清洗转换及加载工具（Extract Transform Load，简称 ETL）；数据管理支撑平台是数据应用体系的核心，描述了数据应用对应的数据存储形式，包含了数据仓库等数据存储及数据管理主要的应用平台，如主数据管理平台、元数据管理平台和数据质量管理平台；数据分析与展示层主要是数据应用分析的展示，如驾驶舱、指标展示等。其中，企业主数据是企业核心业务的关键数据，会被多个业务系统共享，比如客户、供应商、组织机构、会计科目、固定资产、设备、物资等数据，元数据是描述数据属性的数据。

四、企业 IT 技术架构

IT 技术体系架构的设计应充分考虑未来发展的需求，遵循面向服务的体系结构（Service-Oriented Architecture，简称 SOA），总体技术架构包括：IT 集成架构、IT 基础架构、安全技术和监控管理四大体系内容。城市轨道交通企业 IT 技术架构如图 3-7 所示。

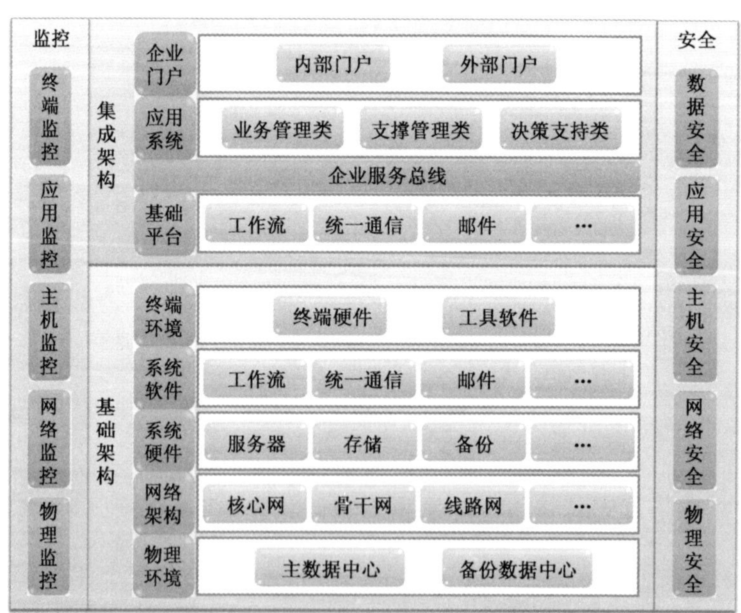

图 3-7　城市轨道交通企业 IT 技术架构图

（一）IT 集成架构

IT 集成架构的设计遵从分层、分离，一致性和可重用性等原则。

1. 分层

IT 集成架构体系采用分层的设计方法构建整体框架，在该架构中，每层都会封装自己的具体实现细节，只是向相邻的层提供服务访问的接口，这样能降低应用间的耦合程度，也能使因变化导致的影响降至更低。整体架构可以划分为界面服务层、业务服务层、应用服务层、企业组件层和数据资源层五部分内容。如图3-8所示。

界面服务层负责提供跨应用、跨设备的统一集成的用户界面，用于实现用户和系统之间的交互管理。界面服务层包括企业门户、单点登录、统一用户、多渠道访问服务等功能。业务系统通过界面服务应用进行集中的接入和展示，为用户提供统一的系统入口和操作体验。

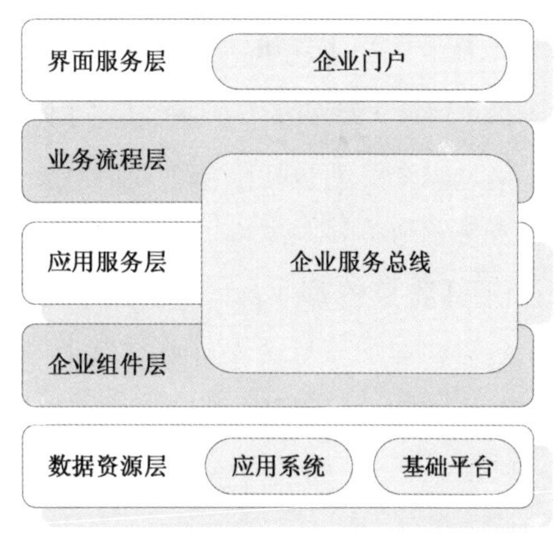

图3-8　城市轨道交通企业IT集成架构分层图

业务流程层负责对应用服务层的服务进行调度，形成跨业务应用域的业务流程，实现业务应用域之间的流程调度。

应用服务层整合企业组件层的基础平台和应用系统的功能组件，包括基础平台的报表功能、全文检索、内容管理、在线分析和系统监控基础平台功能等，以及应用系统的各业务功能和数据接口等，形成符合业务应用域的应用服务层。

企业组件层使用不同的组件把数据资源层的功能封装起来。通过提供代码容器，实现应用服务层所定义的服务。各个系统提供自身业务、功能所支持的业务组件，由企业服务总线进行组件的连接和新组件的实现。

数据资源层包括所有支持商业活动IT技术环境的应用资源，为上层的组件层提供数据资源的存储和管理功能，涉及的数据资源内容包括：企业定制软件、基础技术平台类软件、企业专用业务处理系统、现有的数据库系统和数据文件。

2. 分离

分离的思想应贯穿于整个服务体系架构的设计过程中，服务应封装自己的实现细节，与业务分离，与平台分离，与位置分离。也就是说，服务和服务的调用方在版本、部署、操作、安全上都应该是相互独立的。

3. 一致性

各类服务的设计应在整体体系架构中保持一致性，符合统一的标准，以减少开发、集成和维护工作。如：要求信息系统建设过程中，必须通过企业门户，实现单点登录、统一认证、功能界面的集成；信息系统间的数据交互和业务功能复用，必须统一使用企业服务总线实现，达到企业级的数据和应用集成。

4. 可重用性

设计服务时应进行广泛的业务分析，以确定更全面的需求，同时服务应具有良好的可扩展性和可伸缩性，以实现重用的需求。在进行设计时，应考虑到下列情况：

①设计必须能适应不断增加的吞吐量，尤其是要注意当使用服务的数量增加时，数据量和并发访问量也会随之增大。

②设计时还应考虑到未来对服务请求的增长情况，随着应用的拓展和深入，可能需要服务提供新的功能，或者需要对现有功能进行更改。

（二）IT 基础架构

IT 基础架构主要由终端环境、系统软件、系统硬件、网络架构和物理环境五部分构成。

（三）信息安全

信息安全管理包括建立企业信息安全管理体系和实施信息安全管理工作。企业信息安全管理体系包括信息安全组织、信息安全技术和信息安全运营等内容。

（四）监控管理

监控管理主要包括终端监控、系统软件监控、系统硬件监控、网络设施监控和物理环境监控等工作。针对不同层面的软硬件布置监控程序、脚本、软件、硬件或人力资源，建立事前预防、事中监督、事后溯源追查的管理机制。

第三节 城市轨道交通企业信息化基础架构

信息化基础架构主要由计算机终端环境、系统软件、系统硬件、网络架构和物理环境五大部分构成，它是一个底层支持平台，相当于一个大楼的地基，是城市轨道交通企业各种信息化应用的基础，因此称“基础”架构。

一、计算机终端环境

计算机终端环境是用户与信息系统交互的介质，包括计算机办公设备和终端软件两部分，计算机办公设备是指办公用计算机终端及其相关配套设备、设施，包括台式计算机（连显示器）、笔记本电脑、打印机、刻录机、扫描仪等。计算机终端软件是指计算机终端常用的操作系统、办公软件、工具软件、安全软件等。

计算机终端是城市轨道交通企业用户访问信息系统和处理各种办公事务的基础工具，如管理不善，则影响企业的办公和各类信息系统的运行，企业信息化也无从谈起。企业计算机终端环境管理包括以下两方面内容：

（一）计算机终端软件管理

1. 计算机终端软件分类

计算机终端软件可分为基础类、通用类和禁止安装类等。

①基础类软件。基础类软件为用户必须安装的终端软件，包括操作系统、办公软件、桌面管理系统、常用输入法等软件；在相关规定中应注明软件的产品名称和版本号，如操作系统可

规定为:Microsoft Windows 简体中文专业版(版本:Windows 7,32 位);其次应规定系统安全补丁由 IT 部门在设备发放时统一安装,用户在使用过程中不得擅自卸载或升级。

②通用类软件。通用类软件为用户根据工作需要,可以按需选择安装的常规用途软件,通用类软件主要包括:各类信息系统运行所需的客户端软件或插件;主机或外设硬件的驱动程序等。

③禁止安装类软件。禁止类软件指禁止安装的计算机软件,包括游戏类软件、网络扫描器等威胁信息安全的软件等;

2. 计算机终端软件的获取

①经企业认可的合法软件将统一存放在终端软件库,用户可按需获取使用软件库内的软件。

②各用户所使用的软件必须有可信来源,用户不得擅自使用网络下载或其他途径获取的软件。

③如确因业务需要安装其他终端软件的,用户应向信息系统运维部门申请和备案。

④经公司审批同意且经备案的合法软件,由信息系统运维部门及兼职信息管理员统一管理。

3. 计算机终端软件的规范使用

①用户应遵照各常用软件使用方法正确操作,如发现故障无法排除时,应及时报障。

②用户应严格遵守知识产权法,不得使用非法软件,不得非法拷贝、传播软件,不得将外来的非法软件拷入总公司网络。

③各用户应参与计算机办公应用技术培训和推广课程,提高计算机应用水平。

4. 计算机终端软件安全防范

①用户终端统一安装计算机安全软件,各用户不得擅自修改或删除。

②用户应每隔两周使用防病毒软件对计算机进行全盘杀毒。

(二)计算机办公设备的管理

1. 采购要求

采购时要求所采购的设备要符合企业相关标准要求(如显示器大小、设备性能等要求),同时需考虑后续维护的便捷性。

2. 日常管理要求

①用户应严格执行有关计算机操作规程,保持环境清洁,爱护并妥善保管计算办公设备设施。

②用户不得擅自拆装、更换计算机办公设备及其配件和外设。

③对笔记本电脑、软盘、移动硬盘、U 盘等便携设备,必须及时清理锁入柜中,防止被盗。

④如果软盘、光盘、U 盘、磁带等存储介质上的数据不再需要,应当即时对这些数据予以清除。

⑤需要委外维修时,用户必须确保所有敏感信息已经备份,并在计算机上已经物理删除。

⑥各用户不得擅自使用非企业计算机办公设备接入企业计算机办公网络。

⑦执行待报废的设备,设备用户须确认重要数据已转移,并同意将所有数据物理删除。

(三)信息技术的发展对终端环境的影响

1. 终端云化

终端云化是一种提升计算机终端规范化管理和安全能力的新技术方案,指通过桌面云和云桌面虚拟化等方式,支持用户使用不同的终端通过网络获取统一的终端使用界面模式,传统的终端环境可通过桌面云平台,把用户的桌面环境集中部署在数据中心后台,改变过去分散、独立的桌面系统环境。

桌面云主要包括基础架构的物理设备和云桌面虚拟化两部分。其中的物理设备由基础架构云环境和终端设备组成,而其他组件均由运行在基础架构云平台上的服务和虚拟机上的软件平台组成。云桌面虚拟化是运行在基础架构云的虚拟机,根据使用场合的不同,也有不同分类。目前,业界主要提供"桌面虚拟化"和"应用虚拟化"两种模式。

桌面云与传统 PC 模式在第一次购置费用方面差别不大,而在后续费用方面,桌面云则比传统 PC 模式有较大优势。采用桌面云可极大提升 IT 运维和管控的效率,降低维护的复杂度和难度,节约运维人工与成本。

桌面云环境的架构设计如图 3-9 所示。

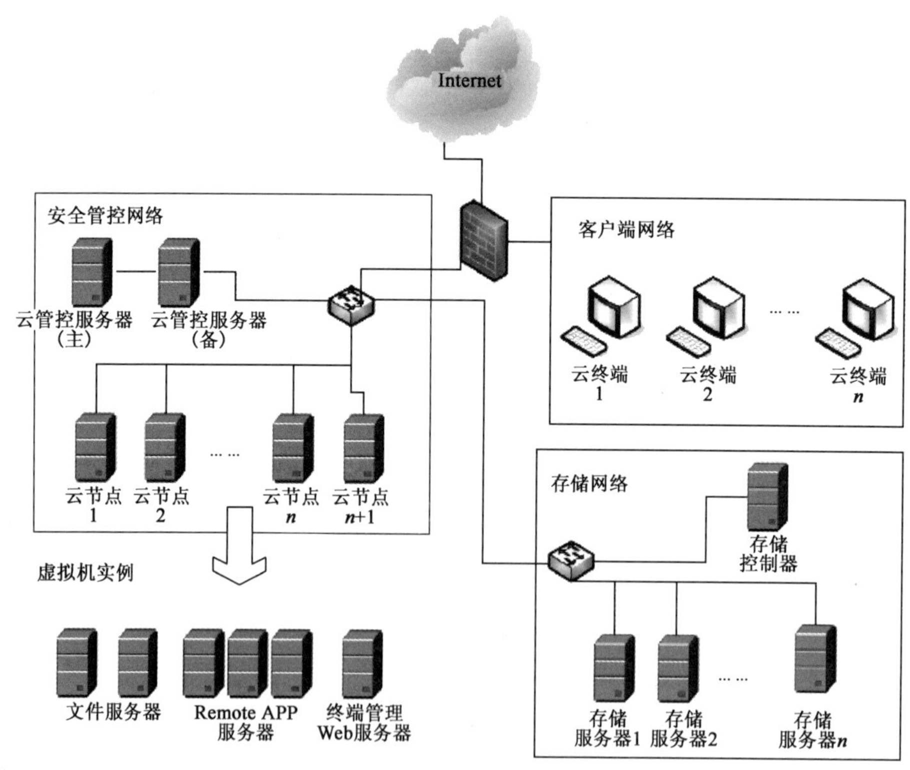

图 3-9　桌面云架构图

桌面云体系的主要技术特点和实施要求如下:

①软件安装在云服务器上,相当于批量安装在所有用户的终端,无须网络克隆。企业信息管理员只需要连接到云服务器上的云桌面,即可像给本地机安装软件一样给云桌面安装软件,

两者没有任何区别，安装完成后，所有在使用该云桌面环境的终端用户都可立即使用新安装的软件，真正实现即装即用。

②为数量大、分布不集中、硬件配置不相同终端用户，轻松部署统一的软件环境。城市轨道交通企业终端分布分散，且终端电脑的配置差异大，终端软件环境统一部署极为复杂，而且成本较高。使用桌面云系统，轻松解决分散、硬件配置不一样的、批量终端的软件统一部署和管理。可以在不同操作系统平台，不同厂商提供的不同 PC、笔记本电脑上部署运行同一个云桌面应用，独立于硬件的桌面应用，大大减轻了管理异构硬件终端应用环境所带来的负担。

③根据不同业务应用，为不同部门、不同人员建立一对多、多对一的办公环境。针对不同部门、不同人员的办公业务特点，定制不同的办公环境，满足各自的办公需求。当许多信息系统无法部署在同一个桌面环境中时，可以定制不同的桌面环境给同一个人，无须配置多个 PC；一个云桌面环境也可以分配给同一个部门具有相同业务办公需求的所有人使用，合理分配资源，统一管理软件应用；当然也可以为特定的人群定制个性的桌面环境。

④新的桌面部署、硬件升级和员工迁移机制协助管理员快速交付或收回云桌面。终端办公环境崩溃，需要重新部署；终端用户机器更换硬件，硬件升级；员工新增、调动、离职等情况下，信息管理员只需要在管理端进行操作，即可完成云桌面的应用交付、更改和收回等维护，提升管理维护效率。

⑤应用数据托管在云端，云桌面与本地系统之间互不影响，防止外部病毒攻击破坏。云桌面允许在同一台计算机上运行企业应用环境和个人应用环境，企业办公应用数据存储在云服务器，与本地系统应用完全隔离，企业不必担心个人应用和一些非法操作给企业应用环境带来风险，如外设滥连，病毒感染系统，云桌面关闭后，会自动恢复，企业应用环境不会被破坏。

⑥软件可随时随地进行安装，更新应用补丁不会造成中断，不会影响正常办公。办公环境部署后，如果后期要进行更新，无须单独抽出不上班的时间进行维护，信息管理员可以随时随地进行安装、卸载软件、修改配置等操作，即使当前进行更新维护的桌面云正在使用，也不会影响终端用户的正常办公。

⑦实现终端环境的标准化，减少终端环境个性化配置带来的监控难题。采用桌面云体系可以避免用户在云端安装非标准工具软件，可以提升系统的主动侦测、防御攻击和信息安全能力。通过在云服务器批量标准化安装用户的终端软件，可以为数量大、分布不集中、硬件配置不相同的终端用户轻松部署统一的软件环境。IT 管理的方式从管理设备转变为管理用户。所有应用程序和数据都在云平台，可以由维护人员统一安装、杀毒、升级、备份数据。IT 管理人员可以快速地准备桌面和服务，满足业务的增长需要，通过实现终端的标准化以及应用的自动部署，使得企业可以更加关注于应用和业务的扩展。

2. 终端移动化

随着 BYOD(Bring Your Own Device，携带自己的设备办公)的到来，越来越多的员工通过自购的计算机、手机、平板电脑等移动终端设备在不同的地点登录企业的信息系统。员工自带设备为企业节省了大笔资金，但也对企业原有的信息安全管理提出了挑战。在技术方面，移动终端管理软件需要支持企业数据与个人数据的安全分割；在管理制度方面，企业需要与员工明确约定双方的责任和义务。企业必须在 BYOD 时代，能确保私人与企业数据的分离，同时又能保障协同安全性。城市轨道交通企业应该对移动设备全生命周期进行管理，在移动设备、移动 APP、移动文档三方面进行管理和防护。

移动终端管理通过统一的设备认证、用户认证管理，实现一个用户通过一台设备完全认证后可接入移动网络。依据相应的设备管理平台和用户管理平台，保证应用用户的合法性、唯一性和高安全性。

移动设备管理体系的构成如图 3-10 所示。

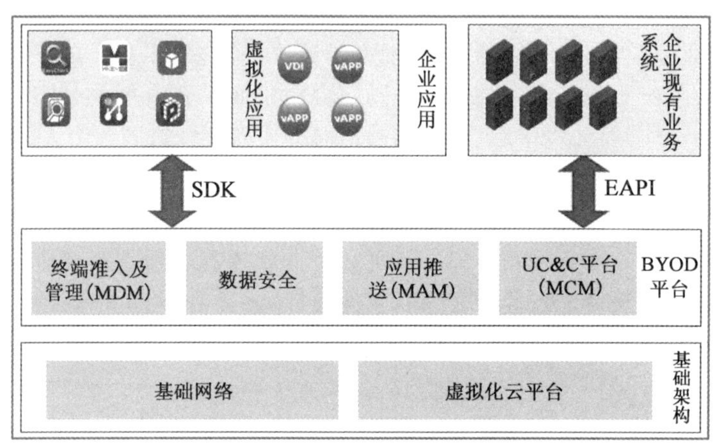

图 3-10　移动设备管理体系图

该体系涵盖如下四大要素：

①应用推送。应用推送是针对员工移动设备应用的安全保护、分发、访问、配置、更新、删除等策略和流程进行的管理。通过企业应用商店控制和推送应用，能集中监控应用的使用情况，对应用设置相应策略以满足企业的规范。它是向移动应用的延伸，帮助城市轨道交通企业将 IT 策略从设备级延伸到应用级。从而具备对于企业应用 App 的更高控制能力，实现自动化的应用配置，应用内数据安全管理及移动端应用到后台服务系统的安全数据传输等功能。

②数据安全。数据是企业的宝贵财富，但数据易传输、易窃取，若储存不当，风险很高。移动管理软件应具备各类安全功能，例如：密码保护、数据加密、GPS 定位，以及远程清除企业数据。并通过接入认证、准入检查、权限控制、"安全沙箱"及 MDM 安全管控这 5 部分环环相扣，从终端接入、数据访问、数据存储等不同角度保障企业数据在 BYOD 终端上的安全。

③移动内容管理。能全面控制移动应用内容存储与分发，确保企业公文等重要资料得到有效保密。

④设备管理。设备管理提供完整的移动设备生命周期管理。从设备注册、激活、使用、淘汰各个环节进行全面管理，实现了用户及设备管理、配置管理、安全管理、资产管理等功能。

二、系统软件

(一)系统软件的构成

系统软件包括操作系统软件、数据库软件、中间件等支撑系统运行的软件，以及基础应用和各类系统管理等软件。

1. 操作系统

操作系统是管理电脑硬件与软件资源的程序，同时也是计算机系统的内核与基石。操作系统身负诸如管理与配置内存、决定系统资源供需的优先次序、控制输入与输出设备、操作网络与管理文件系统等基本事务。操作系统可分为批处理操作系统、分时操作系统、实时操作系统、网络操作系统和分布式操作系统五大类型。现阶段企业常用的操作系统 Windows Server、UNIX、Linux 属于多用户的网络操作系统。

2. 数据库

数据库软件是按照数据结构来组织、存储和管理数据的仓库。在日常工作中，常常需要把某些相关的数据放进数据库，并根据管理的需要进行相应处理。我们可以根据需要随时查询相关数据的情况。主要有操作型处理（事务处理）和分析型处理两大类。操作型处理一般使用关系型数据库，分析型处理一般会用到多维数据库。现在主流关系型数据库软件包括有 DB2、Oracle、Informix、Sybase、SQL Server 和 MySQL 等。

3. 中间件

中间件是位于硬件、操作系统等平台和应用之间的通用服务，这些服务具有标准的程序接口和协议。不同的硬件及操作系统平台，可以有符合接口和协议的多种实现。中间件是一种独立的系统软件或服务程序，可以帮助分布式应用软件在不同的技术之间共享资源，它位于客户机/服务器的操作系统之上，管理计算机资源和网络通信。其主要目的是实现应用与平台的无关性。中间件能够屏蔽操作系统和网络协议的差异，为应用程序提供多种通信机制，满足不同领域的应用需求。

中间件包括的范围十分广泛，针对不同的应用需求有各种不同的中间件产品。从不同的角度对中间件的分类也会有所不同。通常将中间件划分为数据库访问中间件、运程过程调用中间件、面向消息中间件、事物中间件、分布式对象中间件等几类。

4. 其他系统软件

其他系统软件包括备份软件、监控软件及安全软件，分别在备份架构、监控及安全等章节进行介绍。

（二）软件许可与标准化

城市轨道交通企业当前大多处于信息化大规模建设阶段，对于系统软件的需求非常高。因此在软件系统架构的设计上，需要重点关注以下问题：

1. 软件授权许可的风险

根据一般的测算，建设和运行 1 个信息系统，至少需要 4 个操作系统许可和 1 个数据库使用许可。当前操作系统、数据库和中间件等系统软件主要以国外大厂商的产品为主，这些产品的价格体系通常是按照服务器数量或 CPU 核数计算 + 用户数计算的，采购投入高昂，此外还需要每年购买 20% ~25% 不等的维护费，使用时间越长，成本越高。因此城市轨道交通企业在系统软件设计时，应当逐步降低对成熟系统软件的过度依赖，根据企业自身的能力和业界的发展，使系统软件向开源化推进，降低相应使用许可采购的风险。

2. 信息系统环境的标准化

①项目管理的标准化。推进 IT 项目管理在文档标准化的基础上,向技术标准化、应用功能标准化方向发展,将标准化与实际的生产环境、开发代码直接对接,通过标准化驱动高效、协同的工作模式,并且驱动全面的质量管理。

②系统软件的标准化。不同的系统软件版本,会带来后续的管理和维护的问题,企业应遵循统一的原则,明确系统软件选型标准和规范,包括操作系统、数据库、中间件等,并建立系统软件的管理流程,做好采购系统软件计划,避免因为系统软件不足导致项目拖延的情况。

③建立数据库的标准化安装部署模板。建立数据库集群,实现数据库服务器的横向扩展,对于 Oracle 数据库,可采用 RAC 的方式,对于 SQL Server 及其他关系型数据库,可采用一写多读节点的数据库部署方式,以增强数据库的性能及可靠性,结合服务器虚拟化技术建立标准的安装部署模板,便于数据库节点的增加、扩展及数据库的灾难恢复。

三、系统硬件

系统硬件主要是指为了支撑企业信息化应用所必需的各种运算设备,包括服务器、存储、交换机、负载均衡、防火墙、VPN 服务器等,是支撑所有信息系统的基础设备;其中,系统硬件的核心是服务器与存储,这两类运算设备为所有信息系统的运行提供最基本的运算服务。本节主要介绍这两类系统硬件。

(一)系统硬件架构

硬件架构是支撑企业信息化上层应用的载体,服务器上将运行各类信息系统包括核心业务信息系统,这之中有很多应用程序需要保证 7×24 的运行,因此需要有一个良好的架构,能够使其不但平稳可靠的运行,而且具备优秀的扩展性、灵活性,为业务发展提供可持续的支撑。此外,存储架构设计方案应该是建设一个可以满足现在和将来应用的数据库服务器和应用服务器需求的环境,建立一个架构简单、资源共享、扩展灵活、管理集中、性能优异以及支持灾备的统一的企业级数据中心存储平台。硬件架构层面的设计目标如下:

①具有非常高的可靠性和安全性,满足关键服务的高可用性;

②能够满足信息系统的性能要求;

③架构具有良好的可扩展性和灵活性,能够快速响应业务需求;

④简化及优化整合的架构,提高资源使用率,降低单位成本;

⑤整合不同存储设备上的存储空间,形成统一的存储资源池,被信息系统所共享;

⑥存储资源集中管理,动态分配;

⑦支持异构平台,扩展性好;

⑧给予服务标准的分级存储;

⑨具备远程镜像和拷贝功能,支持灾备系统;

⑩占用尽可能少的空间,节省能源和制冷。

(二)服务器体系架构

服务器体系的具体设计可按照功能和运行环境两条主线进行层次与区域的划分:在功能

上，按层面分别构建服务接入层、应用服务器 AP 层和数据库服务 DB 层。

1. 服务器的层次

在三层架构（图 3-11）中，接入层在前端与用户进行通信（B/S 架构中指 Web 服务器，C/S 架构中指前端服务器），应用服务器在中间用于实际的数据处理和分析，数据库服务器位于后端用于数据的存储。根据应用的三层架构，我们将在每个区域内，根据不同服务器的应用类型，分为服务接入层（Web Server 或网点前置）、应用服务器 AP 层和数据库服务 DB 层，这样便于架构的可伸缩性，并保护不同级别服务器的安全。例如，通过新增前端 Web 集群中服务器，可实现性能、架构的扩充；新的、基于 B/S 架构的应用可以灵活、方便地加入服务器的整体架构，而无须在架构上做大的调整；位于不同层的服务器可以接入到不同的子网中，部署不同级别的安全机制，从网络访问上提供了更可靠的安全性等。

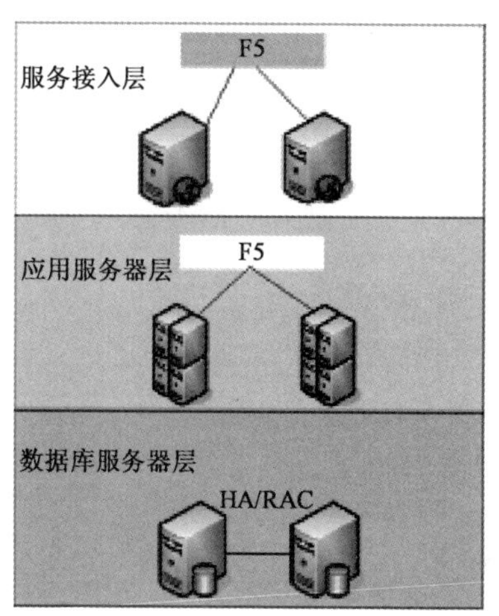

图 3-11　服务器三层架构

①服务接入层。服务接入层指通过多台 Web 服务器（或接入服务器）组成基于前端负载均衡设备的横向群集，在提高对 HTTP 请求（或接入请求）处理能力的同时，也保证了高可靠性、高可用性。Web 服务器（或接入服务器）需要较高的网络通信处理能力，满足大批量的接入，并在整个系统中构建了更多的冗余，具有良好的伸缩性。

服务接入层实现了业务应用与用户访问处理的安全隔离，减少了业务应用被外部攻击的风险。

②应用服务器层。应用服务器层主要部署了应用服务器。针对不同设计架构的应用，建议采用负载均衡设备、基于应用的 cluster 结构，实现负载均衡和应用的高可靠性，或通过使用冗余服务器和高可用软件实现双机 HA 的设计，实现应用的高可靠性、高可用性。应用服务器需要较高的计算能力和网络通信处理能力，应用服务器将安装在单独的物理服务器或逻辑分区上，并可以通过和另一台单独的物理服务器或不同物理服务器上其他的分区建立集群关系，实现负载均衡和容错的目的，提高整体性能和可靠性。某些应用，会对外部存储提出相应的需求，因此应用服务器与外部磁盘存储系统应该通过基于光纤的存储网络（SAN）进行连接，以获得最佳的性能。

③数据库服务器层。数据库服务器层主要指后端部署的数据库服务器：可以通过使用冗余的服务器实现高可用性。数据库服务器需要非常强的磁盘 I/O 处理能力，应该运行在具有高磁盘 I/O 和高存储容量（高端外部存储服务器）的后台服务器上。数据库服务器与外部磁盘存储系统应该通过基于光纤的存储网络（SAN）进行连接，以获得较高的 I/O 的性能。

2. 服务器的选型

随着 X86 服务器技术的发展，X86 服务器的软件虚拟化技术正在日渐与小型机难分伯仲。从近期的 IDC 对服务器市场的统计，我们不难看出，传统数据中心里的王者——UNIX 服务器销售额不断萎缩，与之相呼应的则是以英特尔为首的 X86 处理器平台，以其性价比较高、兼容性好等优势，在新兴 IT 的推动与自身完善之下，在数据中心里不断扩大着自己的领地。

另外,以使用大量X86服务器的横向扩展方案也在得到越来越多厂商的支持。数据显示,当前X86架构的服务器全球出货量高达95%,营收也超过70%。因此,企业在服务器选型上应建立以X86服务器为主的技术路线,控制小型机的采购。小型机与X86服务器对比情况如表3-1所示。

小型机与X86服务器对比 表3-1

存储特点	小型机	X86服务器
可靠性、可用性	高,业界一般认为可用性可达99.9%	较高,业界一般认为可用性可达99.5%,已接近小型机的水平。使用集群方式可达99.99%
扩展性	高	较高。目前没有发现城市轨道交通企业的信息系统使用超过高端PC服务器的性能,目前PC服务器的性能也不断发展。此外,对于Oracle数据库可使用RAC进行横向的扩展
采购成本	高	一般
维护成本	高	一般
推荐方式	逐步淘汰	优选采购

随着技术的发展,X86服务器的RAS已逐步达到小型机的要求。从投入产出、性价比和可扩展性等方面考虑,应以X86技术为核心搭建服务器资源环境,逐步实现小型机应用的迁移和退出。

3. 服务器分级管理

对现有服务器的性能、可靠性等因素划分不同的级别,根据信息系统的重要性等级、不同的服务器层次、不同服务器区域配置不同等级的服务器,关键信息系统运行在关键服务器上,重要信息系统运行在重要服务器上,一般信息系统运行在一般服务器上。

4. 服务器的虚拟化

虚拟化及基于虚拟化之上的云计算技术经过多年的发展已逐渐成熟,采用软件技术对服务器进行虚拟化,可以在一台物理服务器上建立多个虚拟服务器系统,部署多个应用。服务器虚拟化可以让IT部门达成以下目标:

①35%~75% TCO(总体拥有成本)节省;

②通过将整合多个物理服务器到一个物理服务器降低40%软件硬件成本;

③整合比:生产环境(10~15):1,开发测试环境(15~20):1;

④每个服务器的平均利用率从5%~15%提高到60%~80%;

⑤降低70%~80%运营成本,包括数据中心空间、机柜、网线、耗电量、冷气空调和人力成本;

⑥提高运营效率;

⑦部署时间从小时级到分钟级,服务器重建和应用加载时间从20~40hrs减少到15~30min,每年节省10000人/h(300台服务器);

⑧以前硬件维护需要之前的数天/周的变更管理准备和1~3h维护窗口,现在可以进行零

宕机硬件维护和升级。

(三)存储体系

存储系统是指计算机中由存放程序和数据的各种存储设备、控制部件及管理信息调度的设备(硬件)和算法(软件)所组成的系统。作为信息系统各种数据内容的寄身之所,存储体系对容量、速度和可靠性等方面的要求在快速提升。同时,信息化所支撑的业务应用快速膨胀、以大数据为代表的数据分析和数据应用的发展,对存储带来爆炸性的增长要求,从而带来存储成本的快速增加。根据行业的预测,城市轨道交通企业对存储容量的增加比率达到了每年25%的递增速度。各企业需进行有效的存储体系设计,以支撑企业信息化在低成本、高性能和高可用性等方面取得平衡。

1. 存储分层体系

根据访问存储的方式可将存储分为 DAS、NAS、SAN、ISCSI、FCOE 等存储类别。根据存储的组成方式可将存储分为集中式存储、云存储、本机存储。

为了有效发挥存储的效能,应针对存储的技术指标、所适应的业务内容和存储所应对的数据等情况进行规划设计。根据存储技术的性能、成本和容量在整体存储中所占的比例进行划分,层次划分体系如图 3-12 所示。

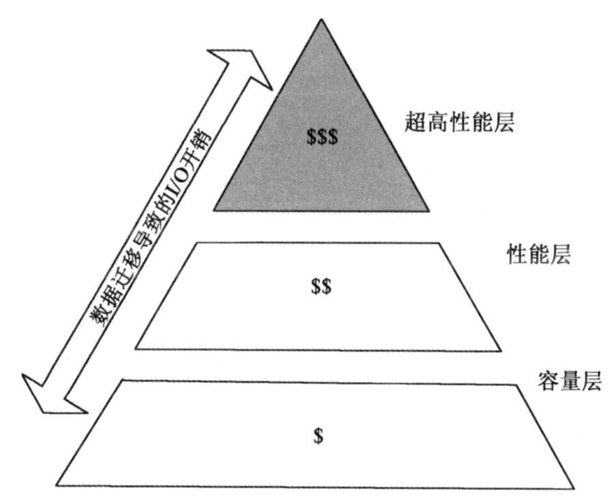

图 3-12　存储分层体系图

对于相关存储层次简述如下。

①超高性能层:一般由固态硬盘搭建,建设费用高,适用于对 I/O 要求高的场景。例如并发高的数据库服务器所需的结构化数据存储区域,或为存储提供缓存。

②性能层:一般由 SAS 硬盘、FC 硬盘搭建,建设费用中等,适用于对 I/O 要求中等的场景。

③容量层:一般由 SATA 硬盘搭建,单位容量建设费用低,适用于低速大容量的场景。例如并发要求不高、存储容量大的文件类型存储。

2. 存储选型

①对不同存储的特点对比如表 3-2 所示。

存储特点比较 表3-2

存储特点	集中式存储	云存储	本机存储
可靠性、可用性	高，技术成熟，由存储厂商的专有技术保证	较高，由云存储服务商的研发水平保证	一般，存在单点故障
性能	高	高，在配置固态硬盘的前提下	高，在配置固态硬盘的前提下
扩展性	较高，仅限于单台存储本身的扩展性	高，易于实现存储的融合	低，只提供本机的存储服务使用
采购成本	高，后续扩容成本受限于存储厂商	一般，并随着云存储技术的不断推广，逐步降低	低
维护成本	高，一般需采购存储厂商的维保服务	对维护人员的维护水平要求高	低
适用场景	适用存储维护团队水平不高，对存储可靠性要求高的场景	适用存储维护团队水平较高，对存储可靠性要求高的场景	对存储可靠性要求不高的场景

企业应根据自身的特点，形成适用于自己企业的存储采购策略。

②为降低采购存储的成本，应大力推广云存储技术。

相关设计要点如下：

a. 合理配置超高性能层、性能层、容量层，满足业务的需要。

b. 引入存储自动分层技术，实现存储资源的自动调配。

c. 引入存储精简部署技术，节约使用的存储容量，提高存储利用率。

3. 开展存储分级管理

对现有存储不同的性能区域、可靠性等因素划分不同的级别，根据信息系统的重要性等级、不同的存储需求配置不同等级的存储区域，存储需求高配置使用关键存储区域，存储需求中等配置使用在重要存储区域，存储需求一般配置一般存储区域。

总之，在存储体系设计中，应该大规模推广云存储技术和利用存储分层技术，实现存储资源的灵活调配，提高存储资源的利用率，降低存储的采购及维护成本。在满足业务需求、安全需求及可管理性的前提下，逐步实现存储的融合。

四、物理环境

IT 基础架构中的物理环境主要指企业的数据中心，是为运算设备配套的各种基础设施，包括机房环境、综合布线、不间断电源系统、环境控制设备、监控设备以及各种安全装置。

（一）数据中心概述

1. 设计和建造原则

城市轨道交通企业在设计和建造数据中心时，应在“满足现在、适应未来”的总体思想指导下，坚持整体性、先进与经济实用性、高可靠性、高安全性、绿色节能、可扩展和持续发展性、易管理维护性、标准性和舒适性原则，建设先进、可靠、节能、安全、适应企业现状和发展的数据中心。

数据中心内各系统应具有较强的集中式管理加分布式实施的可管理性逻辑，并且为分布

式实施调整提供清晰的管理逻辑。在系统设计过程中同步进行运维管理系统的建构，使得各系统通过集成，实现资源和信息共享，增强对机房的运营管理能力，提高设备利用率，降低能耗，降低人为操作失误造成故障的概率，实现现代化、自动化、流程化的机房管理。

各系统应具有可持续发展的能力，降低初期投资和运行成本，又可在未来信息系统设备的数量或容量增长时，方便地进行系统扩容，并且不影响在线系统的正常运行。系统配置宜采用模块化、开放式结构，以适应系统灵活组织、扩展和系统集成整体提升的需要。

数据中心应能提供良好的工作环境，要保持空气新鲜，机房内的温度、湿度要符合国家标准，对于人员比较聚集的区域，在装饰、照明、通风和家具的人体工学方面要做充分的考虑，为工作人员提供适宜的工作环境。

2. 数据中心等级划分

①我国国家标准的划分方式（等级 A、B、C）：

根据我国国家标准《电子信息系统机房设计规范》（GB 50174—2008），电子信息系统机房等级按照从高到低依次划分为 A 、B 、C 共三级。设计时应根据机房的使用性质、管理要求及其在经济和社会中的重要性确定所属级别。简单地讲，A 级为容错型、B 级为冗余型、C 级为基本型。具体要求详见该标准。

②美国行业标准的划分方式（等级 T1 、T2、T3、T4）：

美国 THE UPTIME INSTITUTE 机构是一个技术研究机构，为了帮助数据中心的建设者合理运用资源、降低投资和运营成本、降低故障率和提高组织效率，该机构利用收集的建设基准、不正常事件数据以及该行业的最佳做法，编制了美国行业标准 TIA －942《数据中心的通信基础设施标准》。根据该标准，数据中心的级别按照“可用性（Availability）”、“稳定性（Stability）”和“安全性（Security）”，从低到高依次划分 T1 、T2、T3、T4 共四个等级，具体内容详见该标准。

③我国国家标准与美国行业标准的对比，如表 3-3 所示。

国内外数据中心设计标准对比分析　　表 3-3

等级	T1	T2	T3	T4	A	B	C
双路供电	单路	单路	√	√（不同电站）	√（不同电站）		√
UPS 系统	N	$N+1$	$N+1$	$2N$	$2N$	$N+1$ 以上	N
备用柴油机	N	N	$N+1$	$2N$	N 或 $N+X$	N	可不设
UPS 电池后备时间	5min	10min	15min	15min	15min		根据需求
双电源供精密空调	单路	单路	√	√	√	√	
双电源到插座			√	√	未明确		
空调	N	$N+1$	$N+1$	$2N$	$N+X$	$N+1$	N
7×24 运营设备管理	√	√	√	√	√	√	
机械设备并行维护			√	√	√	√	
电气设备并行维护			√	√	√	√	
无单点故障				√	√		
场地可用性	99.67%	99.74%	99.98%	99.995%	未明确		
每年场地故障引起的停机时间	28.8h	22.7h	1.6h	0.4h	未明确		

通过比较可见，国标的A级、B级、C级相当于美国行业标准的T4、T3、T2，但不是完全符合，部分指标可能高于或低于国际标准。各企业可根据自身实际情况选择数据中心的等级标准进行建设。

3.数据中心相关标准

目前国内外与数据中心有关的工程建设标准主要有中国国家标准《电子信息系统机房设计规范》（GB 50174—2008）、中国行业标准《电信专用房屋设计规范》（YD/T 5003—2005）、美国通信工业协会（TIA）发布的标准《数据中心的通信基础设施标准》（ANSI/TIA-942—2005）等。这些标准包含了数据中心建设定位、功能指标、设计技术、施工工艺、验收标准等要求，其中《数据中心的通信基础设施标准》（ANSI/TIA-942—2005）是国际上第一部较为全面地以数据中心为对象的技术规范标准。

以下为本书收集的数据中心相关标准。

（1）总体要求（表3-4）

总 体 要 求 表3-4

标 准 名 称	标 准 编 号
《数据中心通信基础设施标准》	TIA 942—2005
《电子信息系统机房设计规范》	GB 50174—2008
《电信专用房屋设计规范》	YD/T 5003—2005
《计算机场地通用规范》	GB/T 2887—2011
《防静电活动地板通用规范》	SJ/T 10796—2001
《计算机场地安全要求》	GB/T 9361—2011

（2）供配电要求（表3-5）

供 配 电 要 求 表3-5

标 准 名 称	标 准 编 号
《防静电活动地板通用规范》	SJ/T 10796—2001
《电气装置安装工程电缆线路施工及验收规范》	GB 50168—2006
《低压配电设计规范》	GB 50054—2011
《供配电系统设计规范》	GB 50052—2009
《不间断电源设备》	GB 7260

（3）照明、消防、安全等要求（表3-6）

照明、消防、安全等要求 表3-6

标 准 名 称	标 准 编 号
《建筑照明设计标准》	GB 50034—2013
《采暖通风与空气调节设计规范》	GB 50019—2003
《消防通信指挥系统设计规范》	GB 50313—2013
《安全防范系统验收规则》	GA 308—2001
《火灾自动报警系统设计规范》	GB 50116—2013
《信息安全技术信息系统灾难恢复规范》	GB/T 20988—2007

(4)智能建筑要求(表3-7)

智能建筑要求 表3-7

标准名称	标准编号
《智能建筑设计标准》	GB/T 50314—2015
《智能建筑评估标准》	DG/TJ 08-602—2001,J10105—2001
《智能建筑施工及验收规范》	DG/TJ 08-601—2001,J10099—2001

(5)综合布线要求(表3-8)

综合布线要求 表3-8

标准名称	标准编号
《综合布线系统工程验收规范》	GB 50312—2007
《综合布线系统工程设计规范》	GB 50311—2007
《大楼通用综合布线系统　第1部分:总规范》	YD/T 926.1—2009
《信息技术——用户房屋综合布线》Information Technology-Generic Cabling for Customer Premises)	ISO/IEC 11801
《商业建筑电信布线标准》	ANSI/EIA/TIA 568A(B)

4. 数据中心的规模规划

城市轨道交通企业数据中心的建设规模应满足整个企业中长期发展的需求,规划时应考虑企业未来至少15年的业务发展对数据中心的需求。

(1)方法一:公式法

已知数据中心需要部署的设备情况时,可以根据《电子信息系统机房设计规范》(GB 50174—2008)进行机房面积的估算,具体估算方法详见该标准。

(2)方法二:模型法

对于大中型数据中心,数据中心需要部署的设备情况较难预测,这时需要借助专门的测算模型进行规模估算。如图3-13所示,这是在某城市轨道交通企业数据中心规划时使用的规模测试模型示意图。

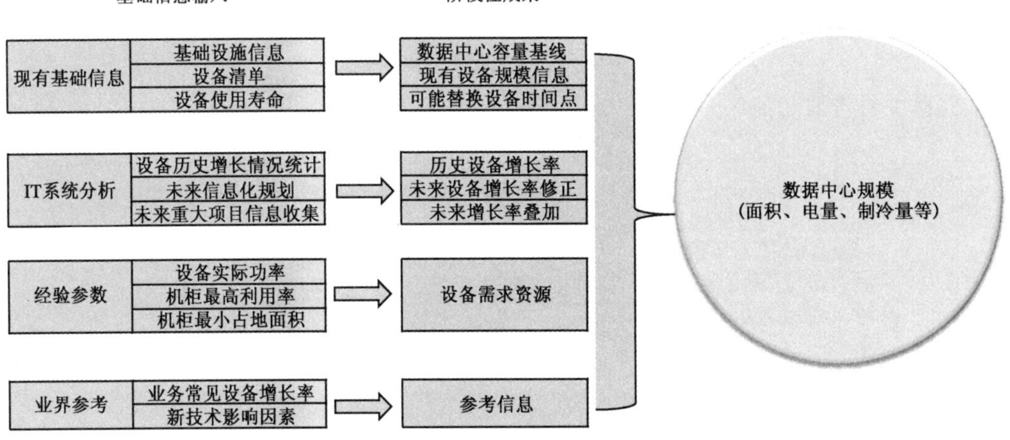

图3-13　数据中心规模测算模型示意图

为了测算数据中心规模，需要收集和分析许多信息，如需要收集和分析企业现有设备清单、IT 规划信息、近几年主要设备的增长率以及业界可参考的相关设备增长率等情况。需要借助专门的数据中心规模测试模型对未来数据中心面积、电量和制冷量进行测算。

(3)模块化设计和分期建设

数据中心建成之初，会有相当一部分空间将被预留。因此，对预留空间的各系统配套设计就显得尤为重要。为了满足分期建设的目标，数据中心各功能系统可采用模块化设计，在建造时可分模块、分期建设。在降低总体拥有成本(Total Cost of Ownership)的同时，还能保证未来设备扩容时不会对已运行设备造成干扰。

5. 数据中心的选址

数据中心选址关系到信息系统运行的连续性及数据中心发展的可持续性。数据中心选址要考虑自然环境、成本因素和地域配套条件等要素。

针对数据中心的选址，数据中心相关规范中都有相关要求，如要尽量避免选择高风险的区域建设数据中心。所谓高风险的区域包括：农业生产、化工厂、生物制造、核设施、制造业工厂的周边地区，自然灾害(如水灾、火山、地震等)高发区，以及人为灾害高风险区(如机场周边、飞机起降路径、高速路边等)；同时数据中心也要避开人烟稠密区，尽量减少人为因素带来的风险，位于数据中心之上的厨房、卫生间和数据中心之下的停车场都会带来风险。其他要求详见《电子信息系统机房设计规范》(GB 50174—2008)。

6. 数据中心功能区划分

参考 TIA-942 的 T3 标准及 GB 50174—2008 的 A 级标准，数据中心功能区按照重要性与必要性分为必要功能区、重要功能区和可选功能区。

①数据中心必要功能区，如图 3-14 所示。

图 3-14 数据中心必要功能区图

②数据中心重要功能区，如图 3-15 所示。

IT应用辅助功能区
网络进线室
测试机房
设备拆包室
室外卸货平台
大型设备运输通道
大型设备拆包室

控制区
消防控制室
安防控制室
警卫值班室
值班控制室
监控中心/应急指挥室

动力系统辅助功能区
照明变电室
柴油机房
电力监控室
室外油罐
排烟风机房

图 3-15 数据中心重要功能区图

③数据中心可选功能区,如图3-16所示。

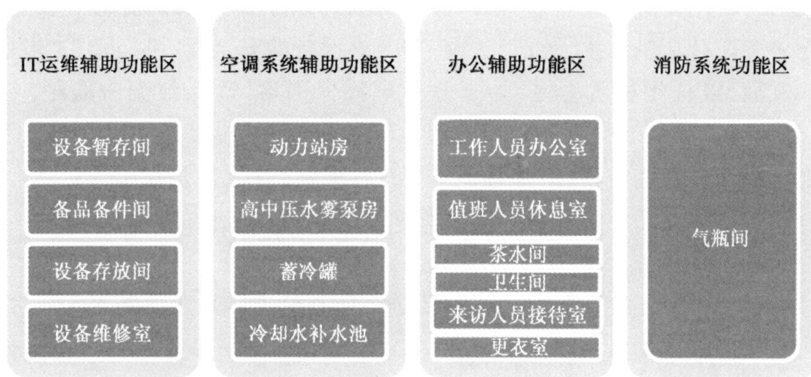

图3-16　数据中心可选功能区图

数据中心功能间面积分配原则:首先满足总机柜数所需的面积,即主机房的面积和配套的精密空调间的面积。UPS电池间、钢瓶间、控制室以及其他辅助房间的面积是根据支持主机房正常运行的设备所需的面积确定的。其面积及布局会随着后期深化设计的需求改变而相应调节。

(二)数据中心建造要点

数据中心建设工程涉及多个专业,包括装修专业、照明系统、供配电系统、制冷系统、综合布线系统、综合监控系统、消防系统以及网络系统等专业,建造时需要遵循相应的标准规范和最佳实践,部分要点罗列如下:

1.基础环境

机房是承载数据中心的基础环境,根据数据中心相关标准,主要要求如下:

(1)总体要求

①主机房净高应根据机柜高度及通风要求确定,且不宜小于2.6m,推荐3m。

②有人操作区域和无人操作区域宜分开布置。

③机房内通道的宽度及门的尺寸应满足设备和材料的运输要求,建筑的入口至主机房应设通道,通道净宽不应小于1.5m。

④当A级或B级电子信息系统机房位于其他建筑物内时,在主机房和其他部位之间应设置耐火极限不低于2h的隔墙,隔墙上的门应采用甲级防火门。

⑤面积大于100m^2的主机房,安全出口不应少于两个,且应分散布置。面积不大于100m^2的主机房可设置一个安全出口,并可以通过其他相邻房间的门进行疏散。门应向疏散方向开启,且应自动关闭,并应保证在任何情况下都能从机房内开启。走廊、楼梯间应畅通,并应有明显的疏散指示标志。

⑥A级和B级电子信息系统机房的主机房不宜设置外窗。当主机房设有外窗时,应采用双层固定窗,并应有良好的气密性。不间断电源系统的电池室设有外窗时,应避免阳光直射。

(2)室内装饰

机房内装饰与现代化的计算机通信设备相匹配,体现出作为重要信息汇聚地的室内装饰的特点。在充分考虑计算机系统、通信、空调、UPS等设备的安全性、可靠性、先进性的前提下,选用装饰材料方面,以自然材质为主,并充分考虑环保因素,确保数据中心严格的环境条件(温度、湿度、洁净度及其控制精度)和工作条件(防静电性、屏蔽性、防火、防水)。

室内装饰应采用非燃烧材料(燃烧性能A级)或难燃材料(燃烧性能B1级),当设有火灾自动报警装置或自动灭火系统时,除顶棚外,其他装修材料燃烧性能等级可降低一级。

(3)防水和保温

地面经过清洁,采用水泥砂浆找平后,需要进行防水处理。机房的防水主要分为室内防水和外墙墙面防水两部分。保温主要指的是在必要的区域增加保温夹层石膏板进行处理,最大限度地降低能耗。

(4)门窗

根据机房防火要求,各功能分区应采用钢制防火门。不锈钢门框、窗框、隔断墙的规格型号应符合设计要求,安装应牢固、平整,其间隙用非腐蚀性材料密封。门扇、窗扇应平整、接缝严密、安装牢固、开闭自如、推拉灵活。

2. 供配电系统

数据中心电力供应应在满足目前使用供电容量要求的同时,充分考虑远期业务发展的扩容需求。条件允许时应当采用双路不同变电站高压市电,并配置自备发电机供电的方式。每路高压市电电源、发电机备用电源均应能够承担数据中心的全部负荷。

自备发电机设备容量和数量应按实际负载量及种类计算配置,同时还要考虑自备发电机组未来扩容的可能性,并预留空间。

为满足数据中心对供电系统的高可靠性要求,应采取必要的技术措施消除可能出现在UPS本身及输出端的各种故障隐患。行之有效的办法就是配置UPS"双总线输出"配送电系统。在变压器容量配置上考虑变压器负载100%冗余热备份,有条件时应考虑独立设置UPS专用变压器,同时考虑低压系统未来可能扩容的需要。

考虑到经济性,在系统规划设计时,应根据负载不同的用电安全等级合理配置UPS系统。先期应考虑经济合理的冗余方式,后期可根据实际需要,最高可升级到2N并机双母线冗余(或更高安全等级)方式。

以下为某城市轨道交通的企业数据中心规划中供电系统的规划内容。该城市轨道交通企业的数据中心等级定位为A级。

机房供电系统采用$2N$的供电架构,系统电池备电时间按60min配置。

机房配电为两路市电引入,分别配置ATS配电柜、UPS配电柜(模块化UPS输入,输出和旁路维护开关)和精密配电柜;采用模块化UPS,可在线分期部署、扩容及维护;精密空调室内外机采用双路市电引入,ATS末端切换配电,确保精密空调配电可靠性;由两路UPS分别输出两路电源分别给2台精密配电柜,实现容错配置;精密配电柜各提供24+3(预留)路微断输出给IT负载供电。

数据中心设置独立的供配电系统和配电室,从低压配电室经过上层两路电源ATS切换引至机房配电室，输入配电再到两台 UPS，每台列头柜采用双总线结构，可提供独立的 A/B 路结构，双路输入，电力分别引自两路 UPS 输出配电，负责给双路供电机柜；空调和照明等负载配备专门的空调配电柜，整体配电方案无单点故障，保障供电可靠性。

市电交流配电部分包括 UPS 输入配电柜、UPS 输出配电柜以及空调配电柜等配电柜，其中空调配电柜用于空调供电、普通照明以及新风机等设备供电。

UPS 弱电配电：用于紧急照明、监控、消防等弱电供电，以确保在市电掉电时照明、监控及消防可继续工作。UPS 备电时间不小于 15min，该 UPS 健康状态须接入监控系统，并能实现及时准确的异常报警。

供电监控设计：UPS 输入与 UPS 输出以及空调配电系统具有采集监控数据（其中包括但不限于电压、总电流、总功率、用电量、功率因数、谐波等），纳入到弱电监控系统中；精密配电柜具有总路与支路支持电压，电流，有功功率，输入空开状态与防雷状态监控，支持 MODBUS 协议，兼容被第三方网管集成。

UPS 和电池设计：UPS 使用高效率模块化 UPS，容量根据模块机房数量选取，整个系统使用 2N 供电架构。电池按照系统负载需备电 1h。

接地与防静电：机柜、电源、精密配电柜等金属导体必须进行等电位联结。每台机柜应有两根不同长度的连接导体就近与等电位联结网格连接。所有设备的可导电金属外壳、各类金属管道、建筑物金属结构等均应作等电位联结，不应有对地绝缘的孤立导体。钢架基础的电导通性能满足要求时，可作为等电位接地网络。对外接地采用不小于 $25mm^2$ 的铜导线与基础接地极连接。

3. 制冷系统

①依据国家标准，对制冷系统的要求如表 3-9 所示。

数据中心制冷要求（国标）　　表 3-9

项　　目	技 术 要 求		
空气调节	A 级	B 级	C 级
主机房和辅助区设置空气调节系统	应		可
不间断电源系统电池室设置空调降温系统	宜		可
主机房保持正压	应		可
冷冻机组、冷冻和冷却水泵	$N+X$ 冗余（$X=1\sim N$）	$N+1$ 冗余	N
机房专业空调	$N+X$ 冗余（$X=1\sim N$）主机房中每个区域冗余 X 台	$N+1$ 冗余主机房中每个区域冗余 X 台	N
主机房设置采暖散热器	不应	不宜	允许但不建议

②室内环境要求如表 3-10 所示。

数据中心室内环境要求(国标) 表3-10

项目	技术要求			备注
	A级	B级	C级	
主机房温度(开机时)	23℃ ±1℃		18 ~23℃	不得结露
机房相对湿度(开机时)	40% ~55%		35% ~75%	
主机房温度(停机时)	5 ~35℃			
机房相对湿度(停机时)	40% ~70%		20% ~80%	
主机房和辅助区温度变化率(开、停机时)	<5℃/h		<10℃/h	
辅助区温度、相对湿度(开机时)	18 ~28℃、35% ~75%			
辅助区温度、相对湿度(停机时)	5 ~35℃、20% ~80%			
不间断电池系统电池室温度	15 ~25℃			

③制冷系统容量设计。

根据数据中心设备布局及设备的功耗计算热负荷,作为空调选型设计依据,计算方法如下:

a. 中心机房区域热负荷计算。

设备热负荷:

$$N(\text{机柜数量}) \times P_1(\text{铭牌功率}) \times 0.67(\text{转换系数}) = Q_1(\text{kW})$$

环境热负荷:

$$S(\text{机房面积}) \times 0.18(\text{估算系数}) = Q_2(\text{kW})$$

中心机房总热负荷:

$$(Q_1 + Q_2) \times 1.15\ (\text{冗余}) = Q(\text{kW})$$

b. UPS、电池室热负荷计算。

设备热负荷:

$$P_1(\text{UPS 带载容量}) \times 0.08 = Q_1'(\text{kW})$$

环境热负荷:

$$S'\ (\text{UPS、电池室面积}) \times 0.14 = Q_2'(\text{kW})$$

UPS、电池室总热负荷:

$$(Q_1' + Q_2') \times 1.15(\text{冗余}) = Q'(\text{kW})$$

④行级空调的引入。

行级空调设计是指机房制冷方式采取冷风从冷通道送风、热通道回风的水平送风方式,解决冷热气流短路的问题,从而保障服务器机柜温度的均匀,消除局部热点,进而提高了服务器的运行可靠性,降低不必要的能耗。

行级精密空调比房间级精密空调出风温度高,制冷系统可节能约25%。行级精密空调出风温度一般在20 ~24℃,近距离送风,无冷量损失。房间级精密空调远距离送风,出风温度一般在13 ~15℃,冷量损失较多。采用行级冷冻水精密空调,冷水机组出水温度可设置高一些,可达10 ~15℃,而房间级冷冻水空调采用的一般为7℃出水的冷水机组,行级空调采用的高温冷水机组可省电15%以上。

行级风冷空调采用直流变频技术,可提高机组制冷效率:行级风冷精密空调基本采用直流变频压缩机,而房间级风冷空调采用的为定频压缩机。由于机房用电设备大多数时候都会处于部分负载运行,且其负载时动态变化,采用直流变频技术,通过变频器改变供电的频率,可改变压缩机的转速,实现无级调速,在低负荷下避免了压缩机的频繁启停,实现了节能的效果,在低负荷下,能耗可以降低90%。

4. 综合布线系统

综合布线系统是一个用于传输语音、数据、影像和其他信息的标准结构化布线系统,是建筑物或建筑群的传输网络,它使语言和数据通信设备、交换设备和其他信息管理系统彼此相连接。综合布线的热物理结构一般采用模块化设计和分层星型拓扑结构。根据美国标准《商业建筑通信布线标准》[ANSI/TIA/EIA-568-A(B)],大楼综合布线系统包括工作区子系统、水平子系统、垂直干线子系统、设备子系统、管理子系统和建筑群子系统共6个独立的子系统,综合布线系统构成如图3-17所示。

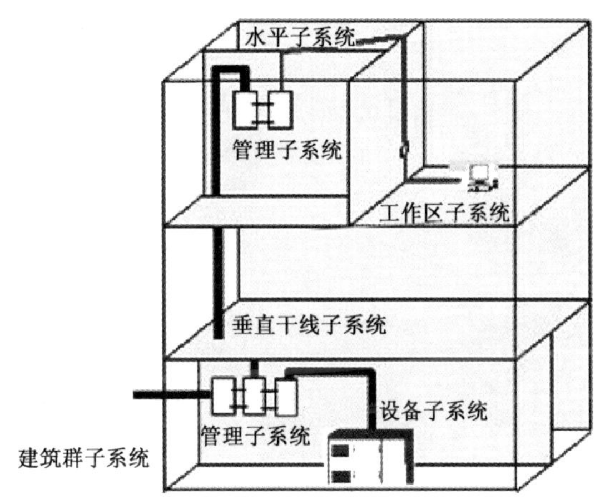

图3-17 综合布线系统示意图

为了有效指导具体的综合布线工程,中国工程建设标准化协会组织编制了《数据中心综合布线系统设计与施工技术白皮书》(下称《白皮书》),并于2008年7月发布了第一版,2010年进行了一次更新。这本《白皮书》引用了国内外数据中心相关标准,着重针对数据中心布线系统的构成和拓扑结构、产品选择、系统配置、设计步骤、施工程序、安装工艺及传输性能测试等方面进行了全方位的解读。同时《白皮书》还有一系列实用的设计表单和设计案例,可以帮助使用者更好地应用标准。

根据这本《白皮书》的描述,数据中心布线的空间构成包括计算机房内布线和支持空间(计算机房外)布线。数据中心机房内布线空间包含主配线区、水平配线区、区域配线区和设备配线区;数据中心支持空间布线空间包含进线间、电信间、行政管理区、辅助区和支持区。图3-18是典型的数据中心布线空间构成图。

(1)主配线区

主配线区包括主交叉连接配线设备,它是数据中心结构化布线分配系统的中心配线点。

当设备直接连接到主配线区时，主配线区可以包括水平交叉连接的配线设备。主配线区的配备主要服务于数据中心网络的核心路由器、核心交换机、核心存储区域网络交换设备和 PBX 设备。有时接入运营商的设备（如多路复用器）也被放置在主干区域，以避免因线缆超出额定传输距离或考虑数据中心布线系统及电子信息设备直接与电信业务经营者的通信实施互通，而建立第二个进线间（次进线间）。主配线区位于计算机房内部，为提高其安全性，主配线区也可以设置在计算机房内的一个专属空间内。每一个数据中心应该至少有一个主配线区。

主配线区可以服务一个或多个及不同地点的数据中心内部的水平配线区或设备配线区，以及各个数据中心外部的电信间，为办公区域、操作中心和其他一些外部支持区域提供服务和支持。

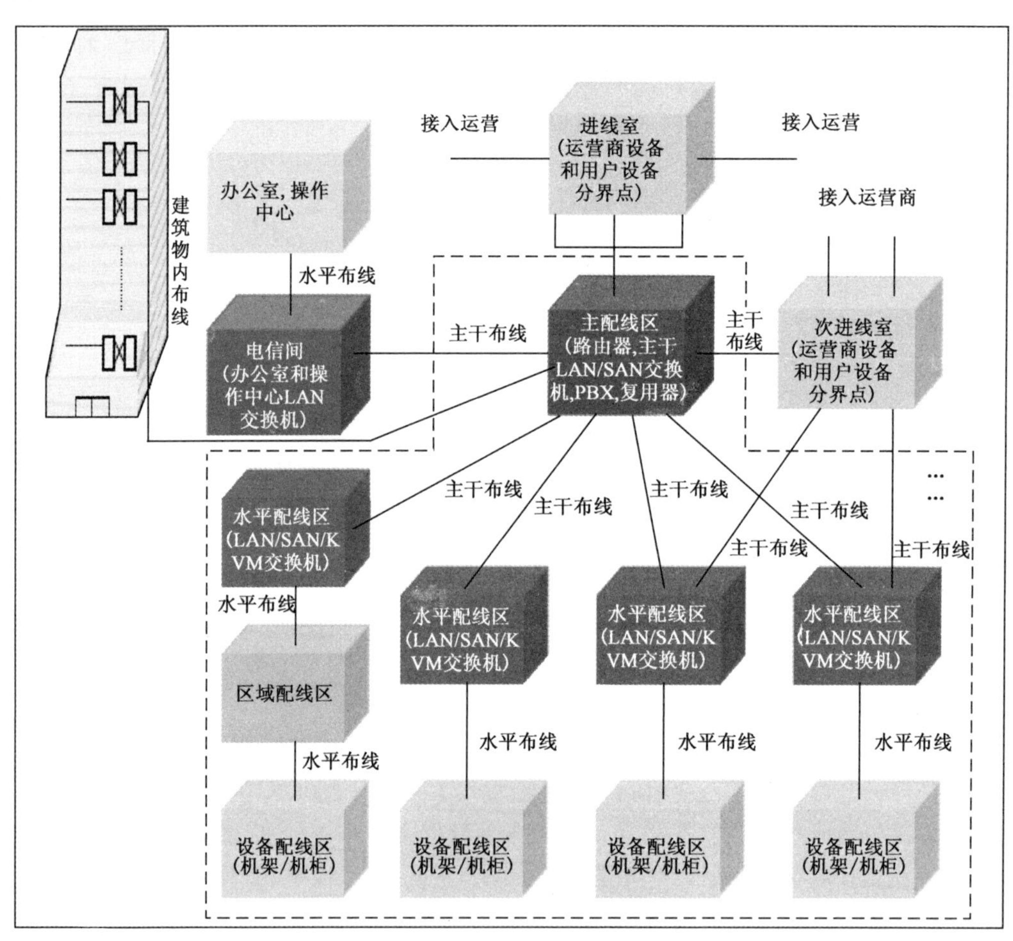

图 3-18　数据中心布线空间构成图

(2)水平配线区

水平配线区用来服务于不直接连接到主配线区 HC 的设备。水平配线区主要包括水平配线设备，为终端设备服务的局域网交换机、存储区域网络交换机和 KVM 交换机。小型的数据中心可以不设水平配线区，而由主配线区来支持。但是，一个标准的数据中心必须有若干个水平配线区。一个数据中心可以有设置于各个楼层的计算机机房，每一层至少含有一个水平配线区，如果设备配线区的设备距离水平配线设备超过水平线缆长度限制的要求，可以设置多个水平配线区。

在数据中心中，水平配线区为位于设备配线区的终端设备提供网络连接，连接数量取决于连接的设备端口数量和线槽通道的空间容量，应该为日后的发展预留空间。

(3)区域配线区

在大型计算机房中，为了获得在水平配线区与终端设备之间更高的配置灵活性，水平布线系统中可以包含一个可选择的对接点，叫作区域配线区。区域配线区位于设备经常移动或变化的区域，可以采用机柜或机架，也可以是集合点(CP)完成线缆的连接，区域配线区也可以表现为连接多个相邻设备的区域插座。

区域配线区不可存在交叉连接，在同一个水平线缆布放的路由中不得超过一个区域配线区。区域配线区中不可使用有源设备。

(4)设备配线区

设备配线区是分配给终端设备安装的空间，包括计算机系统和通信设备。设备配线区的水平线缆端接在固定于机柜或机架的连接硬件上。需为每个设备配线区的机柜或机架提供充足数量的电源插座和连接硬件，使设备缆线和电源线的长度减少至最短距离。

5. 集成监控系统

集成监控系统要求能够对所有后续建设的数据中心基础设施进行统一管理，实现集中监控，远端无人值守。针对每个监控对象，包括配电柜、UPS、空调、温湿度、水浸、烟感、温感、视频、门禁等。系统应包含表3-11所示的内容或功能要求。

监控系统功能要求　　表3-11

序号	监控对象	监控内容或功能要求
1	配电柜	遥测:配电柜输出相电压、电流、频率、输出功率(有功、无功、视在); 遥信:输出电压、电流、频率超限，过载，负载不平衡，交流电源失效等告警信息
2	UPS监测	遥测:相电压，相电流，电池电压，电池电流，输出频率等; 遥信:旁路供电，市电故障，整流器故障，逆变器故障，旁路故障等
3	精密空调监控	遥测:压缩机、风机、水泵、加热器、加湿器、去湿器、滤网等的运行状态与参数;空调制冷温度、送风温度、回风温度、送风湿度、回风湿度、风机转速(高/中/低); 遥信:风机工作状态，故障告警; 遥控:开/关机(视精密空调通信协议而定)
4	线网家用空调	对于目前在使用的家用空调，远程查看空调运行状态
5	温湿度监测	接入温湿度传感器，监测室内温度、湿度，并推送超限报警
6	漏水监测	在机房空调的管路下铺设漏水检测器，当检测到有漏水发生时，监控系统发出报警提示
7	烟感	模块内安装烟感探测器
8	视频监控	视频监控需采用200万像素高清IP摄像机; 采用NVR进行视频集中控制和管理，支持录像及查看、报警处理、移动侦测等功能; 视频录像保存不少30天，可以按照定制扩容; 实时监视各路视频图像，通过在视图上点击相应的图标即可查看该摄像机的当前画面; 灵活设置录像方式，包括24h录像、预设时间段录像等多种方式; 支持历史视频检索回放功能，可根据录像的类型、通道、时间等条件进行检索，回放速度可调
9	门禁管理	门禁系统需提供北向接口供集成监控系统集成，在管理平台上实现门状态监测、出入信息查看、远程开关门等功能

(1)系统要求

采用统一管理平台,实现对数据中心所有基础设施的管理,包括对动力、环境、视频、门禁、消防等进行集中监控和管理;为保证管理系统运行稳定,管理平台需运行于专业服务器,并采用专业版 Linux 操作系统;单个模块数据中心内部署监控硬件,包含数据采集器和必需的传感器,收集基础设施和环境数据,可以将实时数据、告警传送给统一管理平台;数据采集器应为 1U 设备,支持机架或挂墙安装,能够对 RS485 信号、AI/DI 信号进行采集,同时可支持对温湿度等传感器提供直流 12V 供电;数据采集器应支持本地监控,可通过 Web 可直接访问采集器,查看本地数据中心内的基础设施数据、告警等信息;当网络中断时,采集器可独立支撑本地监控,并能支持数据、告警存储。

系统需具有开放的系统架构,提供标准的南北向接口,支持快速集成;具备友好的操作界面,易安装、操作和维护;基于 Web 的远程管理功能,通过短信、Email 邮件报警等灵活的告警方式,实现机房安全无人值守。

(2)架构要求

图 3-19 为集成监控系统架构图。

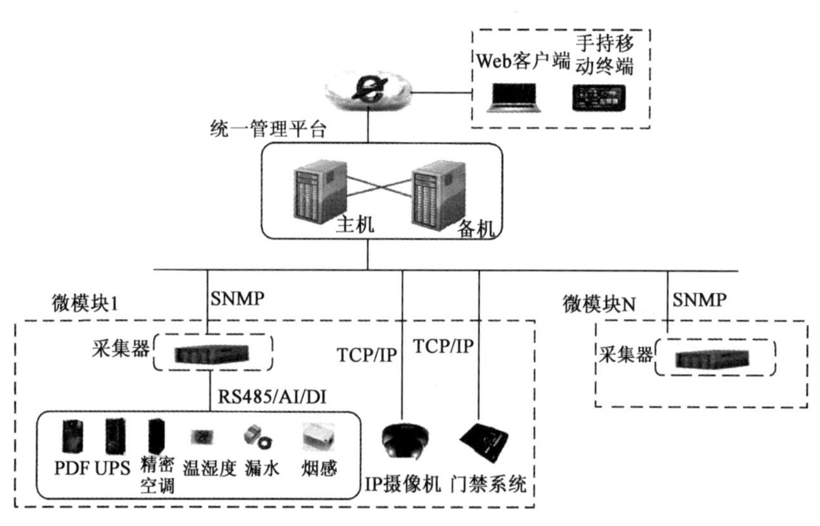

图 3-19　集成监控系统架构图

统一管理平台应具备管理所有基础设施的能力;应采用双机热备,保障集中监控的稳定可靠;系统应采用 B/S 架构,管理系统可通过 IE 浏览器进行访问,无须安装客户端软件。

6. 消防系统

消防系统是数据中心机房中必不可少的安全保护措施。数据中心内除应设有火灾自动报警系统外,还应选用合适的气体灭火系统。消防系统应设置电源主开关联动装置,一旦发生意外,防火系统启动之时,能自动计时切断总电源输入。

数据中心机房一般不能采用水喷淋或干粉灭火系统,这些会损害计算机设备或人体安全,因此,数据中心内除设有火灾自动报警系统外,还应选用合适的气体灭火系统。消防系统应设置电源主开关联动装置,一旦发生意外,防火系统启动之时,能自动计时切断总电源输入。

五、网络架构

（一）网络架构概况

网络架构属于城市轨道交通 IT 基础架构中非常重要的组成部分，是支撑上层应用数据的传输和整个信息化平台的基础。网络架构的设计原则为：

①以业务为基础，按照业务需求和流量模型设计网络；

②核心网络力求长远规划，应结合城市轨道交通线网规划的发展来构建整体网络架构，无须做结构性的改变就能够满足企业中长期（10～20 年）需求；

③网络提供多业务支持能力和服务质量保证，支持日后业务的扩展；

④所使用的技术必须是主流技术，无论技术还是产品都要有长的生命周期。

按照网络用途划分，城市轨道交通企业网络一般可以划分为数据中心网络、骨干网络、线路网络、集团公司与分支机构网络、容灾网络（图 3-20）。

按照层次化设计原则划分，网络可分为核心层、汇聚层和接入层，如图 3-21 所示。

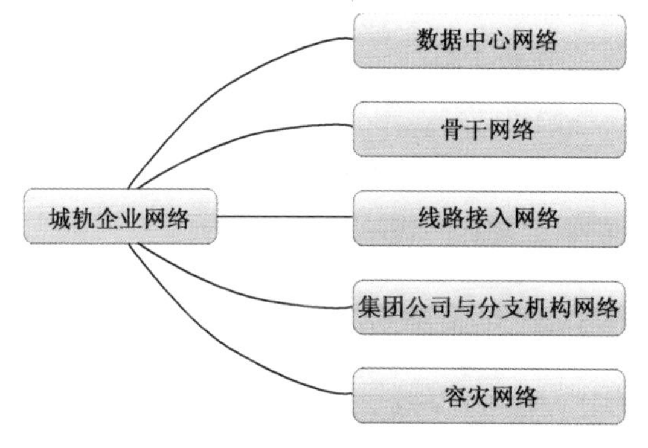

图 3-20　城市轨道交通企业网络组成图

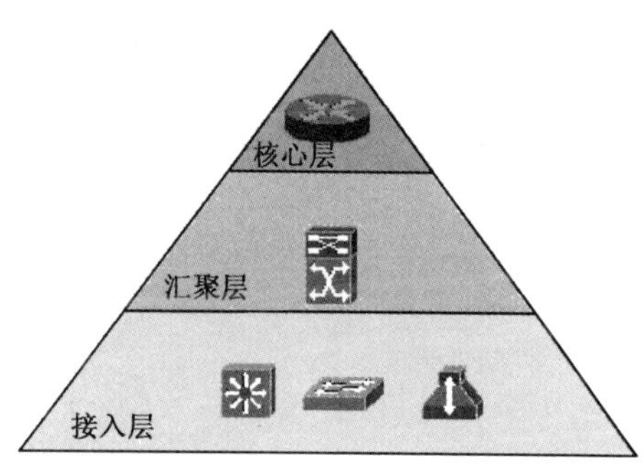

图 3-21　网络逻辑分层示意图

（二）数据中心网络

数据中心网络是指为信息系统服务器群、网络管理群及边缘设备提供网络接入或网络服务，是网络系统中最重要的组成部分，包括数据中心区域、接入区和管理区三部分，如图 3-22 所示。

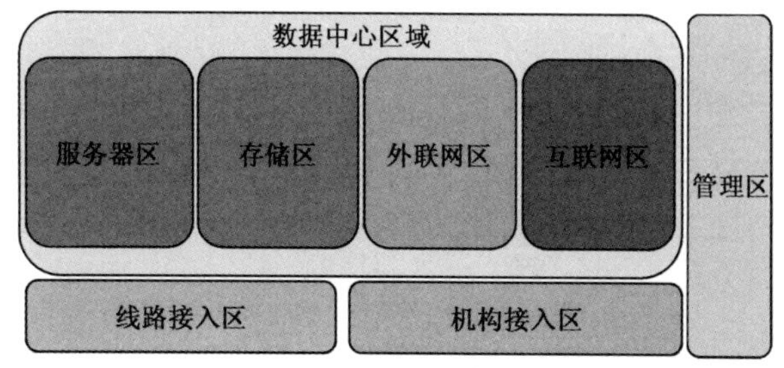

图 3-22　数据中心网络架构总体结构图

其中数据中心区域内包括服务器区、存储区、外联网区和互联网区，管理区对数据安全策略进行控制，接入区为汇聚层网络和服务器（含主机、存储与数据库）系统提供接入端口。核心层交换机主要位于数据中心区域，提供高吞吐量的数据汇接和交换。

（三）骨干网架构

骨干网是指连接城市轨道交通线路和信息网络用户集中交汇中心（车辆段、控制中心、公司总部等）、系统生产中心及系统容灾中心主干网络节点的主干网络，是实现各中心网络互通的核心网络。

1. 骨干网的设计原则

①按照层次化原则设计网络层次；

②保证充分的冗余性，无论设备和光路不因单点故障而发生中断情况；

③整网提供多业务支持能力的扩展，可为不同业务提供逻辑上独立的网络（如 MPLS VPN）；

④原则上以城市轨道交通线路的车辆段作为整个线网的汇聚节点；

⑤主、备数据中心直接接入相邻的核心节点；

⑥骨干网互联链路使用性价比高的万兆以太网技术。

如图 3-23 所示，广州地铁将骨干网络分为一级节点（核心层网络）和二级节点（汇聚层网络）两部分，一级节点连接数据中心，二级节点负责连接各个线网以及办公地点网络，为线网、车辆段网络及其他区域提供高速交换和可靠连接，同时也为这些区域的接入层用户提供网关，实现网络间的路由及基于第三层的安全控制。

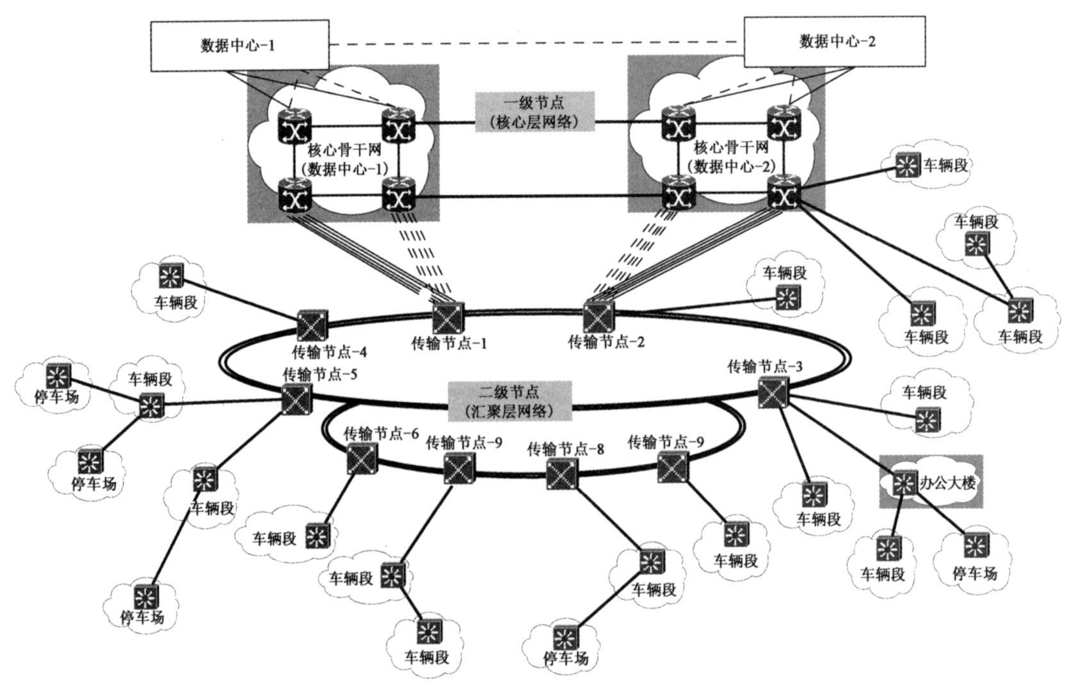

图 3-23 某城市轨道交通企业骨干网层次化逻辑拓扑

2. 核心层网络

核心层的作用是把汇聚层、接入层设备连接起来,转发各个区域之间的流量。同时,提供到互联网(Internet)的连接。通常情况下,核心层需要采用全连接结构,整体可靠性链路架构如图 3-24 所示。

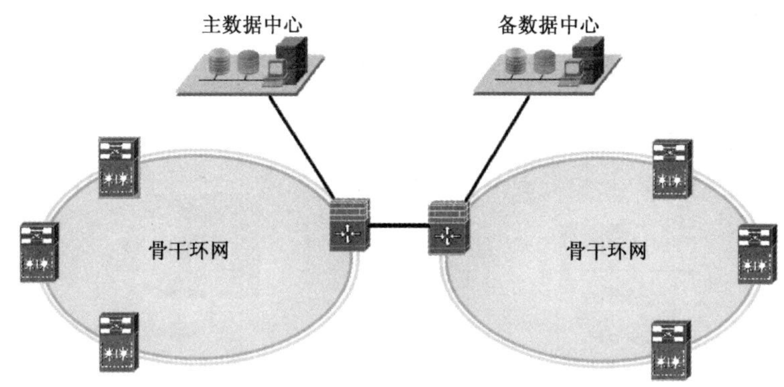

图 3-24 网络链路图

骨干环路采用双机模式部署,双机采用交换网集群技术,提高核心层网络设备节点的高可靠性。数据中心接骨干核心上,尽量建设主备双数据中心,以保证城市轨道交通企业业务和数据的稳定可靠。目前,上海地铁、广州地铁等城市轨道交通企业已根据其城市轨道交通的路网规划,设计了双星型的高速核心层以太网架构。

3. 汇聚层网络

汇聚层连接各线网内车站、停车场、车辆段,主要负责实现城市轨道交通企业员工的整体接入和汇聚,转发本区域内部用户间的"横向"流量,并提供到核心层的"纵向"流量;同时,汇聚层对于接入层而言,需要隐藏核心层,扩展核心层设备接入用户的数量。

对于骨干汇聚层设备,除了需要具备与核心层设备类似的高带宽、高端口密度、高转发性能等特点用于支撑该汇聚层下各车站、停车场、车辆段之间的流量之外,汇聚层网络应满足以下条件:

(1)满足有线/无线接入管理

骨干网汇聚层交换机在满足传统交换前提下,能够具备 WLAN AC 的功能,可轻松管理下属各车站、停车场、车辆段的海量 AP 设备,并具备充分的后续扩容能力。相对独立的 AC 设备,有线无线相融合的技术可极大程度上节约建设成本并提升无线设备的性能(共享核心设备的高性能,包括可靠性和转发能力),同时在管理运维方面也更加简易和精准,对于无线系统的后期扩容投资也能节省大量的投资成本和开局工作量。

(2)满足统一认证和用户接入管理

企业网络的安全接入关系到城市轨道交通企业的安全运行。为了简化运维,需部署统一的认证、授权系统,这就要求汇聚交换机作为认证点,统一用户的认证。

(3)链路可靠性保障与负载均衡

整个汇聚区域均为路由域,使用 OSPF 或者 BGP 协议进行互联,所有汇聚之间、汇聚核心之间均起 BFD 协议检测 OSPF 邻居联通性,所有汇聚节点均配置 IP FRR,通过节点两侧链路进行链路倒换和负载分担。三层互联方案较二层的环网组网方案有相同的可靠性保证,支持流量的负载分担。更重要的是可以避免广播域。避免复杂的二层环网协议环路端口阻塞和开启的计算与规划,可规划性、可靠性更强。

4.接入层网络

(1)线路接入区

线路接入区主要指各线路的车站、车辆段和停车场等网络的接入,网络设计可采用都是双接入交换机方式,即每个车站、车辆段和停车场均通过两条千兆以太网光纤分别上联到两个汇聚节点交换机,组成双平面星形网络架构。2 个汇聚节点再按照核心网络设计以 2 条万兆以太网光纤与 2 个核心节点交换机互联。线路接入架构如图 3-25 所示。

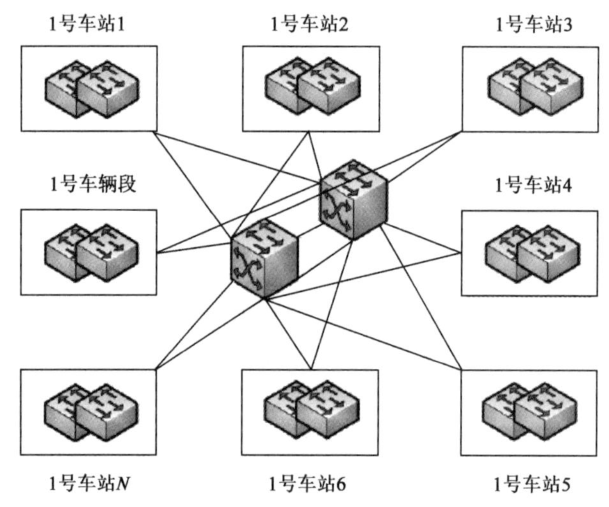

图 3-25 线路接入区网络链路图

(2)分支机构接入区

对于集团公司各下属单位(不在线路区范围内),或者一些大型的办公地点,其网络相对独立,可统一视为分支机构接入区。

分支机构接入区网络架构可分为汇聚层和接入层,以便于网络管理和扩展。在中心部署汇聚层交换机,通过双链路上联到核心网络节点,汇聚交换机作为二层网络的汇聚,实现路由的策略控制和汇聚,各分子机构接入交换机应统一为同品牌同型号设备,在需要的情况下,在核心网络和汇聚层交换机之间可部署安全设备对其访问进行控制。

5.外部互联区

外联区域主要是提供员工上互联网连接、企业网站连接、移动用户、分支机构(指无法通过专线连接的分支机构)和合作伙伴的接入。外联区域的网络架构如图 3-26 所示。

(1)外部互联网区管理要点

①根据安全分区准则,通过内外两层防火墙(Firewall)构造半安全区(DMZ),分隔非安全区和安全区,在半安全区部署需要和外部通信的服务器和应用网关。

②采用链路控制设备(Link Controller)配合域名解析服务器(DNS),优化设备流入和流出

数据流对两条 Internet 链路的选择。

③采用带宽管理设备（Traffic Management）对数据包进行优先级控制，并提供相应的流量统计，并对内部员工的 Internet 访问进行管理。

④采用 S2S VPN/Remote VPN 网关，通过 IPSec VPN 方式实现部分分支机构（Branch）的加密通道，通过 SSL VPN 方式实现移动办公用户（Mobile Users）的加密通道。

⑤采用 B2B VPN 网关，通过 IPSec VPN 方式实现企业与合作伙伴（Partner）的加密通道。

⑥采用 SSL 加速设备，为将来的网上电子商务服务器实现 HTTPs 数据操作的加速。

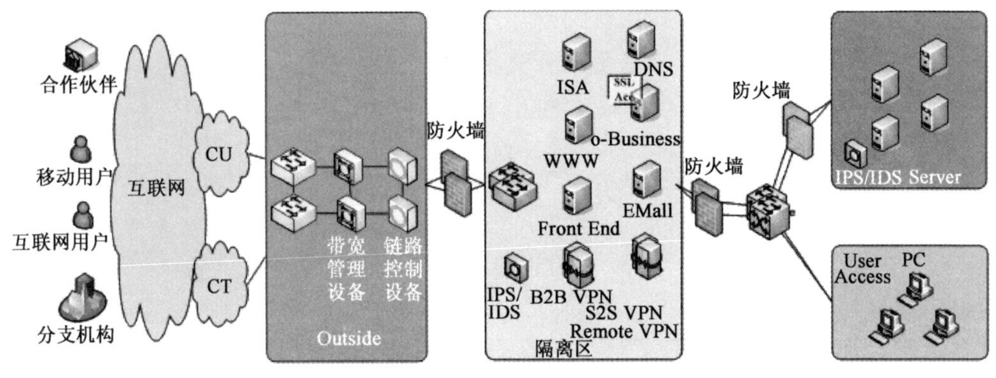

图 3-26　外联区域网络架构图

（2）链路控制设备

国内的 Internet 连接，可通过两条电信运营商双链路方式，部署链路负载分担设备，优化 Inbound 和 Outbound 数据流对两条 Internet 链路作选择，以更有效地利用带宽。对于 Inbound 数据流而言，为企业内部服务器分别映射电信运营商的不同 IP 地址，链路分担控制设备配合企业 DNS，为来自不同 ISP 的 Internet 用户对广州地铁内部服务器的访问，返回对应 ISP 的地址，由此实现 Internet 用户访问广州地铁内部服务器 Inbound 数据流的就近访问；对于 Outbound 数据流，通过定义多个出口网关，链路分担控制设备可以实现企业内部用户访问 Internet 服务器的 Outbound 数据流的负载分担。

通常采用两台链路控制设备，保证网络的冗余备份。

（3）带宽管理设备

在企业的 Internet 出口，可采用带宽管理设备，实现对 Internet 数据流的监视和控制，抑制非关键的数据流，确保关键应用数据的传输，充分利用链路资源。

对网络的监视功能包括：

①对网络流量的深度应用分类；

②对网络及应用统计进行实时监控；

③性能报告和自动告警；

④自动发现网上的所有应用；

⑤跟踪应用利用率，度量用户体验和 SLA；

⑥定位问题以及选择合适的工具解决问题。

对网络的控制功能包括：

①针对应用实施 QoS 控制；

②根据总的数据流或每个 Session 的数据流，抑制突发性的应用流量；

③保护及加速关键业务的应用；

④抑制娱乐性和恶意流量；

⑤充分运用网络资源及应用投资。

(4)入侵防御系统 IPS

Internet 的连接通过防火墙隔离不同的安全区。企业可将 IPS 作为一个可选择的安全工具，它们能够发现和阻断攻击的发生，作为对防火墙的补充，从而提高网络的安全性。

IPS 具有主动防御能力，IPS 串联于网络中，提供主动性的防护，对入侵活动和攻击性网络流量进行拦截。IPS 厂商通过分析系统漏洞、收集和分析攻击代码或蠕虫代码、描述攻击特征或缺陷特征，使 IPS 能够主动保护脆弱系统。各企业可根据需要，选择相应的 IPS 产品。

(5)VPN 功能

VPN 的模式包括 Remote Access VPN 和 Site-to-Site VPN。VPN 常见类型有 IPSec VPN 和 SSL VPN。如表 3-12 所示。

VPN 接入方式对比　　表 3-12

VPN 接入方式	IPSec VPN	SSL VPN
支持的 VPN 类型	Site-to-Site、Remote Access	Remote Access
客户端安装与维护	需安装和维护	分为无客户端、瘦客户端和完整客户端三种安装方式
接入环境	无法在有 NAT 网关或防火墙的酒店、小区、企业使用	基本无限制
用户操作复杂性	复杂	简单
访问控制安全性	网络层面	根据客户端的不同，可支持网络层面、应用层面、文件级多种控制方式
审计的安全性	弱	强
数据传输的安全性	根据密钥长度	根据密钥长度
可访问的应用	无限制	无限制
大量用户推广	安装和配置工作量较大	较为简单方便

IPSec VPN 利用 IPSec 提供的加密通道，可以实现 Remote Access 和 Site-to-Site 的安全连接。SSL VPN 利用 HTTPS 提供的加密通道，实现 Remote Access 的安全连接。IPSec VPN 接入和 SSL VPN 接入，具有不同的特点，适合不同的情况，以下对这两种方式进行了比较。

企业可根据不同的场景选择不同 VPN 连接方式。从安全性和管理性上，应将合作伙伴和企业分支机构/内部移动用户的网关分开，一组 VPN 网关用于内部移动用户/分支机构的连接(S2S VPN / Remote VPN)，另一组网关用于合作伙伴的连接(B2B VPN)；内部的移动用户通过 Internet，以 SSL VPN 的方式连接到 Remote VPN 网关上，再访问内部服务器。Remote Access VPN 网关可对用户的访问权限进行相应控制；部分分支机构用户通过电信运营商的 Internet，以 IPSec VPN 的方式连接至 S2S VPN 网关上，再访问内部服务器；国内的合作伙伴通过电信运营商 Internet,以 IPSec VPN 方式连接至 B2B VPN 网关上,根据应用设计,访问 DMZ 区域的前置服务器,或访问企业其他内部资源。

(四)多业务支持设计——MPLS VPN

各城市轨道交通企业内部网络上将承载非常多的业务,这些业务在安全的要求上不一定相同,同时还需将部分对外服务用内部网络承载,比如乘客信息系统等,所以,在网络设计时必须考虑合理的安全隔离。因此,在整体网络架构的设计上,在一个物理组网的基础上可增加 MPLS VPN(多协议标签交换 VPN)的设计,充分利用一个网络配置 MPLS VPN,实现对不同安全级别业务的安全隔离,具体设计如下:

MPLS VPN 是建立在各种传输技术(如 RPR、GE、10GE)之上的一种虚拟网技术。只要整网配置支持 MPLS VPN 组网的设备,便可以实现以一个物理网络组成多张逻辑独立的业务网络。

在一个物理组网的基础上增加 MPLS VPN 的设计,充分利用一个网络配置 MPLS VPN(多协议标签交换 VPN),实现对不同安全级别业务的安全隔离。

以业务的安全特性不同划分 VPN,比如内部业务一个 VPN,外部业务一个 VPN,除非作专门的配置,否则处于不同 VPN 内的设备不能相互访问,从而实现安全隔离。在有需要的情况下可以在核心设备中作适当配置,使不同 VPN 的设备在有控制的情况下相互通信;不同 VPN 中的设备可以有相同的 IP 地址分配,从而提高组网的灵活性。

利用 MPLS VPN 可以非常灵活地实现多业务承载,即使内部网络需要作非常严格的划分,也能通过 MPLS VPN 实现,从而带来组网的灵活性和弹性,在业务扩展的时候无须作物理层面上的改变。

当 MPLS VPN 建成后,其组网形式如图 3-27 所示(以某城市轨道交通企业为例)。

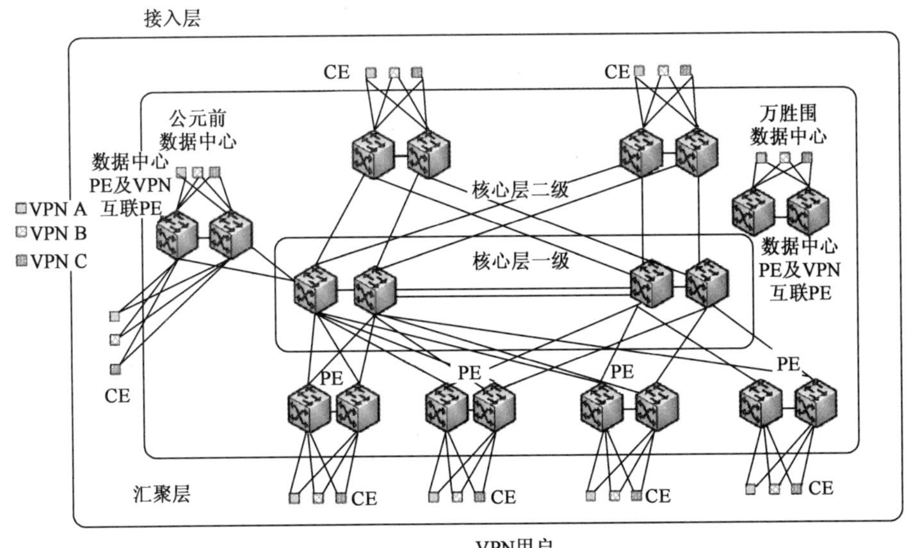

图 3-27 MPLS VPN 组网示意图

可以看到,不同 VPN 用户使用同样的接入、汇聚和核心设备互联,物理上不会增加任何设备,但这些处于不同 VPN 的用户相互之间被完全隔离。

利用 MPLS VPN 可以非常灵活地实现多业务承载,即使内部网络需要作非常严格的划分,也能通过 MPLS VPN 实现,从而为城市轨道交通企业带来组网的灵活性和弹性,在业务扩展时无须作物理层面上的改变。

第四节 城市轨道交通企业信息化规划案例

一、某运营期企业的信息化架构

(一)企业背景

国内某城市轨道交通企业于 2002 年成立,负责运营两条地铁线路,运营里程为 52km,运营车站 45 座,企业业务主要涵盖了城市轨道交通规划、建设、运营、资源开发及物业管理等。该企业采取建设、运营、资源开发“一体化管理”的经营模式,将建设业务、运营业务、物业开发业务定位为三大核心业务,其中建设业务是中心,运营与开发业务是重点。目前三大核心业务共有七类管理业务支撑,包括计划与经营管理、财务管理、人力资源管理、技术管理、党群管理、办公管理、IT 管理。该集团企业对上述业务采取“多项目公司,单主体代管”的管理模式,由于每条线路的资金构成不同,因此根据每条线路成立独立的有限公司,但建设、运营及资源开发业务均委托有限公司(一号线公司)代管。企业所在市政府对于上述三大核心业务也有严格的过程监管与阶段审查,包括成立招标领导小组代表政府监管;派驻纪检单位、资金组、审计局等驻场管理;财评中心进行第三方审查;市审计局跟踪审计等。

该公司于 2011 年启动企业 IT 规划与建设工作,当时从信息化组织结构、人员、工具、制度的现状来看,尚处于信息化建设起步阶段。企业逐步建立了 6 个独立的信息系统,包括 OA 系统、财务系统、人力资源系统、招聘系统、设备采购管理系统、工程项目管理系统等。但各系统应用情况欠佳,仅使用了少部分功能,系统均为分散、独立建设,没有实现数据集成。该企业尚未正式成立信息化组织,信息化的管理职责尚未明确。在没有统一的信息化管理状况下,因业务需求紧迫,业务部门各自牵头开展信息化工作。

(二)架构体系

经需求调研和分析,该公司设计了 IT 规划的四大架构体系,分别如下。

1. 业务架构体系

该公司发展目标及业务管理现状分析的结论显示,随着工程建设的全面展开,企业的业务结构将发生改变,一部分业务的管理将逐渐趋于成熟,这部分业务在未来几年中从管理流程、规章制度和管理人员等方面都将得到发展与巩固,如技术管理、工程管理和合同管理等业务;一部分新业务也将随之产生,如运营筹备、运营维护和资源经营等新业务。根据该公司的业务战略的调研,结合城市轨道交通行业的最佳实践,梳理了未来的业务蓝图规划(图 3-28),其主要目标是定义未来五年该公司的核心业务架构,为第二阶段进行企业应用蓝图、数据与技术架构蓝图规划提供依据。

图 3-28　企业业务架构

注:图中浅灰色组件是该企业已有的业务管理职能,在未来五年中将随着企业的发展而进一步增强;深灰色部分是目前尚不存在的业务,但随着业务的不断开展,在未来五年中将增加的业务职能。

2. 应用架构体系

该企业 IT 规划成果的核心与特点集中体现于其信息化应用架构体系的设计。此次应用架构的特点,以建设和运营为核心,同步支撑职能业务,从而进一步达到支撑公司业务。

根据对该企业的现状评估及需求分析,结合行业最佳实践,设计出该企业应用架构。该应用架构共分 5 层,决策支持层提供管理分析数据;支撑管理层应用主要为建设、运营及资源开发提供企业管理支撑;业务管理层应用主要为三大业务领域中子业务提供经营管理支持;渠道层应用主要用于构建对内外的信息交互平台。上述应用通过统一数据与技术标准,达到与生产控制层各类生产系统的一体化管理目的。该企业应用架构如图 3-29 所示。

(1)决策支持层

决策支持层应用主要是对该企业的企业级管理报表、运营业务管理报表以及建设业务管理报表进行合理划分,识别业务管理分析主题,建立符合城市轨道交通企业资产密集与公共交通服务特点的业务数据关联逻辑和数据协同分析,提供丰富、及时、准确和多视角的数据服务,支持企业提升数据分析管理能力,提供管理报表、业务指标和分析模型的各种前端展示应用。其使用人员包括该企业内部建设、运营及企业管理各级中高层领导。各类企业管理、建设和运营管理应用中的相关报表与数据作为决策支持的数据来源和分析基础。

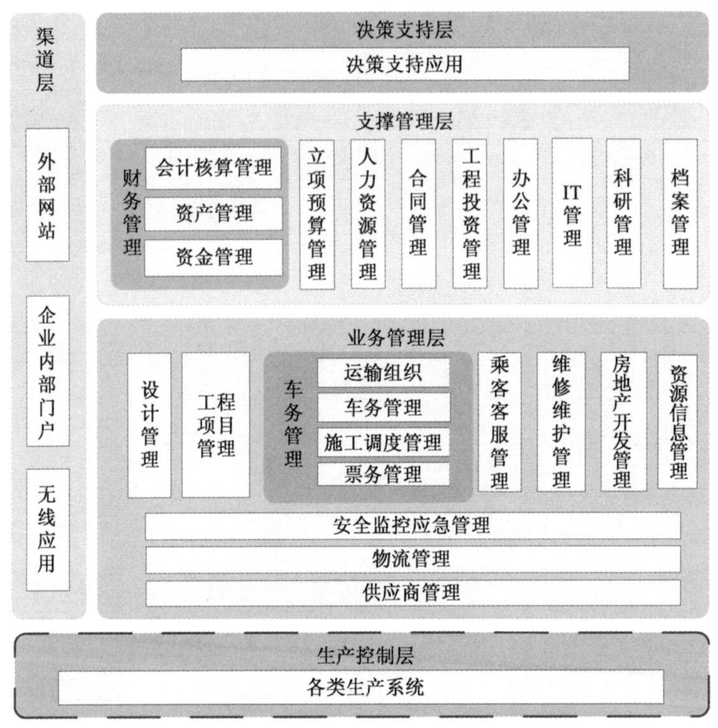

图 3-29 企业应用架构图

(2)支撑管理层

支撑管理层包括立项预算应用、资金管理应用、资产管理应用、会计核算管理应用、人力资源管理应用、合同管理应用、IT 管理应用、工程投资管理应用、办公管理应用、档案管理应用和科研管理应用。支撑管理层的应用主要为企业相应管理人员使用,部分应用的应用范围也包括整个企业员工。

(3)业务管理层

业务管理层包括支撑企业的三大核心主业,具体包括各模块:设计管理、工程项目管理、运输组织、车务管理、施工调度管理、票务管理、乘客服务管理、维修维护管理、房地产开发管理、资源信息管理、安全监控应急管理、物流管理和供应商管理等应用。业务管理层的应用范围广泛,不仅可供企业相应管理人员使用,还可供具体的业务经办人员、业务操作人员和相关外部单位人员等使用。

(4)渠道接入层

渠道接入层包括外部网站、企业内部门户和无线应用。渠道接入层是企业对外宣传、信息发布和内部沟通等的载体。因此,渠道接入层的用户范围更为广泛,不仅包括企业内部员工,也包括该企业所服务的各类人群、与企业有业务往来的外部供应商以及政府机构等利益相关者群体。

(5)生产控制层

生产控制层包括各类生产控制系统,如通信系统、信号系统、自动售票系统等。

3. 数据架构体系

该城市轨道交通企业数据管控成熟度总体上处于初始水平,主要表现在:企业不能进行有效的数据质量控制,没有建立统一的企业数据管理和使用的组织,数据的管理和使用各自为政;应用系统建设相对独立,系统之间无法实现有效的数据共享和交换,形成数据流的"竖井"和"孤岛"现象,造成数据难以跨组织、跨部门进行流转;企业有基本的查询、报表,但是无法进行整体的数据分析;缺乏统一的数据标准,数据格式不统一,各应用系统之间不能实现信息互通;没有统一的数据管理专用平台,难以管理企业范围内来源庞杂的各类数据。为此,该企业参照其他城市轨道交通企业的数据管理模式,按照"源于业务、服务管理;统一源头、高效共享;完整准确、连贯灵活"的原则进行数据架构体系的设计。

该企业数据架构体系也包含数据标准体系、数据管控体系及数据应用体系三大体系。

(1)数据标准体系

数据标准体系包括数据交换共享、数据存储管理和数据的应用三大类,共5项数据标准。数据交换共享包括了数据和信息的发布、表达、交换和共享方面的相关标准,主要包括数据的转换格式和方法,交互操作的方法和规则,涵盖企业概念数据模型、公共数据标准。数据存储管理包括了数据采集、存储和管理方面的相应标准,包括数据质量管理规范和元数据标准。数据的应用针对业务主体域指标数据以及分析模型,定义指标数据的主要特征、指标间的相互关系和指标运算的一些基本规则,包括指标体系规范。数据标准体系架构如图3-30所示。

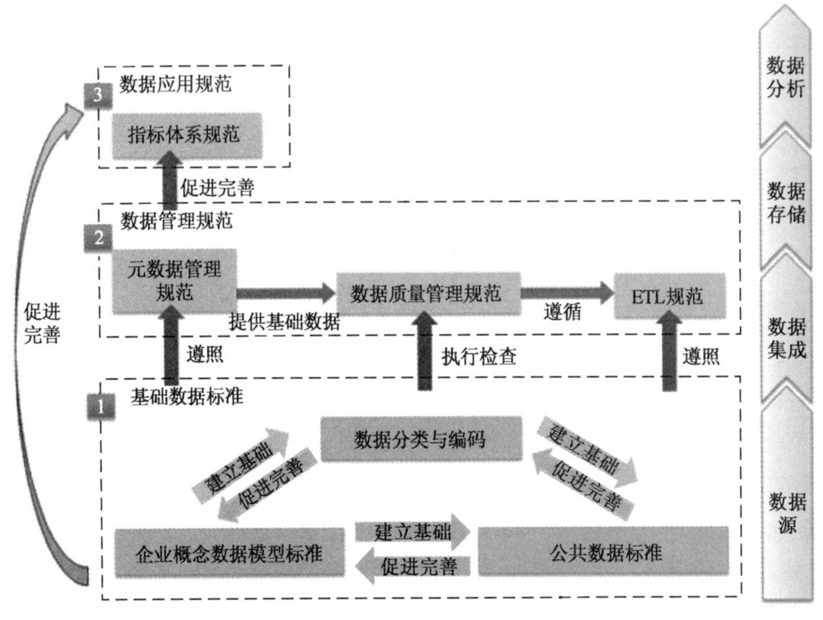

图3-30 企业数据标准框架图

(2)数据管控体系

数据管控体系是企业控制信息交付、数据管理战略和数据资源的一系列活动,综合数据管控的原则、目标和相关要素分析，由管控规范、管控流程及管控组织三个重要部分构成。数据管控规范包括质量管理、归口管理、安全管理、指标体系、元数据管理以及数据模型管理规范。管控流程包括数据标准管控流程、数据质量管理流程、元数据维护流程、ETL管理流程、指标体系管控流程和数据模型管理流程。管控组织是指搭建信息管理组织，配套相关的版本管理和职责管理工具，并加强信息化文化的建设工作。数据管控体系如图3-31所示。

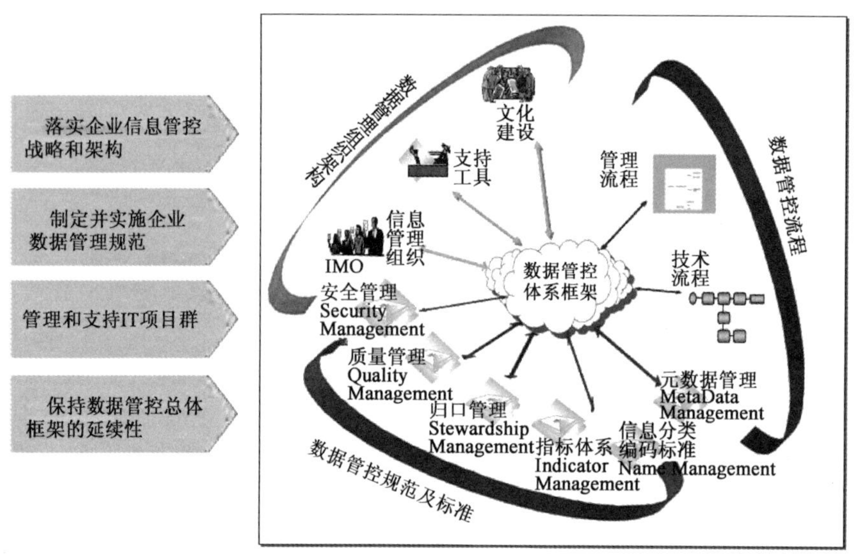

图3-31 数据管控架构

(3)数据应用体系

数据应用体系是基于各系统分散管理及存储的手段已经不能满足数据应用的业务及应用分析需求的情况，从系统优化出发，把各业务系统的数据应用进行梳理，规划出以IT业务蓝图为出发点，符合数据标准的数据源集，进而进行ESB、ETL、ODS(即Operational Data Store，操作数据存储)、数据仓库、主数据管理及元数据管理的建设，为数据的高级应用搭建基础；最终实现面向主题的报表展现和决策分析的应用。体系由数据源层、数据交换层、数据管理支撑平台层及数据分析与展现层四个重要组成部分构成。

4. 技术架构体系

该企业技术架构体系基于对技术的现状分析，重点考虑了集成架构的实现，采用业界先进的面向服务体系架构SOA来构建其集成架构。集成架构分层划分为表现层、业务流程层、服务层、组件层和数据资源层，利用企业服务总线实现与各应用系统和基础技术平台的集成。企业技术架构图如图3-32所示。

该企业首先建立了集成架构的核心平台：企业服务总线(ESB)是面向服务架构(SOA)的基础，以基于标准、事件驱动的服务整合应用和流程。服务支撑层的服务，如流程服务、报表服务以及一些具体的业务服务，需要挂接在服务总线上进行统一的管理。

建立企业门户系统：实现统一的界面展现模块，对于系统的单点登录、待办事项的集中展现、新闻信息发布、统一搜索、员工工作平台以及用户和系统之间的集中交互管理等功能实现有效的支持。

图 3-32 企业技术架构图

建立流程服务平台:企业信息化建设中非常关键的基础服务,对于城市轨道交通企业而言,无论是行政办公、项目管理、计划、财务、合同、技术管理,都会涉及流程审批、流程信息流转的需求,因此流程服务对于整个信息系统的运行有着重要的作用。

建立内容管理平台:内容管理是指对组织机构内部多种格式和媒体类型的信息资源(通常称为信息资产)的组织、分类、管理等有序化的过程,目前可作为标准服务提供给各应用使用。在未来发展中,还可作为数字图书馆或企业知识管理的一个组成部分支持企业内部高级知识管理的应用支持。内容管理服务通常分为三个部分:文档管理、Web 内容管理和企业级搜索。

建立报表平台:报表是信息系统为业务人员、公司中高层领导服务的一个重要手段,报表作为商务智能的一个初级应用,需要满足企业的各种报表填报和展示的要求。报表服务应该能从多个业务系统中提取数据从而快速制作报表,并对报表进行安全、发送、归档等管理。该服务应该实现企业报表的灵活制作、管理与丰富展现。

建立地理信息服务(GIS,Geographic Information System):GIS 是以地理空间数据库为基础,在计算机软硬件的支持下,运用系统工程和信息科学的理论,科学管理和综合分析具有空间内涵的地理数据,以提供管理、决策等所需信息的技术系统服务。在轨道交通行业,GIS 不仅能够通过图形的形式记述地铁线网规划情况、通行状况、迅速定位事故点、调度抢修车辆,还能够为这些信息的深层次挖掘、后续信息服务、辅助决策提供空间属性上的支持。

二、某运营筹备期企业的信息化架构

(一)企业背景

国内某城市轨道交通企业于 2009 年 5 月成立,是按照现代企业制度管理成立的法人独资公司,实行“小业主,大社会”和“一体化”的管理模式。公司经营范围包括:城市轨道交通交项目的建设、维护、经营、开发和综合利用;投资兴办实业;商业批发、零售;自有物业管理;城市轨道交通相关业务咨询;房地产开发经营等。公司的战略发展定位归结为“内聚外联”。“内聚”,即连接主要区域中心、主要城镇,承担该市主要区域中心、主要城镇间的交通联系。“外联”,即将城市轨道交通与区域交通枢纽进行合理衔接,加强城市主要区域中心、主要城镇与其他主要城市之间的快速联系,承担对外交通的集散功能。

2010年,该公司意识到企业信息化的重要性,开始着手编制公司的信息化战略规划。当时企业主要的任务是完成首期工程的建设,工程建设管理是该企业最重要的业务模块,技术管理、企业管理、人力资源管理、综合管理模块是该企业关键的业务支撑模块。企业各业务之间的关系图如图3-33所示。

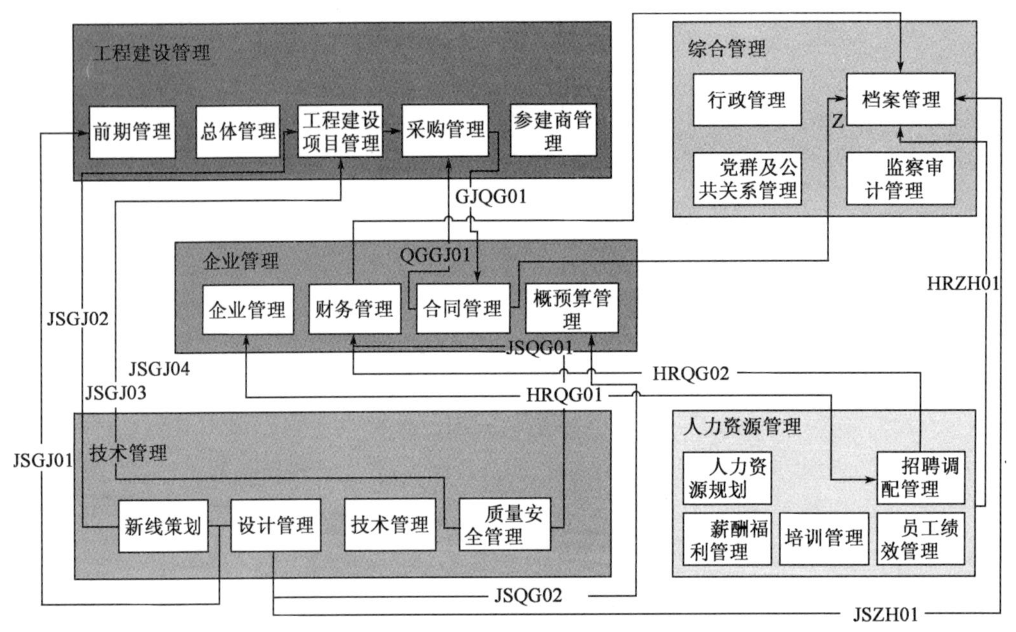

图3-33 企业业务关系图

(二)架构体系

1.业务架构体系

在广州地铁规划方法论指导下,依据该城市轨道交通企业既有的业务发展、城市轨道交通行业的最佳实践以及业务现状管理存在的问题与不足,基于“一体化管理”模式和“小业主、大社会”的管理思路,对该城市轨道交通企业的业务蓝图进行设计,该业务组件模型在纵向上分为企业管理、技术管理、关系管理、工程建设、运营管理和资源经营六个一级流程,横向上按方向、管控及执行三个层次描述了各一级流程中的二级业务组件,各业务组件如图3-34所示。

同时,该城市轨道交通企业存在两条贯穿整个业务价值链的业务主线:工程项目管理和资产管理业务主线。

工程项目管理作为企业核心业务链,将该城市轨道交通企业在建线路设计、建设、运营的三个业务串联起来,可以划分为前期准备、工程建设和验收移交三个主要阶段。在各个阶段设计、建设、运营三大业务领域都会存在相应的工作职能和对应的工作模块,各模块依据轨道交通建设工程特点和政府各类政策要求相互关联,各业务间存在着钩稽关系与信息的交互。

图 3-34　企业业务架构图

资产管理业务主线，应以一体化业务战略为依托，围绕资产密集型特点，引入“资产全生命周期管理”理念，以资产价值链为主线，关注各个业务模块之间的有机结合。资产管理可以划分为投资计划、设计交付、资产运维与资产处置四个主要阶段，企业需要对上述主要阶段进行管理，也就是对资产的全生命周期中的信息进行全面跟踪与控制。

2. 应用架构体系

基于该企业的业务架构体系，结合业界信息化应用架构，设计出了该城市轨道交通企业应用架构体系。该应用架构体系包括决策支持类、渠道接入类、支撑管理类以及核心生产类应用（图 3-35）。

（1）决策支持类

决策支持类应用主要是对该企业的企业级管理报表、运营业务管理报表以及建设业务管理报表进行合理划分，识别业务管理分析主题，建立符合城市轨道交通企业资产密集与公共交通服务特点的业务数据关联逻辑，进行数据协同分析，提供丰富、及时、准确、多视角的数据服务，支持企业提升数据分析管理能力，提供管理报表、业务指标和分析模型的各种前端展示应用。

（2）渠道接入类

渠道接入类应用包括外部网站以及企业内部门户。

外部网站是定位于面向公众、服务企业的信息化对外接口平台，服务公司的企业文化、人力资源管理、客户服务、对外信息发布与管理以及附属资源经营等业务。初期建立包括企业宣传、新闻中心、行业信息、招标投标信息公布和人才招聘等功能。未来将在其基础上扩展乘客服务和企业商务等功能，全面搭建企业对外信息“电子服务窗口”和电子商务平台。

企业内部门户一方面作为企业内部信息发布和共享平台，另一方面作为企业内部信息应用的统一集成展示平台，具备公司内信息发布、部门信息发布、个人信息提示、统一认证及单点登录、应用集成以及内容管理等功能。

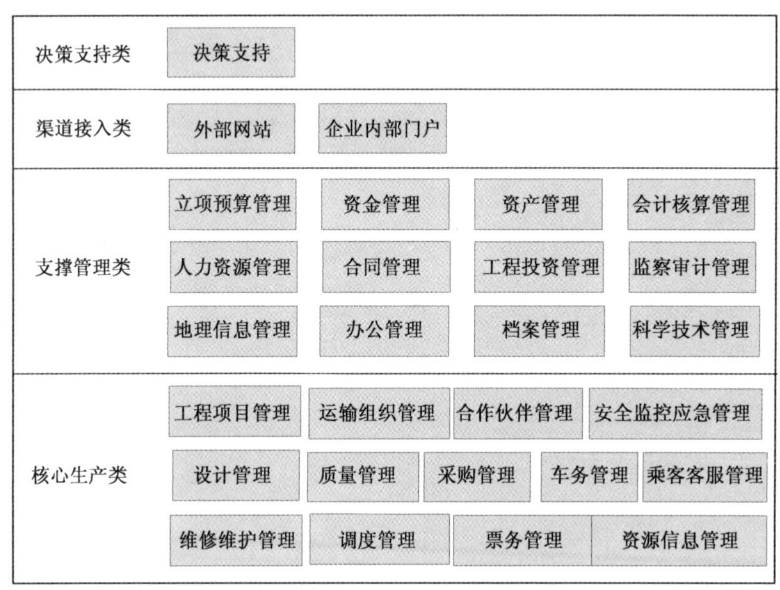

图 3-35　企业应用架构图

(3)支撑管理类。

支撑管理类应用基于该企业业务特点，涵盖立项预算、资金管理、资产管理、会计核算管理、人力资源管理、合同管理、工程投资管理、监察审计、地理信息、办公管理、档案管理和科技技术管理应用。

(4)核心生产类。

核心生产类应用基于该企业业务特点，涵盖设计管理、工程项目管理、质量管理、安全监控应急管理、采购管理、供应商管理、运输组织管理、车务管理、调度管理、票务管理、乘客客服管理、维修维护管理和资源信息管理应用。

3. 数据架构体系

该城市轨道交通企业的数据架构蓝图规划基于 CBM 图中的业务组件，确定跨业务组件的数据以及重要业务环节所输入和输出的数据，结合数据生命周期的阶段划分进行设计，主要包括数据标准体系、数据管控体系及数据存储架构三部分内容(图 3-36)。

基于该城市轨道交通企业业务发展和管理需要，对数据架构与业务应用、集成架构之间流转的数据进行分析，识别出该城市轨道交通企业内部的主数据及主要的业务数据，流转示意图如图 3-37 所示。

图 3-37 流转的数据如下：

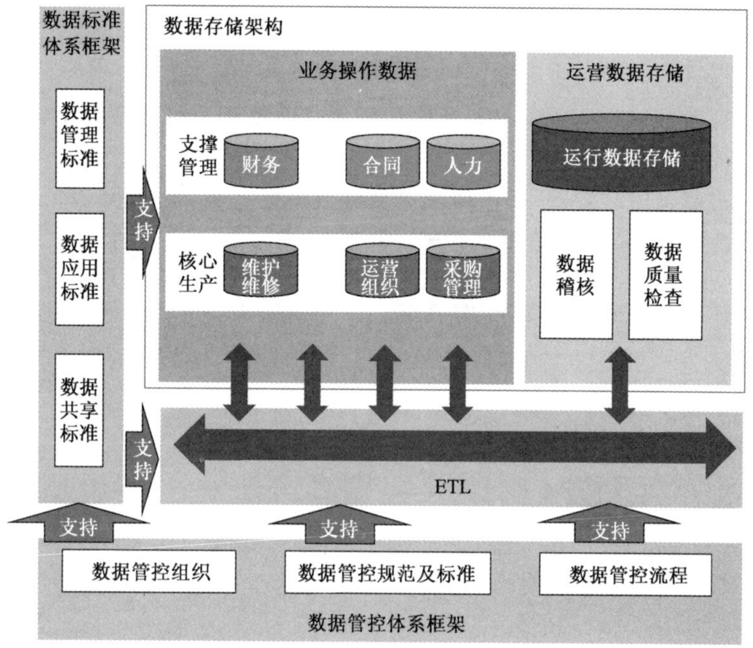

图 3-36　企业数据架构图

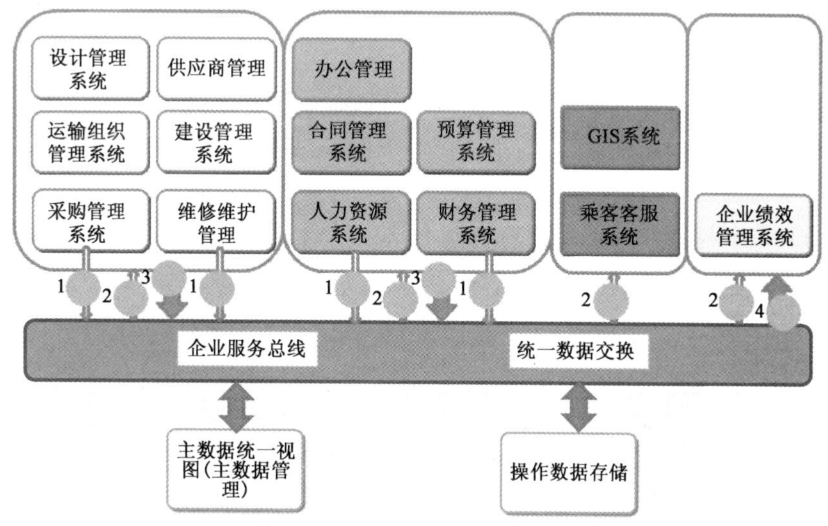

图 3-37　企业数据流转图

①采购管理应用为主数据统一视图提供物资主数据：

a. 供应商应用为主数据统一视图提供供应商主数据；

b. 乘客客服管理应用为主数据统一视图提供客户主数据；

c. 运营设备维护应用为主数据统一视图提供设备主数据；

d. 人力资源应用为主数据统一视图提供员工、组织机构主数据；

e. 财务管理应用为主数据统一视图提供会计科目、固定资产主数据。

②主数据统一视图为各应用系统提供供应商、客户、物资、设备、员工、组织机构、会计科目、固定资产的主数据，以确保主数据的同步、一致。

③人力、财务、销售、票务、采购等业务应用通过企业服务总线和数据交换平台把相关业务数据提交给操作数据存储。

④操作数据存储为风险管理、企业绩效等分析系统提供数据质量可靠的数据来源。

综上所述，八个主数据在各应用中分布如表 3-13 所示。

主数据分布表 表 3-13

序号	价值链	主数据	应用分布
1	合同管理	供应商	供应商管理
2	客户信息管理	客户	乘客客服管理
3	物资管理	物资	采购管理
4	设备管理	设备	维修维护管理
5	人力资源管理	员工	人力资源管理
6	人力资源管理	组织机构	人力资源管理
7	会计核算	会计科目	财务管理
8	资产管理	固定资产	财务管理

4. 技术架构体系

该城市轨道交通企业技术架构体系，是基于对该企业业务架构、应用和数据体系规划设计的具有一致性和整体性的业务平台，但是从局部来看，又能划分成若干个支撑各个职能部门的业务系统。在这种需求背景下，系统技术实现中最为重要的是整体结构的规划，使系统具有相当强大的整合能力和随需应变的能力。因此采用业界最先进的面向服务体系架构 SOA 来构建其技术架构，如图 3-38 所示。

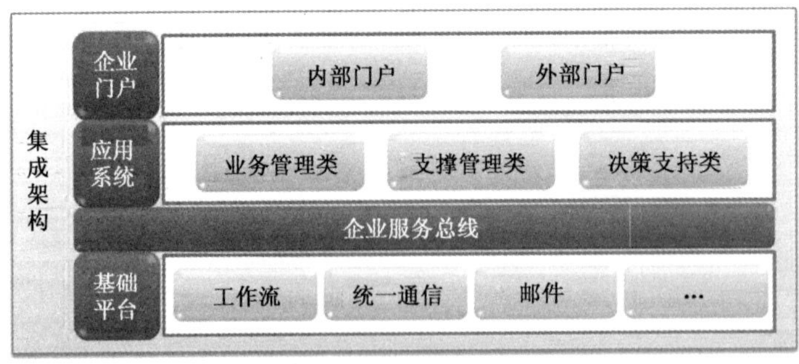

图 3-38 企业技术架构图

该城市轨道交通企业初期建设了以下集成架构平台：

(1) 企业门户

企业门户作为企业应用功能和信息的统一展现平台，提供一个跨应用、跨设备、统一集成

的用户界面，实现企业信息的统一交流，以实现用户和系统之间的集中交互管理，其中包括企业信息门户、部门信息门户、信息系统单点登录和多渠道访问服务等功能。

(2)企业服务总线

企业服务总线平台(ESB)定位为企业集成应用和数据交换的平台，是使所有服务中的中介交互成为可能的基础设施。通过建立和发展统一的基础集成平台，建立标准的集成规范、服务规范，实现服务的统一注册与发布，为最终达到面向服务的休系机构(SOA)奠定坚实的基础。

(3)应用系统

作为资源层的提供者，通过企业服务总线向上层的应用提供数据资源的存储和管理功能，包括关系数据库、格式化文本文件、XML 文档和普通文件等多种数据资源，支持消息通信、Email、FTP 等多种传输方式。同时，对成熟的业务应用进行封装，通过企业服务总线进行业务组件的发布。

(4)AD 系统

AD 系统是公司统一的用户鉴权平台，集中保存用户账户和密码信息凭据、访问控制信息等内容，对用户身份进行鉴别，实现对公司域的安全保护。

(5)邮件系统

为员工设立独立的邮箱，让员工可以在公司内外及时收取和发送邮件，随时随地都可以协同工作并取得企业信息，提高工作效率。

(6)统一沟通系统

企业统一的通信沟通平台，通过即时的离线消息发送，并通过把“通话信息”、“短信”、“传真”、“邮件”和“数据/文件”等与某个业务过程相关的“所有信息”整合在一个平台上进行统一处理和管理，以消除“信息孤岛”。

(7)工作流平台

参考国际工作流联盟(WFMC)组织所建立的工作流模型为基础搭建的企业业务流程审批平台，提供标准的流程设计、流程审批运作的接口和服务，以实现对公司业务流、审批流的支持。平台以某成熟的工作流产品组件为基础构建，向以定制开发为主要实现方式的系统提供流程审批支持。

(8)统一用户视图

作为门户系统的重要模块，承担起对全公司内部用户统一认证和授权的职能，是信息安全的重要组成部分。结合单点登录认证，供多种认证方式的中心管理，提供多因素认证服务。

第四章 城市轨道交通企业信息化项目建设

第一节 城市轨道交通企业信息化项目建设管理概要

企业 IT 规划明确了企业信息化工作的实施策略和总体实施计划,确定了需要实施的信息化项目(又称 IT 项目)清单和优先级排序,IT 规划最终是需要通过 IT 项目的有效实施才能实现。IT 项目的有效实施和科学管理是整个信息化工作的一个重要组成部分。下面对 IT 项目管理体系、IT 项目类型以及 IT 项目组织进行简要介绍。

一、IT 项目管理体系

城市轨道交通企业一般是作为 IT 项目的甲方对项目进行管理。一个项目经理常常需要同时负责多个 IT 项目。为了保证项目实施质量,需建立一套 IT 项目管理体系,如图 4-1 所示,从战略管理、项目管理、数据管理、技术管理和运维服务等多个维度对项目实施过程进行控制,以保证项目实施的成效。

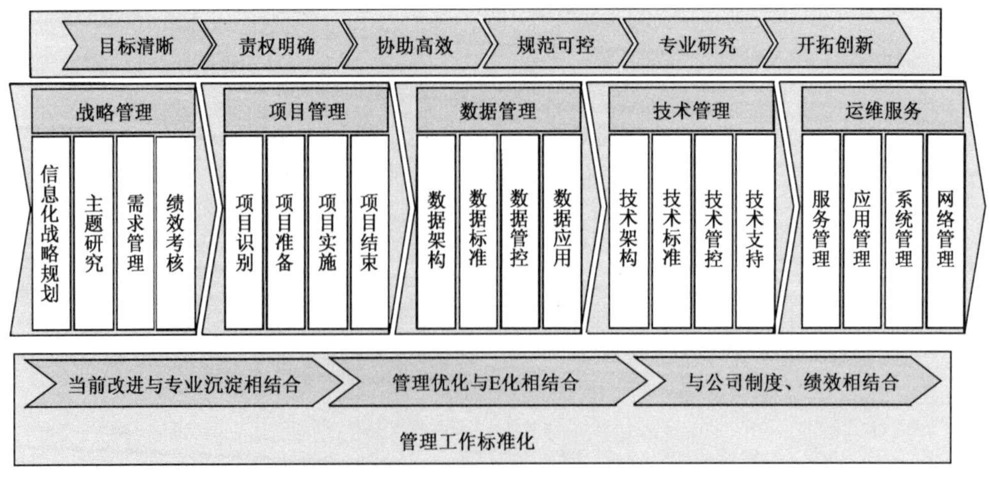

图 4-1 IT 项目管理体系示意图

二、IT 项目类型

城市轨道交通企业 IT 项目一般可分为 IT 建设类、优化类、咨询研究类和常规类四种类型，针对不同类型的项目，可分别采用相应的流程和专业要求进行管理。

（一）IT 建设类项目

IT 建设类项目是指为实现 IT 规划中所涉及的应用架构、技术架构、数据架构而进行采购、实施的 IT 项目，具体可分为软件实施项目和硬件实施项目。

（二）优化类项目

优化类项目是指针对现有应用系统，在不改变其系统架构的前提下所进行的升级改造项目。

（三）咨询研究类项目

咨询研究类项目是指对信息化相关工作进行规划设计、技术咨询以及科学研究的项目。

（四）常规类项目

常规类项目是指为保证已建信息系统的正常使用，需定期进行的软、硬件产品与服务购买等项目。

三、IT 项目组织

如图 4-2 所示，企业 IT 项目组织包括 IT 项目实施组织和 IT 项目管控组织，这两个组织在企业信息化领导小组指导下工作，并向企业信息化领导小组汇报。IT 项目实施组织由 IT 项目领导小组及其领导的 IT 项目实施小组和 IT 项目质量管理小组组成，IT 项目管控组织由 IT 项目管控领导小组及其下设的 IT 项目管控小组组成。

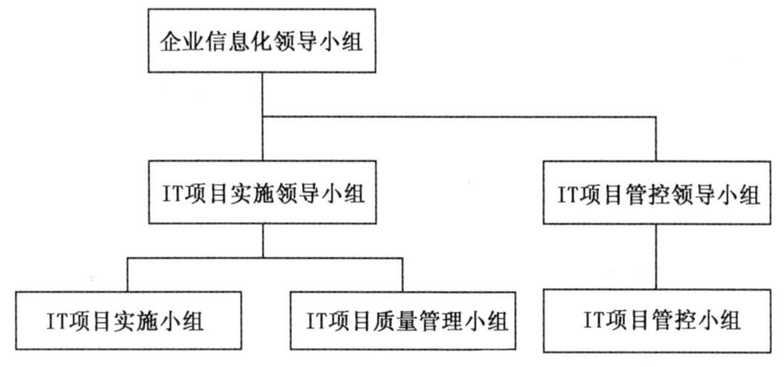

图 4-2　IT 项目组织架构图

（一）IT 项目实施组织

①IT 项目领导小组负责确定项目可行性研究和立项是否通过，审批项目预算，确定项目组织的人选，协调解决项目过程中的重大业务问题，组织 IT 项目工作小组根据 IT 项目管控工作小组意见和项目管控工作报告进行改进。

②IT 项目质量管理小组就项目成果、项目过程,产品和服务的质量控制工作过程向 IT 项目领导小组负责,监督项目的执行,提出改进建议和措施,在项目过程中,为 IT 项目工作小组提供专业指导和支持,对项目成果文档进行独立评审,对项目计划执行过程进行检查,对项目测试过程和测试结果进行抽查。

③IT 项目工作小组负责开展项目的日常实施工作,对项目范围、计划、进度、投资、质量、变更等进行日常管理,向 IT 项目领导小组汇报项目工作情况,配合 IT 项目质量管理小组进行项目成果评审、项目过程检查、系统测试抽查等质量控制工作。

(二)IT 项目管控组织

①项目管控领导小组负责向企业信息化领导小组汇报 IT 项目管控工作,指导、监督和协调 IT 项目管控体系的建立、执行与运作,以及审批 IT 项目管控工作报告。

②IT 项目管控小组负责组织开展项目管控工作,对项目范围、IT 规划、数据管理、技术管理、进度、变更和投资等方面进行管控,以确保 IT 项目管理工作按照既定目标有序开展,并定期编制和发布管控报告。针对每一个 IT 项目,项目管控小组会安排具体的专业管控人员跟踪管控。

第二节 城市轨道交通企业信息化项目管理要素

结合城市轨道交通行业的实施管理特点,IT 项目建设管理要素可分为 5 个方面,分别是:项目整体管理、项目采购管理、项目质量管理、项目成果管理、项目验收管理,以下将从这 5 个方面进行介绍。

一、项目整体管理

项目的整体管理是指对项目的计划、沟通、风险及状态报告等全过程进行管理。

(一)项目计划管理

所有 IT 项目都应按所属项目类型定义的阶段进行管理,以项目阶段成果文档通过评审为阶段完成标志。原则上,前一个阶段工作完成后,才能开展后一个阶段的工作。所有 IT 项目应制定项目实施各阶段成果模板和管理工作模板,由 IT 部门负责提供参考模板或技术支持。

①项目整体管理计划:为确保项目各项工作能够有机地协调和配合,项目工作小组须按工作模板制订项目范围管理计划、进度管理计划、质量管理计划、人力资源管理计划、沟通管理计划、配置管理计划、风险管理计划、培训管理计划、验收管理计划,在项目实施启动前,应编制完成《项目管理工作说明书》,作为项目工作开展、项目管控和信息化考评的主要依据。

②项目总体计划:项目工作小组应依据项目立项报告,编制项目的总体计划。

③项目年度计划:项目工作小组根据项目总体计划分解制订项目年度计划,包括项目关键工期目标、投资计划和各阶段主要工作目标,年度计划需设立每个月的里程碑目标。

④项目月度计划:根据项目年度计划的月度里程碑目标,分解成可度量的月度工作子任务。

⑤项目周计划与总结:在项目实施过程中,项目工作小组依据项目月度计划编制和发布项目周计划和总结。

⑥计划执行与跟踪:项目工作小组每周编制项目周报,并发至项目相关干系人;项目工作小组每月完成项目月报的编制,并以书面方式提交到项目管控小组。

(二)项目沟通管理

①沟通需求管理:项目工作小组编制沟通计划前,应对项目相关人员的沟通需求进行调研,应明确什么人、在什么时候、通过什么途径、获取什么信息。

②明确沟通方式:项目工作小组在沟通计划中应明确周例会和月例会形式,采用调研和冲突管理等沟通方式,建立沟通渠道和沟通机制。

③信息分发:项目工作小组应根据沟通管理计划,以合适的方式及时向项目干系人提供信息。

(三)项目风险管理

项目工作小组应根据风险管理计划对风险进行识别、分析、监控和跟踪,编制风险、问题管理列表,每周对风险、问题管理列表进行跟踪。

①项目在识别阶段需全方位评估项目建设与应用中可能存在的风险(管理风险、技术风险、投资风险、安全风险等)以及可能采取的应对措施。

②项目在准备阶段和实施阶段如有风险问题出现,需填报风险信息。

③项目工作小组在项目月报填报风险问题并提出处理建议,每月更新风险问题的处理情况。项目管控工作小组在项目成果文档和项目月报审查过程中提出问题及建议,并建立项目风险管理台账,监督风险的处理过程。

(四)项目状态报告

①项目周报:项目工作小组应每周编制《项目周报》,并列出当周计划、实际完成的工作、下周工作计划。项目周报应发给项目领导小组(项目总监)、项目质量控制小组和项目工作小组,作为项目工作的依据。项目周报范例如图 4-3 ~ 图 4-5 所示。

②项目月报:项目工作小组应每月编制《项目月报》(图 4-6),列出当月计划和实际完成的工作、当月计划与项目总体计划、项目年度计划的对比执行情况,总结项目范围、投资、进度、质量、变更等方面的管理情况,分析存在的问题、风险和解决措施,列出下月的工作计划。项目月报应由项目质量控制小组、项目领导小组(项目总监)填写审批意见后提交给项目管控工作小组,作为项目工作的依据和项目管控的主要数据来源。项目月报需发送给项目领导小组、项目质量控制小组、项目工作小组全体成员。

项目周报第005期

1.项目总体状态			
项目名称	广州地铁××××××××××项目		
项目负责人		项目阶段	需求调研阶段
报告人		报告时段	从 2011-02-21 到 2011-02-25
总体状态		红色:整个项目处于危险之中	
		黄色:表明项目存在一些问题,从而可能导致项目不能达到预期的质量/进度/成本的基准	
		绿色:表明项目状态正常	
总体状态描述			
备注:总体状态描述需强调对关键路径任务完成情况的描述			

图 4-3　项目周报截图 1

2.本周成果和下周计划								
本周计划内完成的主要工作成果								
序号	主要里程碑 /交付物/工作内容	责任人	其他参与人员	计划开始时间	实际开始时间	计划完成时间	实际完成时间	执行结果
1								
2								
本周计划外完成的主要工作成果								
序号	主要里程碑 /交付物/工作内容	责任人	其他参与人员	计划开始时间	实际开始时间	计划完成时间	实际完成时间	执行结果
1								
2								
下周的主要工作计划								
序号	主要里程碑 /交付物/工作内容	责任人	参与相关人员	计划开始时间	实际开始时间	计划完成时间	实际完成时间	当前状态
1								
2								
3								
4								
5								
6								
当前状态 ：未开始，进行中，完成，延迟，其他（请指明）								

图 4-4　项目周报截图 2

③重大阶段和事项报告：项目工作小组组长应根据项目情况编制重大阶段和事项报告，发给项目管控小组、项目领导小组（项目总监）、项目质量控制小组和项目工作小组。

项目周报第005期
3.项目进度、风险、变更等情况
3.1项目进度
3.2项目风险
3.2项目变更
需求变更：
进度延期：
数据源变更：
3.4其他事项

图 4-5　项目周报截图 3

项目月报			
项目名称		报告时段	
项目阶段		填报日期	
范围情况	项目工作范围是否发生变化？如有，说明具体的内容和处理情况		
进度情况	项目总体进度是否发生变化？ 1.本月完成或正开展的工作,下月主要工作内容 2.当月计划与项目总体计划、项目年度计划的对比执行情况		
投资情况	截至本月投资	投资进度（%）	投资金额（万元）
	截至本月支付	支付进度（%）	支付金额（万元）
质量管理情况	1.哪些文档在本月已经通过评审； 2.本月项目过程检查情况及记录说明； 3.测试情况及记录说明		
成果输出	说明本月产生的成果文档和过程管理文档		
存在的问题和风险	存在问题	原因分析	对策
	1	1	1
	2	2	2
	3	3	3
	…	…	…
附件			
项目经理签字：			
质量控制小组意见			
项目总监意见			
备注： （1）该报告作为项目管控的数据依据，该表审批完成后，由项目经理分发给项目工作小组、项目质量控制小组、项目领导小组/项目总体、项目管控工作小组和项目管控领导小组。 （2）项目阶段填写：需求梳理、确定供应商、合同签订、按项目类型的具体实施阶段等。 （3）项目没有签订合同或没有支付计划时，投资情况一栏填写0，本月预计投资是上一个月月报中的下月计划投资。 （4）附件：该月报可增加附件，用以充分说明项目情况。			

图 4-6　项目月报（范例）

二、项目采购管理

城市轨道交通企业 IT 项目的采购方式一般分为公开招标、邀请招标、公开比选、邀请比选和直接谈判❶，可根据项目的规模、需求构成、市场情况、实施周期等，按照当地政府和企业的管理要求选择相应的采购方式。IT 项目的采购管理包括合同授予方式管理、招投标管理、合同签订管理、合同变更管理、采购范本管理、合同支付管理、合同结算管理和合同归档管理等方面，可根据企业的特点，进行相应的管理规范，其中，对于采购范本管理应进行集中管理，由企业的合同管理部门、法律部门进行把关，形成范本的更新管理机制，随着市场环境、政策的发展变化及时进行更新。

对于采购文件的管理，技术性条款应由 IT 部门进行审查；商务性条款则由合同管理部门进行审查。技术性条款包括采购文件的技术参数、技术要求、技术方案等技术性指标和项目进度；商务性条款包括采购文件的履约、保函、违约责任等法律条款和合同支付。

三、项目质量管理

IT 项目的质量管理非常重要，最终建成的系统是否满足当初规划的目标和业务部门的要求，关键在于质量管理是否全方位、多角度进行，通过项目组织进行保障，条件成熟可引入 ISO9000 质量管理体系。具体可通过以下环节和方式实现质量的管理：

通过制定全面的项目管理标准化文件和流程，提供第一道质量管理保障，实现质量的准入门槛管理；由项目质量小组参与全过程的项目实施管理，对项目全部阶段成果予以把关，实现质量的全过程把关；引入外部的第三方测评，由专业测评机构进行系统的测试和测评，对系统的安全、功能、性能进行严格把关；成立项目管控小组，对项目的关键阶段成果进行审查，在项目总体、技术、数据、规划和运维等方面进行体系化管控，实现每一个信息化建设成果都能够纳入整体企业信息化体系中。

（一）以业务部门为关注焦点

将业务部门满意作为信息化质量方针和目标的重要内容之一，关心业务部门的需求和意见，充分考虑产品的安全性与可靠性，牢固树立信息系统建设要达到“好用、实用、想用”的目标。

①确保将业务部门的需求转化为产品的功能、技术性能和服务的要求。

②确保通过质量管理体系的有效运行，实现业务部门需求，并不断增强业务部门满意度。

③制订各种激励政策，鼓励员工主动在满足业务部门需求方面提出改进措施，并采纳切实可行的措施。

（二）项目质量基线管理

项目工作小组应根据用户需求书或《项目管理工作说明书》中的质量要求编制质量管理工作计划，形成项目质量管理的基线，通过合同实现保障。在项目执行过程中，严格按项目质

❶ 需要视企业及所在当地政府管理的采购方式确定。

量管理计划开展质量管理工作，主要包括项目文档自评、项目过程自查和测试工作。

（三）项目文档评审管理

①项目工作小组组长对拟提交评审的文档进行检查，填写《项目内部评审表》、《项目专业管控评审表》、《IT项目文档评审表》。

②项目成果文档、项目管理工作说明书、项目年度总体计划、项目月度计划和项目月报均须根据《项目文档评审管理工作界面》的要求通过评审。按合同签署的文件审批，出具会议纪要。

③已经签发的文档需要进行项目版本管理和控制，并作为下一步工作的依据之一。项目实施过程中各阶段的文档全部完成审批后才能进入下一个阶段。

（四）项目过程检查

项目质量控制小组依据《项目管理工作说明书》和项目工作小组提交的项目月报对项目的范围、进度、投资、质量、人员、沟通、风险管理进行总体检查，检查项目过程是否符合本细则要求，项目是否按项目管理工作说明书中的计划执行，对违规或偏离进行分析并提出建议。

项目质量控制小组对项目工作小组的测试工作过程和结果进行检查，并根据测试方案进行抽检。

四、项目成果管理

（一）项目成果

项目成果包括软硬件系统、项目成果文档和项目过程管理文档。

①软件系统包括可执行程序和经开发产生的源代码，由项目工作小组建立源代码开发管理系统进行管理，在提交《二次开发与集成工作报告》前，应建立装有源代码开发环境的虚拟机，该虚拟机在项目验收前与项目文档一起提交。

②硬件系统由项目工作小组组织相关人员做好现场设备管理。

③项目成果文档包括：《项目可行性分析报告》、《立项报告》、《用户需求书》、《项目管理工作说明书》、《业务调研与需求分析报告》、《管理优化方案》、《总体设计方案》、《详细设计方案》、《二次开发与集成工作报告》、《系统安装与配置报告》、《硬件安装部署报告》、《初始化方案》、《初始化报告》、《单元测试方案》、《单元测试报告》、《集成测试方案》、《集成测试报告》、《用户可接受度测试方案》、《用户可接受度测试报告》、《联调测试汇总报告》、《上线试运行方案》、《上线试运行报告》、《应用推广方案》、《后评估报告》、《用户使用手册》、《系统管理员手册》、《系统管理员、关键用户培训报告》、《系统试运行总结报告》、《初步验收报告》、《项目验收报告》等阶段成果文档。

④项目过程管理文档包括：《项目年度总体计划》、《项目月度计划》、《项目月报》、《项目周报》、《项目会议纪要》、《项目访谈提纲》、《项目访谈记录》、《会议纪要》、《IT项目变更审批表》、《IT项目成果评审表》、《项目验收审批表》、《项目验收报告》、项目相关的公文、项目阶段总结汇报材料、业务主管部门提供的资料、行业参考资料、图片、流程等。

(二)项目成果文档管理流程

项目工作小组在项目启动后,应建立项目网站,对项目的开发库、受控库和产品库进行文档管理:

①开发库:由项目工作小组成员管理,存放所有项目成果文档和项目过程管理文档。

②受控库:由项目管控人员管理,存放通过评审的项目成果文档及项目管理工作说明书、年度总体计划、项目月度计划和项目月报,并进行版本管理和控制,作为项目各个配置项的基线。

③产品库:由项目管控人员管理,在发布项目产品时,从受控库各个配置项中分别选择一个版本,组合成为一个产品发布版本,并进行版本管理和控制,作为产品的基线。

(三)项目成果文档和项目过程管理文档的存放

应在编制完成后存放到信息系统项目管理系统中,方便项目相关人员通过系统查阅项目文档。项目工作小组需根据项目评审管理、变更管理的结果对项目成果文档进行更新。

五、项目验收管理

(一)验收依据

有关法律、法规以及企业的规章制度,项目合同书或协议书及其附件项目管理工作说明书,项目验收报告和验收文档。

(二)验收组织

项目验收小组组长由项目领导小组组长或项目成果交付对象所在部门的领导担任,成员由项目工作小组人员、业务主管部门人员等组成。

项目工作小组组织召开验收会议,项目验收小组依据本细则和项目验收计划对项目进行验收,并在《验收报告》上签字确认。

(三)验收流程

①验收准备:项目工作小组根据《项目验收材料清单》准备验收材料,填写《项目验收申请表》。

②组织验收会议:项目工作小组组织召开验收会议,邀请验收小组参加验收,会后将《验收报告》作为验收会会议纪要的附件,以正式文件印发给相关部门。

③验收:验收小组根据验收计划和本细则对项目进行验收检查和评价。

④验收确认:验收小组在《项目验收申请表》上填写验收确认意见。

(四)验收检查内容

①检查合同的执行情况:主要检查项目范围是否发生变化,合同规定的工作是否完成。

②检查项目运行情况:主要检查数据中心、网络系统、应用系统的运行情况。

③检查项目交付物:对项目交付的文档资料(纸质文档和电子文档)进行审查,确保项目成果文档与项目评审管理、变更管理的结果保持一致。

第三节 城市轨道交通企业信息化项目过程管理

为提升 IT 项目各阶段的项目管理水平,明确项目的各项责权,促进项目团队高效协作,保证项目成果质量,需要对项目过程实现精细化管理,划分项目全生命周期的每一个阶段、每一个流程、每一个交付物、交付物的标准等。图 4-7 是一个结合业务管理优化和信息系统实施的项目实施过程流程图。

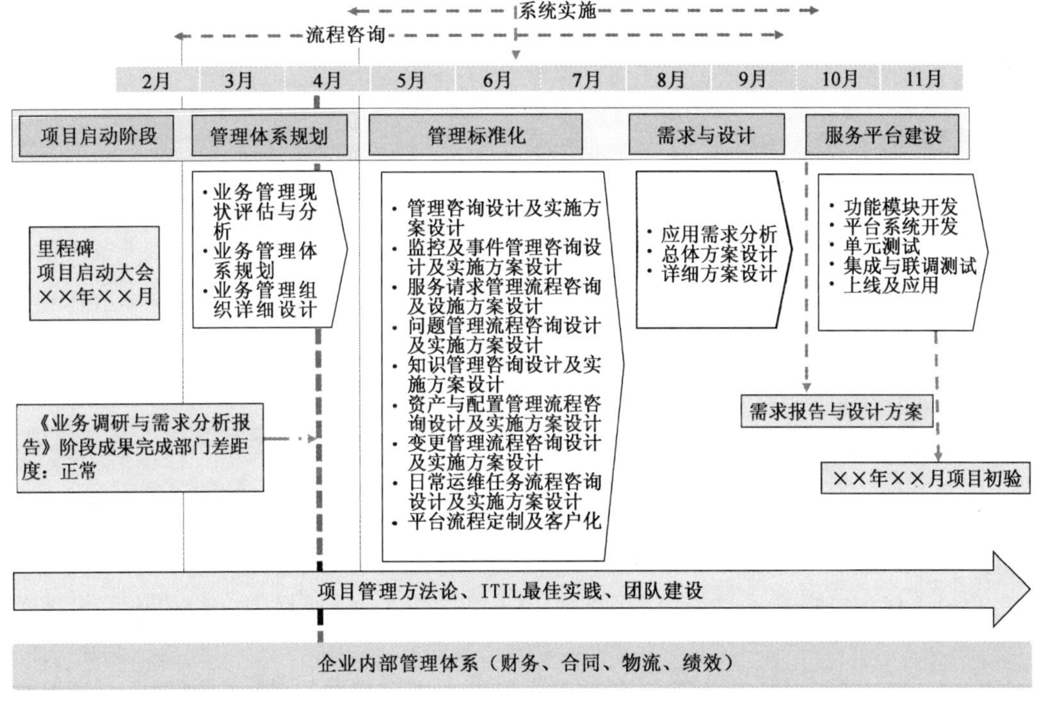

图 4-7　项目实施过程流程示例图

IT 项目建设需要把项目要素管理与所管理项目的专业标准进行匹配分析,将每一个专业的每一个环节细化并形成标准,方能使项目管理体系高效运转。由于不同类型项目的过程管理有所不同,本节选取了具有代表性的 IT 建设类项目进行阐述,说明在 IT 项目要素管理下,一个项目的全过程是如何运作的。

一、项目识别阶段

在项目识别阶段,有两个输入渠道,分别是企业 IT 规划和新增需求,在明确开展项目工作后,任命项目经理,由项目经理组织开展可行性研究工作。项目识别阶段主要包括项目规划、可行性研究环节。

(一)项目规划

①依据企业 IT 规划或 IT 主题规划,对 IT 需求进行分类、整合,可初步识别出 IT 建设类项目。

②各业务主管部门配合提供所属业务的 IT 需求和配合人名单,组成前期工作小组。

(二)可行性研究

①与业务部门沟通,进一步了解和细化需求,确立项目基本目标和范围。进行详细的调查研究,与各供应商进行交流,收集供应商、已实施单位及其案例等相关信息。

②从管理、技术手段等多个方面分析目前存在的问题,提出解决问题的思路,明确哪些问题可以通过信息系统建设的方式解决。从企业战略规划的角度,分析系统建设的战略价值以及业务紧迫性,完成《IT 项目可行性分析报告》。

③组织对 IT 项目的《IT 项目可行性分析报告》进行评审,确定拟立项的项目清单、项目主办部门、业务主管部门、项目估算以及项目经理,作为立项依据。

二、项目准备阶段

在项目准备阶段,对于通过立项审批的 IT 项目,项目的主办部门应下达 IT 项目任务,任命项目经理。项目经理根据审批通过的项目计划、组织架构组织开展工作;项目准备阶段主要包括需求梳理、供应商摸查与产品造型、采购等环节。

(一)需求梳理

①项目工作小组应先明确调研范围与对象,组织进行内部需求调研,并与外部潜在供应商交流,编写项目实施前的《用户需求书》,建立《项目范围跟踪表》,对项目范围进行分类定义,形成范围管理基线。

②《用户需求书》应符合企业 IT 规划的应用架构体系、数据架构体系、技术架构体系、信息安全体系的框架体系的原则和要求。

③项目工作小组根据项目的级别、类型,在《用户需求书》明确需交付的项目成果文档清单。

④项目工作小组编制《用户需求书》时要及时与业务应用部门进行沟通和确认,《用户需求书》需业务主管部门以正式的企业文件方式进行确认。如项目涉及多个部门,需分别就相应的业务需求与各业务部门进行确认。

(二)供应商摸查与产品选型

项目工作小组应在可行性研究环节就开始与外部潜在供应商交流,广泛联系相关领域有实力的供应商,收集相关资料,形成《供应商摸查报告》、《供应商评估表》。供应商和产品的选择是 IT 项目建设过程中非常重要的一环,尤其是处于信息化起步期的企业,组织模式和业务需求往往复杂多变,如供应商和软件产品选择不当,往往会加大实施的难度,甚至导致产品更换、厂商更换等后果,带来巨大的直接经济损失。应从多个维度对供应商进行比较,必要时还可到已实施过类似项目的其他企业进行实地考察交流,最终选出满足企业自身需要的供应商和软件产品。表 4-1 是广州地铁 IT 部门采用的一个模板,可供业界作为参考。

××系统产品选择评分表　　表 4-1

序号	评价指标		否决条款	权重	厂商							
					厂商1		厂商2		厂商3		厂商4	
1	系统功能性	满足功能需求	不能满足主要功能需求，完全不能支持汉字	15								
2		语言支持		3								
3		易用性		3								
4		未来发展		4								
5		特殊需求满足程度		3								
6		获取报告的方便性		2								
7	软件设计	系统适应性	系统性能差距很大	2								
8		技术性能		1								
9		接口能力		2								
10		体系结构		2								
11		编程语言		1								
12		界面友好		2								
13	硬件配置	服务器结构	无法满足网络使用要求	2								
14		可拓展性		1								
15		使用的技术评价		1								
16		网络支持能力		1								
17	实施策略	实施方法论	系统实施能力不够	3								
18		实施时间及成果		3								
19		实施小组能力		5								
20		用户培养		2								
21		知识转移		2								
22	供应商评价	信誉和财务稳定性	产品几近淘汰	2								
23		本地支持能力		3								
24		行业经验		2								
25		企业规模		1								
26		用户关系		1								
27		供应商位置		1								
28	供应商支持	技术和用户培训	供应商没有支持能力	2								
29		安装支持		1								
30		实施过程支持		2								
31		系统拓展升级		1								
32		支持小组可获得性		2								
33		支持小组能力		2								
34	商务条款	初始投入成本	成本过高，投资效益过低	4								
35		用户数拓展成本		4								
36		全周期成本		6								
37		商务条款		4								
38		投资保护		2								
合计				100		0		0		0		0

(三)采购

按照企业的采购相关管理规定执行。但在项目评标、比选、谈判结束后，项目经理应根据结果编制《项目管理工作说明书》，作为合同附件。同时应填写《项目范围跟踪表》，如涉及项目需求、培训、文档以及其他服务等项目范围变更需填写变更要点。

三、项目实施阶段

项目实施阶段主要包括项目启动、需求调研和分析、管理优化、方案设计、开发设计、安装配置、测试与初始化等环节。

(一)项目启动

项目工作小组应组织召开项目启动会,邀请包括已确定的供应商、业务部门和IT部门共同组成的项目领导小组、项目质量控制小组参加,会议应根据《项目管理工作说明书》中的各项内容,明确项目范围、各项管理计划、职责分工和管理要求、需求调研范围与调研计划,批准项目开工。

项目启动会会议纪要应形成正式文件,纪要需明确相关组织与人员的职责分工、项目里程碑计划等,同时将《项目管理工作说明书》作为启动会会议纪要的附件,发往全体项目干系人。

(二)需求调研

①项目工作小组根据需求调研计划,编制调研提纲,把调研计划和提纲发给调研对象,落实调研时间,确保调研充分。

②项目工作小组通过访谈或会议的方式,进行业务现状与需求调研,在调研过程需指定专人进行记录。对于中层干部以上人员的访谈调研,项目工作小组应编制调研提纲和调研记录表,并详细估算好各个调研问题的时间和调研总时间,调研提纲提前发至被调研人。

③项目工作小组根据调研记录,编制调研纪要,在调研完成后提交给业务部门确认。

④项目工作小组汇集编制《业务调研与需求分析报告》,并附上《项目范围跟踪表》。

⑤《项目范围跟踪表》按照项目管控要求编制,标识出需求调研阶段的功能需求与招标阶段的用户需求之间的对应关系,标识出差异,作为管控管理的依据。

(三)管理优化(适合实施内容有管理优化要求的项目)

如项目涉及管理优化方案的工作要求,项目工作小组应根据《项目管理工作说明书》和相关资料进行调研分析。项目工作小组应落实业务主管部门相关人员参与此项工作,完成后编制《管理优化方案》。

(四)方案设计

①项目工作小组应根据《业务调研与需求分析报告》和《管理优化方案》进行方案设计,项目工作小组应落实相关人员参与此项工作。

②软件实施项目的方案按两层进行设计,编制《总体设计方案》和《详细设计方案》。

③基础架构集成及网络项目的方案按单层进行设计,编制《项目设计方案—基础架构类》。

④方案编制完成后更新《项目范围跟踪表》。

(五)开发设计

①项目工作小组应先搭建开发环境,根据《项目管理工作说明书》和《详细设计方案》进行开发与设计。

②项目工作小组应及时根据测试方案进行单元测试和系统集成测试,编制《二次开发与集成工作报告》。

（六）安装配置

①系统正式安装前，项目工作小组应编制《系统安装与配置报告》或《硬件安装部署报告》，并提交软硬件安装配置和系统管理等相关的文档，以指导运维人员掌握系统安装、配置和调试工作。

②项目工作小组应按照详细设计方案的系统安装与配置计划进行系统的安装和配置（包括测试环境和正式环境），安装配置应先在测试环境下进行，测试通过后方能在正式环境下安装。

（七）测试

测试工作主要包括单元测试、系统集成测试、用户可接受度测试和系统联调测试。测试工作应与系统的开发设计结合进行，以保证开发成果的质量。如需进行第三方测评，必须符合第三方测评要求。

（八）系统初始化

项目工作小组编制《系统初始化方案》，包括系统初始化数据、历史数据导入模板、权限分配清单和原则等，细化和明确各项工作内容、责任人、完成时间等。方案编制期间，项目工作小组应及时与业务相关部门沟通确认。

项目经理应组织项目工作小组和最终用户根据《系统初始化方案》收集和整理初始化数据，检查数据正确性，进行系统的初始化工作。

项目工作小组在系统初始化阶段应根据系统权限分配原则开展权限分配工作，初始化数据、系统权限分配原则与权限清单应由业务主管部门签字确认，如需对原系统的数据进行终止，则必须在打印后，由业务主管部门负责人或授权代表进行页签确认，也可通过企业的正式文件方式确认。

初始化工作完成后项目工作小组编制《系统初始化报告》，并在报告中体现权限分配原则及权限清单的内容。

四、项目结束阶段

在项目结束阶段，对于交付的信息系统建设项目成果，应根据项目成果清单和项目质量标准，核查项目成果交付情况，总结项目完成情况；项目结束阶段主要包括系统上线试运行、初步验收、项目后评估和项目验收等环节。

（一）系统上线试运行

对于IT建设类项目，当信息系统功能全部交付、通过测试达到上线试运行标准后，项目工作小组准备上线试运行工作。对于采用分步上线的项目，应分阶段召开上线试运行会议，并编制《系统上线试运行方案》等相关文档。

在系统上线前，项目工作小组应组织系统管理员、系统运维人员进行系统管理、应用管理的培训，对相关业务部门关键用户进行系统操作培训，编制《系统管理员、关键用户培训手册》。

项目工作小组组织召开系统上线试运行会议，邀请项目领导小组、质量控制小组、其他项目相关人员召开上线试运行会议，明确上线试运行期间的工作安排、相关人员的职责、系统使用及管理要求。会后由业务主管部门发布上线通知，附上《系统上线试运行方案》，项目主办部门发布系统上线试运行公告,系统从上线通知发布之日开始试运行。

在试运行期间,项目领导小组应组织成立应用推广小组,开展信息系统的推广应用。应用推广小组组长由业务主管部门指定人员担任,成员包括相关业务部门人员、项目工作小组组长、信息系统运维管理人员等其他相关人员。应用推广小组组长负责应用推广组织、协调、培训等工作,并编制或修订相关的管理制度。成员负责配合开展应用推广培训、技术指导和数据处理等工作。

试运行期间,如项目实施内容、实施质量等做相应调整,或试运行期间3个月内出现重大系统故障(重大故障一般为系统存在明显软件缺陷、存在较大安全隐患等问题),则试运行期应根据情况进行顺延。

系统管理员与应用管理员应进行角色分离,对系统软件、硬件的所有变更需要采取受控的管理流程,对所有变更进行审查和记录,方可执行。

(二)初步验收

项目上线试运行时间达到《项目管理工作说明书》约定时间(一般为三个月),项目经理检查项目符合验收条件后,可申请验收。

项目工作小组根据项目管理细则的项目验收材料清单准备验收材料,编制《系统试运行总结报告》、项目验收申请表和《初步验收报告》(内容包括文档交付情况、系统功能交付情况、测试情况、达到验收标准情况),并提交评审,有遗留问题的需在《初步验收报告》中附上遗留问题清单。

项目经理根据审批通过的《初步验收报告》组织召开项目验收会议,邀请项目验收小组参加会议,验收小组组长由项目领导小组组长或项目成果交付对象所在部门的领导担任,成员由项目工作小组人员、业务主管部门人员等组成。

验收小组通过会议集中进行讨论,根据验收检查内容逐条进行检查,根据检查结果出具验收结论,验收结论包括通过、部分通过、不通过,对于验收结论不能达成一致意见的,以项目验收小组组长的意见为准,验收小组在《项目验收申请表》上填写验收确认意见。会后将《初步验收报告》作为验收会会议纪要的附件,以正式文件印发给相关部门。

(三)后评估

初步验收三个月后,项目工作小组应组织开展后评估工作,明确项目的评估指标、数据采集方式和后评估计划。

初步验收半年后,项目工作小组进行指标数据的采集与汇总,完成各项指标的评估工作。系统运维人员协助完成系统后台运行数据采集的工作,有系统遗留问题的需在后评估前解决所有系统遗留问题。

(四)项目验收

项目质保期结束后,项目工作小组应准备验收材料,填写《项目验收申请表》和《项目验收报告》,组织验收会议。

项目通过项目验收后的一个月内,项目经理应完成项目成果的归档工作。归档的范围包括项目立项报告、项目所有成果文件、项目验收文件及相关会议纪要等文档原件。

第四节
城市轨道交通企业信息化项目管控

为保证企业IT规划的落地执行过程的不偏离，促进项目管理的标准化，提升项目质量，城市轨道交通企业还应建立企业级的IT项目管控体系。IT项目管控体系是基于整个企业信息化的管控体系，是从企业整体的角度管理企业IT项目。IT项目管控涵盖总体管控和专业管控。总体管控主要从项目范围管理、进度管理、质量管理、变更管理、风险管理等项目管理领域进行管控，而专业管控则从IT规划、IT数据、IT技术等专业领域进行管控。总体管控同时还负责IT项目管控体系建设和日常管控事务性工作，包括建立IT项目管理规章制度、IT项目管控评审标准和IT项目管理文档模板等标准化工作，负责为IT项目安排IT管控人员并对其管控工作进行考核，以及组织管控工作会议等工作。

一、IT项目管控的作用

通过实施有效的管控手段，以确保项目规划目标的实现，实现对业务的支撑，体现IT项目建设价值与效益，避免IT规划成果被束之高阁，确保在实施过程中“不变形、不走样”。

通过制定关键管控指标、维护项目信息等措施，从项目管理工作中获取项目状况信息并据此进行管控评价，为项目管理工作提供全面的项目状态信息。

通过对项目的管控评审，及时识别项目偏离规划的风险，协助、指导项目纠偏。

二、IT项目的总体管控

（一）IT项目总体管控要点

1.项目范围管控

项目管控工作小组在查看项目月报、对部分项目成果文档开展规划评审的过程中，应对项目范围进行跟踪和变更控制。对于项目范围发生变化或者偏离的项目，项目管控工作小组在项目管控工作报告中填写偏离处理意见，并在项目管控工作报告中分析各项目范围的控制情况。

2.项目进度管控

项目管控工作小组应建立项目进度管理台账，在查看项目月报和评审项目成果文档的过程中，对项目进度进行跟踪和变更控制。对项目进度发生偏离的项目，项目管控工作小组在项目管控工作报告中填写偏离处理意见，在项目管控工作报告中分析各项目的进度情况。

3.项目投资管控

项目管控工作小组依据项目预算建立项目投资管理台账，根据项目签订的合同更新项目投资管理台账，对项目投资进行跟踪和变更控制，对项目投资发生偏离的项目，项目管控工作小组在项目管控工作报告中填写偏离处理意见,在项目管控工作报告中分析各项目的投资情况。

4. 项目质量管控

项目管控工作小组通过查看项目月报,对项目管理组织的质量管理和控制工作情况进行分析,在项目管控工作报告中填写质量管理意见。

5. 项目变更管理

项目管控工作小组建立项目变更管理台账,依据通过审批的变更单统计各项目的变更信息。

6. 项目风险管控

项目管控工作小组建立项目风险管理台账,各项目质量控制小组、各专业管控负责人根据项目月报中描述的问题、风险和项目管控的数据等内容,更新并跟踪项目风险管理台账。

(二)IT 项目成果文档模板

项目成果文档模板清单如表 4-2 所示。

项目成果文档模板清单　表 4-2

序　号	文 档 名 称	主 要 构 成
1	可行性研究报告	业务现状、信息化现状、需求分析、市场调研、效益分析、初步方案、投入成本估算、总体计划、风险分析等
2	用户需求书	项目背景、项目目标、项目范围、现状描述、总体技术要求、详细需求、项目实施内容、项目实施管理要求、项目交付成果等
3	供应商评估报告	概述、供应商介绍和产品/供应商选型
4	采购文件	招标工作审批表、投标限价审批表、招标/比选/谈判文件,资格预审办法、评标/比选办法
5	项目管理工作说明书	项目范围、范围管理计划、进度管理计划、质量管理计划、沟通管理计划、资源管理计划、风险管理计划、培训计划、文档与配置管理计划、验收计划等
6	合同	评标报告、合同、项目管理工作说明书
7	业务调研与需求分析报告	项目概述、现状描述、总体需求分析、详细需求分析、模块划分、需求响应情况等
8	管理优化方案	概述、现状及原因分析、管理优化方案、管理推进计划等
9	总体设计方案	设计概述、系统总体体系结构、功能设计、软件界面设计、系统安全设计、系统集成设计方案等
10	详细设计方案	详细设计概述、体系架构详细设计、功能模块类详细设计、数据模型设计、安全设计、集成接口详细设计和系统管理详细设计等

此外,还包括单元测试方案、单元测试报告、二次开发与集成工作报告、系统安装与配置报告、初始化方案、初始化报告、系统集成测试方案、系统集成测试报告、用户可接受度测试方案、用户可接受度测试报告、联调测试汇总报告、系统管理员手册、用户使用手册、上线试运行方案、试运行总结报告、系统管理员与关键用户培训报告、项目运维委托交接报告、应用推广方案、初步验收报告、后评估报告、项目验收报告等成果报告。

三、IT 项目的专业管控

（一）IT 项目专业管控的内容

①规划管控：负责编制 IT 项目的规划专业评审标准，并根据评审标准开展具体的规划评审工作和编写项目管控工作报告中规划专业评审相关内容，开展规划风险管控。

②数据管控：负责编制 IT 项目的数据专业评审标准，并根据评审标准开展具体的数据管控评审工作和编写项目管控工作报告中数据评审相关内容，开展数据风险管控。

③技术管控：负责编制 IT 项目的技术专业评审标准，并根据评审标准开展具体的技术管控评审工作和编写项目管控工作报告中技术评审相关内容，开展技术风险管控。

（二）IT 项目专业管控的评审要素

表 4-3 是对项目《用户需求书》评审过程中所使用的技术专业评审标准中的评审要素样例。

《用户需求书》技术专业评审要素样例　　表 4-3

序　号	评审要素（样例）
1	准确描述相关业务的 IT 状况，说明所涉及的信息系统的主要情况，包括企业内部门户、企业服务总线、应用系统等的主要情况，如果是二期项目，须说明当前使用的基础设备情况
2	对项目的业务驱动、可靠性、安全性、集成性、先进性、可扩展性、开放性、经济性、可伸缩性等原则进行说明
3	对软、硬件技术架构、性能指标、可靠性指标、测试及运行环境、安全性要求、集成技术要求等进行明确定义；对于软件实施项目及基础架构建设项目符合年度 IT 资源计划的要求
4	根据总体技术要求详细描述软件和硬件产品需求
5	详细描述项目与哪些系统集成，交互哪些数据
6	详细描述用户界面设计要求
7	明确定义项目实施各子阶段的工作内容和工作产出；明确测试工作要求，包括单元测试、集成测试、疲劳测试、压力测试等
8	明确描述项目成果的交付形式，包括提供项目二次开发清单、二次开发源代码、数据库结构说明，开发说明书、接口说明书、开发框架 SDK 等所有技术文档
9	明确描述项目交付物的版权归属
10	明确是否有第三方测评的要求

第五节
城市轨道交通企业信息化项目管理系统

IT 项目管理系统是支撑 IT 项目管理的信息系统，城市轨道交通企业 IT 部门可通过信息化手段规范 IT 项目管理过程，提高信息化建设效率和质量。

一、IT 项目管理系统关注点

(一)以项目进度管理为核心

进度管理是 IT 项目管理的核心,同时也是项目考核的重点。进度管理的范围应覆盖项目规划、项目准备、项目实施、项目结束阶段的全过程,进度管理的过程应以计划—协同—跟踪—控制—积累为主线。进度管理功能界面如图 4-8 所示。

总体计划 年度详细计划

项目名称	当前环节	形象进度	支付进度	项目进度
资产一体化管理新线验收及移交信息化优化项目	试运行	0.00%	0.00%	计划[54%] 实际[17%]
维修精细化一期(LMIS)	最终验收	80.00%	0.04%	计划[69%] 实际[43%]
新线设施设备管理平台一期—终端与标签采购项目		0.00%	0.18%	计划[36%] 实际[21%]

图 4-8　进度管理功能界面

(二)以质量管理为重点

质量是衡量 IT 项目成败的关键指标,因此 IT 项目管理系统应重点关注项目质量管理,通过项目审查标准、审查流程等功能对项目质量进行控制,项目成果文档评审要素管理界面如图 4-9 所示。

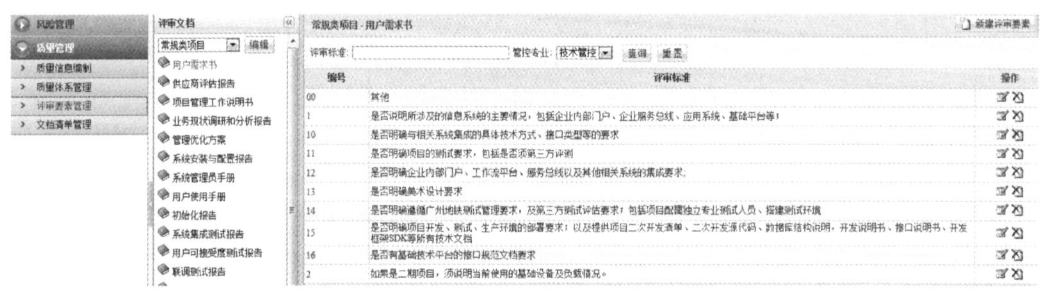

图 4-9　项目成果文档评审要素管理界面

(三)以其他领域管理为辅助

以项目资源管理、投资管理、沟通管理、风险管理等为辅助,形成全方位的 IT 项目管理。项目风险库管理界面如图 4-10 所示。

二、IT 项目管理系统功能

IT 项目管理系统主要功能包括项目信息、进度管理、质量管理、风险管理、文档管理、投资管理和总体管理 7 大功能。如广州地铁 IT 项目管理系统个人工作台界面如图 4-11 所示。

IT 项目管理系统的主要功能如下:

①项目信息:人员管理、组织管理、项目变更、项目月报等。

②进度管理:计划编制、进度反馈、计划调整、计划查看、年度计划管理等。

③质量管理:质量体系、质量信息等。

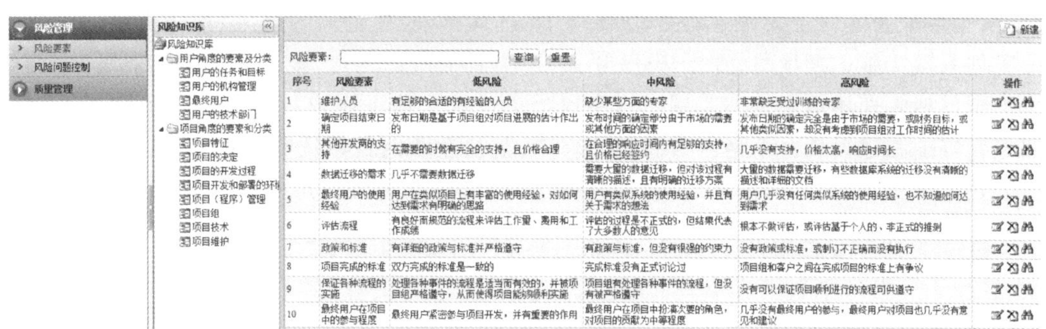

序号	风险要素	低风险	中风险	高风险	操作
1	维护人员	有足够的合适的有经验的人员	缺少某些方面的专家	非常缺乏受过训练的专家	
2	确定项目结束日期	发布日期是基于项目组对项目进展的估计作出的	发布时间的确定部分由于市场的需要或其他方面的因素	发布日期的确定完全是由于市场的需要，或财务目标，或其他类似因素，却没有考虑到项目组对工作时间的估计	
3	其他开发商的支持	在需要的时候有完全的支持，且价格合理	在合理的响应时间内有足够的支持，且价格已经签约	几乎没有支持，价格太高，响应时间长	
4	数据迁移的需求	几乎不需要数据迁移	需要大量的数据迁移，但对该过程有清晰的描述，且有明确的迁移方案	大量的数据需要迁移，有些数据库系统的迁移没有清晰的描述和详细的文档	
5	最终用户的使用经验	用户在类似项目上有丰富的使用经验，对如何达到需求有明确的思路	用户有类似系统的使用经验，并且有关于需求的想法	用户几乎没有任何类似系统的使用经验，也不知道如何达到需求	
6	评估流程	有良好而规范的流程来评估工作量、费用和工作成绩	评估的过程是不正式的，但结果代表了大多数人的意见	根本不做评估，或评估基于个人的、非正式的推测	
7	政策和标准	有详细的政策与标准并严格遵守	有政策与标准，但没有很强的约束力	没有政策或标准，或制订不正确而没有执行	
8	项目完成的标准	双方完成的标准是一致的	完成标准没有正式讨论过	项目组和客户之间在完成项目的标准上有争议	
9	保证各种流程的实施	处理各种事件的流程是适当而有效的，并被项目组严格遵守，从而使得项目能够顺利实施	项目组有处理各种事件的流程，但没有被严格遵守	没有可以保证项目顺利进行的流程可供遵守	
10	最终用户在项目中的参与程度	最终用户紧密参与项目开发，并有重要的作用	最终用户在项目中扮演次要的角色，对项目的贡献为中等程度	几乎没有最终用户的参与，最终用户对项目也几乎没有意见和建议	

图 4-10　项目风险库管理界面

④投资管理：支付分摊、年度投资计划、年度支付计划等。

⑤风险管理：风险库管理、风险台账等。

⑥文档管理：项目成果模板库、文档受控中心、产品中心等。

⑦总体管理：任务下达单、网站管理、需求管理、我的项目等。

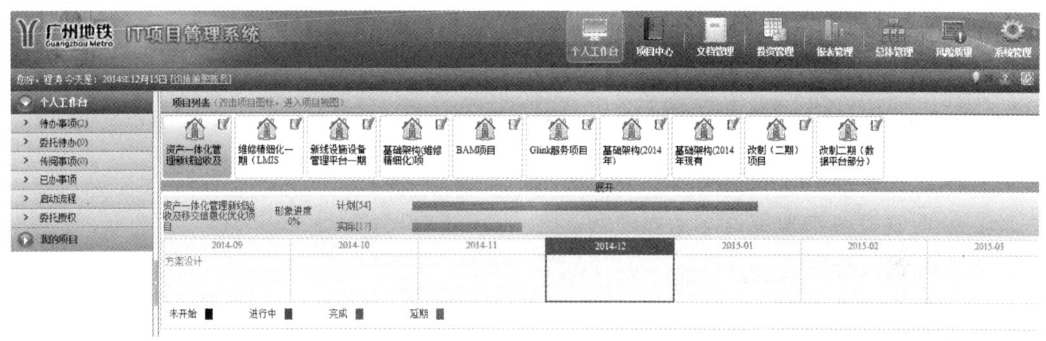

图 4-11　个人工作台界面

第六节
城市轨道交通企业信息化项目建设案例

本节以某城市轨道交通企业资金管理系统为例对项目建设过程进行详细描述。

一、项目简述

某城市轨道交通企业担负着市快速轨道交通系统建设及运营管理的重责，并且经营以地铁相关资源开发为主的多元化产业。随着下属成员单位不断增多和企业管理环节不断增加，该轨道企业的资金管理问题逐渐暴露出来：成员单位的资金管理分散，各单位闲置资金未能利用，日常的资金流动数额巨大且流动环节复杂，不能对整个企业的资金使用过程进行监控，不能做到风险的有效控制和防范，而且投融资成本高，企业资金的使用效率没有达到理想的标准。企业意识到有必要运用信息技术，构建一个资金管理系统平台，梳理和固化企业资金管理流程,实现整个企业资金集中管理。2008 年 10 月 6 日,经企业反复研究、最终决策后,启动了资金管理系统实施一期项目,并于 2009 年 3 月 31 日上线试运行,该企业集团及下属的所有成员单位全部纳入使用该系统的范围。这实现了企业对全体下属成员单位的资金集中管理,能按照经营资金和建设资金严格区分管理的原则,盘活企业内各单位的闲置经营资金,形成整个企业的资金池;加强资金的内部调剂,加快资金周转,提高资金使用效率;结合资金收支预算,进一步加强企业内资金的管控力度,强化资金风险的内控体系建设。同时,依靠整体规模效益,增加企业对银行的谈判筹码,促使银行降低贷款利率、提高服务质量,最大限度地降低企业财务费用,控制资金使用风险。

二、项目实施过程介绍

下面将从项目全生命周期角度分阶段(包括项目识别、项目准备、项目实施和项目结束阶段)进行描述和介绍。

(一)项目识别阶段

可行性研究是开始项目的第一步,也是关键重要的一步,需要对业务是否成熟、是否具备信息化实现基础进行评估,需要对市场供应商及软件情况进行摸查,并对项目将来实现后的效益进行预估,通过项目的可行性研究,使得项目经理在心中绘制出未来系统建设的蓝图。

1. 资金管理业务的可行性研究

①论证实现资金管理有以下的必要性:

a. 提升控制风险能力。

b. 挖潜沉淀资金效益。

c. 提升融资能力。

d. 增强预算管理实效性。

e. 加快资金结算并确保安全。

②实现资金管理的可行性表现在以下几个方面:

a. 政府政策方面:明确支持企业做大做强,实行企业走出去的战略,支持有条件的大型企业企业设立结算中心、内部银行、财务公司等。

b. 商业银行方面:为大型企业企业提供进行资金集中结算、统一管理的账户和资金结算的服务,譬如为大型企业在商业银行建立大型企业账户、母子账户、现金池等账户管理模式,并实时支持调拨、分配、归集;提供银企直联等接口。

c. 企业内部:有支撑实施项目的管理基础、有配合项目实施的 IT 技术能力、有分工协作与制衡的内部控制体系。

③实现资金管理的双赢意义如下:

a. 企业方面。有利于企业从总体上把握资金运作效果、筹资融资情况,为扩大规模、调整产业结构、投资等重大决策提供依据和资金保障。有利于动态监督下属成员企业资金流向,宏观控制资金使用,防范资金风险,保持财务状况的健康运行。有利于盘活存量资金,提高整体资金使用额度,提升资信水平和信用等级,增大与银行谈判的砝码,减少财务费用的开支。

b. 对下属成员单位方面。下属成员企业的资金所有权不变,资金实行有偿使用,不必担心资金被其他企业占用。企业可对下属成员企业的存款在银行利率基础上上浮，贷款利率在银行利率基础上下浮，降低资金的使用成本。通过强大的网上结算功能，简化了企业在银行办理结算时的繁杂手续，有利于下属成员企业提高财务人员工作效率，加速资金周转。下属成员企业可向大型企业提出内部借款申请，可简化审批时间，增强贷款的可实现性，有利于下属成员企业的长远发展。

2. 资金管理系统的可行性研究

通过对市场软件以及行业应用情况进行调研摸查，请厂商提供资金管理系统资料、软件白皮书，并介绍系统实施方案和成功单位的实施案例，针对关注的问题进行面对面的交流，形成软件选型记录表。为下一阶段编制需求及上报预算打下基础。

在对软件厂商的交流摸查之后，组织了对行业中资金管理系统应用案例的调研，走访了包括某大型航空公司、某钢铁企业、某交通集团、某大型国企和某政府大型企业等多家企业和单位。调研主要关注内容如下：

①资金集中管理的规划思路。

②资金集中方案实施中遇到的问题和关键控制点。

③实施资金集中管理的方法。

④资金集中管理系统运行情况。

⑤资金集中管理的实施效果。

3. 信息化实现方案

通过前期的软件了解以及对行业管理模式的借鉴，企业结合自身特点研究未来资金集中管理模式及初步软件需求。

①统收统支模式，如图 4-12 所示。

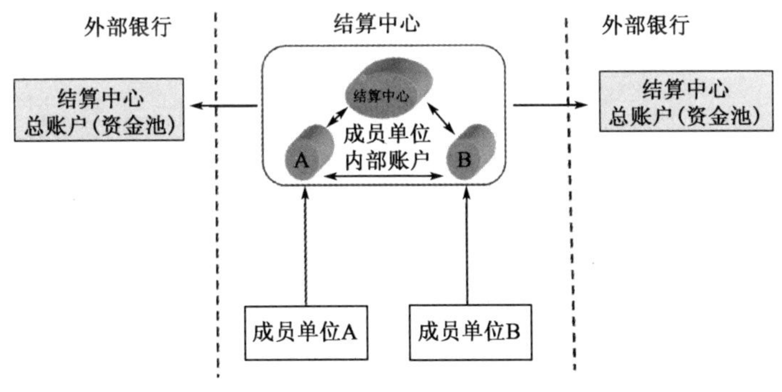

图 4-12　统收统支模式

②二级联动账户，如图 4-13 所示。

③门户账户，如图 4-14 所示。

企业通过比较，最终选取了二级联动模式来集中管理资金，资金管理系统的主要体系和架构设计如图 4-15 所示。

软件实现方案除了业务方面的实现方案外，还包括技术架构方案和数据架构方案，考虑到资金管理系统是管理公司的血液——现金的系统，安全性方面的研究也尤为重要。因此，对于安全保证方面，引入 CA 集成，通过第三方 key 证书实现双因素认证，同时由于资金系统与多

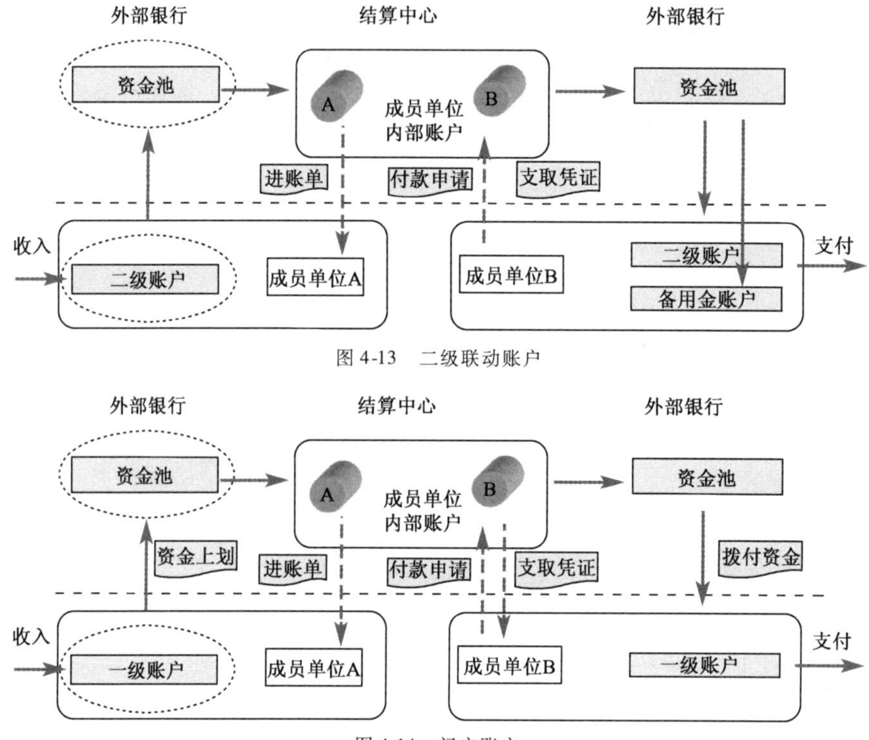

图 4-13　二级联动账户

图 4-14　门户账户

注:结合收支两条线,成员单位开设收入户和支出户。

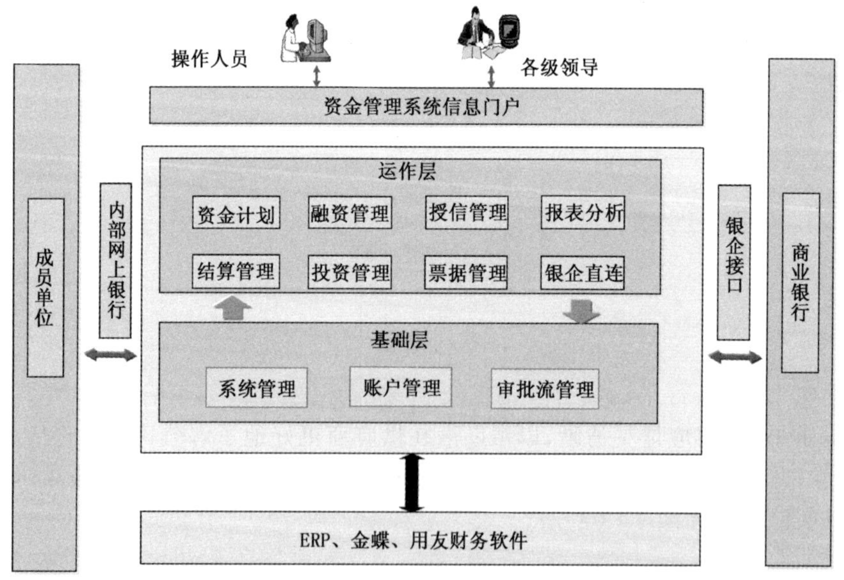

图 4-15　二级联动模式示例

家银行需要对接,如果与银行的通道顺畅并安全,那么责任清晰都是需要提前考虑的问题,此轨道企业的 IT 部门有专业的技术人员对系统的技术架构及网络安全保障进行初步设计,主要是对来自外部高风险流量进行防范与过滤,有效防止黑客和病毒的入侵。实现安全策略配置,能与各大银行相关业务系统建立安全独立访问的区域,整体网络架构如图 4-16 所示。

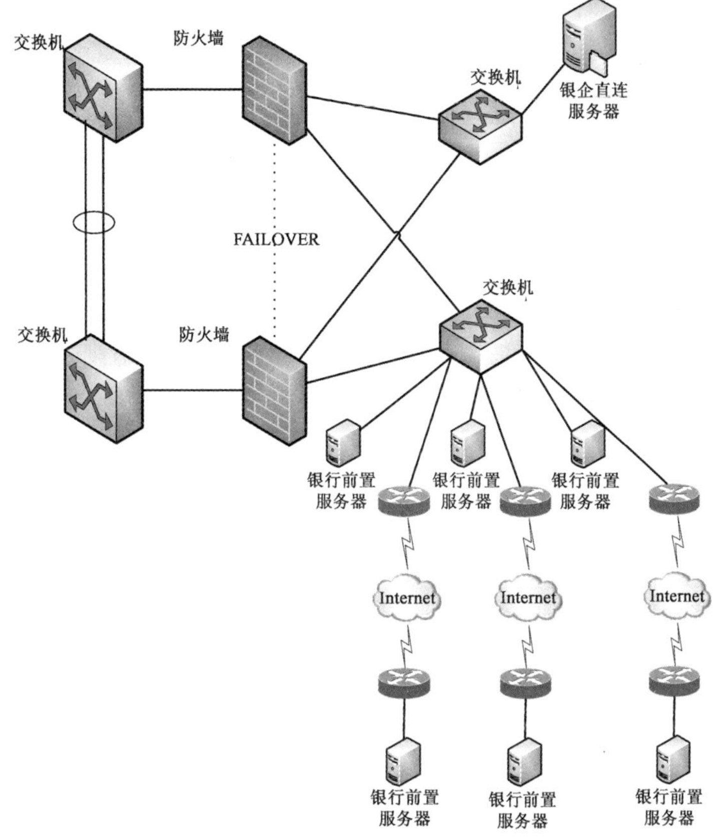

图 4-16　网络架构

以上通过对业务方面和系统方面的可行性进行论证和研究，形成《资金管理项目可行性研究报告》。

（二）项目准备阶段

项目准备阶段的工作，主要是按照企业采购管理的规定和要求，准备项目招标的采购文件，开展采购、签订合同等工作。项目准备阶段注意事项如下。

1.《用户需求书》的编制

《用户需求书》是项目采购文件中的重要组成部分，编制过程中需要注意技巧性与艺术性。《用户需求书》内容应详尽清晰，以帮助潜在供应商更好地了解公司的管理情况及未来项目建成的要求；此外《用户需求书》重要作用之一就是起到约定项目范围的作用，但如果需求描述太细，则会导致将来出现一点点调整都要对需求进行变更。通常，需求书中的内容是全面描述用户需求，不能有缺漏，例如“要求实现资金管理系统与企业内部门户集成，实现单点登录”，“资金管理系统应具有高可用性，能支撑并发用户数 50 个以上”等。

《用户需求书》的需求描述应有通用性，避免直接把某些厂商的产品功能照搬过来，侧重业务需求目标和方向的描述而不是具体的实现方案，因为有时在实施过程中方案可能会发生调整，而业务要实现的方向或目标是不变的。例如，“利息计算：可以针对放款记录批量或单个进行利息计算，并可以对应生成利息单”。

2.《项目管理工作说明书》的编制

在项目准备阶段，签订合同时需要约定项目的目标、范围及组织形式，其体现形式就是《项目管理工作说明书》。

在本案例中，由于中标方为第一次合作，彼此对于项目管理方式与组织形式都不熟悉，为了更好的磨合，双方用了1个月的时间商讨研究并编制出《项目管理工作说明书》，为接下来的项目实施打下基础。

《项目管理工作说明书》是从项目管理角度明确整个项目实施过程中的工作范围和管理计划，目的在于明确项目工作范围，建立、记录和公布在项目实施期间采用的项目管理方法和流程。主要内容包括：项目需求范围描述、项目范围管理计划、项目进度管理计划、项目资源管理、质量管理、沟通管理和风险管理等方面内容。其中，项目范围管理计划将项目的每个阶段进行细分，明确每个阶段的工作目标、乙方责任、甲方责任、工作单元交付、完工准则。下面以测试与联调阶段的工作说明为例：

①工作目标如下：

a.完成资金管理功能的系统测试、银行接口联调测试及用户测试；

b.发布可以供用户测试的版本。

②乙方责任如下：

a.资金管理系统测试环境搭建；

b.编写资金管理系统用户培训手册，完成用户测试的培训工作；

c.编写资金管理测试计划和测试用例，包括集成测试、用户可接受度测试和性能测试；

d.项目组内部测试通过所有需求功能；

e.通过搭建银企直连服务器，与银行系统进行联调测试；

f.组织和开展用户可接受度测试工作；

g.将测试结果记录并编写测试报告，提交甲方评审测试报告。

③甲方责任如下：

a.为项目提供资金管理系统测试环境安装所需服务器；

b.与银行联系，沟通和确认联调测试方案；

c.安排业务部门参加用户可接受度测试；

d.组织业务部门用户准备测试数据和参与测试；

e.进行用户可接受度测试并提出测试意见，对测试结果进行确认。

④工作单元交付。需分别提供以下交付物：

a.《资金管理项目系统集成测试方案》；

b.《资金管理项目用户可接受度测试方案》；

c.《资金管理项目系统集成测试报告》；

d.《资金管理项目用户可接受度测试报告》；

e.《资金管理项目联调测试汇总报告》。

⑤完工准则如下：

a.完成资金管理系统测试工作，包括集成测试、性能测试、用户可接受度测试以及银行接口联调测试，测试结果得到甲方书面确认；

b. 完成相关测试文档编制，并提交甲方评审通过。

（三）项目实施阶段

项目实施阶段是项目的主体工作阶段，本项目通过精细化的项目管理，将 IT 项目管理要求落实到项目启动、需求调研和分析、方案设计、开发设计、安装配置、测试与初始化等环节，最终完成项目目标，资金系统如期上线试运行。

1. 项目启动

项目启动阶段，资金管理项目工作小组组织召开项目启动会，邀请项目领导小组、项目质量控制小组、业务主管部门用户及相关部门人员参加会议，会议内容以《项目管理工作说明书》中的各项内容为基础，由甲方或乙方项目经理汇报项目目标、项目范围、各项管理计划、职责分工和管理要求以及需求调研范围和调研计划，最后由项目领导小组的领导做思想动员，批准项目开工，宣布项目正式启动。

项目启动会最关键的一点是明确资金管理项目工作小组的成员，小组的人员都为项目的干系人，明确项目干系人在项目中的职责，以及需要配合和完成的工作。图 4-17 为资金管理项目工作小组组织架构图，配合表格明确甲方和乙方项目组的角色及职责，制定项目小组通讯录互通项目成员部门、姓名、电话、邮箱等联系方式，便于项目小组内的事宜沟通和联系。

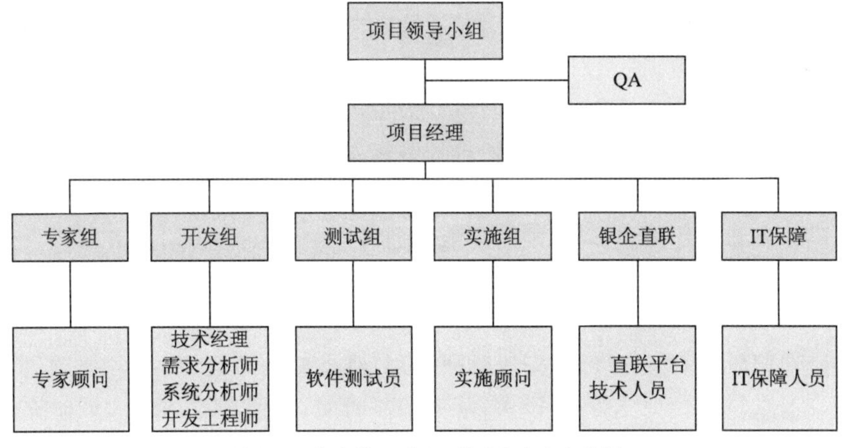

图 4-17　资金管理项目工作小组组织架构图

项目启动会后项目经理将会议纪要形成正式文件，纪要需明确相关组织与人员的职责分工和项目里程碑计划等，同时将《项目管理工作说明书》作为启动会会议纪要的附件，发往全体项目干系人。甲、乙方项目角色及职责分别见表 4-4、表 4-5。

甲方项目角色及职责　　表 4-4

角　色	责　任　人	职　　责
项目领导小组	×××	最终决策项目的目标及实施范围； 协调项目中的冲突； 共同指导项目实施方向
项目经理	×××	全面负责项目管理工作； 负责项目组与各业务部门之间的沟通、协调； 负责需求及相关的组织、沟通、协调工作

续上表

角色	责任人	职责
实施组	业务主管部门 1：×××	…

乙方项目角色及职责 表 4-5

角色	责任人	职责
项目领导小组	×××	负责项目重大事件决策，包括：项目重大范围变更、重大人员变动等。并负责监控项目总体情况
项目经理	×××	负责协调项目组的资源，监控项目组资源的使用情况，确认各阶段的工作完成情况，督促项目组执行项目计划完成既定目标，实施顾问的管理及指导工作，包括：培训、系统规划等管理及指导
需求分析师	×××	负责梳理和分析系统详细功能需求，主持功能需求调研和需求文档的撰写等工作
…	…	…

2. 需求调研和分析

需求调研和分析阶段主要分为业务调研与访谈和需求分析报告编制两个部分。需求调研和分析阶段的目标是针对资金管理业务流程、管理制度及报表等进行深入调研，并通过梳理分析出具体的业务逻辑、管理及报表需求等，是后续方案设计和系统建设的输入和基础。

(1)业务访谈与调研

资金管理系统项目的业务访谈与调研主要采用现场调研方式为主，文档调研和电话调研为辅进行补充。首先是通过文档了解了项目的整体要求，从宏观上把握了项目的需求，并针对前期的用户需求书等文档提出了一些想法和疑问。然后开展业务调研和访谈，乙方需求分析顾问在现场进行最细致的沟通，以启发用户谈清业务、谈出需求，后期如有需要则通过电话交流或再次访谈的方式进一步解除疑惑，确认客户的需求要点，更加准确地掌握项目的内容和达成的目标。

业务访谈和调研之前，项目经理安排调研计划，准备好调研提纲，与各被调研对象提前沟通，提前把调研计划和提纲发给被调研人，落实调研时间，以便业务访谈和调研充分。资金管理系统项目的调研涉及部门和专业内容较多时，项目工作小组应先征询被调研人的时间，避开业务繁忙时段，统筹安排调研的日程和参与人员，先调研业务骨干，全面了解情况后调研中高层领导干部，全面了解各层级需求，调研整体时间安排 2 ~ 3 周。业务访谈和调研时，项目经理安排好调研地点，组织好调研形式，并指定专人进行记录。业务访谈和调研完成后，项目经理安排人员根据调研记录，编制调研纪要，在调研完成后提交给业务部门进行确认。

(2)需求分析报告编制

业务访谈与调研完成后，项目经理安排编制《业务调研与需求分析报告》，并附上《项目范围跟踪表》、《项目范围跟踪表》，标识出需求调研阶段的功能需求与招标阶段的用户需求的对应关系以及差异，作为管控管理的依据。

资金管理系统的需求分析报告核心内容为现状描述、总体需求分析、详细需求分析、功能模块划分，需求分析以业务需求分析为主，但还包括数据需求、集成需求、技术需求、培训需求和美术设计需求等内容。

资金管理系统的业务需求分析由于涉及业务流程流转较多,以流程图的方式进行展现和描述。每一块业务都分为:业务简介、业务流程及流程步骤描述、界面样式及要素和关键数据说明。

如图4-18所示为资金管理内部定期存款管理流程图,在一个图中描述了定期存款办理、定期提前支取和定期到期办理三类情况,结合流程图描述清晰各类业务情况的处理需求和将来系统将实现的效果,流程图采用标准的画图单元,区分清楚不同的业务部门在不同的环节处理的动作,再结合文字描述流程步骤中每个动作的详细信息以及输入输出关系。

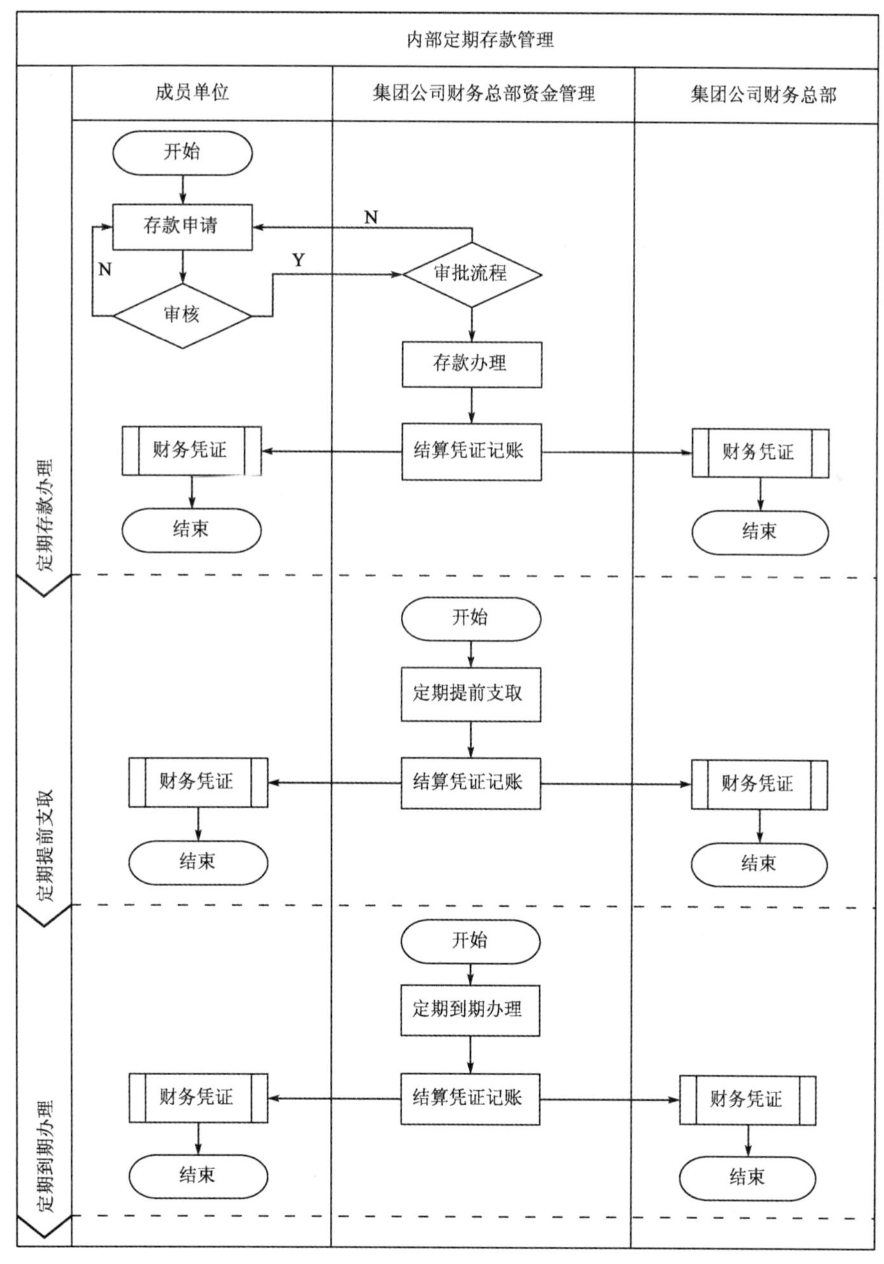

图4-18　内部定期存款管理流程图

3. 方案设计

资金管理系统项目工作小组在完成《业务调研与需求分析报告》的编制，并通过业务主管部门的确认和项目管控的专业评审后，进入方案设计环节。

资金管理系统的方案按两层进行设计，分别为总体设计和详细设计，编制《总体设计方案》和《详细设计方案》，并根据方案及时更新《项目范围跟踪表》。

项目设计方案是偏技术的文档，是软件设计人员进行软件设计和软件开发人员进行编码的基础，主要内容包括系统设计概述、体系架构总体/详细设计、功能模块总体/详细设计、数据模型总体/详细设计、软件界面总体/详细设计、系统出错处理总体/详细设计、集成接口总体/详细设计等方面。

如图 4-19 所示（实体—联系图，Entity Relationship Diagram）为资金计划上报的数据模型设计，将业务需求转换为系统开发语言，定义每个属性的字段以便存储在数据表中进行逻辑处理和数据交换。表 4-6 为建设资金计划数据表。

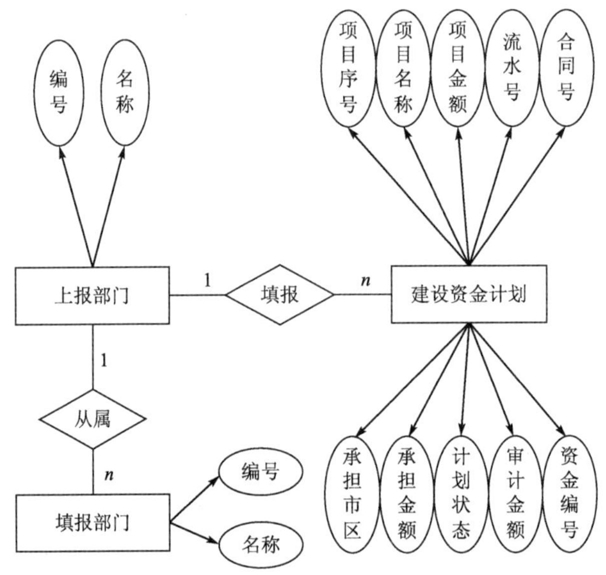

图 4-19 资金计划上报的数据模型设计

建设资金计划数据表 表 4-6

建设资金计划类		GZJS_ZJJH		
属性名	类型	是否可空	含义	备注
GZJS_ZJJH_ID	char(36)	否	主键	GUID
GZJS_ZJJH_XMXH	varchar(100)	否	项目序号	
GZJS_ZJJH_XMMC	varchar(100)	否	项目名称	
GZJS_ZJJH_XLID	char(36)	否	线路	
GZJS_ZJJH_YEAR	char(4)	否	年	
GZJS_ZJJH_MONTH	char(2)	否	月	
GZJS_ZJJH_PZWH	varchar(100)	否	批准文号	
…				

4. 安装配置与开发

资金管理系统项目工作小组在设计方案评审通过后，进入系统的安装配置与开发工作阶段，项目工作小组应先搭建资金管理系统测试环境，根据《项目管理工作说明书》、《详细设计方案》进行开发与设计，安装配置在测试环境检验通过后，记录形成《二次开发与集成工作报告》、《系统安装与配置报告》，配以截图等方式严格记录安装配置的环节和要点，以指导后续系统运维人员掌握系统安装、配置和调试工作，测试通过后的配置方能在正式环境安装。

5. 测试

资金管理系统项目的测试工作主要包括单元测试、系统集成测试、用户可接受度测试、系统联调测试和第三方测试。测试工作与系统的开发设计结合进行，以保证开发成果的质量。

项目工作小组首先编制《单元测试方案》，在开发配置过程中并根据方案开展单元测试，将测试结果记录为《单元测试报告》。

项目工作小组在完成单元测试工作后，编制《系统集成测试方案》，集成测试包括代码集成测试、数据库完整性测试、功能测试、安全测试、性能测试和配置测试，集成测试全面的对系统功能性能都进行测试，项目工作小组根据方案完成测试后，编制《系统集成测试报告》。

项目工作小组在环境进行测试数据初始化后，编制《用户可接受度测试方案》，邀请用户参加系统功能讲解和系统功能培训，可以结合用户操作手册开展培训工作。

图 4-20 ~ 图 4-22 分别为资金管理系统付款申请示例图、线路示例图和资金计划示例图。

图 4-20　资金管理系统付款申请示例图

系统用户在经过初始培训后进行用户测试，重点对系统的业务需求的实现情况进行验证，将用户测试结果记录编制《用户可接受度测试报告》。表 4-7 为资金管理系统建议资金渠道的测试用例和测试结果。如测试发现问题也应如实记录，修改后请用户进行回归测试确认。

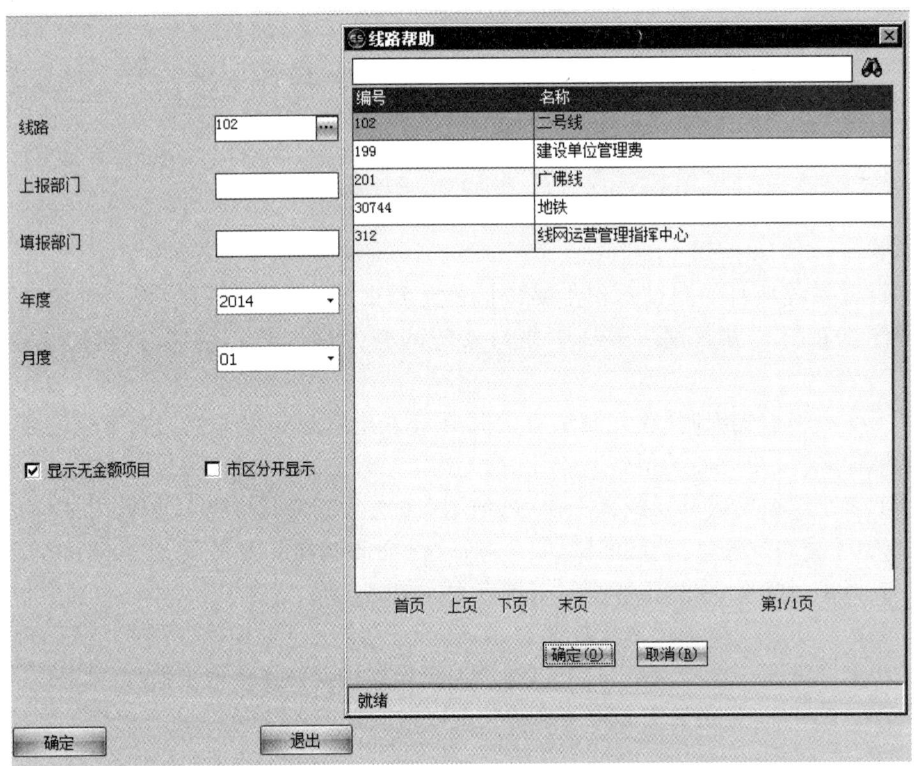

图 4-21 资金管理系统线路示例图

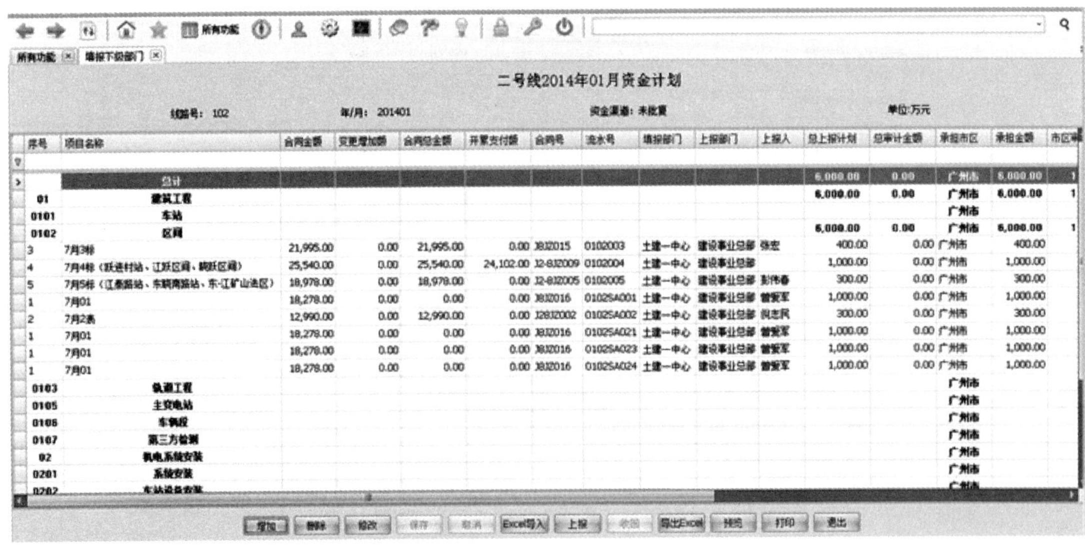

二号线2014年01月资金计划

线路号：102 年/月：201401 资金渠道：未批复 单位:万元

序号	项目名称	合同金额	变更增加额	合同总金额	开累支付额	合同号	流水号	填报部门	上报部门	上报人	总上报计划	总审计金额	承担市区	承担金额	市区
	总计										6,000.00	0.00	广州市	6,000.00	1
01	建筑工程										6,000.00	0.00	广州市	6,000.00	1
0101	车站												广州市		
0102	区间										6,000.00	0.00	广州市	6,000.00	1
3	7月3标	21,995.00	0.00	21,995.00	0.00	J8J2015	0102003	土建一中心	建设事业总部	张宏	400.00	0.00	广州市	400.00	
4	7月4标（跃进村站、江跃区间、鹤跃区间）	25,540.00	0.00	25,540.00	24,102.00	12-8J2009	0102004	土建一中心	建设事业总部		1,000.00	0.00	广州市	1,000.00	
5	7月5标（江泰路站、东晓南路站、东-江矿山法区）	18,978.00	0.00	18,978.00	0.00	12-8J2005	0102005	土建一中心	建设事业总部	彭伟春	300.00	0.00	广州市	300.00	
1	7月01	18,278.00	0.00	0.00	0.00	J8J2016	0102SA001	土建一中心	建设事业总部	管振军	1,000.00	0.00	广州市	1,000.00	
2	7月2标	12,990.00	0.00	12,990.00	0.00	128J2002	0102SA002	土建一中心	建设事业总部	倪志民	300.00	0.00	广州市	300.00	
1	7月01	18,278.00	0.00	0.00	0.00	J8J2016	0102SA021	土建一中心	建设事业总部	管振军	1,000.00	0.00	广州市	1,000.00	
1	7月01	18,278.00	0.00	0.00	0.00	J8J2016	0102SA023	土建一中心	建设事业总部	管振军	1,000.00	0.00	广州市	1,000.00	
1	7月01	18,278.00	0.00	0.00	0.00	J8J2016	0102SA024	土建一中心	建设事业总部	管振军	1,000.00	0.00	广州市	1,000.00	
0103	轨道工程												广州市		
0105	主变电站												广州市		
0106	车辆段												广州市		
0107	第三方检测												广州市		
02	机电系统安装												广州市		
0201	系统安装												广州市		
0202	车站设备安装												广州市		

图 4-22 资金管理系统资金计划示例图

测 试 报 告　　表 4-7

具体功能描述	1. 将通过“偿债日程”导入的还本付息情况表以及各部门按月上报的资金计划，按照 3 个月进行汇总，并且按项目进行资金渠道的设置。 2. 设置成功以后，提交审批，走公司审批流，按 3 个月汇总审批
模块编号	JSZJ
测试用例编号	JSZJ008
程序设计人员	×××
测试人员	×××
测试目的	1. 验证还本付息数据和各部门按月上报的资金计划是否按季度进行汇总显示。 2. 验证各个操作按钮和功能键能否正常操作，验证业务流程是否顺畅
测试内容描述	资金管理部将通过“偿债日程”导入的还本付息情况表以及各部门按月上报的资金计划，按照 3 个月进行汇总，并且按项目进行资金渠道的设置；设置成功以后，提交审批，走公司审批流，按 3 个月汇总审批
输入期望	按季度汇总的还本付息和资金计划； 资金渠道
功能处理期望描述	1. 进入“建议资金渠道”功能界面，选择“年度”=“2014”，“季度”=“四季度”，点击【确认】，正常打开 2014 年 10 月 ~12 月的建设资金计划。 2. 点击【重新获取】，验证可以获取已经生效的 10 月 ~12 月的还本付息以及建设资金计划。 3. 选择某一个项目，点击【设置资金渠道】，验证可以对每个项目设置资金渠道。 4. 点击【导出 Excel】，验证可将当前打开的汇总表以 Excel 表格的形式导出保存到本地。 5. 设置完所有线路的资金渠道后，点击【发起审批】，验证可以发起地铁公司内部的审批流程，相关权限人可以在待办任务中看到需要办理的审批。 6. 点击【退出】，验证可正常关闭当前界面
输出期望	已设置资金渠道的建设资金汇总计划表（按 3 个月进行汇总）和还本付息汇总表（按 3 个月进行汇总）
单元测试结果	与详细设计的期望处理逻辑一致
实际输入数据	按季度汇总的还本付息和资金计划； 资金渠道
实际处理情况描述	与期望处理逻辑一致
实际输出	与输出期望一致
测试结论	测试通过

所有测试工作完成后，项目工作小组根据测试情况编制《系统联调测试汇总报告》，并请项目第三方测评机构进场，相关测试方案和测试报告应提交给第三方进行评审，测试系统环境功能提交第三方测试确认，第三方测评机构测评后提交的第三方测试报告及联调测评报告，作为资金管理系统上线应用的依据。

6. 系统初始化

资金管理系统项目工作小组在用户测试阶段要开始编制《系统初始化方案》，方案包括系统上线后需要初始化的数据要求、历史数据的导入模板、权限分配清单和原则等，方案的制定过程中与资金管理系统的业务主管部门进行沟通确认，细化和明确各项工作内容、责任人和完成时间等要求。用户根据《系统初始化方案》收集和整理初始化数据后提交给项目工作小组，项目工作小组汇总整理数据，并进行数据正确性检查，然后开始系统的初始化工作，当初始化涉及的数据量较大时，项目组需开发批量导入程序由系统自动化完成。如下是资金系统项目的初始化线路设置的例子。

①线路设置功能作用：设置和维护线路的编号、名称，各线路的共建市区及市区的分摊比例。

②设置原则：资金系统中建设资金计划的线路编号与财务管理系统中的线路编号一致。

③设置内容如表 4-8 所示。

线路设置内容 表 4-8

线路编号	线路名称	共建市区	分摊比例(%)
101	基建一号线	×××市	100
102	基建二号线	×××市	100
…	…		
107	基建七号线	×××市	50
		×××区	50
…	…		

在系统初始化阶段除应准备业务基础数据外，还需根据系统权限分配原则，整理系统用户及权限清单，所有系统初始化的数据都请业务主管部门进行签字确认后，才能初始化系统。

初始化工作完成后项目工作小组编制《系统初始化报告》，并在报告中体现权限分配原则及权限清单的内容。

(四)项目结束阶段

项目结束阶段的工作包括系统上线试运行、系统交维、初步验收、项目后评估和项目最终验收的组织工作。

公司资金管理系统项目建设完成顺利投入应用，IT 部门与财务部门共同推广系统的使用，从 2008 年 10 月开始启动资金管理系统实施，在各事业部、成员单位的密切配合下，按计划 12 月底第一批上线单位开始在系统中进行日常的资金往来业务，经过 3 个月的时间的运行，实现正式上线。所涉及的 3 个事业部和 16 家成员单位全部使用该系统。

项目上线应用开展项目后评估工作，旨在对项目建设的投入与产出进行量化的绩效评估与验证，并整体评估该项目需求执行情况、应用情况和管理状况。

资金管理系统上线后总体运行正常，通过后评估项目建设达到了预期目标，具体体现如下：

①构建统一的资金管理平台。实现银企直联，实时掌握资金信息；实现企业内经营资金和建设资金的分项管理；实现资金计划的控制，培养和提高企业的资金预测能力。

②通过网上审批、终端打印、银行接口等方式，避免单据传递过多导致结算与核算的时间延迟，减少银行结算票据及人工成本，减少纸质票据的使用，大大减少了出纳跑银行的次数。

由此，提高银行付款处理效率，因为传统银行付款业务需要人工收票，耗时需 1 天，使用系统后只需要 15min 即可返回付款成功信息。一年共计 7 万余笔单据，月均超过 6000 笔，积少成多，效益突出。

③减少融资成本，同时在偿还外部贷款时，降低筹集资金的难度。资金集中管理后，增强企业与银行的议价能力，使基准利率下降 10% 以下，对外融资余额达 629 亿元，为各下属单位争取免保证金的银行承兑汇票、保函保证金 3.94 亿元，减少资金占用 6760 万元。

④实现企业内部资金融通，提高了资金使用率，通过内部委托贷款、资金调剂累计为各成员单位提供资金 16.65 亿元。

⑤提高资金周转率，企业做了集中理财业务，增加了理财收入，使用资金管理系统以来，投资理财收益达 3000 万/年 ~4000 万元/年。

⑥实现有效的风险监控，通过资金管理平台可以监控资金账户，对资金动态进行日常观测和分析，各级业务审批透明可追踪，从而加强了企业内控体系的建设，增强了企业风险控制力。

⑦项目建设周期随着功能交付初步验收步入结束阶段，但是系统的应用和推广是一项长期工作。随着业务的发展以及对资金管理要求的提高，系统新需求随之而来，企业还需要持续对系统进行完善和补充，以适应业务的发展。通过优化和扩展，系统资金管理系统为企业带来更大的效益。

第五章 城市轨道交通企业主要信息系统

由于行业特性，城市轨道交通企业的主要业务基本集中在城市轨道交通建设、运营和资源的开发管理，本文以一个成熟的国内城市轨道交通企业为例，结合国内其他城市的轨道交通企业的经验，按照统一展现层、决策支持层、支撑管理层、核心业务层和公共基础层的顺序，对城市轨道交通企业主要信息系统的建设背景、系统方案和应用效益进行简单介绍，如图5-1所示。

统一展现层
企业内部门户
企业外部门户

决策支持层
企业数据平台
组织绩效管理系统

支撑管理层
财务管理系统
协同办公管理系统
合同管理系统
人力资源管理系统
全面预算管理系统
档案管理系统
内控评价管理系统
资金管理系统
费用控制系统

核心业务层
工程项目管理系统
设备维修管理系统
运营施工管理系统
物流管理系统
供应商门户系统
站务管理系统
票务管理系统
乘客服务管理系统
附属资源管理系统

公共基础层
企业工作流系统
企业用户管理系统
企业服务总线系统

图5-1　企业信息系统分类框架图

第一节
统一展现层和决策支持层信息系统

一、企业内部门户系统

(一)系统建设背景

企业一般都会有很多信息系统,同一个用户需要频繁地切换和登录各个系统以获得所需要的信息,操作非常麻烦,需要一个统一登录的平台对企业内的各种信息系统进行集成,从单一的渠道访问其所需的信息。同时还需要将各个业务应用系统的结构化和非结构化的信息等数据资源进行整合,经加工、整理和综合后有效地利用起来,使系统用户可以方便地、个性化地浏览企业内部所有的信息和数据资源。

(二)系统方案简介

1. 系统建设目标

实现企业内信息发布和浏览,通过统一搜索功能,整合分散在各个业务应用系统及企业内部不同地方的结构化和非结构化的信息和数据资源。建设单点登录模块,解决跨系统的互信、权限分配问题,实现待办中心集成、功能中心集成、搜索中心集成等。实现各应用系统的信息集中展现,为企业内部用户提供一个方便、快捷的个人工作平台和访问界面。

2. 系统主要功能

企业内部门户系统功能框架如图 5-2 所示。

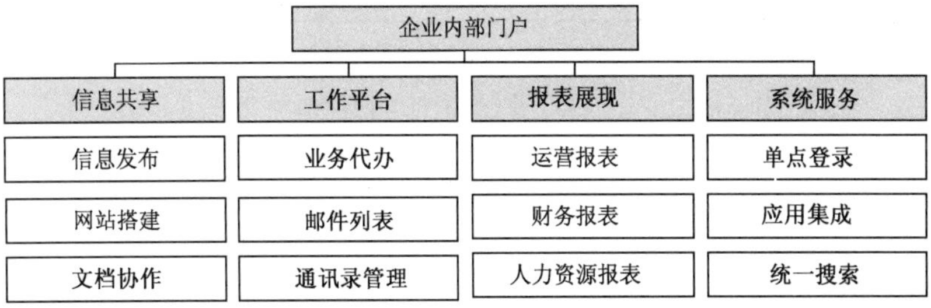

企业内部门户

信息共享	工作平台	报表展现	系统服务
信息发布	业务代办	运营报表	单点登录
网站搭建	邮件列表	财务报表	应用集成
文档协作	通讯录管理	人力资源报表	统一搜索

图 5-2　企业内部门户系统功能框架图

(1)信息共享

①信息发布:用户可以通过系统发布企业新闻资讯、通知公告、企业文化、精彩专栏等信息。用户可以自行管理信息栏目及其子栏目,可以分级设置和管理发布及审核权限。

②网站搭建：提供标准化的应用组件，用户无须开发人员参与即可实现内部网站的搭建。

③文档协作：各二级单位和部门可自行搭建个性化的文档协作专区，实现文档在线协作功能，为企业的文档提供高效、集中的管理。其管理的文档包括日常管理规范、操作维护手册、项目工作产生的相关文档和课件等。

(2)工作平台

①业务待办：系统待办事项直接展现在门户的待办列表区域，方便用户查阅和点击办理。

②邮箱列表：邮件收件清单直接展现在门户的邮件列表区域，方便用户查阅。

③通讯录管理：门户提供查询界面，方便用户获取员工联系信息，可指定部门，输入员工姓名、拼音、手机号码进行模糊搜索。

(3)报表展现

通过图表形式及时向企业领导推送相关的业务报表数据。如图 5-3 所示。

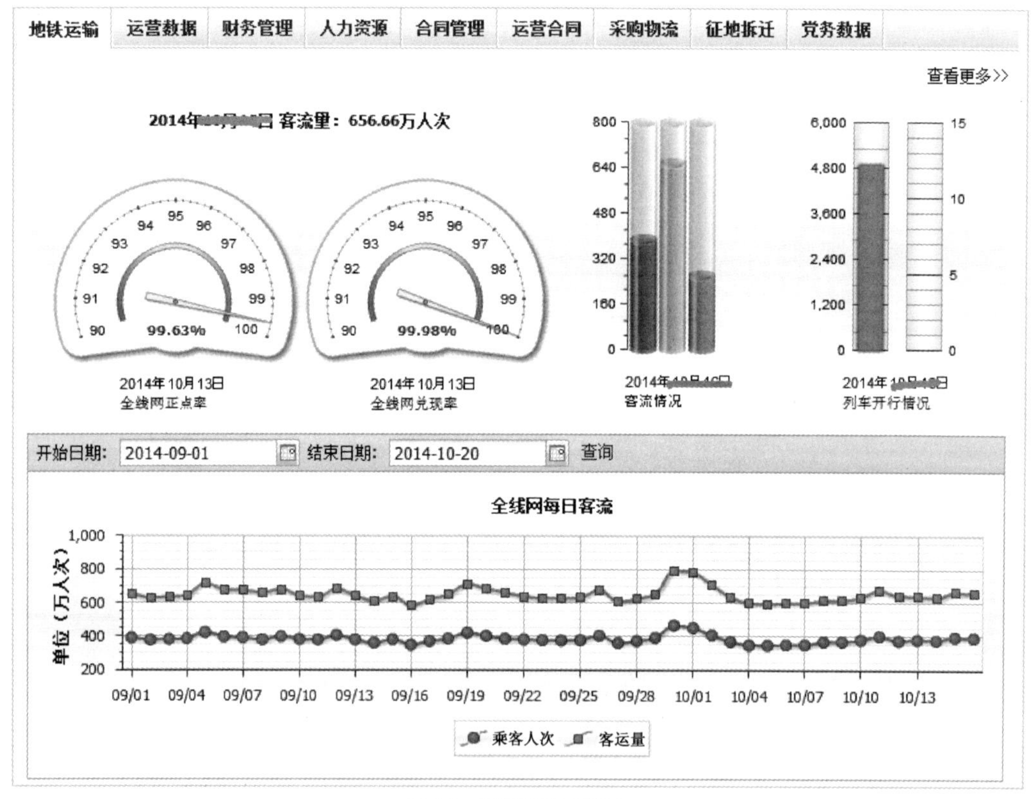

图 5-3　报表展现示例图

(4)系统服务

①单点登录：用户通过企业内部门户登录独立的应用系统(Independent Application System，IAS)时，企业认证中心(Enterprise Access Center，EAC)进行跨系统的互信和权限分配等认证工作，使用户可单点登录其他信息系统。

单点登录验证过程如图 5-4 所示。

②待办集成：包括系统待办集成和邮箱集成等集成功能。

系统待办集成将各业务系统的待办信息通过待办中心集中展现，使员工一目了然所有待办事宜，提高工作效率。如图 5-5 所示。

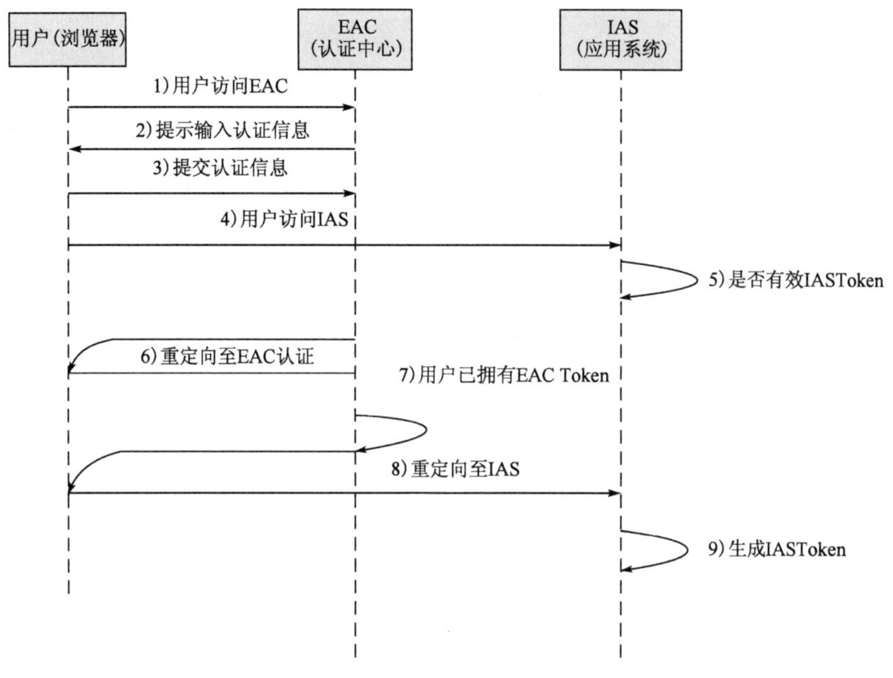

图 5-4　单点登陆验证过程示意图

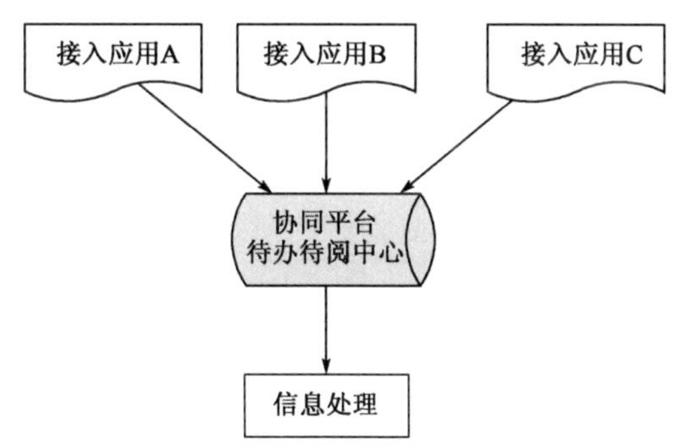

图 5-5　待办接入示意图

邮箱集成将个人邮件和个人日程展现在员工工作台，使员工无须登录邮箱系统便知道是否有新邮件到达。

③统一搜索：各应用系统通过接口提供数据视图发布在 ESB 服务总线上，统一搜索中心通过定时服务调用该接口，同步应用系统到中间库，再由搜索索引模块对该中间库爬网实现数据同步，从而实现数据采集和信息整合。如图 5-6 所示。

3. 和其他系统的关联关系

作为统一系统入口和主要集成工具，企业内部门户需要与企业所有管理信息系统集成，集中展现各业务系统的待办数据。企业内部门户与其他关联系统间的数据交互通过 ESB 来实现。如表 5-1 和图 5-7 所示。

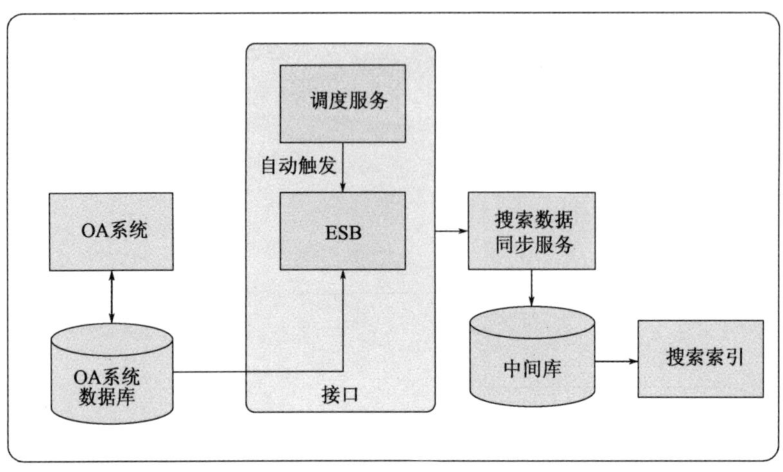

图 5-6 搜索数据同步接口模型

数据流转说明表 表 5-1

编号	数据名称	说明	数据位置	备注
1	组织、用户数据	发布组织最新的组织、用户数据，供门户系统和其他信息系统使用	企业用户管理系统	由企业用户管理系统将数据发布到 ESB
2	组织、用户数据、待办数据、搜索索引数据	通过 ESB 获取组织、用户数据、待办数据、搜索索引数据	企业用户管理系统，其他信息系统	获取企业用户管理系统的组织、用户数据，其他信息系统的待办数据和搜索索引
3	待办数据、搜索索引数据	发布待办数据、搜索索引数据，供企业门户使用	其他信息系统	

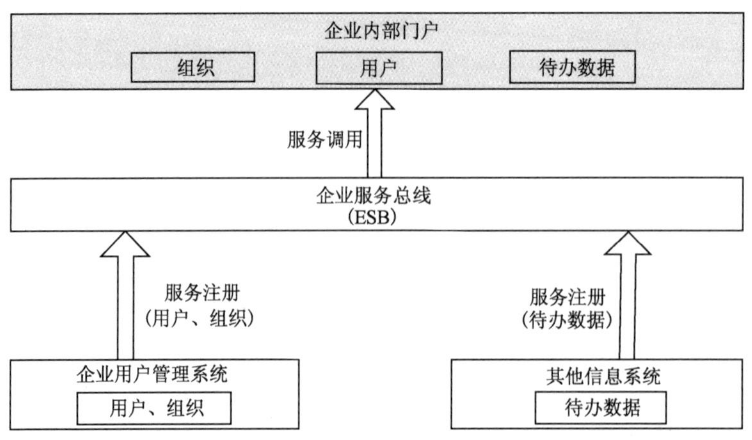

图 5-7 系统关联图

①与企业用户管理系统集成：企业内部门户通过定时自动同步功能从企业用户管理系统中获取最新的组织、用户数据，企业门户单点登录模块负责用户认证服务。

②与企业服务总线集成：企业内部门户系统通过企业服务总线调用其他信息系统发布的待办数据。

②通过在企业内部门户系统上搭建领导工作台，向管理者展示所需报表，使决策者能够随时掌握企业全面的动态信息，为决策指挥提供强大的支持和依据。

③通过员工协作平台，为用户提供个人工作平台和访问界面，实现文档协作，统一系统入口，待办中心集中展现，集成邮件和日程管理，提供通讯录管理和问卷调查平台，员工通过平台提供的协作功能简化工作方式、提高信息的使用效率。

④通过系统接入规范，有效降低整合的难度，提升展现、交互的有效性，降低系统接入的成本。通过模板化和组件化，无须进行定制化开发，通过配置快速实现子网站和专题搭建，满足业务源源不断的需求，提升需求响应的效率和开发成本。

二、企业数据平台

（一）系统建设背景

城市轨道交通企业涉及的业务多样，各业务关联紧密。随着企业信息化应用的不断深入，信息系统内会沉淀大量业务数据，如：客户资料、合同契约、企业资源、工程建设、设备、财务数据等，这些数据都是企业的宝贵资产，需要进行有效管理和利用。企业数据管理体系是对企业数据生命周期全过程进行管理的体系，包括数据组织体系、数据标准体系、数据管控体系及数据应用管理体系。数据应用管理包括企业主数据管理、业务主题分析管理、数据质量管理、数据存储及数据交换管理。

关键业务数据来源于各个业务系统，数据关联关系紧密且复杂，难以进行跨系统的数据统计分析。企业数据平台是使用商业智能技术、数据仓库技术、数据交换技术、数据挖掘等技术搭建起来的一个决策分析类的系统，可以有效实现对多个系统数据的整合、业务主题分析、指标管理、多样式的报表展现、数据挖掘等功能，同时还能进行元数据管理、数据标准管理和数据质量管理等工作。

建设企业数据平台对企业数据管理的主要意义如下。

1. 规范数据标准，提高数据质量

通过对业务数据的分析，发现业务系统存在的数据问题，进而促进业务系统数据质量的改善、提高，规范数据标准，提高业务分析的有效性，提高各种业务管理指标的准确性。

2. 实现企业绩效管理

通过企业数据平台将企业关注的指标管理起来，产生实时的数据，并可进行对比分析，从而实现企业的绩效管理。

3. 科学分析支持决策

在企业数据平台中构建各种业务分析主题，为具体的业务提供有效分析，包括下钻式分析、横比纵比等，为业务管理骨干人员提供支持。同时在业务分析主题的基础上提炼关键指标，通过图形化的界面向领导决策层进行分析展示，提供决策支持。

（二）系统方案简介

1. 系统建设目标

利用企业商务智能技术对企业的各应用系统数据源进行深度集成，并加以充分管理和开发，挖掘当中更深层次的数据含义，从数据中获取大量潜在的、客观的知识，为业务管理人员提供及时、准确的业务数据分析和预测，为决策管理层提供及时的各项企业业务运行状况，进而辅助企业提升业务分析能力，更好地支撑企业战略的有效实现。

2. 系统主要功能

系统主要实现企业各关键业务数据的集中存储，在大量业务数据之上进行各种关键业务指标的展示与对比分析、业务主题分析、数据质量管理及元数据管理，如图 5-8 所示。主要功能如下。

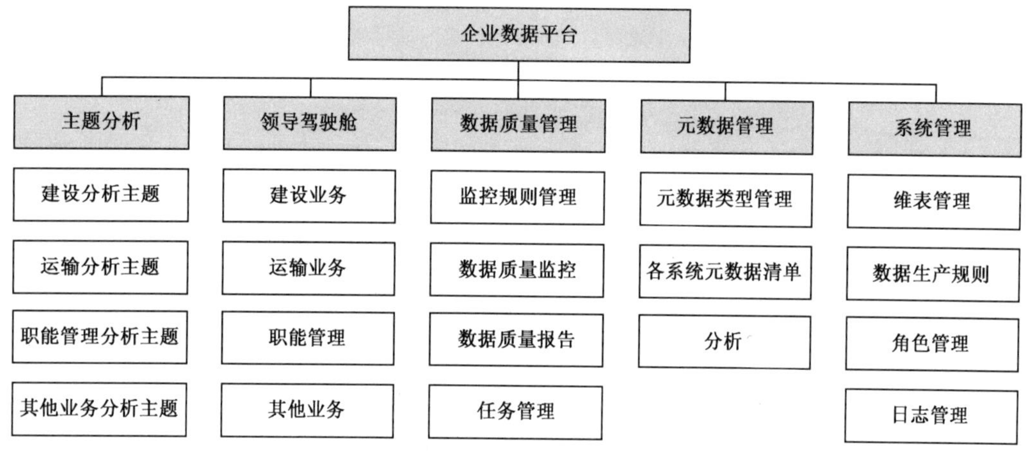

图 5-8　企业数据平台功能框架图

（1）主题分析模块

结合企业业务分析的需求，针对某一具体业务，通过图表的方式，如折线图、柱状图、饼图，动态读取业务数据，支持深层次的下钻，为业务管理人员提供详细且生动的数据分析，支撑业务管理决策，如图 5-9 所示。

（2）领导驾驶舱模块

领导驾驶舱模块在主题分析的基础上，对应每一业务领域，如建设、运输、人力资源、合同管理等业务领域，将各分析主题整合成一个驾驶舱，提供领导决策层进行决策分析，如图 5-10 所示。

（3）数据质量管理模块

数据质量监控的规则包括准确性、及时性、一致性、唯一性、完整性和有效性，根据此规则对监控规则和监控对象进行配置，以此实现对接口监控、作业监控、指标监控、库表监控，并根据监控结果出具数据质量评估报告，为改善数据质量提供可靠依据。

（4）元数据管理模块

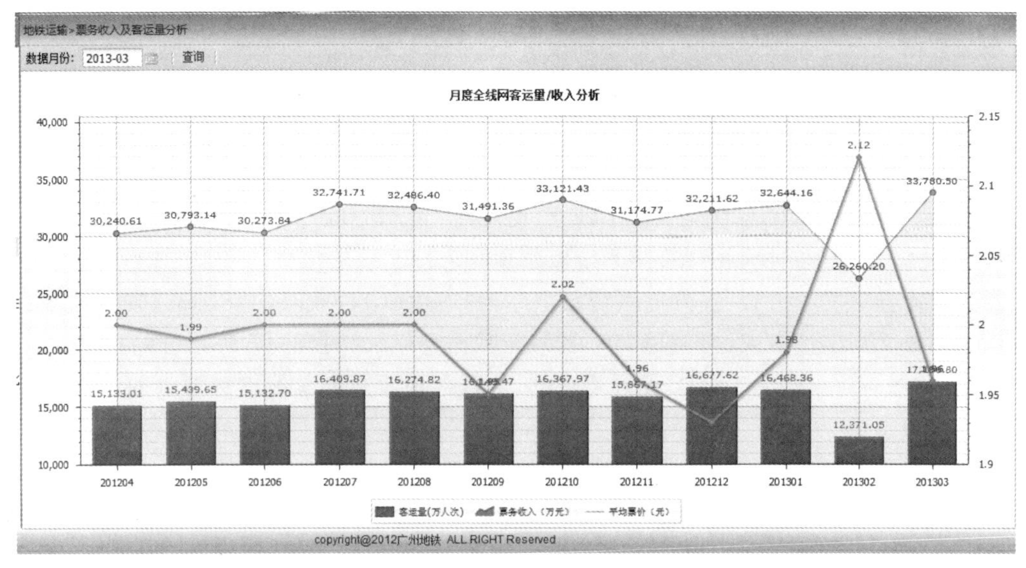

图 5-9　主题分析模块示例图

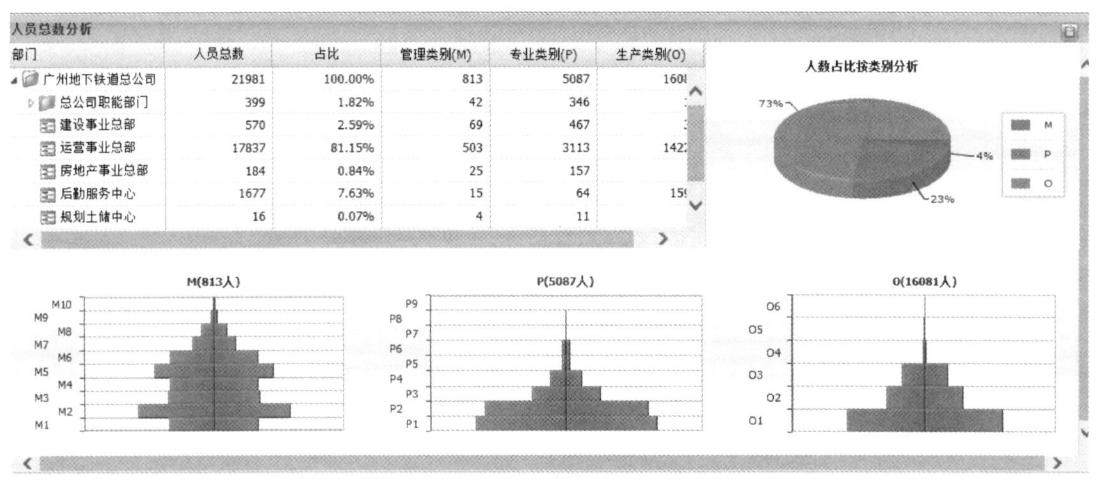

图 5-10　领导驾驶舱模块示例图

通过元模型的设计，实现原模型实体分类、所在系统、数据库名称、表名称、责任部门、责任人的管理与展现；并通过已经设计的元模型对数据进行展示，支持多种查询方式。同时实现数据血缘和影响分析。

（5）系统管理模块

系统管理模块对企业数据平台各应用模块相关的设置进行管理，包括用户管理、部门管理、角色管理、日志管理、维表管理、数据生产规则管理。

3. 和其他系统的关联关系

作为城市轨道交通企业的数据集中存储和分析的平台，企业数据平台与企业各个业务信息系统均有数据接口。数据平台的数据存储采取按需收集的方式，结合具体的主题分析应用，抽取对应的业务系统数据,并按照统一的数据模型存储至数据仓库中。

企业数据平台与各业务信息系统之间的接口方式主要有如下几种(以数据仓库在 ORACLE 数据库上搭建为例)。

①直接文本方式:对于现有的外部系统文件接口,直接采用文本文件方式,如同清分系统的接口。

②DBLINK 方式:外部系统为 ORACLE 数据库时,采用中间库 DBLINK 方式,如同财务管理系统、人力资源管理系统、物流管理系统以及预算管理系统的接口。

③数据库导出文本方式:当外部系统数据库为非 ORACLE(如 SQL Server)数据库,采用从数据库导出成文本文件方式,再使用 ETL 加载至数据仓库,如同合同管理系统的接口。

④其他方式:对于不适用 ETL 设计要求的,但符合企业服务总线设计要求的,统一由企业服务总线 ESB 处理。

企业数据平台与其他外部系统的数据是以定期数据批量更新的方式进行,外围系统将数据仓库需要的数据处理后存放于中间库,数据仓库程序定时通过中间库将新数据同步到数据仓库中,完成数据抽取,如图 5-11 所示。

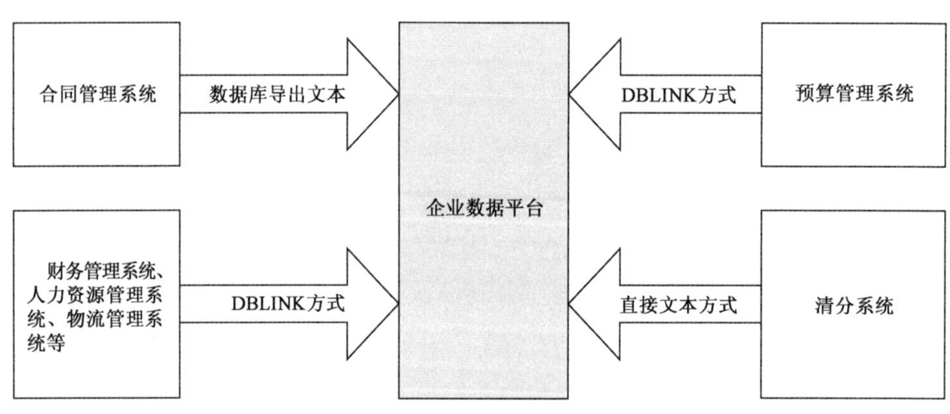

图 5-11 系统关联图

(三)应用效益

作为企业统一的数据存储及分析平台,企业数据平台能实现企业多业务系统的数据集成,并基于集成的海量数据,进行跨业务系统的业务分析,将企业各业务数据有机地联动起来,最后为领导决策层提供有效的决策支撑。总的来说,企业数据平台的应用效益主要体现在以下几个方面。

①作为企业统一的数据平台,为业务管理人员提供跨业务系统的业务数据分析。以一种更高的角度去分析业务,优化业务流程,提高业务效率。

②可以进一步厘清企业各业务信息系统之间复杂的数据关系。在企业数据平台的建设过程中,通过对业务分析主题的梳理与设计,对企业各业务信息系统之间的数据关系会有更清晰的视图,同时也能够发现信息系统之间错误的、缺漏的数据关联,进而不断完善企业的数据地图。

③有效发现信息系统的数据质量问题。通过数据关系的梳理及数据分析的应用,以应用分析结果反馈源头数据质量问题,诸如数据不完整、不准确、不同信息系统相同数据的不一致

等,进而督促信息系统数据质量的不断完善,推进数据分析的更有效应用。

④转变业务管理人员从报表应用到分析应用的意识,逐步推进数据的真正应用。企业大部分人员在工作中都会使用报表,企业数据平台的建设及应用,以另外一种方式展示了数据的有效应用。

⑤最大效益地发挥企业信息系统的价值。通过对数据的收集、加工、整理、分析和利用,将企业各信息系统中的信息资产充分利用,为业务管理助力,为领导层决策支持服务,真正实现"信息创造价值"。

三、组织绩效管理系统

(一)系统建设背景

绩效管理是驱动企业前进的"引擎",是达成企业战略目标的有效管理工具。绩效管理以企业战略为导向,通过层层分解企业绩效指标和对指标的控制与检查,可促进企业绩效目标的实现,为企业战略、业务计划、营销策划、经营规划、经营决策、合作战略开发、投资评估等工作提供决策及考核依据。现代企业组织绩效管理模式包括:基于关键绩效指标的(KPI,Key Performance Index)绩效考核、基于平衡计分卡(BSC,Balance Score Card)的绩效考核、基于目标管理(MBO,Management By Objectives)的绩效考核等多种绩效管理模式。

城市轨道交通企业的业务涉及建设、运营、经营等多个业务领域,为了全面有效地对企业组织绩效进行评估,可以平衡计分卡为主要工具,结合目标管理法,重点从财务维度、客户维度、内部流程、学习发展、重点工作等方面进行考核。

城市轨道交通企业组织绩效考核的关键业务流程包括绩效计划、绩效辅导/监控、绩效评估和绩效应用等管理过程。组织绩效管理流程要覆盖企业所有业务,同时要强调一级单位对企业组织目标的承接分解,二级单位对一级组织目标的承接分解,个人绩效对组织绩效的有效承接,以保证组织绩效体系合理的层级结构和目标的有效实施。

城市轨道交通企业多实行多元化经营,企业战略目标的实现依赖于企业各个业务模块的紧密配合及其业务目标的实现。需要构建企业统一的绩效指标体系,明确绩效指标的定义和标准,与绩效管理流程框架进行匹配,实现管理、流程和数据的高度统一、协调一致,并实现内外部协调、跨业务和组织的流程改进。构建统一的组织绩效管理平台能实现企业组织绩效管理业务的全覆盖和各级部门组织绩效目标的承接分解、监控、评估和应用。

(二)系统方案简介

1. 系统建设目标

建设企业绩效管理平台,实现对企业各部门从绩效下达、绩效过程管理、绩效考核与评估分析的全过程管理,实现指标库管理、绩效方案管理、绩效考核管理、预警及分析管理等功能。

2. 系统主要功能

下面对组织绩效管理系统的主要功能进行介绍。

如图5-12、图5-13所示,组织绩效管理系统主要功能包括指标库管理、绩效方案管理、绩效考核管理、预警及分析管理等功能。

①指标库管理:实现对指标信息的维护,构成统一的指标库,在考核方案制订时可从指标

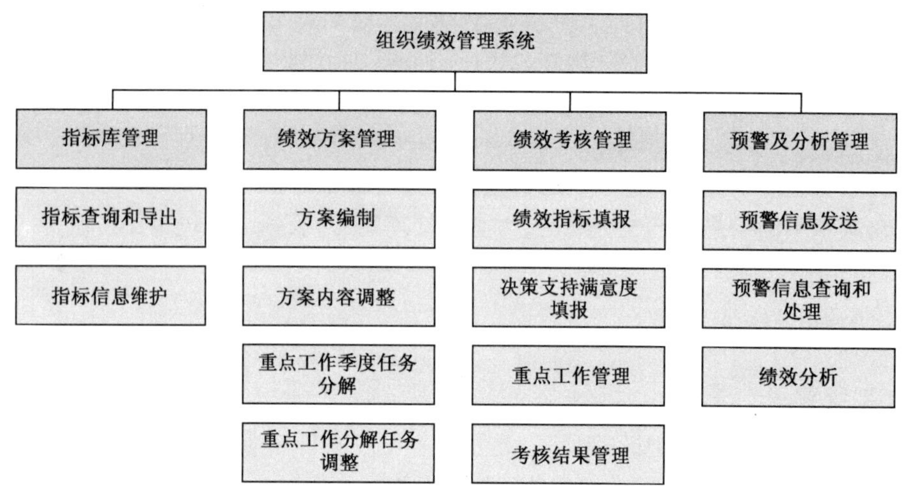

图 5-12 组织绩效管理系统功能框架图

方案管理
指标填报
重点工作
考核结果
考核结果管理
完成情况分析管理
考核结果申诉管理
考核结果修改管理
数据统计

考核结果列表

考核年份: 状态:
方案名称:

考核年份	方案名称	方案发布时间	考核结果状态	考核小组审核意见	考核委审核意见
2014	总公司组织绩效考核方案	2014-11-18 11:46:03	未确认		
2013	总公司组织绩效考核方案	2013-10-25 11:13:00	未确认		
2012	总公司绩效考核方案	2012-11-14 19:05:43	未确认		

图 5-13 组织绩效管理系统界面示例图

库中获取相应的指标信息。

②绩效方案管理:以平衡计分卡为主要工具,结合目标管理法,从财务、客户、内部流程、学习发展、重点工作等方面实现组织绩效考核方案的制订。

③绩效考核管理:实现组织绩效指标考核结果填报、决策支撑满意度填报、内部满意度填报、重点工作完成情况填报和考核结果管理。

④预警及分析管理:以代办方式提醒各个部门在规定时间内完成相关工作。预警管理包括两个方面的内容:待办事项和指标预警信息。实现组织绩效结果信息的统计与分析功能。

3. 和其他系统的关联关系

组织绩效系统需要与企业其他管理信息系统(如预算管理系统、财务管理系统、合同管理系统等)进行集成,实现企业绩效数据整体管控。

系统关联关系如图 5-14 所示。

①与企业内部门户系统集成:组织绩效系统需与企业内部门户做集成开发,实现门户下的系统单点登录,待办数显示提醒等功能。

②与合同管理系统集成:实现组织绩效管理系统与合同管理系统的集成,集成的内容包括合同签订数据、合同支付数据等。

③与全面预算管理系统集成:实现组织绩效管理系统与预算管理系统的集成,集成内容包

括年度预算投资数据。

④与财务管理系统集成:实现组织绩效管理系统与财务管理系统的集成,集成内容包括收入类、支出类财务数据等。

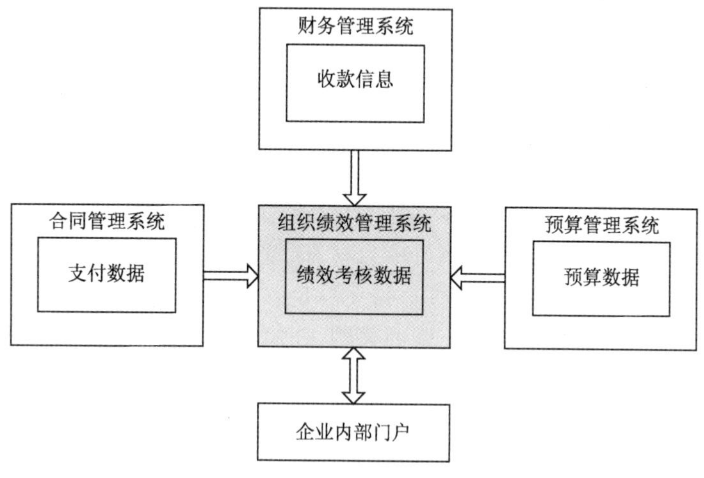

图 5-14　系统关联图

(三)系统应用效益

①提升业务管理工作效率。组织绩效从绩效下达、绩效过程管理、绩效考核与评估分析的全过程实现信息化流程管理,通过待办提醒的方式有助于提升所有节点处理效率。

②提高组织绩效数据的保密性,促进部门间满意度互评数据的真实性。各部门满意度互评详细数据只有评价部门可见,使得评价部门能更客观地评价各部门的满意度,从而提高满意度互评数据的真实性。

③提升企业过程管控能力。通过系统预警、过程监督,有利于促进组织绩效管理指标的过程跟踪能力,确保企业绩效的目标实现。

第二节
支撑管理层信息系统

一、财务管理系统

(一)系统建设背景

财务管理是对资产购置(投资)、资本融通(筹资)、利润分配等活动进行管理。简单地说,财务管理是组织企业财务活动和处理财务关系的一项经济管理工作。财务管理的基本任务是规范各项财务收支的计划、控制、核算、分析和考核工作,依法合理筹集和使用资金,有效利用各项资产,实现国有资产保值增值,以及切实做好财务管理各项基础工作,建立健全财务核算体系与财务内控体系,如实反映企业财务状况和经营成果。财务管理行为需严格执行《中华人民共和国公司法》《中华人民共和国会计法》《企业会计准则》《企业财务通则》《基建财务管理规定》等国家有关法律法规和公司内部管理制度,按照国家规定的各项财务开支范围和标准,正确处理并如实反映财务状况和经营成果,依法计算并缴纳国家各项税收,接受国资、发改、财政、审计、税务、证券监管等有关部门的检查监督。

城市轨道交通企业财务管理既要满足政府部门监管和保障民生的要求,执行详细的预算控制、确保国有资产的保值增值,又要执行经营性企业会计核算的要求。城市轨道交通企业财务管理方面的特点,在投资方面表现为固定资产投资大、融资量大、资金渠道多、投资建设周期长、建设期与运营期分开核算、线路和项目单独核算,成本归集项目多且复杂,需要以线路、区间和项目等多维度进行成本划分,财务核算需要有足够的精细度;收入方面表现为日常流动现金多,理财投资潜力大;运维期各种零配件的采购、仓储和领用数量大,固定资产的折旧计算量大且逻辑复杂。

城市轨道交通企业财务管理的关键业务流程包括会计核算、资产管理、预算管理和项目会计等流程,其中会计核算包括总账管理、应付管理和应收管理,资产管理包括流动资产管理、长期投资管理、固定资产管理和无形资产管理等其他资产的管理。财务管理系统中预算管理侧重于"事中控制",即在财务业务办理过程中进行预算执行控制;而全面预算管理系统侧重于"事前预算"和"事后分析",即包括战略目标管理、预算编制、预算反馈和分析、预算滚动、预算考核等业务的管理。

为了满足可持续发展的最大效益化资产运营的管理要求,企业需要实现多个业务管理模块与财务管理模块的对接,并在业务管理精细化和标准化的基础上不断优化和提升各业务对接的管理接口,实现多业务管控模型的无缝对接。

以某城市轨道交通企业的财务管理模式为例,该企业目前已完成的管理接口关系如图 5-15所示。

财务管理的主要载体是原始凭证,会计核算过程需严格按照"填制凭证→登记账簿→编制报表"的顺序,通过对原始凭证进行数据加工后生成各类账簿,然后再以账簿、记账凭证为依据,编制对内对外的财务报表提交给企业高层、监督机构和政府部门等。随着企业的不断发展,各业务板块的业务量急剧增加,与此对应大量手工处理凭证的工作质量和效率均无法得到保障。因此,有必要建设财务管理系统,通过信息化手段,在提升凭证整体处理效率的同时,确保实现统一的企业财务管理、数据共享、财务集中管理、批系统处理能力,建立有效的信息反馈机制,减少审批程序,强化管控体系。

财务管理系统的主要作用如下:

①制度保障:通过财务管理系统配套对应企业的财务管理制度和相关措施,明确财务管理的各项职责和要求,可强化审批程序和管控体系。

②成本控制:可从资产的全生命周期视角下关注成本的管理,加强投资控制、效益分析,实现投资控制与资本化能力的高效整合。

③流程执行力:通过财务管理系统验证和规范财务各业务模块的操作流程,加强财务业务操作流程的规范化、标准化,并通过系统审计对操作人员进行监督和管控。

④数据共享和财务集中管理：通过财务管理系统，财务业务所覆盖的各单位均在统一系统下操作和管理，进而可以促进财务管理的统一和规范，确保报表数据实现平台共享，并且满足业务对财务管理的高效和透明要求。

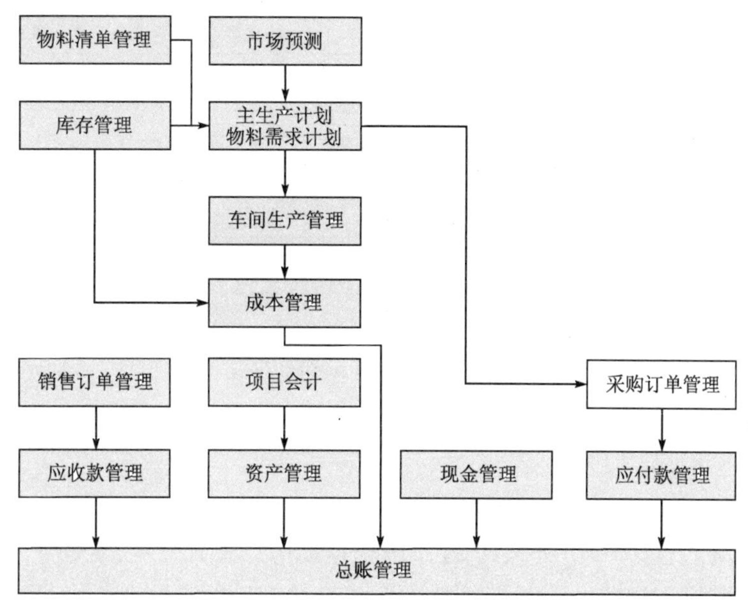

图 5-15　财务管理接口关系示意图

(二)系统方案简介

1. 系统建设目标

根据企业财务管理业务流程以及制度体系，制订并提出基于信息化的财务管理标准化解决方案，搭建覆盖企业不同业务板块的统一财务管理平台，满足企业会计核算、资产管理、项目预算管理的需要，实现总账、应收、应付、现金、项目会计、财务合并和分析等功能。

2. 系统主要功能

财务管理系统功能框架如图 5-16 所示。

主要模块说明如下：

(1)总账管理模块

总账管理是存储会计信息的中央信息库。总账管理模块的主要作用是记录企业的财务活动，并生成财务报表和管理报表，以帮助组织决策，包括日记账录入、日记账查询、日记账冲销、账户查询和委托授权等主要功能。

①日记账录入：在日记账界面，新建批，输入批名、说明后填写日记账名、科目、金额等基本信息，填写科目段信息，保存日记账后过账。

②日记账查询：根据日记账名可查询出已经录入的日记账，并查看日记账具体信息。

③日记账冲销：选择要冲销的日记账批，以及选择需要冲销的区间和冲销方式，提交冲销请求即完成。

④账户查询：输入名称和会计期，打开账户，填写需要查找的账户组合，对查询结果可进行

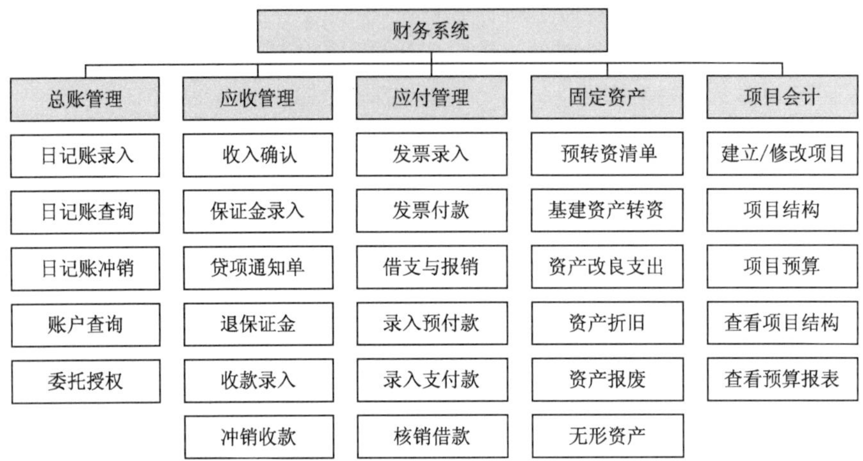

图 5-16 财务管理系统功能框架图

显示余额、显示日记账明晰、显示差异的操作。

(2)应收管理模块

应收管理是帮助用户进行销售过程中的应收、收入以及收款的管理。其主要功能如下：

①日常收入确认：选择事务处理批，在事务处理批信息录入资料，在事务处理界面输入信息，填写备注说明，可在行项目界面信息输入信息，在分配界面输入信息，点击完成后即可创建会计分录并过账。

②保证金录入：选择事务处理批，在保证金录入界面录入信息，事务处理界面填写备注说明，可在行项目界面信息输入信息，在分配界面输入信息，点击完成后即可创建会计分录并过账。

③贷项通知单：针对多确认的收入，可以通过贷项通知单冲减。进入事务处理汇总界面或事务处理操作界面，输入来源、编号、日期、备注等，分类选择贷项通知单，类型选择对应的普通发票贷项/水电周转金贷项/租赁保证金贷项等，进入行项目后，选择对应的要贷项的标准通知单行，金额以负数形式输入，分配界面与一般事务处理一致，填写完毕后操作完成。

(3)应付管理模块

应付管理是帮助用户进行采购过程管理、应付数据管理以及支付管理的模块，主要功能如下。

①发票的录入：在发票录入界面输入基本信息，在行信息输入要分配的金额然后进行分配，填写分配额金额及对应的账户保存，再在发票界面进行验证，验证后创建会计分录。

②发票的付款：查找出需要支付的发票，点击活动，输入付款信息，再在活动中创建会计科目完成付款操作。

③借支与报销：在系统录入预付款凭证、支付款项。点击发票，选择业务实体、客户纳税费标识和发票类型，输入供应商名称、供应商地点、发票日期、发票编号、发票金额，分配发票金额和输入发票摘要，验证发票后，创建会计科目。

④核销借款：选择供应商，输入发票日期和发票金额，分配发票金额和账户，核销预付款，选择核销后验证发票，创建会计科目。

(4)固定资产管理模块

资产管理模块可提供资产新增、调整、报废、折旧等一套完整的资产管理解决方案,主要功能如下。

①获得预转资清单:根据合同清单开项、合同价格构成表中指定的固定资产,得到预转资清单,预转资数据通过订单模块传送到固定资产模块。

②加载预转资数据:在预转资界面查找需要预转资的数据,选择导入状态为未导入的数据,选中后即可操作转资。

③基建资产转资:选择需要预转资的数据,更新竣工决算价值,选中后即可操作转资。

④资产改良支出:查找资产,修改固定资产当前成本。

⑤资产折旧:按照选定的资产折旧方法运行资产折旧,传送资产折旧信息至总账模块。

⑥资产报废:查找呆滞资产,运行报废并录入报废信息后完成。

(5)项目会计模块

项目会计模块管理项目采购、开票、在建工程、成本费用归集等项目财务活动。在项目会计模块下,可以建立、查看和修改项目模板,录入、查看和修改项目结构,录入、查看和修改项目预算,查看项目结构和预算报表。项目会计是对整个项目生命周期发生的预算、投资、费用、成本支出的综合计量,确认项目的绩效。结合项目管理的规划立项、计划立项、过程管理、完工结算和后评估五个阶段,项目会计模块支持项目预算、项目成本归集、项目成本分析、项目财务查询、项目绩效分析、资源分析等日常管理,使得项目管理过程与财务核算过程相一致,实现项目精细成本管理和有效的预算控制。项目生命周期的所有要素信息都被集成并存储在一个信息库中,为项目经理提供项目的可视性和控制能力,以便他们能够成功地交付项目, 从而使项目经理能够更有效地工作。

项目会计主要功能如下:

①项目预算的建立。财务人员可根据项目分析和做报告时需要追踪的资料的详细程度,决定怎样编制项目预算,系统提供按时间跨度、项目任务等多种方式编制预算。财务人员可以根据工作细目分类结构的不同等级来做预算,甚至可以对同一个项目在不同级别上做出不同类型的预算。预算时可以采用两种类型的时间周期(账目结算或项目执行日程表)或总的执行时间。既可以根据用于项目的资源总量编制预算,也可以分类进行预算,用户可定义无限多版本的预算。

②成本费用管理。财务人员根据工作细目分类结构收集全部详细的、针对项目所发生的各项成本费用,包括人工工时、物料成本及其他费用支出。可以只给特定的项目和作业配置项目管理人员希望或允许的费用。

③项目开票管理。项目管理人员可以配置项目以记录同客户磋商的合同条款及资金限制、基于时间、物料清单、成本附加费、完成百分比或里程碑的基础上开具发票,也可以创建额外的账单组成部分,它们包括保留部分、费用及根据定义的准则产生的罚款。

④会计核算调整。项目会计管理提供强有力的调整特性,它允许用户调整项目中的事件并报告这些调整过程的审计情况。

⑤项目核算的基础数据关系详见图 5-17。

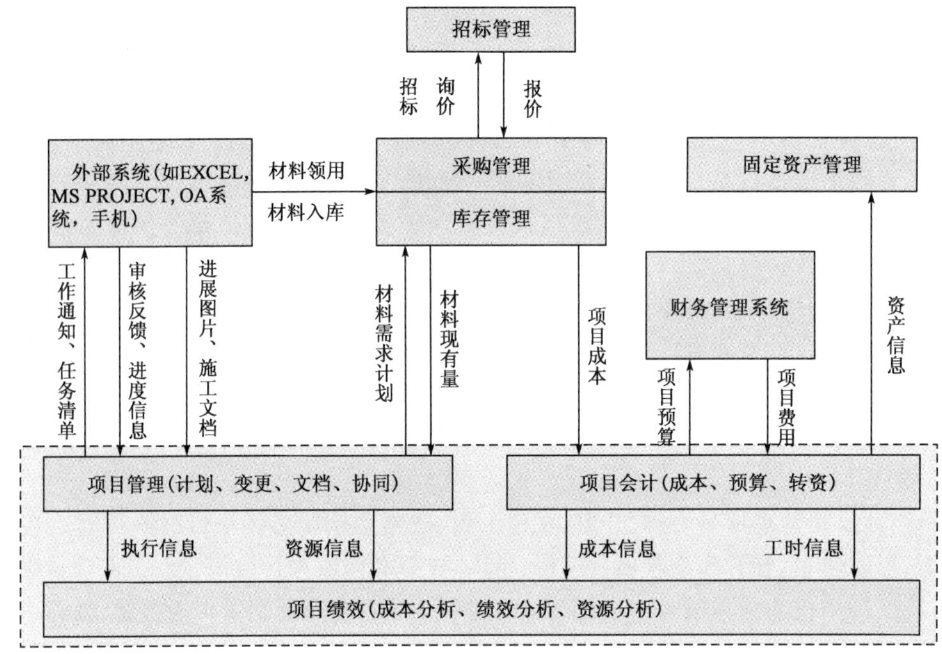

图 5-17 项目绩效数据核算图

3. 和其他系统的关联关系

财务管理系统需要与企业其他管理信息系统(如人力资源管理系统、合同管理系统等)进行集成,开放数据接口。通过多系统数据交互和共享,实现企业财务数据整体管控以及财务业务的全生命周期管理。

财务管理系统与其他关联系统间的数据交互通过企业服务总线 ESB 来实现,不直接和其他业务系统交互。系统间的数据流转如图 5-18 所示。

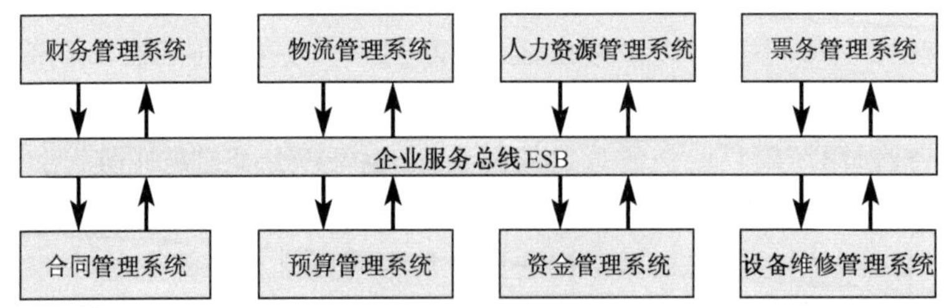

图 5-18 系统间数据流转图

流转说明详见表 5-2。

系统间数据流转说明表 表 5-2

编号	数据名称	说　明	数据位置	备　注
1	财务业务数据	包括应收信息、应付信息、资产信息、现金信息以及成本信息等业务数据	财务管理系统	财务业务数据的流转,包括财务管理后续的业务处理业务数据、其他系统业务需要使用到财务管理方面的业务数据

续上表

编号	数据名称	说　明	数据位置	备　注
2	财务业务支撑数据	从 ESB 中获取业务流转所需的支撑数据，如销售订单信息、库存信息、生产成本信息、采购订单信息、薪酬工资、发票信息、预算数据等	企业 ERP 系统、立项管理系统、物流管理系统、资金管理系统、合同管理系统、人力资源管理系统、预算管理系统等其他系统	通过访问 ESB 提供的服务来获取相关的数据信息，而不直接和各实际业务系统交互

与其他系统集成的主要情况如下(图 5-19)：

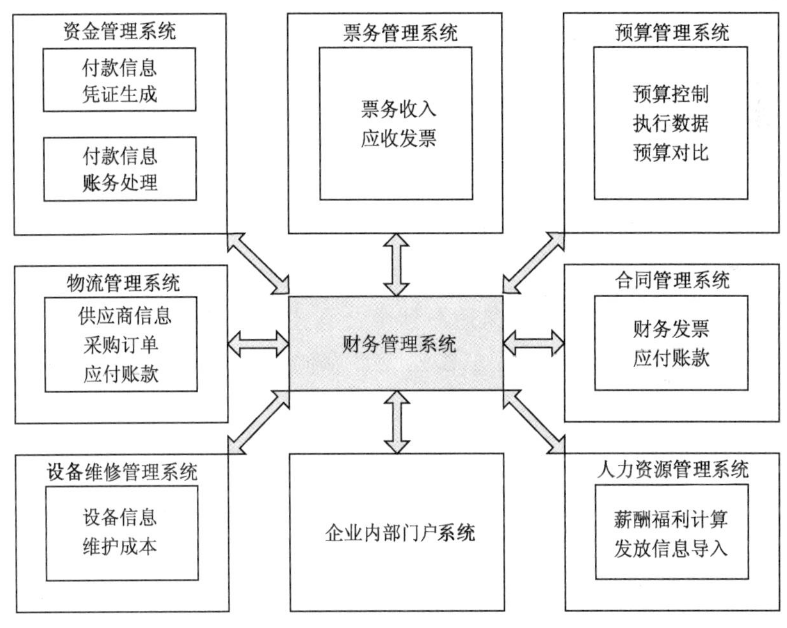

图 5-19　系统关联图

①与企业内部门户系统集成：实现门户下的系统单点登录和待办提醒功能。

②与人力资源管理系统集成：在人力资源管理系统中计算的薪酬福利发放信息可自动传入总账模块。

③与合同管理系统集成：经过审批的合同支付申请可自动生成于系统接口中的财务发票；在制作应付款发票时，可选择此发票对应的合同编号等信息。

④与物流管理系统集成：实现应付账款、采购订单、供应商信息、客户信息、库存管理等数据的同步。

⑤与资金管理系统集成：实现与资金管理系统的接口，在应付模块内的付款信息传至资金管理系统进行支付，支付确认结果返回应付模块自动生成凭证。同时，在资金管理系统中的收款信息可传至应收管理模块，进行收款信息的账务处理。

⑥与票务管理系统集成：实现票务管理系统的收入信息自动生成财务应收模块的应收发票。

⑦与维修管理系统集成：实现按设备层次结构归集设备维修维护成本，并集成导入财务核算模块进行成本核算。

⑧与预算管理系统集成：实现与预算管理系统的接口，在业务申请执行阶段系统能够根据业务所对应的系统进行事前控制，即在业务申请阶段，若该业务无预算或预算金额不足则不能通过申请。预算执行情况的相应数据应当能够直接从对应系统接入，并自动生成各类报表。预算管理系统能够定期自动从财务管理系统中接受实际数据，形成预算情况比较分析。

（三）系统应用效益

财务管理系统的应用能显著提升财务管理精细化水平。财务核算处于企业整个业务流程的下游，业务系统流转到财务管理系统的数据的完整性、准确性和及时性决定了财务管理系统数据的质量。通过集成，能加强财务管理对手工流程中单据审核的强度，减少手工输入核算系统的工作量。具体效益如下：

①财务的核算过程引入预算管理，通过将核算与预算对接，实现了预算编制完成后可直接将数据加载至财务管理系统的对应模块，因此系统的预算过程控制和与实际的对比分析更加清晰明了。

②通过将财务管理系统覆盖至企业内部各组织和子公司，均使用财务管理系统标准的会计主体，启用系统的数据合并功能，合并和汇总各报表的编制，这样可方便追溯到子公司财务明细，也比较容易从合并报表快速追溯到个会计主体的业务。统一的系统应用和企业数据平台，并结合了多组织访问控制、总账安全性、确定的合并规则，全面实现了多组织财务的合并和管理。

③提升公司间往来账务的处理，企业内部各组织和子公司间业务可通过公司间往来平台处理相关账务，并确保了双方账务处理的一致性和及时性，使得公司对账容易，并促进了合并报表内部往来的抵消等，实现公司间往来财务的集成，易于对账。

④项目基建财务与资产运营财务对接，使得基于合同清单开项组合形成的台套，可通过资产目录对合同开项进行组合，通过系统功能实现合同开项与资产目录的关联集成，实现了基建实物资产移交运营的顺利移交。

二、协同办公管理系统

（一）系统建设背景

协同办公业务一般包括企业公文处理和行政办公业务。公文处理包括收、发文的管理、文件修改、审批等。行政办公业务一般包括信息公告发布、日程管理、会议室预定、用车申请、办公用品管理等。协同办公管理，应该以日常办公流程为基础，综合必要的办公管理业务，以规范办公流程、提高办事效率为目的，使企业内部人员方便快捷地共享信息，使上级和下级、业务部门之间、相关业务单位之间高效地协同工作；协同办公管理业务应改变过去复杂、低效的手工办公方式。协同办公管理系统建设要求如下：

①规范化、标准化协同办公业务流程和表单，适应不同业务模式、组织架构层级的办公管理要求。

②通过建立紧密、协调、可靠、简单的协同办公管理机制，让管理人员权责分明，具体事务

落实到角色和人，查有所依，杜绝推诿现象，保证消息正确、能及时反馈处理。

③通过开展办文质量检查、办文效率考核，促进企业业务快速有效地运转。

随着线网持续扩展，城市轨道交通企业组织架构会不断扩大、办公地点不断增加，手工管理已无法满足企业协同办公的需要，手工方式工作效率低，容易导致公文办理的要求不统一、文件递送延迟或丢失、事务办理拖延、权责不清晰等问题。会议室预定、用车申请、异地开会、外部市场开拓、工地管理等工作在手工方式下难于办理。为此，需要建立协调办公管理系统。

(二)系统方案简介

1. 系统建设目标

通过建设协同办公管理系统及移动端应用，实现办文管理和办公管理(包括车辆管理、办公用品管理等)功能，规范办文办公流程，提高协同工作效率，节约办公成本，进一步实现企业信息的共享、高效的协同办公，促进企业快速运转和高效发展。

2. 系统主要功能

下面对协同办公管理系统的主要功能进行介绍。

系统功能框架如图5-20所示，系统功能一般包括办文管理、办公管理、系统管理模块。

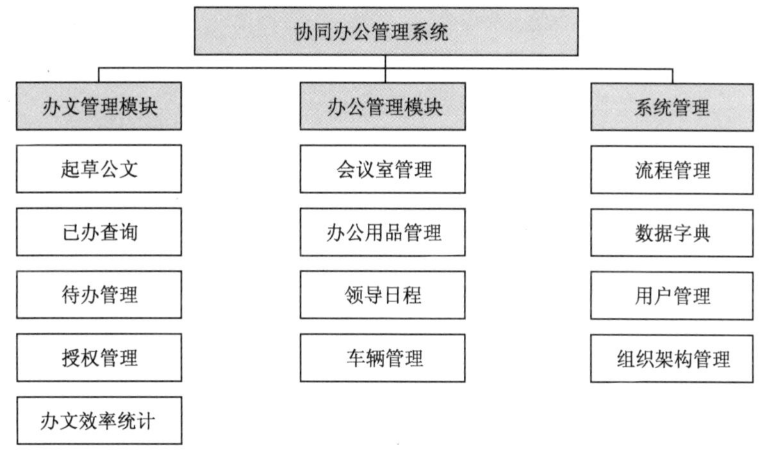

图5-20 协同办公管理系统功能框架图

(1)办文管理模块

实现公文管理和办文效率管理。其中公文管理包括起草公文、待办管理、已办查询、办文效率统计等功能；起草流程功能一般包括公司及下属各单位的内外签件、工作联系单、收文等流程。

在本模块中，通过设置办文子流程和实现流程嵌套功能，可规范各单位内部的办文子流程，使流程在集团范围内得到统一和标准化，如设置职能部门审批子流程、中心审批子流程、投资企业审批子流程等；该方式使组织架构的改革对流程变更的影响减到最小，例如某单位组织架构的改变，仅仅影响了该单位的子流程，调整和配置量小；且在统一设置好不同组织架构层级或模式的子流程后，某一单位组织架构层级改变均可在现有系统流程上通过配置满足。

(2)办公管理模块

①领导日程:可录入和编辑领导的日程、可进行分级查看。

②会议室管理:可进行会议室预订和管理,并进行分级查看。

③办公用品管理:可进行办公用户的申领、采购计划管理、出库、入库、台账管理。

④车辆管理:可进行车辆信息维护、车辆申请、派车和统计。

(3)系统管理模块

实现流程管理、工作日管理、用户管理、组织架构管理等功能。在该模块的功能选择上主要考量的是工作流平台的选型;一个符合工作流管理联盟(WFMC)标准要求的工作流管理平台,可实现流程管理的独立支持,可向流程审批业务提供集中、统一的流程管理支持,提高工作效率,完善流程管理的体制,降低协同办公系统建设周期,减少开发和维护成本。

协同办公管理系统界面示例如图 5-21 所示。

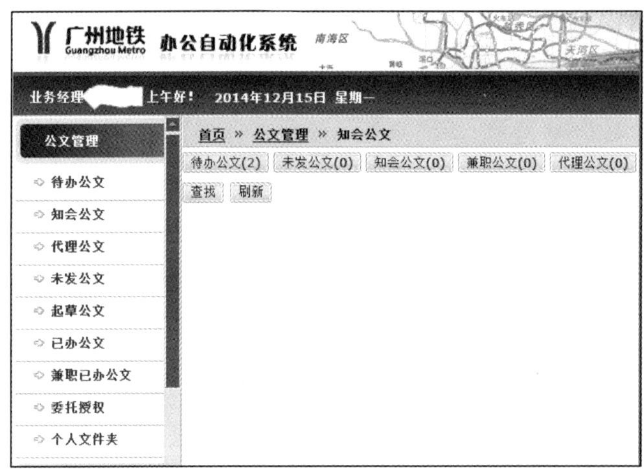

图 5-21 协同办公管理系统示例图

(4)和其他系统的关联关系

协同办公管理系统一般与企业门户整合在一起,作为统一的信息展示和协同办公管理平台。协同办公管理系统本身需要与企业其他管理信息系统进行集成,包括档案管理系统、数字认证系统、企业门户等。

具体关联情况如图 5-22 和表 5-3 所示。

系统间数据流转说明表 表 5-3

编号	关联系统	涉及数据说明	数据位置
1	档案管理系统	公文信息	公文信息:协同办公管理系统
2	CA 系统	身份鉴证数据、印章	身份鉴证请求数据:协同办公管理系统身份鉴证许可数据、印章:CA 系统
3	企业内部门户系统	待办列表	待办列表:协同办公管理系统
4	企业用户管理系统	组织信息、用户信息	组织、用户信息:企业用户管理系统

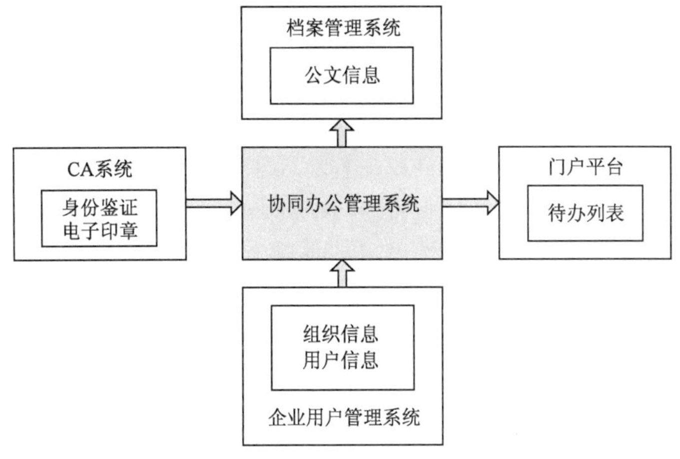

图 5-22　系统关联图

与其他系统集成的主要情况简述如下：

①与企业内部门户系统集成：与企业内部门户系统的单点登录功能进行集成，实现门户下的系统单点登录功能，同时实现将待办列表推送给门户进行统一展示。

②与档案管理系统集成：将已结束公文定期归档到档案管理系统。

③与数字认证系统（Certification Authority，简称 CA）集成：实现电子印章的鉴证功能，如在公文盖章环节，可通过接口鉴证该用户使用相关电子印章的权限。

（三）系统应用效益

作为企业使用最频繁的系统，协同办公管理系统能促进企业办公管理效率的提升，以及办公流程的标准化和规范化，直接加快企业运转的速度。协同办公管理系统的应用效益主要体现在以下几个方面。

①提高工作效率：大量的审批公文能够通过系统审批，解决了纸质文件传递下的各种时空限制，提高了各种办公资源的使用效率；移动端应用使用户可以随时随地处理工作。

②提高协同和共享：提高单位间的协同效率和质量，使信息达到充分共享，消除信息传递过程中的延误失真等现象，保证准确及时的反馈和处理。移动端应用可进一步促进这种高效协同。

③规范办公流程：规范办公流程，使办理人员在流程中权责分明，具体事务落实到角色和人，查有所依，避免推诿现象。

④节约企业办公成本：节省公文传递的人工费用和纸质公文的耗材费用。

⑤搭建标准化的流程体系，节约维护成本：通过搭建标准化的管理功能和流程，统一集团公司与各下属单位的办公管理流程，节省系统重复采购和集成的成本，并实现快速推广使用的效果。

三、合同管理系统

（一）系统建设背景

城市轨道交通企业合同所涉及的业务面广、合同金额大、执行周期长、政府监管要求高等特点，如一条新线的建设往往需要投资上百亿元，资金的使用需要严格遵守国家各级政府的招投标及各类制度的规定和监督，合同的签订及管理是一个重要的法律保障手段。

城市轨道交通企业合同管理的关键业务流程包括合同计划管理、合同会议管理、招投标管理、合同签订管理、合同变更管理、合同完工管理、合同到货管理、合同支付管理、合同收款管理、合同结算管理、合同范本管理、概算管理等合同全生命周期的管理过程，该过程贯穿了概算管理及资产管理两条业务主线，是实现概算回归[1]及资产一体化[2]管理的必备管理要素。只有保障关键业务流程的管控过程清晰明了、层级分明、数据关系承接环环相扣，才能保证信息的源头统一、过程可控、统计可溯的企业管理要求。

随着管理水平及管理精细度的逐步提高，城市轨道交通企业的合同管理范围会扩展到企业各个专业及管理职能，企业的各项管理标准也逐步落实到合同管理全生命周期中。为了满足可持续发展的最大效益化资产运营的管理要求，快速有效地完成新线验交工作，需要对多个业务管理模块与合同管理模块进行对接，并在业务精细化管控水平的提升过程中不断完善和优化各业务的管理接口，实现多业务管控模型的无缝对接。

以某城市轨道交通企业的企业管理模式为例，管理接口关系可以用图5-23表示。

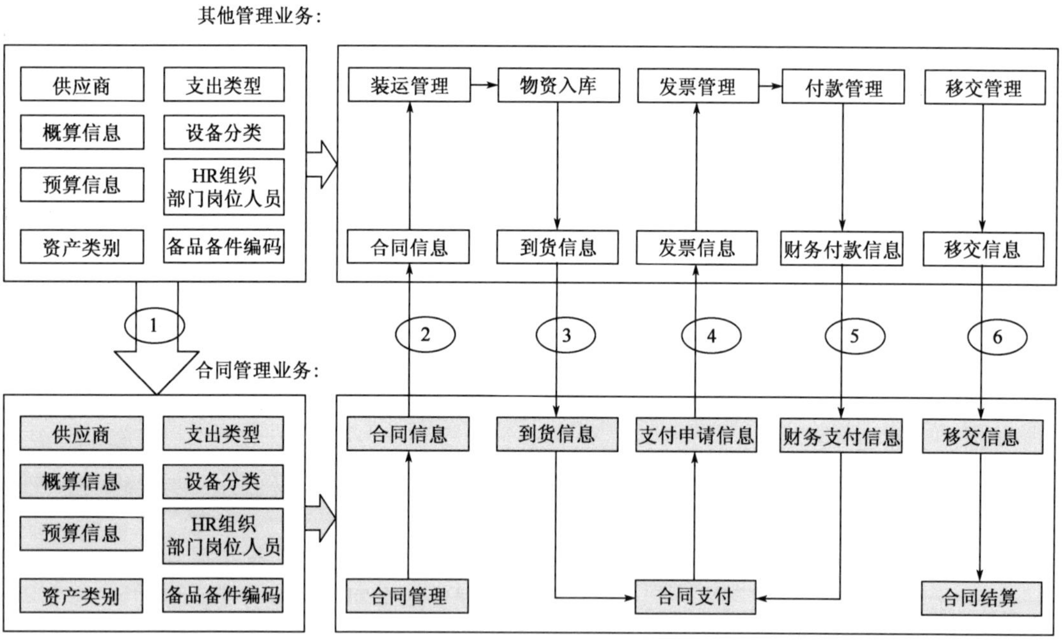

图5-23 合同管理业务接口关系图

合同管理业务接口关系说明如下：

①合同管理业务与企业其他管理业务共享供应商、支出类型、概算信息、预算信息、资产类

[1] 概算回归是指城市轨道交通行业对概算下达、分解、过程跟踪、控制及统计分析的全过程管理。

[2] 资产一体化是指城市轨道交通行业采取规范内部管理、提升经营效率的总体思路，在资产管理方面以“资产保值增值”为目标，实现可持续发展的最大效益化的高效资产运营的管理模式，详见第七章资产一体化管理信息化实践。

别、物料编码等信息。

②物流管理业务和财务管理业务需要得到合同管理过程中产生的合同信息。

③合同管理业务需要定期获取物流、财务、移交管理过程中产生的到货信息、财务支付信息和移交信息。

④财务管理业务需要合同管理业务提供支付申请信息。

随着城市轨道交通企业业务量的增加和业务范围的扩大，手工管理问题已经不是单纯的工作量问题，如果企业不进行有效的合同风险控制，就无法及时地跟踪、检查、督促合同执行过程，就有可能给企业带来极大的合同签订及执行的隐患，甚至有可能会诱发关键岗位的廉洁问题。因此，城市轨道交通企业急需建设以企业战略为依托、以业务管理主线为纲领的合同管理系统，系统建设的主要目的如下：

①提供制度体系保障：通过合同管理系统落实并完善合同管理制度和相关配套制度，明确合同管理职责、权利与责任，满足企业战略对合同管控规范的要求。

②加强投资控制：结合合同概算及预算，加强合同业务执行过程的投资执行情况跟踪和控制，以更好地控制合同执行风险，满足企业战略对规避风险和降低成本的要求。

③提高流程执行力：通过合同管理系统规范合同业务执行流程，加强合同业务流程的执行力和执行过程的绩效考核，明确责任人的职责和承担的责任，满足企业战略对标准化管理能力的要求。

④高效处理业务：通过合同管理系统让合同业务处理更加规范、及时、准确和完整，让合同业务处理手段更加简洁、方便和快速，避免重复性工作；满足企业战略对信息透明化的要求。

（二）系统方案简介

1. 系统建设目标

结合企业战略目标和发展规划，明确企业合同管理职责、岗位，优化现有合同管理业务流程以及制度体系，量化流程绩效指标以及相关合同管理业务数据标准，从而提出基于信息化的企业级合同管理标准化解决方案。搭建企业统一的合同的管理平台，满足公司支出类、收入类、合作类合同的信息化管理要求，实现包括合同计划、招标、合同签订、合同变更、合同支付、合同结算等各项环节在内的合同全生命周期管理功能。

2. 系统主要功能

作为企业管理信息系统的重要组成部分，合同管理系统应满足业务完整性、安全性、系统可扩展性等要求。系统应实现对公司所有类型的合同以及合同整个业务生命周期的信息化管控；实现合同业务会议的议题管理，对接企业合同管理会议信息与合同信息；提供查询统计和多种台账及综合报表生成功能。以下对合同管理系统的主要功能进行介绍。

如图 5-24 所示，合同管理系统一般包括合同业务管理、合同台账管理、查询统计和系统管理四大功能。

①合同业务管理。合同业务管理可分为如下几个模块：计划管理、招标管理、合同签订管理、变更管理、支付管理、收款管理、结算管理、议题管理、保函管理、范本管理、信息维护，如图 5-25所示。

②合同台账管理。合同台账管理是对合同生命周期的各个环节台账的查询与显示的管

理，包括合同计划、公告办法、招标文件、招标（招商）结果、合同管理会议台账、合同变更台账、合同支付台账、合同收款台账、合同结算台账、合同终止台账、合同范本台账、合同保函台账、议题台账、资产移交台账等，如图 5-26 所示。

图 5-24 合同管理系统功能框架图

图 5-25 合同管理系统合同业务管理示例图

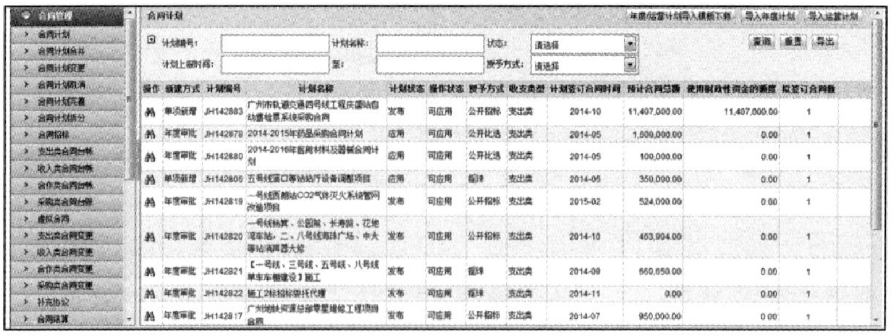

图 5-26 合同管理系统合同台账管理示例图

③查询统计模块。查询统计模块主要包括统一视图展现、概算执行统计、投资完成情况、供应商列表查询等功能。

④系统管理模块。合同管理系统要有完整的用户角色管理、权限管理及流程管理等关键功能，以支撑系统各模块的应用。

3. 和其他系统的关联关系

作为城市轨道交通企业管理信息系统的重要组成部分，合同管理系统需要与企业其他管理信息系统（如立项管理系统、预算管理系统、财务管理系统、物流管理系统等）进行集成，开放数据接口。通过多系统数据交互和共享，实现企业业务数据整体管控以及合同业务的全生命周期管理。

合同管理系统与其他关联系统间的数据交互通过企业服务总线 ESB 来实现：合同管理系统将合同业务数据发布到企业服务总线，以 WebService 服务方式提供给其他系统调用；合同管理系统中需要使用到的合同业务支撑数据也是通过调用企业服务总线提供的 WebService 服务来获取，而不直接各实际业务系统交互。

系统间的数据流转如图 5-27 和表 5-4 所示。

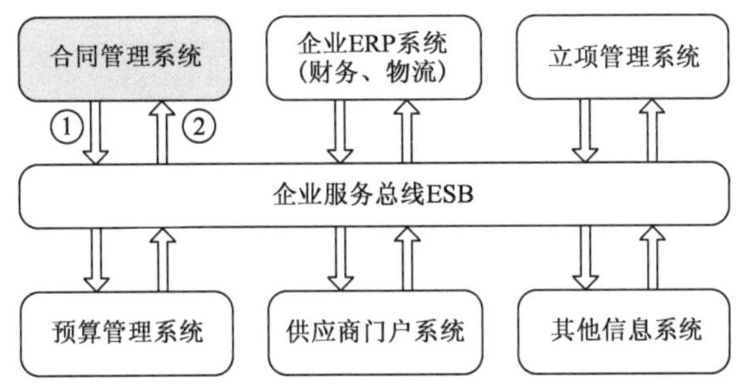

图 5-27　系统间数据流转图

系统间数据流转说明表　　表 5-4

编号	数据名称	说　明	数据位置	备　注
1	合同业务数据	包括合同信息、合同清单信息、合同支付信息、变更信息以及发票信息等业务数据	合同管理系统	合同业务数据的流转，包括合同管理后续的业务处理业务数据、其他系统业务需要使用到合同管理方面的业务数据
2	合同业务支撑数据	从 ESB 中获取业务流转所需的支撑数据，如供应商信息、概预算信息、立项信息等	企业 ERP 系统、立项管理系统、预算管理系统、供应商门户系统、其他系统	通过访问 ESB 提供的服务来获取相关的数据信息，而不直接各实际业务系统交互

合同管理系统与其他系统的关联关系如图 5-28 所示。

关联关系简述如下：

①与企业内部门户系统集成：与企业内部门户做集成开发，实现门户下的系统单点登录，合同公文待办数显示提醒等功能。

②与立项管理系统集成：集成的内容包括合同从立项管理系统中获取立项编号信息。将合同信息与立项、概算信息进行关联，有利于在合同生命周期管理中实现概算回归管控。

③与预算管理系统集成：合同管理系统与预算管理系统需开放数据接口，集成内容包括合同管理系统从预算管理系统中获取预算号、预算金额信息，预算管理系统从合同管理系统中获取合同基本信息。两系统通过调用企业服务总线提供的 WebService 服务来获取所需数据。

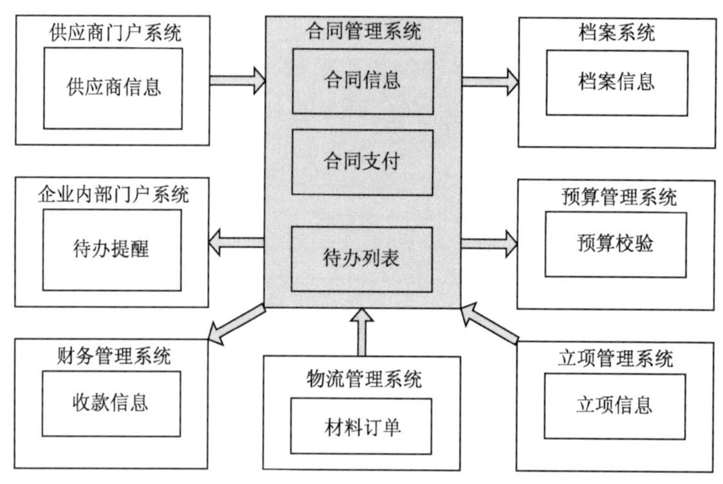

图 5-28 系统关联图

④与档案管理系统集成:开放合同与档案管理系统之间的数据接口,将合同的基本信息及正文、附件信息推送至档案管理系统,优化合同归档管理流程。

⑤与财务管理系统集成:开放与财务管理系统关于收入类合同应收款的接口,合同管理系统将收款单信息发布到企业服务总线 ESB,供财务管理系统调用以获取收款单信息,实现合同管理系统与财务管理系统的数据关联。

⑥与物流管理系统集成:对于材料采购类合同管理,合同管理系统应实现与物流管理系统集成材料订单的接口,通过该接口实现订单自动生成合同待办并将合同审批结果反馈回企业物流管理系统。而材料采购类合同进行支付审批时,可以查询到该合同的相关信息,包括合同基本信息、合同清单信息、合同变更信息、已支付情况、本次支付的清单。

⑦与供应商门户系统集成:开放与供应商门户系统之间的数据接口,将供应商名称、供应商地址、资质等信息集成到合同管理系统中,并在合同管理系统内建立供应商查询台账。

(三)系统应用效益

①强化和完善城市轨道交通工程项目建设过程中的成本归集,实现投资控制和资本化能力的整合,实现概算回归管理。通过项目的 WBS 结构和开支类型建立起概算结构和财务核算统一的核算纬度,让概算单元和开支类型从合同开项开始到竣工决算贯穿项目合同的整个生命周期,在概算执行过程中进行跟踪管理,实现概算的日常回归和有效的投资控制。

②充分发挥价值链上下游的沟通合作,在资产采购、营运、运行、维护的过程中共享资源、信息并进行优化配置,助推资产一体化管理模式的建立。合同管理系统通过与企业物流管理系统、财务管理系统进行对接和数据共享,可实现包括合同清单、到货通知、入库确认单、领用单、合同支付明细等的多单匹配管理模式,有利于强化工程建设与运营的协同,从需求的源头优化对备件、工器具的购买;有利于强化对仓库、采购数据指标的分析,通过计划控制、采购周期的消减,实现资金的有效应用,降低运营成本。

③在合同管理过程中引入预算控制，有助于提高企业成本控制管理水平。在包括合同计划、合同签订、合同变更等合同管理过程中建立与企业预算信息的关联关系，形成合同的预算线管控，帮助管理人员有效地跟踪企业预算目标的执行并进行监督考核。

④通过多维度查询统计和数据分析功能，为业务部门的日常管理提供了便利，也为企业领导的决策提供准确及时的数据。合同管理系统提供的统一的合同信息台账，实现合同信息的整合与共享，避免资料数据不确定性的风险。业务信息的统计分析，在合同管理流程的各个环节中建立起及时有效的反馈机制，如计划信息的反馈、合同资金执行情况的反馈等，有效提高了企业的合同风险管控能力。

⑤合同管理系统有效提高了企业的集中管控能力，强化合同管理流程的执行力，使合同业务处理更为规范、准确、高效。系统的建成、应用推广及实现业务单轨化处理后，合同管理流程的种类和相关环节得以规范和优化；通过对流程的环节进行责任和权力明确、设立关键控制点和相关的绩效，合同流程的执行力有了大幅度的提高。

四、人力资源管理系统

(一)系统建设背景

城市轨道交通企业人力资源管理应根据企业的战略发展要求及行业的特点，重点支撑企业繁重的新线建设任务，大规模的线网运营，以及多元化的经营发展，为公司可持续发展提供人才动力。

以某城市轨道交通企业为例，人力资源管理部门负责公司的全局定岗定员，以及人力资源规划、招聘、调配、任免、考核、薪酬、奖惩、培训、职改、外事办证、人事档案、计生等管理工作，确保人力资源的有效配置和开发使用。

人力资源管理的业务主流程包括人力资源战略规划、组织与人事管理、绩效管理、薪酬福利管理、学习与发展管理、员工服务与信息管理等流程，通过构建“以岗位为基础、以能力为主线、以绩效为导向”的联动的人力资源管理体系，提高员工岗位胜任能力，为公司战略目标实现提供人才保障，实现了企业选人、育人、用人、留人的全闭环管理。人力资源管理业务架构如图 5-29 所示，图中展示了贯穿业务主线的每个环节在指导、控制和执行三个层面的业务组件，涵盖了城市轨道交通企业人力资源管理业务的主要业务单元。

人力资源管理业务架构图体现了人力资源管理业务的各单元，为实现选人、育人、用人、留人的过程管理，各业务单元之间以及与其他业务之间均存在相互联系。

在企业文化与战略规划的引领与驱动下，选人主要体现在招聘调配业务，育人主要体现在培训管理业务，用人体现在岗位管理、薪酬绩效业务以及用人单位的日常管理，留人主要体现在员工服务与薪酬绩效业务方面。

人力资源管理部门的最终目标是实现人力资源管理逐步向“人力资源专家、业务合作伙伴、人才开发者、服务提供者”的角色转型，并向更先进的人力资源管理水平迈进。人力资源管理部门工作需要由事务性处理转向战略规划，这对人力资源管理工作提出了更高的要求和挑战。通过信息化替代手工的管理模式，借助信息化技术，结合互联网管理理念，可实现人力资源全链条管理，支持企业的持续发展。

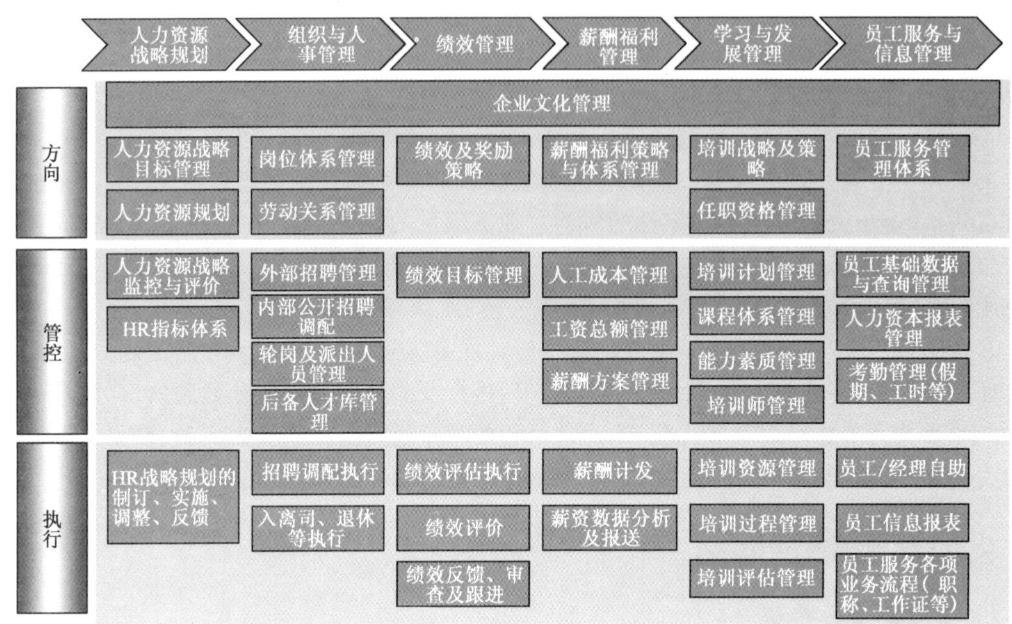

图 5-29　城市轨道交通企业人力资源管理业务架构图

(二)系统方案简介

1. 系统建设目标

系统建设目标应结合城市轨道交通企业的战略目标和特点,梳理和优化现有人力资源管理流程,以业界大型成熟软件为基础搭建人力资源管理平台。满足企业对组织管理、人事管理、员工服务管理、培训管理、规划和招聘管理、薪酬绩效管理、系统集成等方面的需求。

2. 系统主要功能

人力资源管理系统的主要功能包括组织人事管理、薪酬绩效管理、培训管理、员工服务管理和招聘管理等功能模块,如图 5-30 所示。

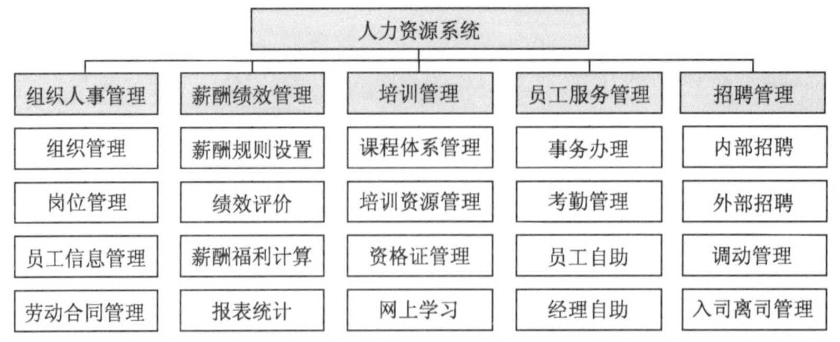

图 5-30　人力资源管理系统功能框架图

①组织人事管理:包括组织管理和人事管理。

a. 组织管理:包括公司组织架构的管理、职级管理、岗位管理与编制管理。管理公司组织

架构并记录版本，管理人力资源的职级、岗位与编制数量等信息。

b.人事管理：包括员工基本信息、员工分配信息、员工异动管理和合同管理，员工的信息包括员工基本情况（姓名、出生地、籍贯、组织、岗位、层级、入司时间、工作时间、任现岗位时间）、学历情况（毕业院校、起止时间、专业、学习类型、学位、学历）、工作情况（工作经验：单位、工作时间、职位）、专业技能情况（职称或资格证名称、获得时间、聘任时间、级别）、入司后奖惩及考核（评）情况（奖惩名称 、时间、年度绩效考评结果）、参加党组织情况（组织名称、时间）、劳动合同情况（合同名称、时间）、员工调动的历史过程追踪等信息。员工基础信息系统界面如图5-31所示。

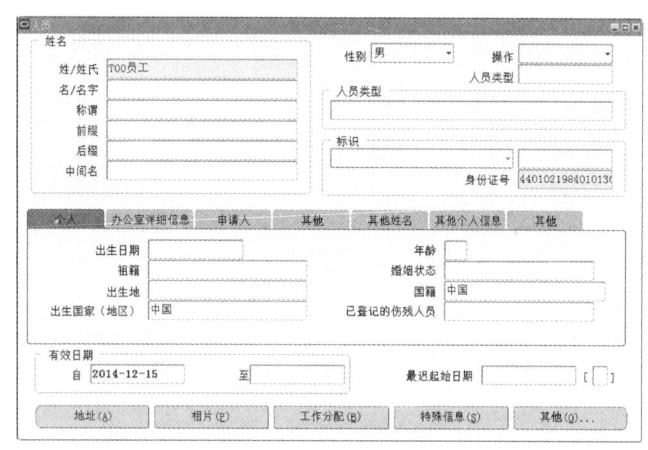

图5-31　员工基础信息系统界面

②薪酬绩效管理：包括薪酬福利计算、绩效管理、报表统计等。薪酬管理包括工资单、薪酬要素与公式的设置、薪酬运算及薪酬报表输出；绩效管理包括半年绩效管理流程、全年绩效管理流程、年度综合绩效评价管理以及绩效结果的记录。

③培训管理：包括课程体系管理、培训组织管理、内训师管理、资格证管理，通过网上学习使员工可以自主开展培训。

④员工服务管理：主要为在企业内部门户或移动终端上为员工提供员工信息自助、薪酬信息自助、劳动关系管理的各项事务办理申请、请假管理流程申请等内容。

⑤招聘管理：主要包括公司对外招聘与内部公开招聘，以及员工入司、离司、调动的通知。

3.和其他系统的关联关系

人力资源管理作为企业的基础管理板块，与企业各项业务均有关联关系。向前端的生产管理、采购库存管理、维修管理、车务管理、项目管理、财务管理等管理板块或系统提供基础的组织数据、人员信息数据，并为企业用户管理系统提供员工信息来源。当业务系统与人力资源管理系统在同一系统平台内，属于高内聚，则可以获取到HR系统的信息；对于外部系统的接口，HR系统已将组织主数据、员工主数据以服务方式发布到企业服务总线ESB，其他系统可通过调用服务获取信息。人力资源管理系统与财务管理系统接口可实现薪酬计算结果传递至财务管理系统，进而在财务管理系统生成财务做账凭证。如图5-32所示。

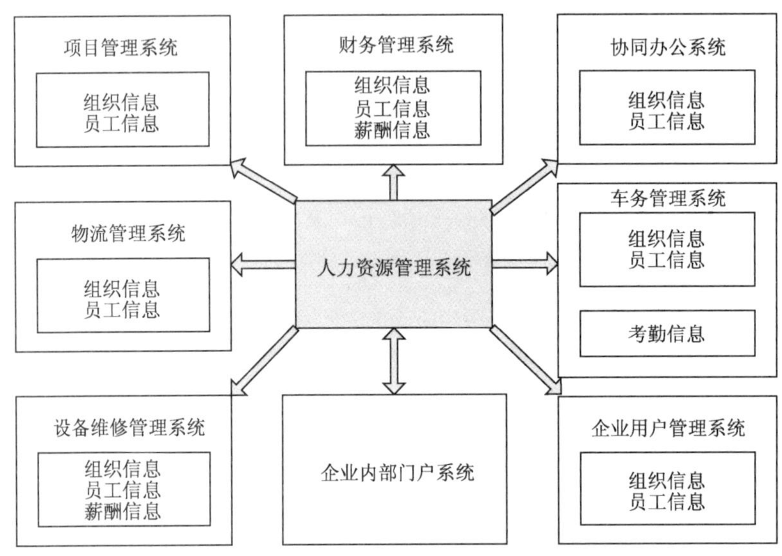

图 5-32　系统关联图

(三)系统应用效益

人力资源管理系统建成后,可对人力资源管理各方面业务进行管控,使企业人力资源管理人员从繁忙琐碎的日常业务中解放出来,提高人力资源管理能力,提升员工服务质量。应用效益主要体现在以下几个方面。

1. 显著提高工作效率,提升数据准确性

通过信息系统集中管理组织主数据、员工主数据等人力资源数据,实现一次录入多次使用,通过系统计算薪酬,输出统计报表,减轻人力资源管理手工操作,降低手工操作效率低或易出错的概率,保证数据质量。同时,为公司用户统一管理提供基础,为各应用系统的用户管理提供基础,为管理层提供各项人力资源管理数据,支持决策,为进一步商务智能分析处理提供基础。

2. 规范和固化业务管理流程

系统可将人力资源管理流程固化在系统中,如招聘应聘管理流程、入司离司调动流程、绩效管理流程、考勤请假管理流程以及各项业务办理流程等,通过信息化手段实现更易监控,更透明。

3. 提供丰富的培训手段

如通过在线学习网上培训系统的应用,可实现从培训需求摸查至培训组织到员工能力提升的闭环管理,丰富的教学手段,迎合员工学习习惯,激发广大员工学习热情。各种课件及考试资源一次制作、多次使用,减少重复性工作的成本,减少后期统计工作量,降低对培训教室、培训器材、培训讲师、培训教材的使用成本。

4. 提升员工服务水平

如员工自助、经理自助的功能搭建了人力资源部门为员工服务的通道,员工可以在线申请招聘、自助查询、在线培训等,实现办理业务,查询信息;经理可以在线查看下属信息、绩效培训等情况,便于更好地辅导员工开展工作。

5. 加强集团管控

通过将人力资源管理系统覆盖至下属业务单元和板块,使用统一标准的岗位体系职务体系,集团内各单位员工调动信息无需重新录入,可加强集团对所属成员的统一管控。

五、全面预算管理系统

(一)系统建设背景

1. 业务概述

全面预算管理是指企业在战略目标的指导下,对未来的经营活动和相应的财务结果进行充分、全面的预测和筹划,并通过对执行过程的监控,将实际完成情况与预算目标不断对照和分析,从而及时指导经营活动的改善和调整,以帮助管理者更加有效地管理企业和最大程度地实现战略目标。

预算管理包含对工程建设投资管理、运营管理、资源经营管理、房地产经营管理等业务的战略目标制订与分解、预算编制、审核与下达、预算执行控制、反馈与分析、绩效考核的全过程管理。

全面预算管理一般采用战略规划为起点和指引,以年度经营计划为纽带,以全面预算为纲的企业经营管理脉络;并应用较为行之有效的企业标准定额,对预算的编制和管控起到了非常积极的作用。

全面预算管理的组织机构一般包括董事会、企业全面预算委员会、投资管理委员会、全面预算工作小组、定额工作小组、各子公司和各部门、单位兼职预算管理人员等。

全面预算管理的关键业务流程主要包括战略目标管理、预算编制、预算控制、预算反馈和分析、预算滚动、预算考核等预算全生命周期的管理过程。只有进一步规范预算管理流程,才能逐步做到"事前预算,事中控制,事后分析",提高预算反馈信息和分析的质量,提供准确的决策支持信息。以某城市轨道交通企业的全面预算管理模式为例,相关管理接口关系可以用图 5-33 表示。

2. 系统建设的必要性

随着多元化经营的蓬勃发展、全面预算管理理念的不断深入,基于传统电子表格的预算管理手段难以满足业务发展的需求。在预算编制上,存在效率低、错误率高、保密安全性欠缺等问题;在预算反馈上,数据分散在多个系统或部门,需通过手工方式获取,预算反馈和分析工作量大、时效性差;在预算控制上,使用手工管理,不利于事前和事中的控制。同时手工方式的预算表单未作进一步的体系化梳理,不是完全统一的预算科目体系,不利于后续横向对比预算执行情况,在预算编制的逻辑性上尚未固化,不利于预算工作的推广。手工预算管理方式已无法满足战略—计划—预算—反馈—考核联动的闭环管理需要,无法满足对工程建设管理、运营管理、资源经营管理、房地产经营管理等业务的快速、高效的资源优化配置、管控需要。需要构建统一的全面预算管理平台,实现企业各业务的预算编制、审核与下达、执行控制与调整、反馈与分析全过程的管理,以便进一步规范预算管理体系和预算管理流程,逐步做到"事前预算,事中控制,事后分析",提高预算反馈信息和分析的质量,提供决策支持信息。

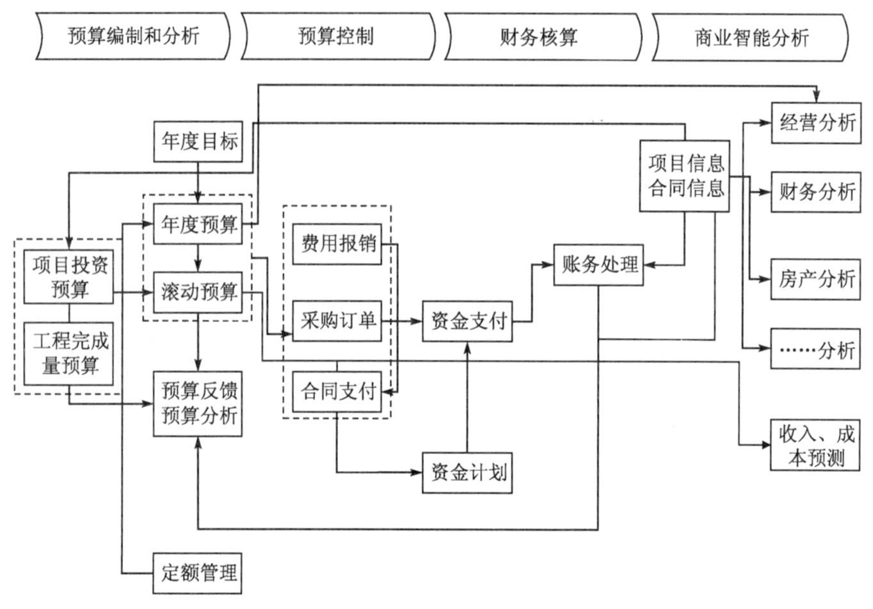

图 5-33 业务关联图

（二）系统方案简介

1. 系统建设目标

实现工程建设投资管理、线网运营管理、资源经营管理、房地产经营管理等业务的战略目标制订与分解、预算编制、审核与下达、预算执行控制与滚动、反馈与分析、绩效考核全过程的管理，借助信息化系统管理工具，进一步规范预算管理体系、优化管理流程，进一步做到“事前预算，事中控制，事后分析”，达到较好的预算管理效果，提高预算反馈信息的质量和效率，提高分析的质量，提供准确快速的决策支持信息，进一步体现预算管理的效益。

2. 系统主要功能

系统建成后的功能范围包括战略目标管理、预算编制、预算反馈、预算滚动、预算控制和分析等。如图 5-34、图 5-35 所示。系统主要功能如下。

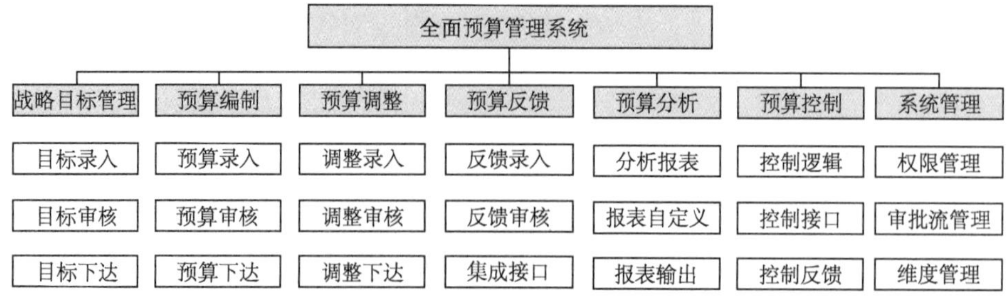

图 5-34 全面预算管理系统功能框架图

①战略目标管理：实现对战略目标、年度计划的制订和分解。

②预算编制：实现预算的编制、审核和下达。

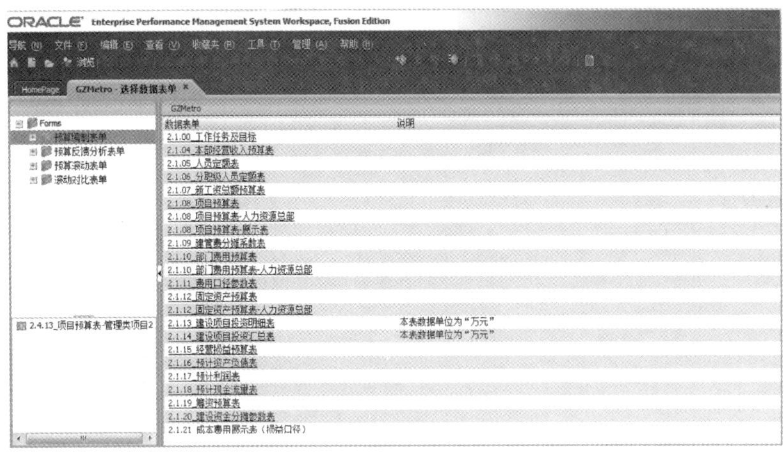

图 5-35　全面预算管理系统示例图

③预算调整：实现预算调整数据录入、审核和下达、滚动对比等功能。

④预算反馈：实现预算的反馈，包括反馈数据录入功能、与其他反馈数据来源系统的接口功能。

⑤预算分析：实现对预算的对比分析，包括对收入、成本、关键 KPI 指标等指标的分析。

⑥预算控制：实现对相关预算科目组合的预警、禁止等控制规则，实现与相关业务管理系统（如费用报销系统）的接口。

⑦系统管理：实现预算表单设计、控制规则设置、权限管理等。

3. 和其他系统的关联关系

全面预算管理系统需要与企业其他管理信息系统（如合同管理系统、财务管理系统等）进行集成，开放数据接口。通过多系统数据交互和共享，实现预算编制、反馈和分析、控制等预算全周期闭环管理。关联关系如图 5-36 所示。系统间数据流转说明如表 5-5 所示。

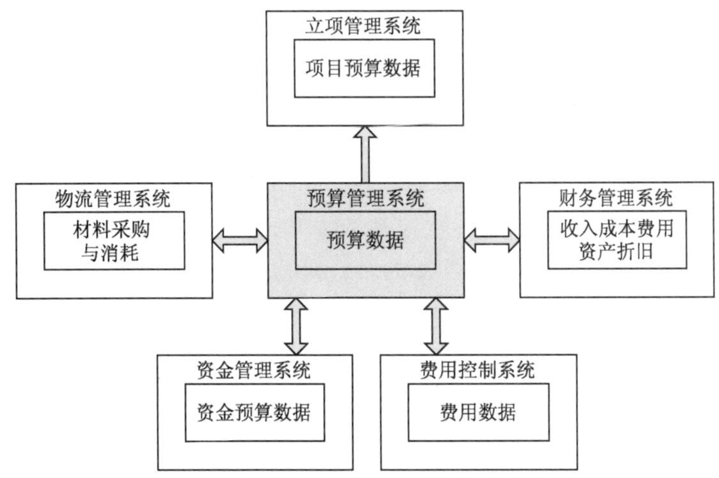

图 5-36　系统关联图

系统间数据流转说明表 表5-5

编号	关联系统	涉及数据说明	数据位置	备注
1	资金管理系统	资金预算数与实际数	资金管理系统:资金计划实际数; 预算管理系统:资金计划数	
2	物流管理系统	材料采购和消耗预算数、实际数	预算管理系统:材料采购和消耗预算数; 物流管理系统:材料采购和消耗实际数	
3	立项管理系统	项目预算数及项目实际发生数	立项管理系统:项目预算数; 预算管理系统:项目实际发生数	
4	财务管理系统	收入、成本、费用、资产折旧同发生数	财务管理系统:收入、成本、费用、资产折旧同发生数	
5	费用控制系统	费用使用过程中的预算请求及可用判断结果	费用报销系统:预算请求; 预算管理系统:预算可用判断结果	
6	合同管理系统	费用使用过程中预算请求及判断结果	合同管理系统:预算请求; 预算管理系统:预算可用判断结果	

(三)系统应用效益

①实现对城市轨道交通企业多元化经营业务的预算管理要求,支持快速有效优化内部资源配置,引导战略目标实现。衔接战略与预算,使预算编制更具指导性,预算编制结果更符合战略规划的要求,并减少预算编制的重复性。信息化工具使预算反馈及分析更及时准确,可对实际情况进行准确的、及时的纠偏,使企业达到既定的战略。

②通过信息化手段,实现预算管理精细化和标准化,做到事前预算、事中控制和事后分析。通过统一的多维预算表格进行预算编制,使预算填报精细化和标准化;通过与相关业务管理系统(合同管理系统、费用报销系统)的集成,对预算可用数进行事中校验,达到预算控制目的;通过与后端财务管理系统等实现集成,实现大部分预算数据的自动反馈,提高反馈数据质量,能及时准确体现预算执行、实现预算不同维度的比较分析。

③提高预算调整效率,通过实际月度预算,更好地监控公司运营状况,适时纠偏,为管理决策提供有效支持。系统通过设计每月一次滚动调整方式(企业可根据实际需要选择),加大公司主体业务预算调整的频率,使预算与实际的结合更为紧密。业务管理人员可依据近期掌握的市场变化情况和公司的经营策略,对年度预算进行滚动调整,形成更加贴合公司实际情况的月度预算数据,切实指导、监控生产运营。

④实现预算编制精细化、标准化,降低了人工成本。通过梳理形成统一的预算科目体系、标准化的预算编制表单,有利于统筹预算编制过程的逻辑性和规范性,提高编制效率,降低人工成本。

⑤通过系统工具实现定额管理、定额自动引用,加强了定额对预算编制的指导作用。系统内可设定各种定额,编制预算时自动引用相应定额,增强逻辑性,减少人工偏差。

⑥提供较好的预算考核手段，快速反馈考核指标，完善考核机制。预算考核是发挥预算约束与激励作用的必要措施，是企业效绩评价的主要内容。通过信息化的手段，可较好地管理相关考核指标，及时跟进对比，实现考核的直接目的，最终实现指导经营管理活动的目标。

六、内部控制评价管理系统

（一）系统建设背景

城市轨道交通行业作为高风险行业，需要加强内控管理以防范在工程建设、运营管理和企业管理中存在的各类风险。企业内控管理是指从风险防范的角度出发，梳理企业业务流程中的关键风险点，针对风险点制订相应控制活动，进行内控评价，及时发现业务流程中各类设计缺陷和执行缺陷，从而揭示业务流程涉及的重大风险领域、关键风险点及内控薄弱点，并通过针对性的内控改进建议，研究提出适当的风险管理策略和应对建议。

内控管理的关键业务流程是内控评价流程。通过内控评价流程及时发现企业内部控制活动的设计有效性和执行有效性，并生成缺陷及整改报告，业务流程如图 5-37 所示。

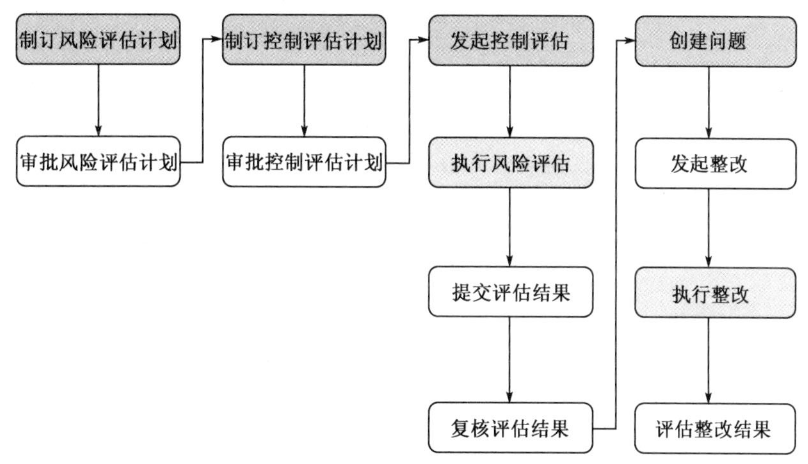

图 5-37　内部控制评价管理流程示意图

内部控制业务手工管理存在的主要问题如下：

①工作量大、效率低。城市轨道交通企业组织机构、业务、管控模式往往具有多样且复杂的特点，涉及的控制点点多面广，人员及岗位众多，导致内部控制评价工作普遍面临人力、物力、财力及时间等资源的压力。

②控制标准维护不及时：企业的经营和管理模式发生调整变化后，导致不同层级的控制点动态化；企业内控手册、矩阵等控制标准难以做到及时、统一、真实的维护；测试工作中存在着判断标准的不统一。

③控制活动过程跟踪难以做到透明：由于内部控制业务的特殊性，手工方式进行管理往往无法及时掌握流程流转的具体环节及状态，导致流程跟踪的无效化。

(二)系统方案简介

1. 系统建设目标

以内部控制体系为核心,展现企业风险管理和法规遵循、内部控制全貌,使风险管理和内控管理活动自动化,全面支撑内部控制体系维护、内部控制自我评估和内控协作化等工作的开展。

2. 系统主要功能

系统主要功能包括内控手册管理、内控评价管理、缺陷整改管理、报告报表管理、信息库管理五大模块,如图5-38所示。

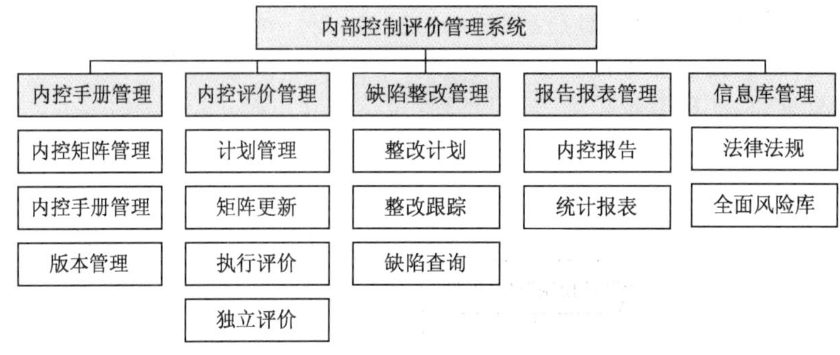

图5-38 内部控制评价管理系统功能框架图

功能说明和主要系统界面示例如图5-39~图5-43所示。

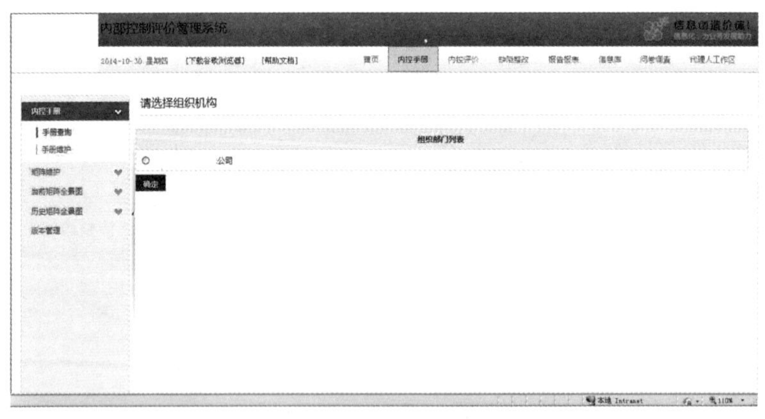

图5-39 内部控制评价管理系统示例图(1)

(1)内控手册

内控手册主要包括内控矩阵、手册管理、版本管理三个模块。

(2)内控评价

内控评价模块是内控管理系统的核心模块,在该模块中实现按年度内控评价方案下发计划,完成各组织负责的内控矩阵的更新和测试评价工作。另外,内控业务主管部门对前面的各项工作可以进行复核评价,也可以独立评价。

(3)缺陷整改

图 5-40　内部控制评价管理系统示例图(2)

图 5-41　内部控制评价管理系统示例图(3)

图 5-42　内部控制评价管理系统示例图(4)

缺陷整改分为整改措施填报和整改跟踪两部分内容。缺陷可以通过四种方式发现:有效性评估、执行评价、审计独立评价以及审批阶段新发现缺陷,所有的缺陷最终汇总到缺陷列表,进行统一的管理:编写整改措施、整改的落实及整改的跟踪反馈。

序号	缺陷类型	缺陷标准	缺陷参考信息
1	重大缺陷	定性标准	极有可能或已经存在重要信息漏报、误报情况，直接造成对外披露严重违规或重大决策失误
2	重要缺陷	定性标准	战略目标或分解后的战略目标发生较大偏离
3	重大缺陷	定量标准	极有可能或已经导致重大的资产流失占上一年年度报表反映的资产总额的5%及以上
4	重大缺陷	定量标准	可能发生较大、重大、特别重大安全事故（造成3人以上死亡，或者10人以上重伤，或者1000万元以上直接经济损失的事故）
5	一般缺陷	定量标准	可能或存在损失占上一年年度报表反映的资产总额的0.1%-1%
6	一般缺陷	定性标准	战略目标或分解后的战略目标发生一定偏离
7	重要缺陷	定量标准	可能发生一般安全事故（造成3人以下死亡，或者10人以下重伤，或者1000万元以下直接经济损失的事故）
8	重大缺陷	定量标准	或年度工程投资总额的0.5‰及以上
9	重大缺陷	定性标准	极有可能或已经发生违法情况或较严重的违纪情况
10	重大缺陷	定性标准	经营效率低下，相对同行业存在极大的差距，或严重影响业务的正常运行

图 5-43　内部控制评价管理系统示例图(5)

(4)报告报表

由内控管理员在内控自评工作完成后将内控自评的成果编制成报告，系统提供内控报告模板的下载功能，内控管理员根据模板填写各自的报告内容，之后再上传系统，提交上级内控管理员。

(5)信息库

信息库包括全面风险库和法律法规库两个子模块。全面风险库提供全面风险信息数据的导入、全面风险信息数据的查看及与内控风险关联配置功能。法律法规库模块是在系统的知识库模块中涵盖的，系统提供了外部法律法规和内部规章制度的管理功能。

3. 和其他系统的关联关系

内部控制业务属于相对独立的业务，是针对其他业务流程存在的风险点，设定控制活动，并对控制活动进行设计有效性和执行有效性的评估。

(三)系统应用效益

1. 提升企业管理效率，优化业务流程操作

系统可将企业业务部门的日常工作与内部控制流程相关联，实时管理汇总各类缺陷情况，及时发现问题并定期评估内部控制的有效性，根据系统评价结果对业务管理流程予以优化。

2. 促进企业经营合规

通过信息库可实现法规、制度和规范的集中管理和及时更新，而且将内部控制评价与合规遵循相结合，将合规工作分解到各部门各岗位的日常工作中，提高了合规遵循的可控性。同时，为管理层掌握公司整体合规状况、避免合规风险提供了可靠的决策依据。

七、档案管理系统

(一)系统建设背景

1. 业务概述

城市轨道交通工程具有投资大、建设周期长、参建单位多、系统复杂、专业众多等特点。以广州地铁为例，2015 年新线建设工点超过 300 个，参与建设单位近 1000 家，施工涵盖土建和机电安装工程共 1000 多道工序，每年均会产生大量的档案及资料文件，现有档案馆藏量已达

20余万卷，电子档案近40万份。因此，打造符合多专业管理标准的智能档案馆，是城市轨道交通企业档案工作的重要目标。

档案管理的关键管控体现在组织、制度和责任三个方面：

①强化组织管控，构建"一体化"管理模式，在统筹规划的基础上实现资源的有机整合和管理的有效协同。在"一体化"管理模式下，档案工作要遵循"统一领导、分级管理"的原则，建立一体化、集中式的档案管理架构。一是设立专门决策机构，协调解决档案发展的重大问题；二是设立专（兼）职管理机构，管理网络覆盖所有参建单位；三是设立专业验收机构，专业负责工程项目档案验收。

②建立制度管控，实现业务高起点高标准。在档案管理过程中，建立覆盖全管理过程、全业务流程的"360度"档案管理制度体系，建立从企业到部门再到施工现场的三级档案管理制度及流程。

③稳固责任管控，建立权责分明的项目档案管理机制。采取合同、考评和经济三个制约手段，贯穿前期、施工、验收和结算四个环节，在建设全过程中实现了档案责任固化，保证了工程项目档案的完整性、准确性和系统性。

2. 建设系统的必要性

①档案的最大价值在于利用。只有打造高效智能的数字档案馆，才能充分发挥档案资源价值，为城市轨道交通建设、运营及城市发展提供服务。

②为领导决策提供快速支持。多年来形成的工程档案，储存了大量的工程信息。只有通过档案管理系统的统一管理，才能快速高效地在技术决策、重大项目投资等方面为领导提供决策，保证决策科学。

③为工程管理提供依据。档案管理系统保障了档案资料的收集整理，能完整详细地提供工程施工、检查、检验等过程资料，如合同管理中，涉及计量支付、合同变更、竣工结算等关键环节的申报、审核、审批等档案，为工程的质量、安全管理和投资控制提供了依据，确保工程优质。

④促进内部成果积累和知识共享。通过档案利用，提高了使用效率和设计效率，减少了大量重复劳动，降低了设计成本。

⑤为干部廉洁提供保障。档案管理系统完整保留了工程管理的过程，每一个审批过程均记录在案，使工程管理过程可追溯、可查询，便于责任倒查和倒逼机制的建立，为干部的廉洁管理提供了支撑。

（二）系统方案简介

1. 系统建设目标

结合企业战略目标和发展规划，明确企业档案管理过程的职责及岗位，实现对档案从电子文件产生、流转、档案归档到档案利用的全生命周期智能化及流程化管理，和档案来源的各业务系统进行集成。将档案的"收、管、用"全过程构建成一个不可分割的有机体，实现数据共享和相互联动协调工作，为档案业务提供智能化的服务。

2. 系统主要功能

档案管理系统是企业档案的信息化管理，通过和其他业务系统的集成，实现其他业务系统电子文件的自动归档；同时提供查询统计和多种台账及报表的生成功能。以下对档案管理系统的架构及功能进行介绍。

(1)档案管理系统架构

如图5-44所示，档案管理系统逻辑架构分为基础数据平台、应用服务层、业务建模层和业务模块层四个层次。

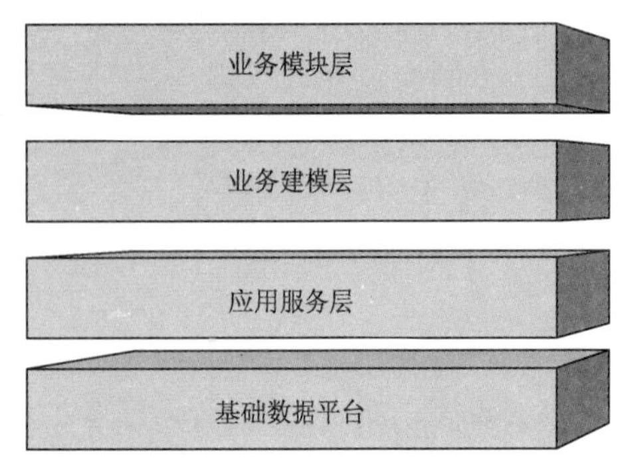

图5-44 档案管理系统逻辑架构示意图

①基础数据平台：为用户提供档案信息的数据存储平台，通过数据库技术、信息安全技术和数据存储技术解决档案数据的安全存储问题。

②应用服务层：主要包括基于J2EE标准的应用程序服务器和中间件及为应用系统提供公共技术服务，如文件格式转换服务、OCR服务、电子文件浏览服务、全文检索服务等。

③业务建模层：用于初始化档案数据结构以及定制业务规则，主要包括部署系统结构、定义机构、档案管理模式等。

④业务模块层：主要为最终用户使用的一些业务操作的功能模块，覆盖收集、整理、鉴定、数据管理、报表、统计、销毁、编研等日常档案管理业务。

(2)档案业务管理

档案管理主要业务如图5-45所示。图中方框显示档案管理业务，主要包括：和其他业务系统的接口、收集、整理、档案管理、开发利用、借阅管理、鉴定销毁和检索查询，方框之间的箭头展示的是从收集、整理、档案管理、到档案归档后的开发利用的工作流程。

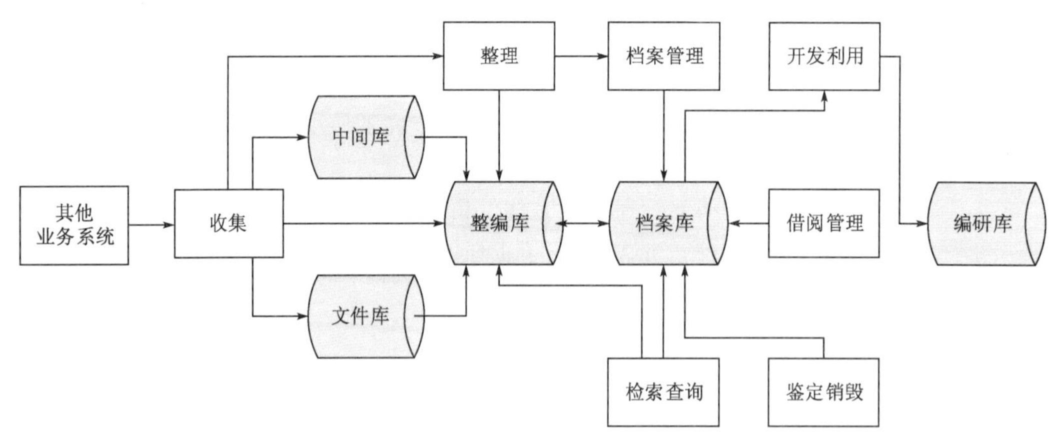

图5-45 档案管理系统业务管理过程示意图

图中圆柱体为档案数据的逻辑库，主要包括：文件库、中间库、整编库、档案库和编研库，库之间的箭头注明了档案数据的流向，其中文件库/中间库—整编库—档案库的归档数据流程为主要数据流。

(3)档案管理系统功能

档案管理系统功能框架如图5-46所示，主要模块包括收集整编、档案管理、借阅管理、开发利用、权限管理、信息服务、视图设置、个人信息和个人待办。

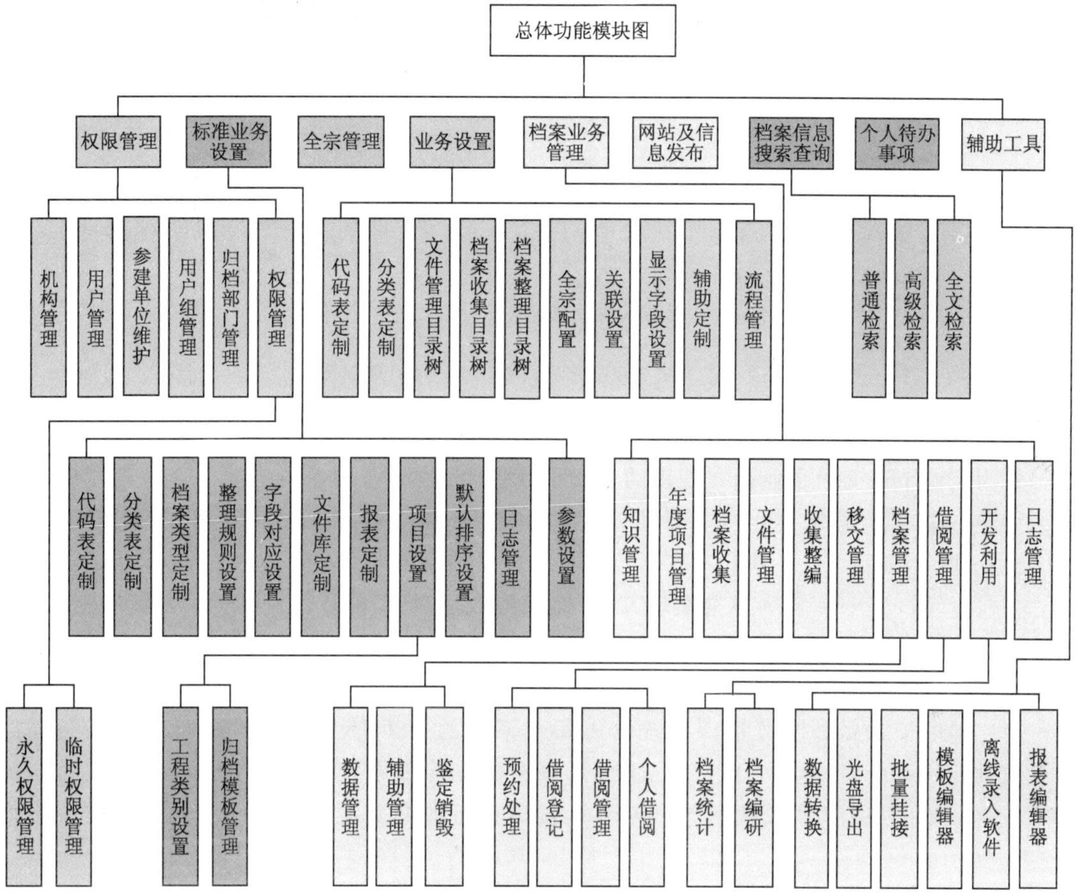

- 总体功能模块图
  - 权限管理
    - 机构管理
    - 用户管理
    - 参建单位维护
    - 用户组管理
    - 归档部门管理
    - 权限管理
      - 永久权限管理
      - 临时权限管理
  - 标准业务设置
    - 代码表定制
    - 分类表定制
    - 档案类型定制
    - 整理规则设置
    - 字段对应设置
    - 文件库定制
    - 报表定制
    - 项目设置
      - 工程类别设置
      - 归档模板管理
    - 默认排序设置
    - 日志管理
    - 参数设置
  - 全宗管理
  - 业务设置
    - 代码表定制
    - 分类表定制
    - 文件管理目录树
    - 档案收集目录树
    - 档案整理目录树
    - 全宗配置
    - 关联设置
    - 显示字段设置
    - 辅助定制
    - 流程管理
  - 档案业务管理
    - 知识管理
    - 年度项目管理
    - 档案收集
    - 文件管理
    - 收集整编
    - 移交管理
    - 档案管理
      - 数据管理
      - 辅助管理
      - 鉴定销毁
    - 借阅管理
      - 预约处理
      - 借阅登记
      - 借阅管理
      - 个人借阅
    - 开发利用
      - 档案统计
      - 档案编研
    - 日志管理
  - 网站及信息发布
  - 档案信息搜索查询
    - 普通检索
    - 高级检索
    - 全文检索
  - 个人待办事项
  - 辅助工具
    - 数据转换
    - 光盘导出
    - 批量挂接
    - 模板编辑器
    - 离线录入软件
    - 报表编辑器

图 5-46　档案管理系统功能框架图

档案管理系统界面示例如图 5-47 所示。

图 5-47　档案管理系统界面示例图——业务管理功能

档案管理系统有完整的档案类别管理、用户角色管理、权限管理及日志管理等关键功能，以支撑系统各模块的应用。如图 5-48 所示。

序号	操作	代码表名称	数据分版本	备注
1		密级	是	
2		保管期限	是	
3		文书保管期限	是	
4		科技保管期限	是	
5		会计保管期限	是	
6		特殊保管期限	是	
7		利用目的	否	
8		利用方式	否	
9		利用效果	否	
10		电子文件稿本	否	如草稿、正式文件等
11		电子文件种类	否	如正文、附件等
12		电子文件类别	否	如声音文件，文本文件，影像文件等
13		卷盒规格	否	
14		归档责任单位类型	否	如施工单位、设计单位、建设单位等
15		文件类型	否	如收文、发文、帐外材料等
16		载体类型	否	
17		会计档案核算单位	是	

图 5-48　档案管理系统界面示例图——系统管理模块

3. 和其他系统的关联关系

作为城市轨道交通企业档案管理的主要承载平台，档案管理系统需要与企业其他管理信息系统进行集成，开放数据接口。通过多系统数据交互和共享，实现档案业务的全生命周期的智能化管理。

接口以 WebService 作为标准实现方式，交互集成通过 ESB 进行，档案管理系统提供专门的 WebService 接口服务，让各业务系统通过 ESB 调用该接口服务，将需归档的信息传到档案管理系统中。

对应的电子原文由档案管理系统给出每个系统的 FTP 信息（用户、地址、密码、访问路径），其他应用系统将电子原文上传成功后，根据档案管理系统的 XML 格式，封装出对应的 XML 对象，调用档案管理系统的 WebService 接口进行数据交换。系统间的数据流转关系如图 5-49所示。

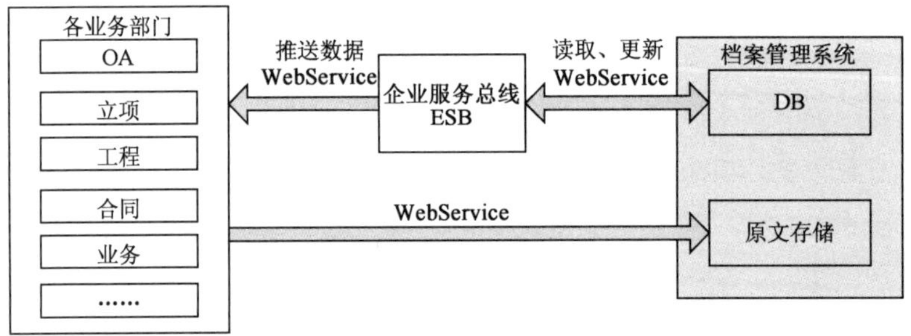

图 5-49　系统关联图

（三）系统应用效益

①档案管理深度延伸，实现档案实体智能管理和电子文件无缝连接：通过将二维码与电子标签技术进行融合，实现电子和纸质档案的一体化管理，提高档案管理水平，促进档案信息资源的开发，更好地服务大规模建设、大线网运营、大物业开发的需要。

②完善档案资源收集渠道，从源头控制档案质量：将档案业务标准和要求前置到各业务系统，进行有效前端控制，各业务系统需从档案的要求与角度进行优化调整，满足日后归档和文件利用的需求。

③加强过程控制，将档案业务标准固化到信息系统：通过系统流程设置，将档案归档范围、整理要求固化到系统，并将各部门检查节点嵌进系统，强化各档案检查部门的职责，通过系统流程把控档案质量。

④加强档案资源二次开发能力，深层次挖掘档案信息资源：将档案资源进行新的整合，在不改变档案原始整理的情况下，根据业务需求将档案信息进行重新组合与排序，挖掘新的信息内容，将企业的发展历程、企业积累的成果通过档案得到更好的体现。

第三节 核心业务层信息系统

一、工程项目管理系统

(一)系统建设背景

目前国内许多城市轨道交通企业坚持建设、运营、资源开发“一体化”经营模式，对各个部门和业务领域设定的发展战略也是在一体化持续发展原则的指导下进行的。“一体化”管理模式有利于资源共享，便于各业务的协调和分工合作，降低资源配置成本。

城市轨道交通工程建设“一体化”管理是以城市轨道交通工程项目的全生命周期为主线，统筹管理线路规划、设计、施工、验收等工程建设的全过程，同时涵盖财务、合同、采购物流、人力资源、档案管理等职能管理。一体化管理需要将各类管理要求规范化、标准化、精细化落实到工程建设的前端，贯穿到施工执行过程中。城市轨道交通工程建设是在设计、土建施工、设备采购、设备安装以及建筑装修等相互联系的一系列任务前提下，有效利用人力、资金等资源，为实现具备地铁运营条件所做的项目管理过程。工程建管理内容务包括工程项目管理和相关职能管理。工程项目管理包括新线规划、前期管理、设计管理、施工管理、验交管理、后续管理等模块，职能管理包括综合管理、总体管理、质量/安全管理、合同/投资管理、技术/科研管理等模块。业务架构如图5-50所示。

目前有些城市轨道交通企业的工程建设管控模式存在以下问题。

1. 标准化和精细化程度低

管控模式比较简单，由于缺乏信息化手段的有效支持，业务流程及工序管理缺乏有效的沉淀，施工管理标准化、精细化程度比较低。

2. 相关业务间协同不足

虽然管控模式实现了从业主到设计、施工、监理和第三方检测等外部单位的全员覆盖，但这种覆盖仅仅是对项目过程中的所有业务与管理的范围覆盖，未实现各业务部门间的高效协同。

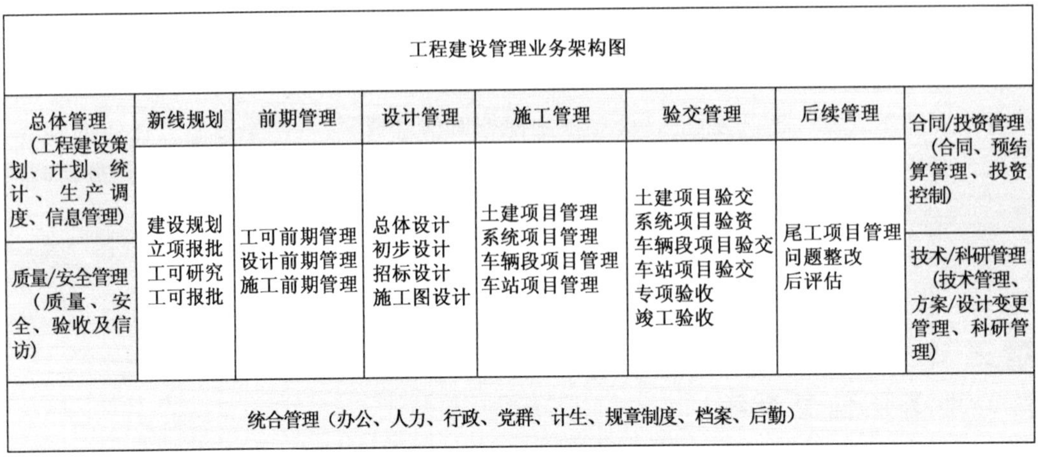

工程建设管理业务架构图							
总体管理（工程建设策划、计划、统计、生产调度、信息管理）	新线规划	前期管理	设计管理	施工管理	验交管理	后续管理	合同/投资管理（合同、预结算管理、投资控制）
质量/安全管理（质量、安全、验收及信访）	建设规划 立项报批 工可研究 工可报批	工可前期管理 设计前期管理 施工前期管理	总体设计 初步设计 招标设计 施工图设计	土建项目管理 系统项目管理 车辆段项目管理 车站项目管理	土建项目验交 系统项目验资 车辆段项目验交 车站项目验交 专项验收 竣工验收	尾工项目管理 问题整改 后评估	技术/科研管理（技术管理、方案/设计变更管理、科研管理）
统合管理（办公、人力、行政、党群、计生、规章制度、档案、后勤）							

图 5-50　工程建设管理业务架构图

3. 相关联系统没有集成

建立了工程项目管理相关的概预算、合同、资产、安全监控、质量监控、信访和其他职能管理的信息系统，但未实现相关系统间的互联互通。

4. 信息在参建单位间传递缓慢

施工方、监理方和业主的协同工作效率较低，信息传递缓慢，工程建设计划、进度以及现场情况无法实现实时管理及监控。为解决工程建设管理方面存在的问题，城市轨道交通企业很有必要以“一体化”管理思路和信息化手段进行工程建设项目管理，打通各业务领域系统的关联通道，实现数据共享，助力新线建设管理业务的发展。建立起项目全方位和全过程管理的模式，最终打造成统一的工程项目管理系统，实现工程信息的统一展现、统一管理和统一监控，支持企业管理层对工程建设业务的决策分析。

（二）系统方案简介

城市轨道交通企业开展工程项目管理系统建设应以规范化、标准化、精细化为目标，组织新线建设各阶段的业务主管部门将管理过程进行梳理，编制相应的精细化大纲，并在该精细化大纲的基础上，通过信息系统将过程管理予以固化，并与企业内相关信息系统进行整合与优化，实现数据的共享。

1. 系统建设目标

以工程建设管理业务主流程为基础，实现覆盖新线规划、前期管理、设计管理、施工各专业项目管理、验交管理、后续管理等业务流程，将总工期策划—概算—预算—招标—结算全过程的信息纳入信息系统管理，为工程项目各参建单位提供统一的接口，在指导单位协同工作的同时，收集项目最新的数据，对项目数据进行统计分析，及时反映项目状态，为决策层、管理层和实施层三个层面提供一种标准的沟通语言，为工程项目决策和管理提供有效的信息依据。

2. 系统主要功能

系统涵盖从新线规划、设计管理、施工管理、验交管理、到尾工管理全生命周期的精细化管理工作，支撑企业对新线建设进行全过程、全员、全方位管理，支持新线建设各级管理人员、外部参建单位的协同管理，为企业新线建设各层级提供信息化服务。系统功能框架如图5-51所示。

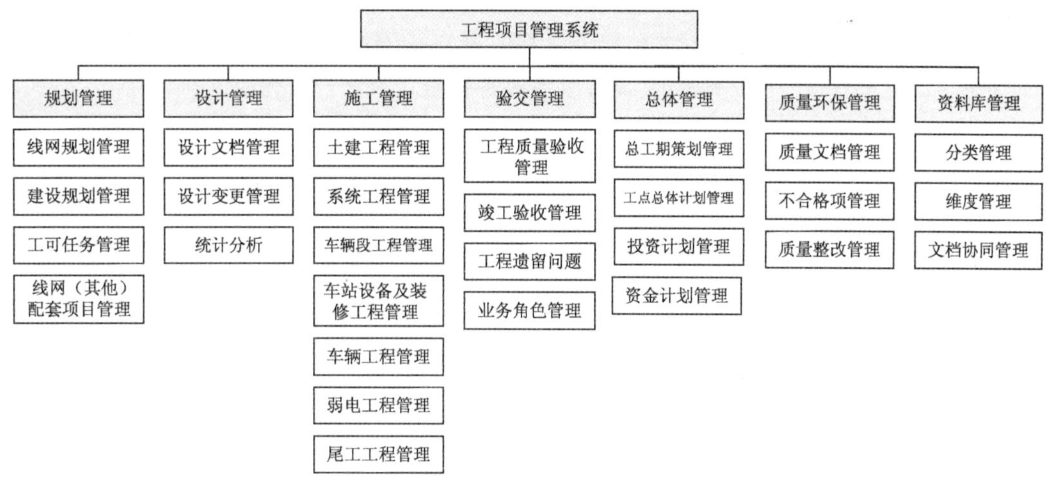

图5-51　工程项目管理系统功能框架图

(1)规划管理

将城市轨道交通线网规划、建设规划、工可环节中涉及的关键里程碑工作固化下来，明确每一个环节详细的工作内容、政府归口管理部门，有效指导业务人员工作的开展。实现对相关工作内部审批的流程和政府部门审批记录的跟踪，相关部门可查询进展及结果。

(2)设计管理

以设计成果(设计文件、图纸、设计依据)管理为核心，实现工程设计各阶段的全生命周期管理。通过建立里程碑式的设计计划，严格控制设计过程进度，对设计成果和设计变更的审核过程跟踪管理；建立差异化的设计变更管理机制，确保设计图纸初稿到竣工图的演进过程可追溯。

(3)施工管理

以精细化大纲为核心，明确新线工程建设各参建单位的工作职责，实现施工方、监理方、第三方监测单位、第三方测量单位、设计单位、设计咨询、设计总体等各外部参考单位以实名制的方式在线协作，对土建管理、系统工程、车站设备工程等施工过程的关键工序梳理为系统中需执行的流程。

(4)验交管理

通过对验交管理业务进行梳理，整理出验交管理工作分类，按照分类划分系统功能模块，同一套标准多条线路可遵循使用。各级人员均按既定流程和表单提交并审核验交资料，提供工程遗留问题全过程跟踪管理。

(5)总体管理

全面支撑各专业项目施工的形象进度管理、投资进度管理、资金支付管理等过程，动态跟踪计划执行过程，全面监控轨道交通工程形象进度计划、投资计划(年、季、月计划)及资金计划的编制和反馈过程，及时辅助业务部门应对异常施工情况，确保施工进度计划的合理性、可执行性，从而保障新线建设工期及投资进度严格可控。

(6)质量环保

实现对城市轨道交通工程建设过程中的质量、环保业务统一跟踪监控。通过系统固化每道施工及安装工序精细化质量管理要求和标准,以及各个环节质量控制方法和控制重点,明确各方质量管理职责及流程,支持对工程建设常规质量和环保业务管理,包括质量检查、质量验收、质量文档、质量整改、环保管理,实现质量整改事件全过程闭合管理。

(7)工程资料库

对工程各阶段形成的有价值的文字、图纸、图表、声像、计算材料等不同形式与载体进行记录,将施工过程的交付文档推送到档案管理系统,通过档案管理系统的整理后便可实现归档。

3. 系统实施的核心环节

以下将着重介绍该项目的核心——现场精细化管理模块的实现方式。施工管理的核心业务是施工工序精细化管理,其过程主要按照精细化管理规范大纲制订、项目精细化工序管理和现场过程管控三个环节进行。具体如图 5-52 所示。

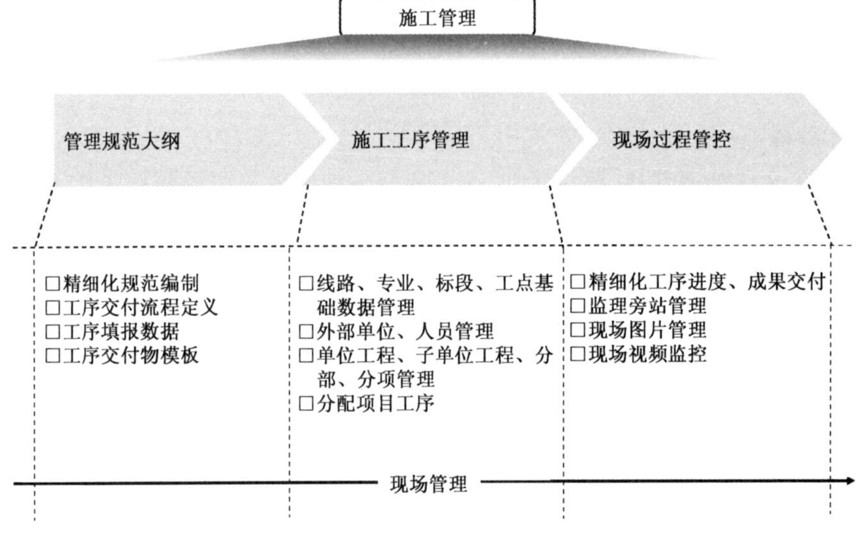

图 5-52 施工管理核心业务

(1)明确施工管理能力要求

施工管理能力具体要求有:建立各专业工程施工管理规范,明确施工方、监理方、业主方职责;明确定义精细化工序的交付流程、交付物及其模板;规范化施工部位划分标准,明确各部位施工工序;建立施工单位、监理单位、第三方监测单位上报工序交付物的流程,规范现场过程管理。如图 5-53 所示。

(2)梳理施工管理管控模式

施工管理业务的管控模式为工程主管部门制订精细化规范大纲,施工单位、监理单位、第三方监测单位负责执行具体工序和交付成果上报,按照不同的分级授权原则,工序的交付物需按照授权要求由监理或者业主进行审核确认。如图 5-54 所示。

(3)编制大纲规范填写要求

大纲的模板主要由项目管理系统实施组织编制,在过程中需要与业务部门紧密配合,经过集中办公、会议讨论、汇报确定等方式予以明确。如广州地铁，在模板明确后由业务部门组织业务骨干进行填写，历经初稿、讨论稿、审定稿和终稿几个版本的编制，最终梳理出土建工程895道工序，各专业合计共2089道工序的精细化大纲，后续以各专业精细化大纲为基础，搭建了以精细化大纲为任务管理跟踪依据，适应多专业不同精细化大纲内容，可灵活配置的精细化工程项目管理系统。如图5-55所示。

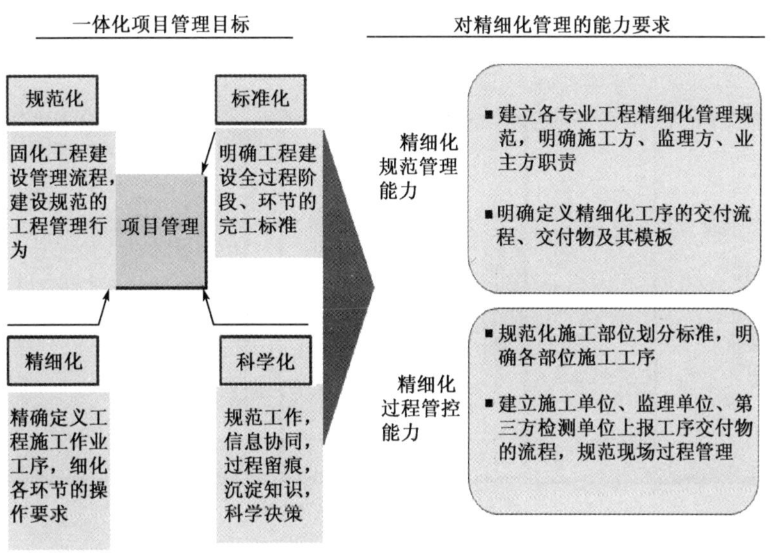

图5-53　一体化项目管理目标和施工管理能力要求

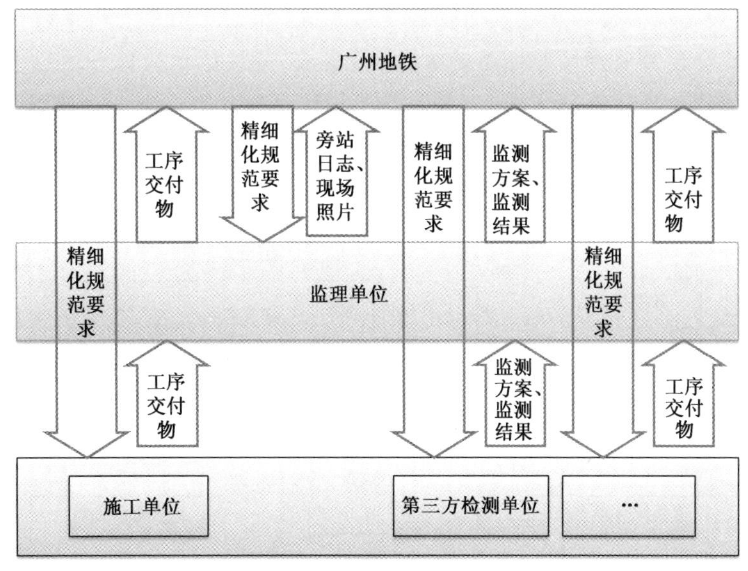

图5-54　施工管理管控模式

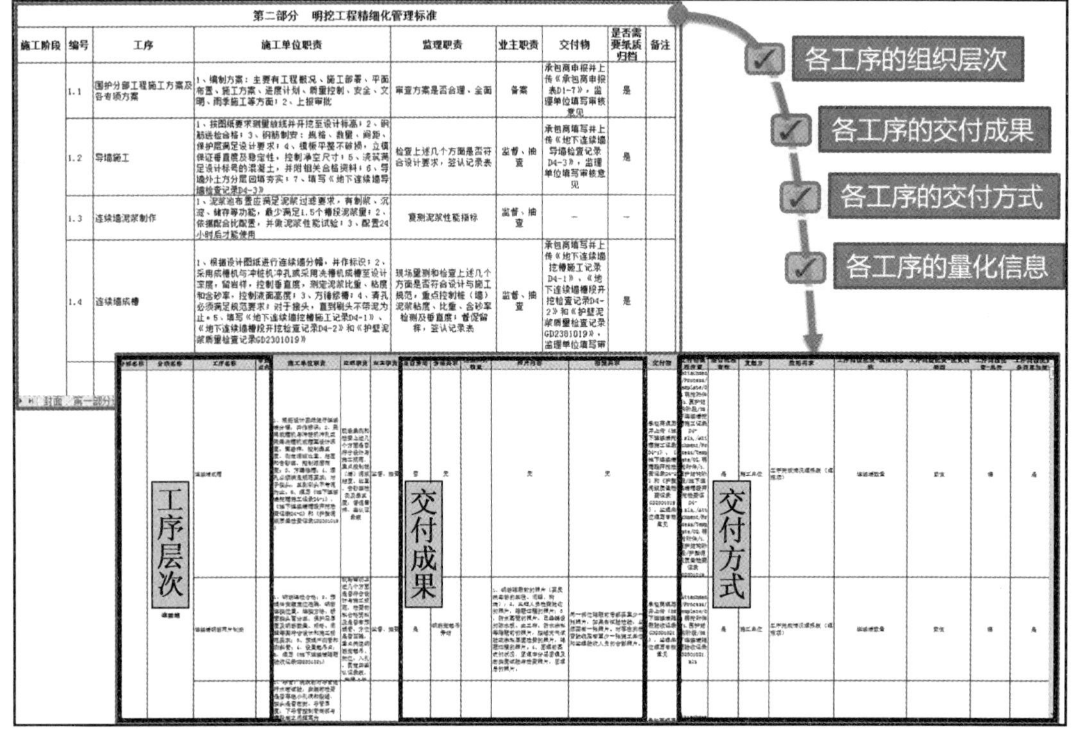

第二部分 明挖工程精细化管理标准

施工阶段	编号	工序	施工单位职责	监理职责	业主职责	交付物	是否需要纸质归档	备注
	1.1	围护分部工程施工方案及各专项方案	1、编制方案：主要有工程概况、施工部署、平面布置、施工方案、进度计划、质量控制、安全、文明、雨季施工等方面；2、上报审批	审查方案是否合理、全面	备案	承包商申报并上传《承包商申报表D1-7》，监理单位填写审核意见	是	
	1.2	导墙施工	1、按图纸要求测量放线并开挖至设计标高；2、钢筋进检合格；3、钢筋制安：规格、数量、间距、保护层满足设计要求；4、模板平整不破损，立模保证垂直度及稳定性，控制净空尺寸；5、浇筑满足设计标号的混凝土，并附相关合格资料；6、导墙外土方分层回填夯实；7、填写《地下连续墙导墙检查记录D4-3》	检查上述几个方面是否符合设计要求，签认记录表	监督、抽查	承包商填写并上传《地下连续墙导墙检查记录D4-3》，监理单位填写审核意见	是	
	1.3	连续墙泥浆制作	1、泥浆池布置应满足泥浆过滤要求，有制浆、沉淀、储存等功能，最少满足1.5个槽段泥浆量；2、依据配合比配置，并做泥浆性能试验；3、配置24小时后才能使用	复测泥浆性能指标	监督、抽查	—	—	
	1.4	连续墙成槽	1、根据设计图纸进行连续墙分幅，并作标识；2、采用成槽机与冲桩机冲孔或采用液槽机成槽至设计深度，留岩样，控制垂直度，测定泥浆比重、粘度和含砂率，控制液面高度；3、方锤修槽；4、清孔必须满足规范要求；对于接头，直到刷头不带泥为止。5、填写《地下连续墙挖槽施工记录D4-1》、《地下连续墙槽段开挖检查记录D4-2》和《护壁泥浆质量检查记录GD2301019》	现场量测和检查上述几个方面是否符合设计与施工规范，重点控制桩（墙）泥浆粘度、比重、含砂率检测及垂直度；督促留样，签认记录表	监督、抽查	承包商填写并上传《地下连续墙挖槽施工记录D4-1》、《地下连续墙槽段开挖检查记录D4-2》和《护壁泥浆质量检查记录GD2301019》，监理单位填写审	是	

图 5-55　施工管理精细化大纲

将施工全过程管理分解为工序进行表述，将工序的组织层次、交付成果、交付方式进行细化和量化，使业务管理标准变为可落地实施的信息化管理功能。

4. 和其他系统的关联关系

工程项目管理系统需要与企业其他管理信息系统（如企业内部门户系统、合同管理系统、档案管理系统、安全预警及视频监控系统等）进行集成，开放数据接口。通过多系统数据交互和共享，明晰工程建设项目管理主线，实现企业工程建设业务数据整体管控以及新线建设业务的全生命周期管理。

工程项目管理系统和其他系统的关联关系如图 5-56 所示。

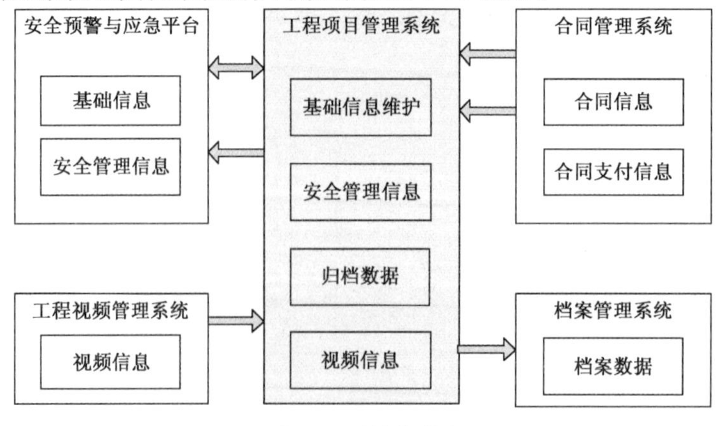

图 5-56　系统关联图

关联关系简述如下。

①企业内部门户系统：与企业内部门户集成，实现门户下的系统单点登录，项目公文待办提醒等功能。

②合同管理系统：实现合同管理系统与项目投资管理系统的集成，集成的内容包括从合同管理系统中取得该立项所对应合同的合同签订时间、负责人、联系方式、合同发生额（历年及当年执行情况）、最终金额、合同清单等。将最新的立项号、项目金额、项目的费用明细、项目执行情况（立项金额完成数）等信息发送至合同管理系统，供合同管理系统查看和使用。

③全面预算管理系统。项目投资管理系统与全面预算管理系统需开放数据接口，集成内容包括立项系统从全面预算管理系统中获取预算号、预算金额信息，全面预算管理系统从项目投资管理系统中获取合同基本信息。

④与安全预警及应急平台、工程视频管理系统、档案管理系统等也有集成，实现相关数据的同步。

（三）系统应用效益

①通过系统实施，对工程项目管理业务进行梳理和优化，促进工程项目管理"规范化、标准化、精细化、信息化"的进程。

②通过系统的流程管理和数据交换功能，可以实现信息共享和提升审批速度，提高工程建设效率。

③通过系统可直接产生工程档案，实时归档。

④系统为参见各方提供了统一工作的平台，这提高了信息的透明度，便于对施工过程中的信息资源、物资和人力统一协调和监控。

⑤提高建设管理部门的工作效率和质量，降低项目管理的难度，便于及时发现隐患，及时采取有效措施，防患于未然。

⑥通过系统上报的数据能支持工程建设安全管理。如工程建设盾构掘进过程中，发现地面最大沉降点大大超出控制值，而且沉降速率偏大。如果处理不及时，晚一分钟险情都可能会扩大。建设部门领导可通过系统上报的数据进行分析，立即要求施工单位采取对地面加强巡视、钻孔探查，隧道内加强二次注浆的措施，可避免发生更大的险情。

⑦据广州地铁统计，使用应用工程项目管理系统两年后，通过精细化管理，严格控制设计变更和合同变更，合同变更的审批时间大大缩短，工程变更量和工程投资大幅减少。

二、设备维修管理系统

（一）系统建设背景

城市轨道交通企业开展维修管理的任务就是通过恰当的检查检测、维护保养、故障维修等手段，用合理的维修成本保证设备以良好的运行状态持续运行，为乘客提供良好的服务产品。在维修业务的组织中需要选择恰当的维修策略，统筹考虑维修成本、设备可用性等管理目标，在计划维修、状态修、故障维修等维修方式之间找到恰当的平衡。

设备维修以确保设备设施安全、可靠、高效运行为首要目的，以设备、规程为基础，以维修作业的组织策划、计划管理、现场作业执行和数据分析为业务主线，综合了计划修、故障修、状态修、设备整治等维修模式的管理要求。

主要内容如图 5-57 所示。

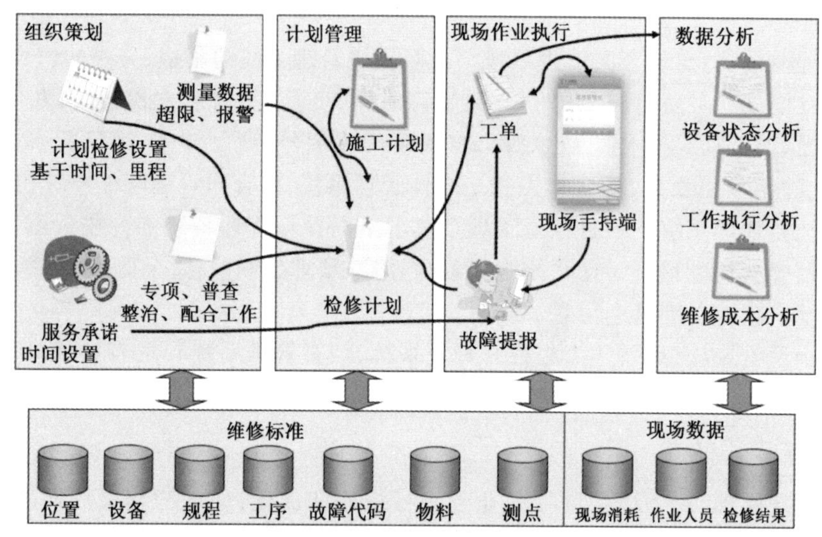

图 5-57 设备维修管理总体业务图

城市轨道交通企业的设备数量会随着线路成倍增长，网络化的设备设施维修管理日趋复杂：

①技术多样化对设备质量提出更高要求。城市轨道交通新技术与既有老旧设备、系统之间的协调运作存在诸多问题与挑战。设备零部件制式的不同，工作原理迥异，对原技术体系的冲击尤为明显。

②设备设施维修生产组织的复杂程度上升，施工作业点多，缺乏现场维修生产数据支持，调度资源分配难度增大，制约了现场生产效率的提高。网络化运营考虑的核心问题，不单单是某一条线路的运营效能，而是全线网的整体效能问题。

③设备设施现场维修作业的管理难度加大。各专业设备设施之间接口复杂、关联度高，容易造成维修人员现场作业时对其他专业设施设备接口与使用功能的误判，从而产生专业间配合统筹效率下降等问题，通过传统纸质台账管理已难以应付未来的维修需求。

因此，城市轨道交通企业在设备维修管理方面应以标准化、规范化、精细化管理为核心，运用信息化手段，引进先进的管理方法，建立一套完整的信息系统平台以支撑设备维修管理工作。

(二)系统方案简介

1. 系统建设目标

实现对设施设备所涉及的使用、维修、更新、改造等一系列工作进行管理，通过信息化手段将维修规程固化，通过引入物联网、二维码识别、手持维修终端等技术加强对现场维修作业的管理，及时收集现场设备状态数据，为设备可靠性状态、作业组织、作业成本、设备综合效率水平等提供信息化支撑和业务数据分析，使维修业务“管理有标准，操作有指引；计划有统筹，执行有监控；事后可追溯，数据可分析”的精细化管理目标得以实现。

2. 系统主要功能

城市轨道交通设备维修管理所涉及的业务主要包括设备设施管理、策划管理、计划管理、执行管理、汇报管理和数据分析。如图 5-58 所示。

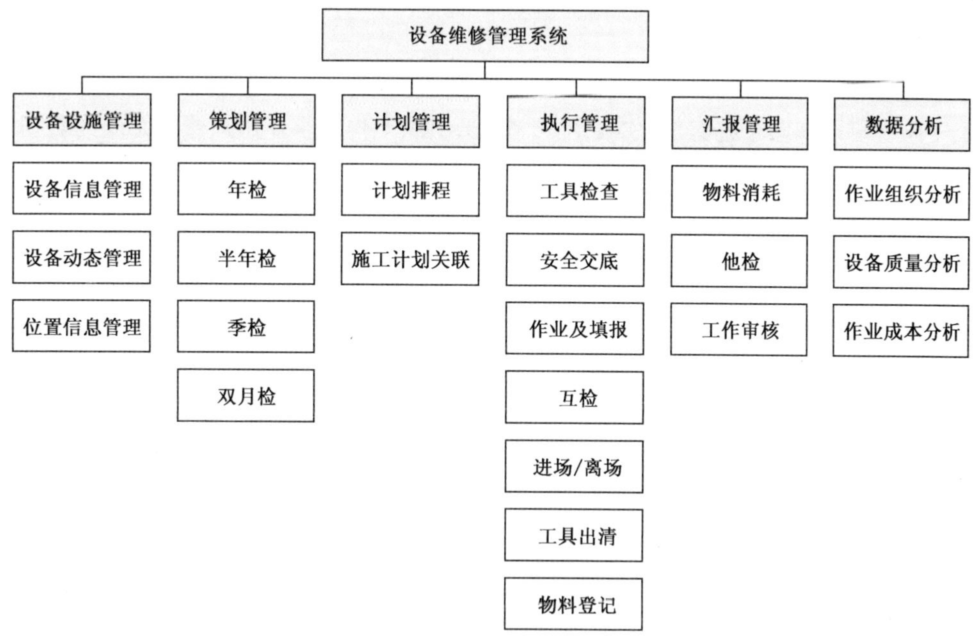

图 5-58　设备维修管理系统功能框架图

①设备设施管理。创建设备层次结构,描述建筑、部门、设备及其子设备的布局,建立设备台账信息库,记录设备的基本技术参数、原始采购信息,以及运行过程中的使用状态、维修记录和设备专业跟踪等。实现对设备增加、调拨、地点变更、使用部门和使用人变更、技术状态变更等动态信息跟踪管理,维护设备运行所在的位置,为设备建立一个精确的运行环境位置,并建立树状的位置结构层次。

②策划管理。结合设备的检修规程,实现对计划修的年检、半年检、季度检、双月检、月检、双周检、周检、日检等作业任务的组织策划;实现对故障修、状态修等维修作业的管理要求设定。

③计划管理。根据规程所要求的时间定期生成检修作业任务,实现对计划修、状态修和故障修等检修作业任务的排程管理,并与运营施工管理衔接,实现检修计划与施工计划的关联共享。

④执行管理。通过手持终端下载作业任务到现场进行作业,实现现场作业的全过程管理,包括任务下载、预请点登记、进场前检查、进入/离开作业区、作业填报、工具出清以及物料消耗登记等。利用手持终端还可以实现现场的技术支持,通过读取在设备上的二维码,在终端上迅速调取出要查询设备的基础信息、设备履历信息、设备技术文档、应急预案、故障处理指南等文件,辅助完成检修作业。

⑤汇报管理。作业完成后进行物料消耗确认、他检及完成情况、作业规范性、完成质量、工

时使用等进行工作审核。

⑥数据分析。提供在线查询、报表及数据输出功能:反映设备维修作业组织过程以进行追溯分析,反映设备质量情况,反映维修作业成本等。通过信息管理系统报表分析功能,可方便快捷地实现各种定制数据的统计及导出操作,提高数据统计分析水平。

3. 与其他系统的关联关系

①与企业内部门户系统集成:实现在企业内部门户系统的单点登录功能和待办提醒功能。

②与企业用户管理系统集成:实现用户、员工、组织架构与企业用户管理系统的数据同步。如图 5-59 所示。

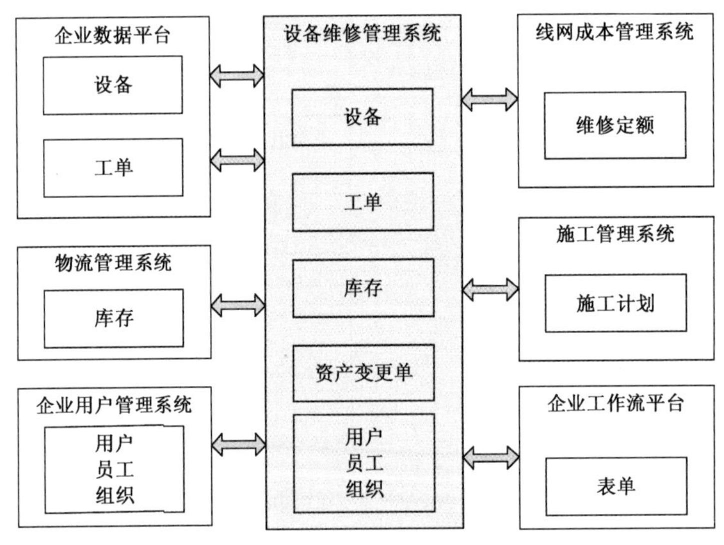

图 5-59　系统关联图

③与施工管理系统集成:实现与施工管理系统的施工计划关联同步。

④与企业工作流平台集成:实现相关表单在工作流平台的审批。

⑤与物流管理系统集成:在企业一体化资产管理下,实现与物流管理系统的库存物料数据的同步,实现物料的预留与发放。

⑥与企业数据平台集成:为其提供设备数据和工单作业数据。

⑦与作业成本管理系统集成:为作业成本管理系统提供设备维修定额及维修成本信息。

(三)系统应用效益

①提高数据共享能力:改变以往纸质数据共享的效率低下问题。如广州地铁以前维修数据汇总需要经历分部、部门、中心、总部四个节点,每个节点需要耗费一天左右,实施设备维修管理系统后,数据汇总统计不到 3 分钟。

②提升设备管理能力:通过建立设备台账,更有效管理企业的所有设备,能够及时清楚地掌握设备运行、维修等情况。在此基础上,生产和设备管理部门可以对设备历史数据进行分析,保障设备的最优使用状况。

③提升设备维修过程精细化管理能力:提高设备维修过程的精细化管理程度,实现对单体设备的维修履历、工艺规范、人员工时、物料消耗、工具使用、作业质量等进行精细化追踪溯源。

④提升设备维修水平:利用工单作为载体,将计划性检修和故障性维修等作业过程信息完整地记录在工单中,长期积累的工单形成了大量有价值的经验数据,为提升企业设备维修质量提供了分析依据。

⑤提升设备维修成本精细化管理能力:所有在工单上发生的物料、工时、工具等费用都被自动累计起来,通过对比分析定额与实际发生之间的差别,找出产生差别的原因,从而动态调整既定的维修计划和标准作业模式,降低维修成本。

⑥增加设备维修安全保障:通过手持终端支持现场作业,提醒作业人员各种安全危害和事故隐患及其消除的方法或措施;结合二维码标签的应用,对作业人员在行车作业区间进行安全防护提醒,减少和杜绝安全隐患。

三、运营施工管理系统

(一)系统建设背景

城市轨道交通的运营施工作业有其特殊性,即在作业时要占用轨道区间。为保证施工作业安全有序开展,需要从整体上对施工作业组织进行统筹安排。施工管理较复杂,涉及的地域广、专业多、安全性要求高,整个管理的过程包括了施工计划管理、施工实施组织管理(施工请点、施工销点)等。

施工组织管理已经成为城市轨道交通维修维护管理不可缺少的重要业务,施工作业的组织管理必须集中、严密、有序地开展;施工作业必须充分考虑列车并行、接触网/轨的停送电、接地线的拆挂等安全因素。否则,很容易导致施工组织混乱,甚至出现人员伤亡、设备损害等严重安全事故。

施工管理要求在施工作业的全生命周期内开展安全预防工作,从施工计划到现场实施组织,安全管理组织采取高度集中、统一指挥、逐级负责的管理原则。从施工负责人、车站值班员、各专业调度员、值班人员,到施工作业管理员,要逐层落实施工作业安全管理。

施工管理要针对影响作业安全的因素,结合长期经验积累的安全检测规则,进行全面综合的安全分析评估。安全因素主要包括:作业区域、作业时间、作业类型、供电区域、防护区域、拆挂地线、行车区间、列车类型、用车类型等。

施工管理的安全预防机制如图5-60所示。

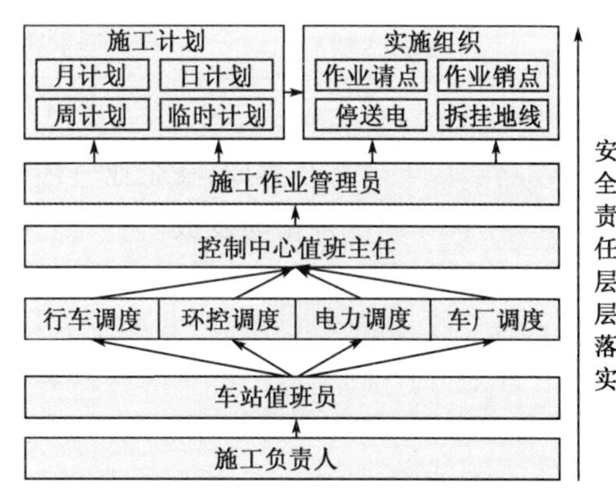

图5-60　施工管理的安全预防机制

在采用信息化技术辅助施工管理之前,施工组织管理主要存在以下问题。

①施工组织主要以人工组织为主,受主观因素影响较大,存在人为因素的安全隐患。

②施工计划和实施组织的审批情况不能实现各岗位共享,审批过程完全依靠审批人员把关,作业安排的安全可靠性较低。

③所有现场作业的登记都必须要有书面的登记以及书面的签名确认方式,增加了现场作

业的请销点过程时间。

④在现场实施组织的作业审批时,电话请销点排队严重,审批请销点效率不高。

⑤随着大线网运营的形成,采用人工的方式对各种施工资源的有效安排、施工安全风险规避已经不能保障运营施工管理的要求,亟需建设一套信息系统,实现施工组织的信息化管理。

(二)系统方案简介

1.系统建设目标

实现施工计划申报、现场请销点、停送电、拆挂地线的信息化管理;充分、有效地利用有限的施工资源,提高施工和维修效率;建立冲突检测模型,减少安全隐患,确保施工组织安全有序进行。

2.系统主要功能

系统包括以下几大业务功能模块(图5-61)。

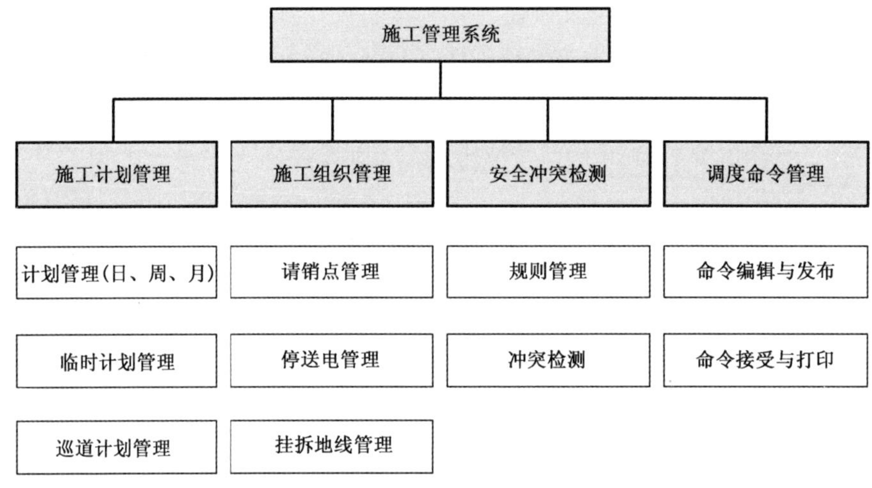

图5-61 运营施工管理系统功能框架图

①施工计划管理:即施工作业实施前计划的填写、申报、审核、审批、下发,施工进场作业令签发的组织,以及施工作业计划调整与取消的组织管理。计划协调、安排过程,主要是指空间资源、时间资源、机车车辆、司机和配合人员人力资源等施工资源分配管理的过程。计划类型包括:月计划、周计划、日计划、临时计划和巡道计划。

②施工组织管理:即施工作业的请销点,含作业前后的停送电和挂拆地线管理。作业实施组织中,A类、B类、C类作业类型的请销点由于作业区域管理不同有着不同的审批流程,对运营的影响不同,相对应的作业条件也就不同。

③安全冲突检测:为在线路的作业以及影响线路和接触网供电的作业设置了冲突检测调度命令管理。

④调度命令管理:调度命令的编辑、审核、发布、超时督办以及命令的接收和打印。

3.与其他系统的关联关系

运营施工管理系统与设备维修管理系统和企业内部门户系统存在集成接口。如图5-62所示。

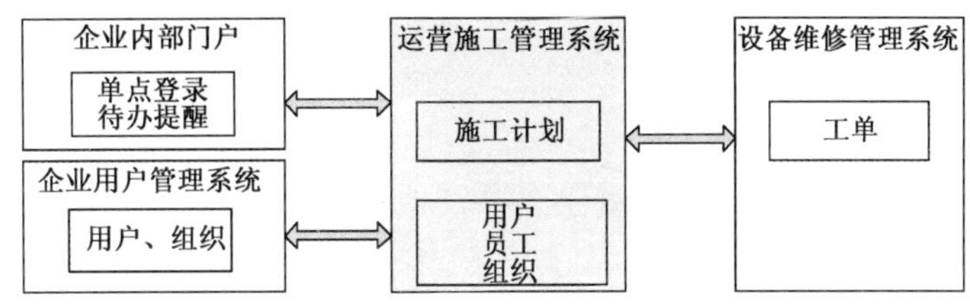

图 5-62　系统关联图

①与企业内部门户系统集成:实现在企业内部门户系统的单点登录功能和待办提醒功能。

②与企业用户管理系统集成:实现用户、员工、组织信息的集成。

③与设备维修管理系统集成:实现与设备维修管理系统的工单数据关联同步。

(三)系统应用效益

通过运营施工管理系统的应用,其主要的效益体现如下。

1. 提高安全可靠性

使用系统后,错误发生率显著减少,如广州地铁在应用运营施工管理系统后,年度严重错误发生率由 0.0167% 降为 0,年度一般错误发生率由 0.0664% 降为 0.0167% 。

2. 提升工作效率

以广州地铁为例,一个施工计划从申请、审核到审批完,未使用施工管理系统时,平均需要 15 ~ 20 分钟;使用施工管理系统后,平均需要 5 ~ 10 分钟。调度人员审批请销点从原来平均每个作业需要 3 分钟降至 1 分钟。

四、物流管理系统

(一)系统建设背景

城市轨道交通企业物流管理主要分为基建类物资管理、运营类物资管理、办公用品采购管理、计算机软硬件采购管理等。

基建类物资主要以建设项目形式采购,建设部门、运营部门都是基建类物资采购的主办部门,主要负责招投标管理,由采购部门作为商务代理并协助主办单位进行招投标工作、各种验收工作及负责建设类物资的仓库管理。

运营类物资主要包含备品备件、运营新增资产、运营类的办公、劳保用品采购。采购部门通过对物资采购计划的受理、采购计划的下达、进行物资的采购、物资到货的验收、发放与存储等管理工作的分析,实现物资的有效配置和开发使用。

城市轨道交通企业物流管理的关键业务流程主要包括计划管理、采购管理、仓储物流管理、基建类物资的到货管理业务等基建类和运营类物资全生命周期的管理过程,涉及企业建设和运营所对应的各个专业及管理职能,并与多个业务管理模块有对接关系,关键业务流程及其相互关系如图 5-63 所示。

从物资需求和计划的制订,到供应商的甄选、采购执行过程的招标、合同签订和订单落实,以及物资库存的管理等,城市轨道交通企业物流管理涉及面非常广,业务链条非常长,手工管理模式工作量大、效率低,难以满足物资需求部门的要求,过程中还容易诱发廉洁风险。因此,

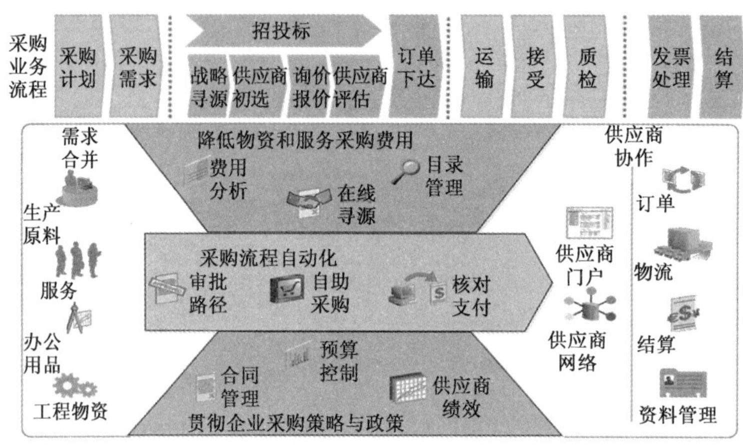

图 5-63　物流管理业务流程图

规则明确、过程清晰、管理严谨的物流管理模式是轨道交通行业保障物资有效供应的前提，并且可在借助信息管理技术的基础上，提高物资流转信息的速度和效率，做到物流的畅通无阻。

(二)系统方案简介

1. 系统建设目标

搭建企业集成的物流管理平台，实现良好的资产/物资可视性、更好的供应商关系管理、高效运作的物流业务、更好的采购管理服务和更低的存货资金占用，同时根据企业的战略目标和发展规划，优化现有物流管理业务流程和制度体系，量化流程绩效指标以及相关物流管理业务数据标准。

2. 系统主要功能

系统应实现对基建类物资和运营类物资的供应链全生命周期的信息化管控；实现物流计划、采购、仓储和供应商管理；提供查询统计和多种台账及分析报表生成功能。物流管理系统功能框架如图 5-64 所示。

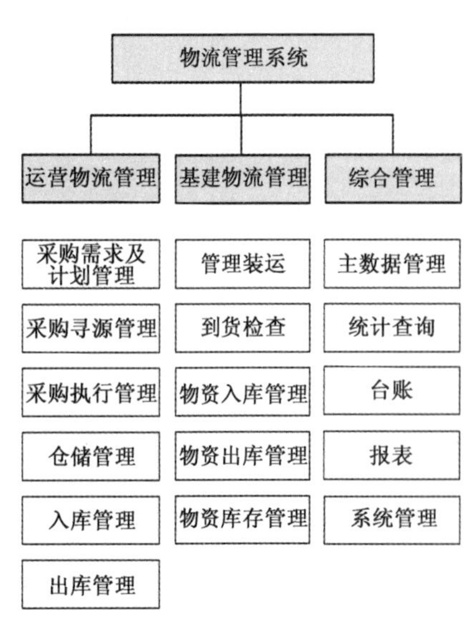

图 5-64　物流管理系统功能框架图

以下对物流管理系统的主要功能进行介绍。

①运营物流管理模块：包括采购需求及计划管理、采购寻源管理、采购执行管理、仓储管理、入库管理、出库管理等功能，各功能的作用如下：

a. 采购需求及计划管理：预算管理、需求申请管理、采购计划管理。

b. 采购寻源管理：根据需求(采购计划)创建询价、手工创建询价、询价的审批、询价的发布、供应商在线接收并确认询价书、供应商报价、采购员监控询价/延长询价时间/暂停询价/取消询价、采购员结束询价/开价、采购员代理供应商报价、询价单决标、创建采购订单或一揽子协议。

c.采购执行管理:一揽子协议采购物资订单创建、固定资产类采购订单创建、自提自购类采购订单创建、打印采购订单、采购订单变更。

d.仓储管理:子库存定义、货位定义、默认处理事务货位定义、库存盘点。

e.入库管理:采购接收、带批次有效控制的物资接收、自提自购的物资接收、固定资产类的物资接收、带序列号控制的物资接收、采购接收退货、入库单打印、维修部门的修附件入库和出库管理。

f.出库管理:总库调拨到二级库、总库直接材料消耗、按照领料申请领料出库、按照维修工单消耗出库、发料退货、组织间调拨、子库存转移。

②基建物流管理模块:包括管理装运、到货检查、物资入库管理、物资出库管理、物资库存管理等功能。各功能的作用如下:

a.管理装运:装运通知单导入、装运单维护、装运单与合同清单对应关系维护、合同信息查询、装运单查询。

b.到货检查:到货检查、到货接收。

c.入库管理:物资入库处理、开箱检查、单据打印。

d.出库管理:物资出库管理、物资退料处理、工程退料处理。

e.库存管理:库存现有量、物料搬运单、处理物料搬运单。

③综合管理:包括主数据管理、统计查询、台账、报表等功能。

3.与其他系统的关联关系

物流管理系统需要与企业其他管理信息系统(如财务管理系统、设备维修管理系统等)进行集成,开放数据接口。如图5-65所示。

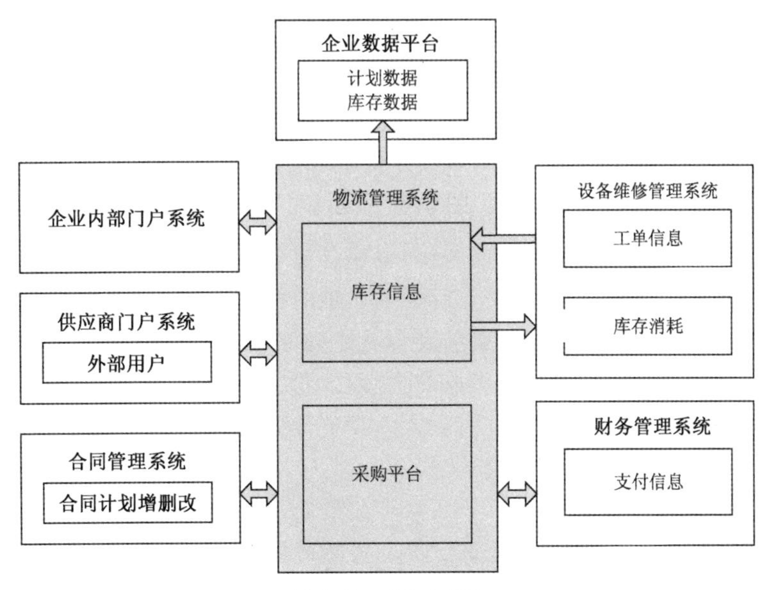

图5-65　系统关联图

集成关系说明如下:

①与企业内部门户系统集成:实现系统单点登录和待办提醒功能。

②与供应商门户系统集成:提供外部用户登录并使用相应功能。

③与合同管理系统集成:将合同管理系统的供应商审批结果、采购订单的审批信息反馈给物流管理系统。

④与财务管理系统集成:与财务管理系统应付模块集成,集成内容包括采购订单的支付信息,如发票业务实体、供应商和发票金额等信息。

⑤与设备维修管理系统集成:将设备维修管理系统的工单信息推送给物流管理系统,物流管理系统可根据该信息进行工单出库的操作。

⑥与企业数据平台集成:将计划和库存信息推送给企业数据平台,供业务人员做进一步的业务分析。

(三)系统应用效益

1. 统一和完善采购需求管理

通过使用统一的采购申请界面,结合基础数据的标准化,使采购员控制、采购申请处理更加便捷和高效,实现采购需求的统一管理与控制。

2. 实现企业内部的关键信息控制

如建设类物资到货管理,通过实现物流管理系统与合同管理系统的有效协同,做到按照合同进行收货管理和控制,并将合同的执行情况及时反馈给建设部门,有效做到信息的传递,规避人为带来的失误。

3. 采购效率得到有效提升

如广州地铁在运营物资采购寻源过程中采用了网上比价方式后,运营物资的平均采购时间从手工操作时的 79 天降低到了 25 天,比价时间也从 15 天降低到 5 分钟。

五、供应商门户系统

(一)系统建设背景

轨道交通行业是一个资产密集型的知识型行业,在城市轨道交通建设和运营过程中需要进行大量的物资采购。实现与供应商的战略合作与共享服务,将有效推进物资采购业务的效率提升和成本控制。标准规范的供应商管理,可充分实现供应商信息的集成共享。同时,完善的供应商管理体系和策略,对成本的持续降低和质量的提升提供支持和保障。

供应商管理的关键业务流程包括供应商自助注册登录、供应商自助注册审核、供应商用户管理、供应商信息录入、供应商禁用等供应商全生命周期的管理过程,该过程贯穿了供应商的基建业务和运营业务两条业务主线,并有效统一和整合在一个管理框架下,保证了供应商信息的源头统一、过程可监控的供应商管理要求。

供应商管理的基本原则如下:

①为企业战略任务服务,满足企业的长期和稳定的物资供应需要,轨道交通企业的采购物资可分为:战略型物资、瓶颈型物资、通用型物资和非关键型物资。

②在公平、公正、公开的条件下选择合适的供应商,以满足轨道交通企业的生产、经营等物资需求。

③需实现各项采购物资适用、适量、经济等要求。

④物资采购工作需遵照科学有效、公开公正、比质比价、监督制约的原则进行。

⑤对供应商的经营现状及潜力作广泛的分析及评价，并予评定等级；同时建立供应商的永久档案，以加强对供应商的管理。

⑥全面推动对供应商的量化评估，通过评估实现供应绩效的整体提升，优化采购物资供应商结构。

随着城市轨道交通企业业务量的增加和业务范围的扩大，对于日趋复杂的供应商管理来说，手工管理的问题已经不仅仅是工作量大、效率低、费时费力等问题，如果不进行有效的供应商全生命周期管理，还有可能会诱发关键岗位的廉洁问题。为此，很有必要根据企业供应商管理业务发展的需要建立供应商门户系统。在其建设过程中需要考虑如下要求。

①制度体系保障：完善供应商管理制度和相关配套制度，明确供应商管理职责、权利与责任，满足企业战略对供应商管控的要求。

②供应商准入机制：结合供应商的水平，分战略供应商和普通供应商，着重加强供应商在供应物资过程中执行情况的跟踪和监控，以更好地控制供货及时性和物资质量，满足企业战略对物资供应的高效和成本控制的要求。

③流程执行力：通过供应商门户系统验证及规范供应商申请流程，加强供应商的服务水平和执行过程的绩效考核，明确供应商的义务和权利，同时，明确企业内部责任人的职责和承担的责任，满足企业战略对供应商管理标准化的要求。

④兼顾效率和廉洁：供应商管理既要保证物资供应商的准确及时和保质保量，还要确保过程的公开和透明，避免廉洁风险，满足企业战略对信息透明化的要求。

（二）系统建设方案

1. 系统建设目标

搭建符合企业实际的供应商统一管理平台，满足供应商注册和管理的需要，实现包括供应商自助申请、资料提供、层层审核以及对已经注册供应商的管理。

2. 系统主要功能

供应商门户系统应实现对企业所有类型的供应商以及供应商的整个业务生命周期的信息化管控，实现供应商自助申请、审核、信息录入和禁用的管理。如图 5-66 所示。

供应商门户系统的主要功能包括供应商用户管理（邀请供应商、供应商注册和供应商管理）、供应商信息管理（信息导入、信息手工录入）和供应商禁用等功能。

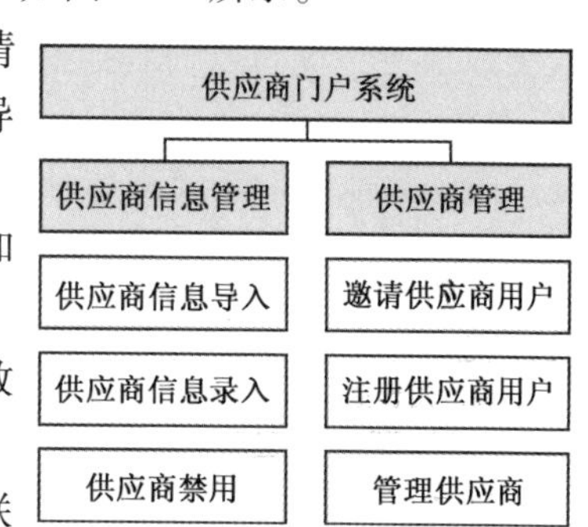

图 5-66　供应商门户系统功能框架图

①供应商用户管理：邀请供应商用户、注册供应商用户和管理供应商用户（供应商的准入、分类、选择以及考评管理）。

②供应商信息导入：批量导入供应商信息、加载供应商数据表格、加载供应商数据结果反馈。

③供应商信息手工录入：创建及分配供应商地址、创建联系人信息、设置供应商默认付款方法、设置供应商发票信息、

设置供应商银行信息(付款方法)。

④供应商禁用:查询需要禁用的供应商、禁用供应商。

3. 和其他系统的关联关系

供应商门户系统需要与企业其他管理信息系统(如 OA 系统、财务管理系统等)进行集成,开放数据接口。通过多系统数据交互和共享,实现企业供应商业务数据整体管控和供应商业务的全生命周期管理。

供应商门户与其他关联系统间的数据交互通过企业服务总线 ESB 来实现:供应商门户将供应商的数据发布到企业服务总线,以 WebService 服务方式提供给其他系统调用;供应商门户中需要使用到的供应商业务支撑数据也是通过调用企业服务总线提供的 WebService 服务来获取,而不直接与各实际业务系统交互。

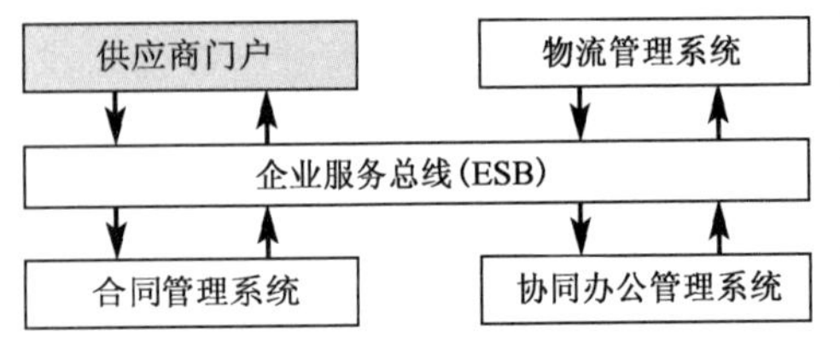

图 5-67 系统关联图

系统间的数据流转图如图 5-67 所示。

系统关联关系如图 5-68 所示。

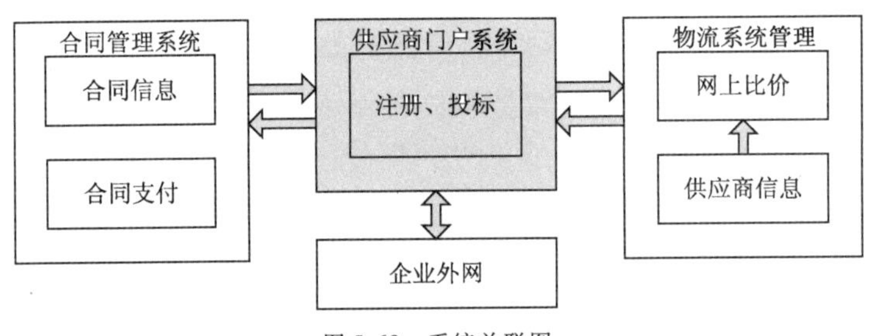

图 5-68 系统关联图

①企业外网:供应商门户管理系统需与企业外网集成,提供外部用户登录并使用相应功能。

②物流管理系统:采购员可以对采购计划进行勾选,并通过操作模式的相关审批,审批通过后可以直接传递至供应商门户系统进行编辑发布,审批通过的有效比价结果导入物流管理系统,生成采购订单,经审核通过转回供应商门户系统发布供应商是否中标,并通知中标供应商。

③合同管理系统:实现供货商(发票)反馈信息与合同管理系统集成,由系统计算延期交货情况并通知采购人员。通过合同、供应商、时间段等方式查询每个供应商或每个合同的合同概况和执行情况,返回信息包括合同金额、合同到货情况、合同付款情况、未到货的项数和金额、到货时间、实际到货时间、联系方式等,针对合同执行有问题(未及时到货等)的合同,可向供应商和采购员发出提醒信息。

(三)系统应用效益

供应商门户系统的建成以及功能的不断完善,使得企业的供应商管理能力和管理效率有了显著的提升。通过信息化手段对供应商的全生命周期进行管理,可让管理人员结合企业供应商的准入机制,及时跟踪和监控供应商的自助申请和资料审核过程,从而提高供应商的管理水平,满足企业战略对供应商管控的效率和成本要求。同时,供应商管理水平的提升也必将带动企业整体物流管理水平的提高,为企业实现最大效益化的基建和运营管理提供强有力的保

障。供应商门户应用效益主要体现在以下几个方面：

①实现集中统一的供应商管理，并通过系统标准的供应商管理功能，实现了供应商信息的批量导入后和手工录入，实现供应商全生命周期管理。

②提供一个公开、透明的供应商门户平台，规范和约束供应商的招投标行为，有助于企业的廉政工作。

③实现完整的供应商管理全流程，包括：供应商的准入、分类、选择以及日常的考评管理。通过对供应商的高效管理，进一步提升供应商的规范化和标准化管理，建立起一套符合企业管理实际的绩效评价体系。

六、站务管理系统

（一）系统建设背景

1. 业务概述

服务乘客是城市轨道交通企业的核心价值之一。作为与乘客面对面、最直接的部门当属车站，城市轨道交通企业在行政架构上多采用多层级管理模式，如“车务部—中心站—自然站”模式。站务管理业务的要点和难点在于，如何在满足自然站内基本运作的前提下，完成各种计划内或突发性的事务活动。这种安排最终将体现在车站每周的班表中。

站务管理主要分了两个阶段，第一阶段是在建立班表的初始计划，第二阶段是考勤记录或者对班表发布后实际执行情况的记录。车站员工考勤记录会用于计算该员工工时。在满足车站正常运作和人力法律法规的前提下，排班结果应尽量兼顾公平。

为了应对每天可能发生的各种突发状况，除涉及行车安全、票务安全、公众安全等内容有严格的规定外，城市轨道交通企业在人员的安排方面给予车站管理者较大的自由度。因此，每个车站的班表组合都会根据实际情况变化，就算对同一车站，不同的时间排出的班表也不会相同。

虽然排班的结果有差异，但排班的基础过程是相对固定的，主要包括：人员安排→事务活动登记→请休假登记→实际排班→考勤管理。人员安排是指在排班前，车站的管理者需要先确定每个车站需要的基础岗位有哪些，可以参加工作的人员有哪些（包括岗位基本能力）；事务活动登记是指关于本自然站人员的事务活动有哪些，这些相关人员是否能满足所有的事务活动出席要求，并从中做出取舍；请休假登记是指本排班周期内，有哪些员工是已经请假的，需要排除出可上岗名单；实际排班是指在完成上述基本约束条件后，把人员安排到每个岗位、事务活动的过程；考勤管理是指车站人员是否按排班计划执行班表，如中途出现调整，需要进行登记。

除了上述排班过程外，在兼顾公平的原则下，人力资源部门主要通过控制员工工时的方式去规范车站管理者的排班结果。车站考勤员每月需向人力资源部门提交本站的实际考勤及各员工的工时情况。人力部门会根据员工实际发生的工时向员工发放工资、加班费。

2. 系统建设的必要性

手工管理所存在的问题有：

①排班结果依赖排班者的个人能力，排班结果随意性大，不利于工时控制。

②由于车站突发情况多，使得实际班表与计划班表存在差异。考勤员需及时更改班表的实际执行情况，这往往会导致员工工时计算出错的情况。考勤员每月都需要花费大量的时间

用于制作提交人力部门的工时报表。

③不同的车站对于相同的岗位也会有不一样的要求。但这些要求只存在基层管理者的思路中，无法让更高的管理层知晓。这种现状不利于管理层了解车站运作情况，从而挖掘、改进管理问题。

通过信息化手段，将车站排班过程中的各个环节在统一的系统中记录，既便于管理层掌握车站运作情况，还可自动计算考勤月每月工时，减少管理成本。

(二)站务管理系统方案

1. 系统建设目标

搭建一套可提高站务一线工作人员排班效率和排班能力的系统，以优化人员配置，同时可有效管理车务的日常管理信息，为执行有效的生产分析和安全提供基础，提高管理水平，降低安全风险。

2. 系统主要功能

站务管理系统主要功能如图 5-69 所示。

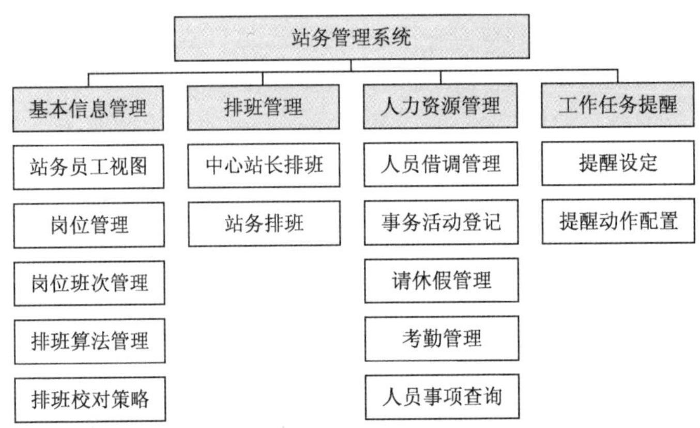

图 5-69　站务管理系统主要功能框架图

主要功能描述如下。

①基本信息管理：主要作用是维护、查看员工基本信息及其拥有的岗位能力，岗位基本信息及岗位与员工岗位能力的对应关系，岗位班次信息及与各岗位信息的对应关系。

②排班管理：包括中心站长排班，中心站长以下层级排班。由于中心站长的岗位职责是管理多个自然站，因此中心站长的班表需要另外编制并供所属的各自然站共享。

③人力资源管理：包含人员借调管理、事务活动登记、请休假管理、考勤管理、人员事项查询等基本功能点，主要用于维护、查询除常规岗位外的人员活动情况及计算这些活动产生的工时。

④工作任务提醒功能：定期提醒车站人员需要完成的工作内容。

其中排班管理是最重要的功能模块，站务排班业务包括排版前准备、排版、班表执行过程过程调整和生成工时报表四个阶段，排版业务流程如图 5-70 所示。

①排班前准备阶段。站长/站长助理需要使用站务员工视图、岗位管理、岗位班次管理、岗位班次模板管理、活动事务登记、请休假管理、人员借调管理等功能对本次参与排班的人员基

础状态进行登记。

②排班阶段。站长助理/值班站长使用站务排班功能对本站人员进行自动排班。系统以向导方式一步步指引排班员操作排班过程。向导过程包括班表名称、排班周期设置，事务登记（与事前准备相同），班表架构生成，自动排班、人工调整，排班规则校验。

③班表执行过程调整阶段。考勤员根据员工上班实际情况修改班表。

④生成工时报表阶段。考勤员/人力资源部可以在系统中直接生成该组织下的所有员工的工时情况。

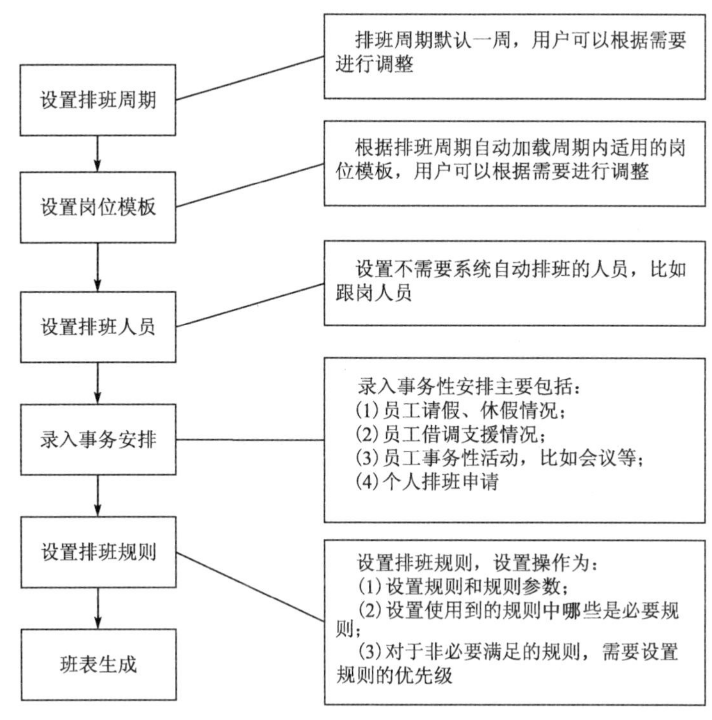

图 5-70　排班向导流程图

3. 和其他系统的关联关系

站务管理系统需要解决车站人员在借调、跨站上班、人事调动时，员工的信息如何保持一致性的问题，系统可从人力资源管理系统获取人员的员工号、姓名等基本信息外，也会将缺勤信息传给人力资源管理系统。人力资源管理系统将缺勤信息用于薪酬计算，见图 5-71。

（三）系统应用效益

1. 提升效率

以广州地铁实际应用为例，系统上线前，排班以自然站为单位，由值班站长在每周六完成本站的班表草拟。系统上线后，通过系统达成信息共享，打破以往按自然站排班的数据壁垒，促使车站组织结构优化。原来由几个人分别完成的排班工作由一位站长助理即可完成。系统通过自动汇总、计算员工工时，减少了考勤员大量手工计算工时的工作量。

图 5-71 系统关联图

2. 管控效益

通过设立过程向导，固化了排班流程（要求排班者在排班前必须完成人员安排、岗位设置等人力计划），推动了基层管理者工作的计划性与过程的规范性；同时降低了排班技能的准入门槛，使新的排班人员能够更快地掌握岗位技能，降低了人员的培训成本。

七、票务管理系统

（一）系统建设背景

1. 业务概述

城市轨道交通票务业务主要包括收益和非收益类业务。收益类业务主要包括售票员收益管理、车站收益管理、票务收益安全管理、无效票管理等；非收益类业务主要包括票务钥匙管理、票务备品管理、车站备用金和发票管理、票库管理等。

收益类管理是票务业务的核心业务流程，包括了车站原始报表的录入和确认、售票员结算、车站报表的核对和调账、长短款管理、提交财务等众多业务环节。原始数据除涉及车站填报外，还需要 AFC 设备提供系统记录数据，才能完成正确的核对流程。

2. 系统建设的必要性

随着城市轨道交通线网的不断增长，线路和车站的增加导致票务基础台账、报表中登记的原始数据量越来越庞大，而手工填报表、人工核对结算方式暴露出的计算量大、效率低下、错误率高、不易核查、数据不能共享、财务报表报送迟等弊端已成为制约票务收益管理效率的瓶颈。充分利用快速发展的计算机技术和网络技术开发票务管理系统，借助信息化手段不断提高票务组织水平、工作效率和管控能力，降低生产成本，已成为必然结果。

（二）票务管理系统方案

1. 系统建设目标

通过建立票务管理系统，收集票务运作全过程的人工填报数据，并与自动售检票系统（AFC）数据进行核对，对可能存在的差异进行追踪、补款、调账等业务操作后，最终生成财务账款作为城市轨道交通企业的票款收入入账，同时为后续企业票务运作评估提供重要依据。系统主要涵盖五大功能：收益数据管理功能、物资管理功能、车票管理功能、运作问题管理功能、数据共享功能。

2. 系统主要功能

票务管理系统的重要功能如图 5-72 所示。

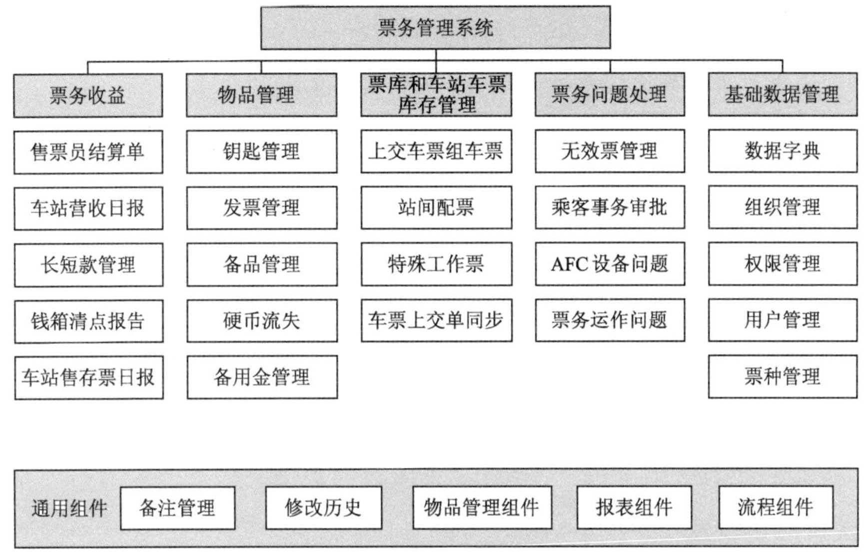

图5-72　票务管理系统功能框架图

系统在业务上主要分为票务收益管理和非收益类管理两大部分。

(1)收益管理类主要功能

①车站原始报表数据的录入和确认：车站将每天车票和票款的相关情况进行登记，并且需要多人进行确认，为车站报表的生成提供数据。

②售票员结算：核对员对售票员结算单进行核对完成之后就可以根据每个售票员的结算单进行结算操作，系统自动根据结算公式计算售票员的长短款情况。

③车站报表核对和调账：车站每天把相关的报表上交票务服务之后，核对员会对每张报表进行核对，部分报表的数据需要和AFC系统提供的数据进行对比，确定最终的核对数，形成相应的报表。通过核对的报表如果发现有问题，可以通过调账对报表数据进行修改。

④长短款管理：根据售票员的结算结果，票务服务部可以进一步在系统中进行长短款的管理。

⑤提交财务：对于已经核对完成的报表，票务服务部可以提交给财务，生成财务统计报表。

(2)非收益管理类主要功能

①票务物品管理：对备用金、发票、票务钥匙和票务备品等票务运作物资进行管理，按配发、上交、使用环节进行实时录入、动态统计、跟踪使用情况，可实时查询结存数量及其动态，便于票务管理人员及时掌握现场运作情况。包含了多种票务相关的管理功能，如票务钥匙管理、票务备品管理、票务备用金管理、票务发票管理、硬币流失管理等。

②票库和车站车票库存管理：管理上交收益组、车票组的车票，生成票库车票类型，并实现车站车票库存信息与IC卡发行子系统的集成。实现车站站间调配的录入、修改和确认功能。

③无效票管理：系统支持无效票的录入和处理。

④乘客事务审批：车站每天对发生的乘客事务审批情况进行记录，然后上报核对员进行确认和处理。

⑤AFC 设备问题处理:票务管理人员对 AFC 设备现场运作的问题进行录入,并将问题情况提交至 AFC 维保部门。AFC 维保部门对反映的问题进行调查,并将调查结果反馈给票务主责管理部门。票务主责管理部门根据调查结果进行最终的处理。

⑥票务运作问题处理:围绕核对收益环节,结合结算原则对发现的票务问题以设备类、操作类问题进行分类管理,并按不同流程进行票务问题处理跟踪、反馈,最终确认问题的违章定性。

3. 和其他系统的关联关系

与票务管理系统交互的主要系统是 AFC 系统。票务管理系统与 AFC 系统交互的数据主系统数据、乘客补退票系统数据等。交互方式为 AFC 系统把需要传输的数据以 TXT 文本方式写入到指定的服务器,票务管理系统再到指定位置读取文件;票务管理系统通过同步服务每天定时读取数据文件,导入系统中。如图 5-73 所示。

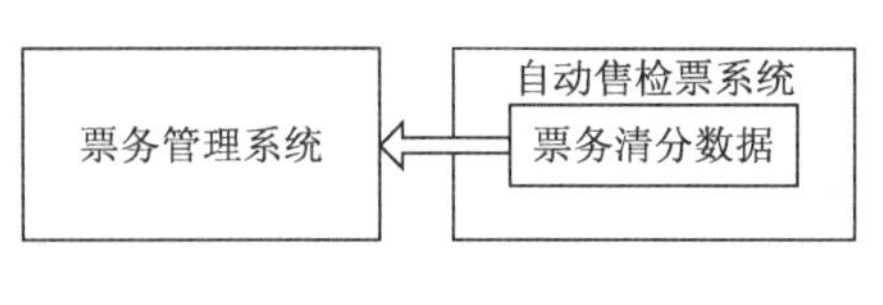

图 5-73　系统关联图

(三)系统应用效益

①提升核对业务工作的效率。手工模式下,核对员需要根据车站提交的各种车站原始录入表、车站计算机(SC)报表、AFC 设备小票等各种纸质单据,来完成一个车站的核对工作。票务管理系统可将同一内容的车站录入数与 AFC 系统数自动列在同一位置。核对员能够一目了然地看完大量的数据,提升了核对效率。

②大幅提升调账业务工作的效率。采用手工模式时,如果出现前后时间关联性强的报表(车站营收日报中有上日结存)需要调账,需要调整当天报表的同时,还需要调整所有存在关联的报表,工作量相当大,且容易遗漏和出错。如现在是 10 月 10 日,需要调账 10 月 1 日的营收日报,则 10 月 1 日至 10 日的营收日报都需要调整(上文已经介绍上日结存数会影响以后的报表基数)。票务管理系统只需调整 10 月 1 日的营收日报即可,系统会自动更新所有相关联的其他报表,提升了效率的同时也减少了调整出错的风险。

③提升业务流程的效率,使得原本一条线需要三至四名核对员才能完成的工作,现在只需要一名核对员就能够胜任,大大节约了企业的人力成本。

④票务管理系统通过实名制的登陆,有效杜绝了手工模式下各种代填、冒填、填假数的舞弊行为,大大提高了车站填报的原始报表数据质量。

八、乘客服务管理系统

(一)系统建设背景

作为公共服务性企业,城市轨道交通企业主要服务对象为乘客,需精心组织现场运营管理,不断提高运营水平和服务质量,为乘客提供安全可靠的交通运输服务。通过为乘客提供安全、快捷、准点、舒适的运输服务,满足乘客对客运服务的需求,使乘客能够便利地购票进站、安全而舒适地乘车、快速而准确地到达目的地;建立内部完善的服务管理体系,并通过建立服务质量评估机制收集运营过程中的各类信息,作为服务质量控制的基本依据,不断完善服务设施和规范行为,从而达到提升服务质量的目的。

城市轨道交通企业乘客服务管理的关键业务流程主要包括了服务规划管理、服务执行管理、反馈及分析管理。以某城市轨道交通企业的乘客服务模式为例，其关键业务流程及与其他业务之间的关系可以用图5-74表示。

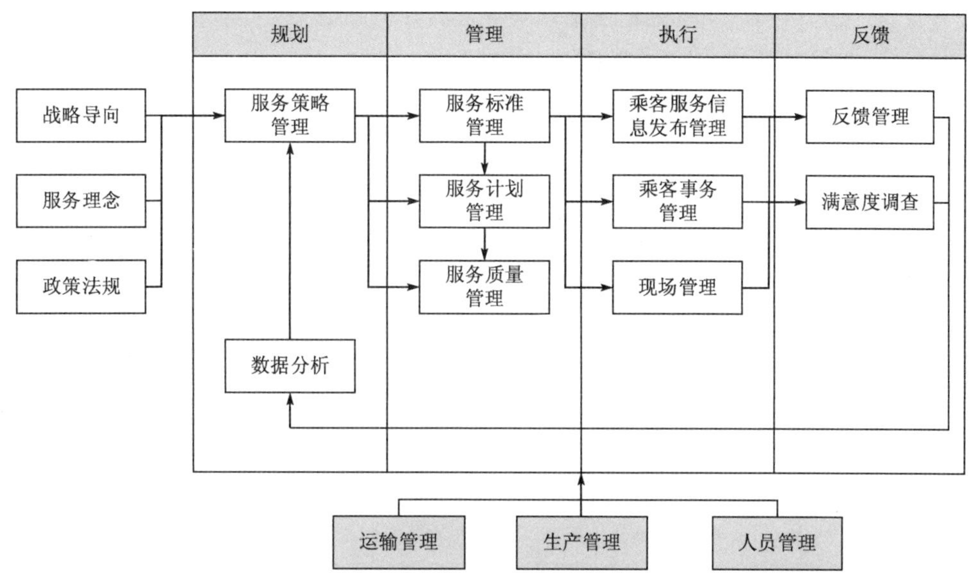

图5-74　乘客服务管理关键流程图

①服务规划管理。根据政府政策法规以及企业服务理念，综合乘客反馈数据分析制订服务营销策略，以指导服务标准、服务计划的制订。

②服务执行管理。根据规划管理输出成果，不断修正服务标准、制订相应的执行计划，落实至乘客接触面中并不断修正服务标准。

③反馈及分析管理。根据在服务执行过程中的各项数据，集中对乘客反馈信息、满意度等数据进行统计分析，为服务规划管理提供有效的数据支撑。

随着乘客对城市轨道交通服务的认知度和感受度越来越高，对服务的需求逐步提高。传统的服务管理优化着重于增加现场服务人员，不仅加重企业管理成本，也无法有效地提升服务质量及有效收集乘客需求。只有充分掌握乘客的要求，在成本可控的基础上，尽可能满足乘客的新需求，为乘客带来更大的运输服务附加值，才能获得乘客认可，获得较高的"乘客满意度"；另一方面，随着乘客规模的不断扩大，客户结构的复杂化，传统粗放型营销手段已经无法达到充分吸引客流、创造收益的效果，面向不同乘客群体需采用差异化、精准化服务营销措施，才能有效满足不同乘客群体的多样化需求，继而提升美誉度、品牌认知度、忠诚度，进而提升客流。基于上述原因，需通过信息化手段做好面向乘客的统一服务信息管理，丰富服务信息的内容，增加接触渠道，为乘客提供更顺畅的互动沟通渠道，为后续开展增值服务、个性化服务提供基础。

（二）系统建设方案

1. 系统建设目标

以建立标准化的服务流程为目标，将面向客户的事务管理流程标准化、自动化，通过建立企业信息化平台规范管理面向乘客的各种服务信息，统筹服务总台（中心）管理和受理、调查、回复乘客事务等工作，并利用系统对乘客事务管理的操作流程、事务处理机制进行规范和优化，作为服务质量控制的基本依据，不断完善服务设施和规范行为，从而达到提升服务质量的目的。实现乘客信息发布统一管理、乘客事务管理，规范内部服务工作的管理流程，提高内部服务质量管理的信息化水平，以此辅助乘客服务资源管理和服务质量控制等内部管理业务。

2. 系统主要功能

系统应满足业务完整性、安全性、系统可扩展性等要求。系统主要功能如图 5-75 所示。

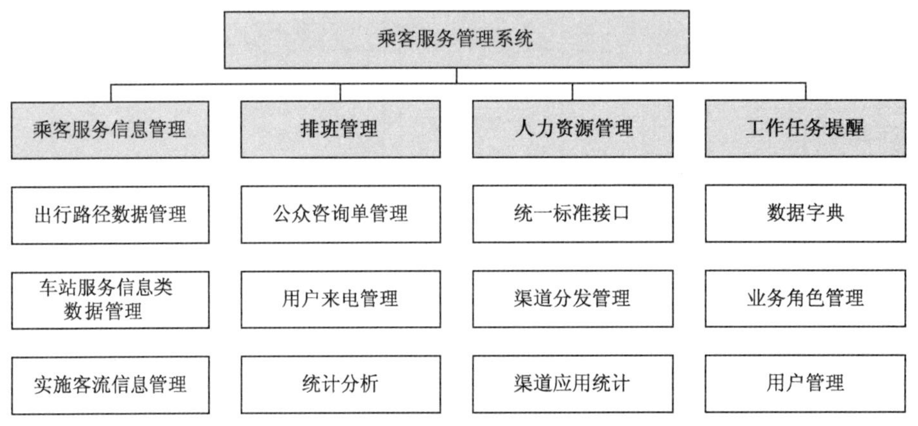

图 5-75　乘客服务系统功能框架图

①乘客服务信息管理。实现乘客信息统一发布，包括乘客服务类数据录入、存储、发布管理功能，通过统一管理后台，为各种终端渠道提供统一的数据源发布管理。

②公众咨询管理模块。实现将面向乘客的事务管理流程标准化、自动化，统筹服务热线管理和受理、调查、回复乘客事务等工作。

③渠道管理模块。通过统一的管理界面，根据渠道特点为不同的服务对象提供统一的服务信息数据，并进行接口服务协议可用性管理。

3. 与其他系统的关联关系

如图 5-76 所示。

①与企业工作流平台集成，实现乘客事务单管理及督办。

②与语音系统集成，实现自动识别用户来电及加载来电历史记录。

③发布 ESB 接口服务，实现乘客服务数据管理渠道分发管理功能及渠道应用统计功能。

（三）系统应用效益

①将面向乘客的事务管理流程标准化和自动化，减少人工数据管理的重复性工作。

②通过完善网站平台、建立手机网站、短信及现场自助终端等渠道，同时增设微博、微信等新型交互渠道，形成多服务渠道联合支撑业务的合力，优化并拓展电子服务新渠道，通过各种自动化服务有效减少现场服务人员压力。

③实现乘客服务受理、调查、回复乘客事务等数据的自动汇总，进而优化对乘客事务管理的操作流程、事务处理机制。

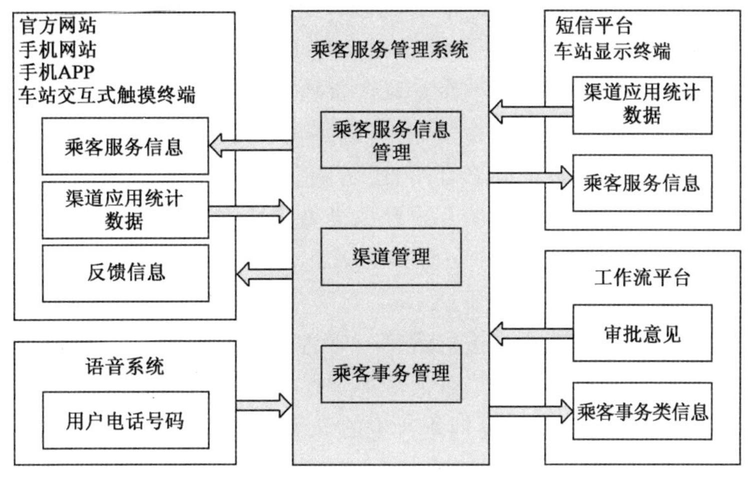

图 5-76　系统关联图

九、资源管理系统

（一）系统建设背景

1. 业务概述

城市轨道交通行业在为社会提供交通运输服务的同时，还管理着大量的资产和资源。如何最大限度地让这些资产和资源为企业产生更多的价值，是城市轨道交通企业资源经营部门的主要工作。目前大多数城市轨道交通企业的资源经营范围主要涵盖广告、通信和商业三方面。

广告管理主要指在城市轨道线网范围内的、地铁站内的广告的画面审批、上画、媒体资源的巡检等。广告的类型包括地铁站内的梯牌、灯箱、壁柜等广告位资源。

通信管理主要指各种存在城市轨道线网、站点、隧道中的通信类机房资源的租赁和管理，光缆资源的租赁和管理等。通信资源主要指光缆、机房等。

商业管理主要指城市轨道企业自主经营、管理的商铺经营管理业务。

广告管理、通信管理和商业管理的主要模式如下所述。

（1）广告管理模式

由于城市轨道交通行业本身一般没有广告制作的专业部门，因此广告制作、销售等业务均通过外包方式，交由代理公司（广告公司）负责运营。而城市轨道交通企业资源管理主要业务内容包括管理传统广告实物载体（广告位资源）、监督代理公司的合同执行情况、审核广告画面合规性等。每年，代理公司会将来年准备发行的广告产品信息报送给广告管理部门。代理公司与客户签订的广告合同也需报广告管理部门进行备案。广告管理部门根据代理公司提供的上述信息，将合同价格按一定的规则分拆，结合资源的价值，从而分析不同地点站点的广告价值高低。除了时刻保持着对市场的敏感度外，广告管理部门还负责对广告上画的审核、媒体实物的质量抽检、监督广告合同的执行情况等工作。

（2）通信资源管理模式

通信资源的特点与商铺资源类似，城市轨道交通企业主要负责管理通信资源（包括运营

线路内的通信机房和光缆资源等)的招商、合同签订、租赁等内容。

在城市轨道交通行业资源管理业务中,关键业务流程有两个:一个是资源管理流程,其中涉及资源的新增、变更等审批流程;另一个是资源价值的管理过程。

资源价值最终是通过合同价格来体现的,这就必然会与合同业务产生紧密联系。因此,无论是广告业务通过代理公司签订的外部合同,还是商业、通信的自营合同,都需要完成合同价格与具体资源的匹配关系。不同合同的差异性也会直接影响着资源的价值变化。

(3)商业资源管理模式

与运营广告业务具有很强的专业要求不同,商铺资源的管理较具通用性,城市轨道交通企业的商业资源业务一般采用自营方式进行管理。管理部门可对商铺的招商、合同签订、租赁、物业维修等内容进行一体化管理。与广告管理类似的,商铺业务管理也需要根据合同与商铺资源的关联关系,通过一定规则获取商铺所产生的资源价值。

2. 系统建设的必要性

随着运营线路的不断延伸,城市轨道交通企业可利用资源会越来越多。资源管理的核心在于体现资源的价值,但通过 Excel 表格或图纸的方式难于满足对庞大资源信息的有效管理和深入分析的需求,为此,需要建立资源管理信息系统,利用先进的信息化手段开展资源管理工作,保证资源信息录入的及时性、一致性、准确性和完整性,而且能够方便地对资源信息进行统计分析,使资源管理人员能够开展资源价值趋势分析,促进了资源价值增值。

(二)系统建设方案

1. 系统建设目标

支撑资源经营各种业务开展,提高业务管理水平和工作效率,实现经营数据的查询分析,辅助经营决策;与公司现有通用平台互联,满足不同层级用户的业务开展和管控需要。

资源管理信息系统主要使用对象为广告、通信、商业等内部业务部门用户、广告代理公司用户和外网注册客户三大类用户。

2. 系统主要功能

系统需针对各主要业务及其特点,实现包括资源基础信息管理、广告业务管理、商业及通信业务管理、经营分析管理等业务管理应用子系统。资源管理系统功能框架如图 5-77 所示。

①广告业务管理模块:包括广告资源信息管理、广告资源变更管理、广告画面业主审批、广告合同信息管理、广告资源维护抽检等。

②商业业务管理模块:包括商业资源信息管理、应收租金管理、招商管理、客户管理等。

③通信业务管理模块:包括通信资源信息管理、通信资源合同费用统计、通信资源电费管理等。

④其他业务管理模块:包括经营分析关键指标监控、统计报表、经营数据分析、线路工期信息管理等。

3. 和其他系统的关联关系

为确保资源信息与合同信息的关联,资源管理系统需实现与合同管理系统之间的接口。在合同签订前,合同管理系统需要从资源管理系统获取最新的资源台账,以保证合同能够与最新的资源进行关联。在合同完成签订后,合同管理系统会将商铺的应收信息传到资源管理系统。资源管理系统在获得应收信息后，还会从财务管理系统获取客户的实际交租情况，即实收信息，因此资源管理系统与财务管理系统存在接口，从财务管理系统获取客户信息、实收信息。业务人员根据应收信息与实收的比对情况完成租赁相关的后续工作，如图 5-78 所示。

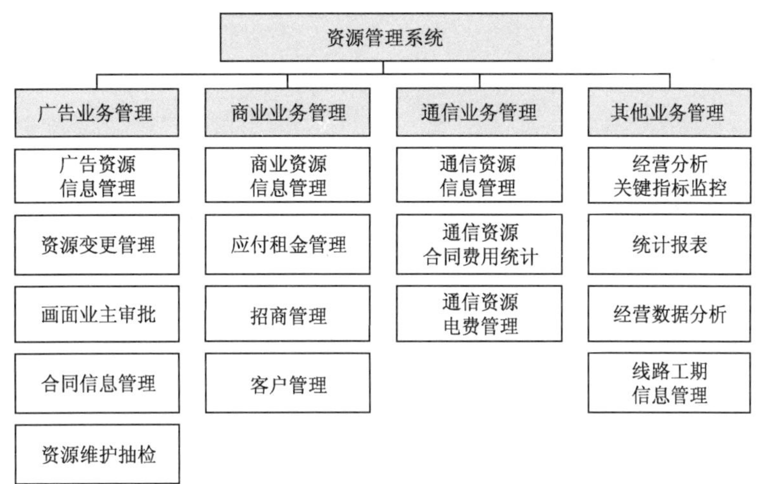

图 5-77 资源管理系统功能框架图

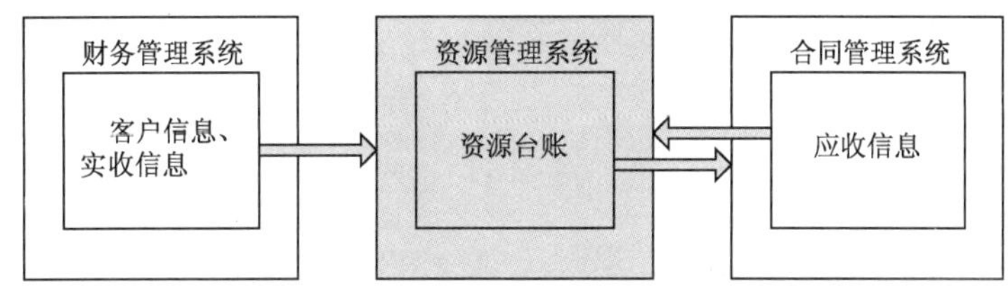

图 5-78 资源管理系统与相关系统关联图

(三) 系统应用效益

资源管理业务从原来的手工作业管理方式转化为通过信息化手段进行管理后，业务管理水平在不同层面得到了提升。

1. 提升效率与工作质量

资源管理系统通过初始化建立合同拆分规则，由系统计算并拆分成需要的合同拆分项，减少差错机率，从而提高了工作效率。

外部代理公司人员直接参与资源管理系统线上审批流程，极大地减少了线下申请提交的时间，并且系统可以对超时未审批的申请进行提醒，从而提高审批的时效性。

资源管理系统与合同管理系统、财务管理系统等相关业务系统进行对接，直接同步业务报表数据，并根据预设报表模板，通过输入相关条件即可完成报表的制作，极大地提高了报表统计效率和数据准确性。

2. 成本效益

通过信息化手段管理各种资源信息，能够极大地减少人工翻阅资料所需时间。同时，资源管理能确保资源信息时刻保持最新，使业务人员查找资料的效率更高。

第四节
公共基础层信息系统

一、企业服务总线系统

(一)系统建设背景

随着越来越多的应用系统投入使用,需要传递和关联的数据内容也越来越多,相互之间的交互复杂度逐渐提高、应用集成难度越来越大。以某城市轨道交通企业为例,企业最初识别的集成关系比较简单,如图5-79所示。

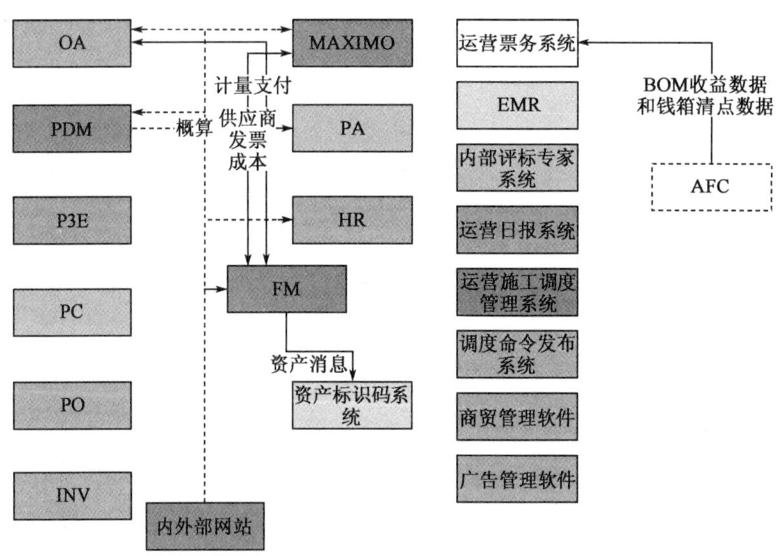

图5-79 简单的系统间集成关系

随着信息化的不断发展,目前的集成关系已经越来越复杂,如图5-80所示。

通过企业服务总线ESB的建设,可实现集成体系从无序、难以管理的蛛网状向集中统一、标准化且可扩展的方式提升,如图5-81所示。

(二)系统方案简介

1.系统建设目标

搭建企业服务总线平台,实现企业主数据和业务基础数据的封装,集成企业内部门户、统一通信和邮件等基础技术平台,向企业的业务协作和数据应用提供技术标准统一、平台统一、运作高效的集成服务,以辅助业务的开展。

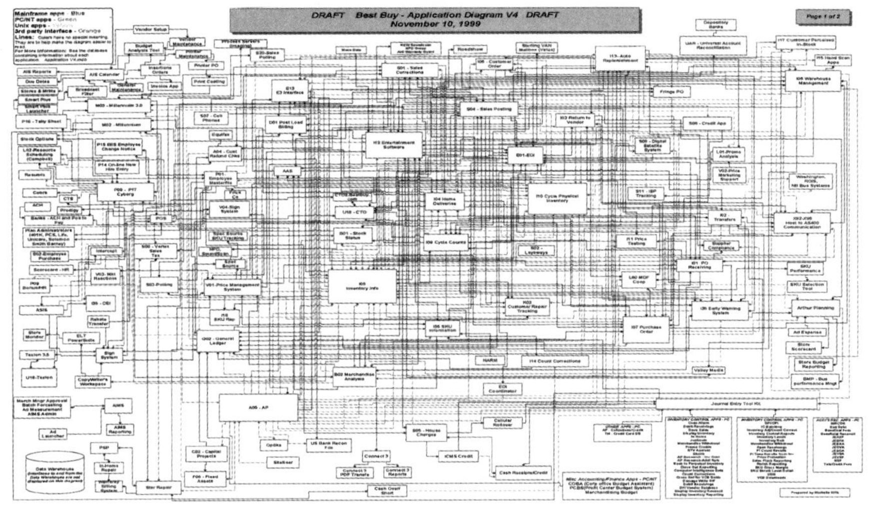

图 5-80　复杂的系统间集成关系

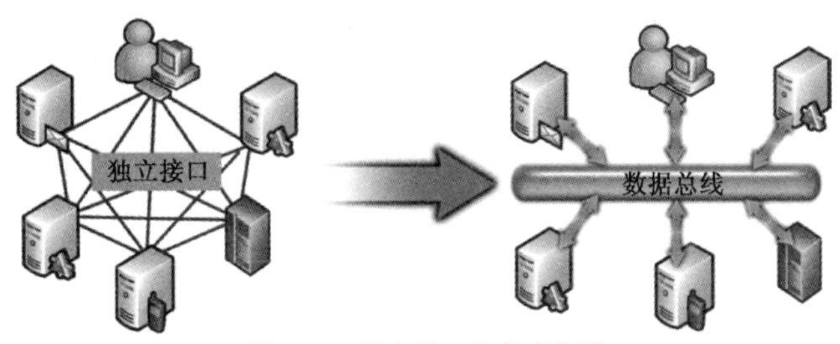

图 5-81　集中统一的集成关系

2. 系统主要功能

ESB 系统主要功能如图 5-82 所示。

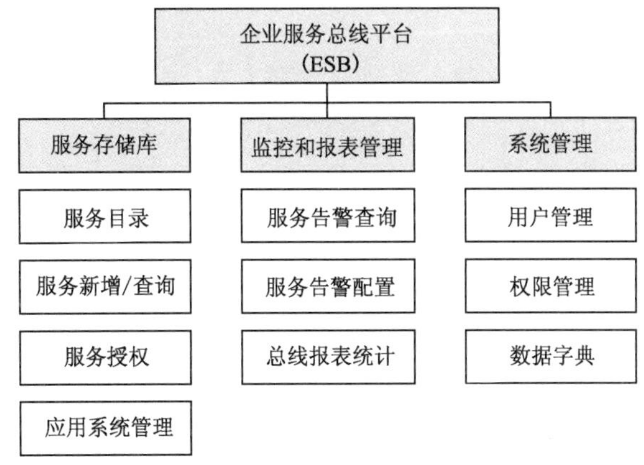

图 5-82　企业服务总线系统功能框架图

具体功能包括以下内容。

(1)服务存储库

①服务目录:服务根据数据、功能等类型进行划分,并在统一的界面进行展示,以便用户进行察看和操作。

②服务新增/查询:由管理员进行服务内容的增加和查询。

③服务授权:由管理员进行服务操作权限的控制,包括授予某系统或回收授权等。

④应用系统管理:由管理员对接入企业服务总线进行服务发布和使用的信息系统进行注册管理。

(2)监控和报表管理

①服务告警查询:针对服务运行的情况,对服务及企业服务总线运行所报告的异常信息进行查询。

②服务告警配置:通过对服务的监控,分析服务访问日志,对异常的情况生成告警事件,包括三个方面的内容:

a.服务监控。是指对服务的调用、运行信息进行采集,将采集到的信息进行记录。一个服务对应一个 wsdl 资源,监控是对整个服务的监控,而不是对服务里面的各个方法。

b.告警产生。指通过定时服务,定期对服务运行日志的分析,对于有异常的日志,则产生相应类型的告警。

c.告警处理。对于生成的告警事件,维护人员可单个进行处理,也可以批量处理。

③总线报表统计:分析统计是指对服务的访问量、服务的数据流量进行统计。统计维度:按时间,分年度、月度。分析源:分析的数据来源于服务监控程序产生的服务调用日志。呈现方式:以图形化的方式呈现。每天对访问的数据进行汇总,每月再对每天的数据汇总,逐层汇总最终形成月度、月度的分析图。

(3)系统管理

实现系统的管理功能包括用户管理、权限管理和数据字典等功能。

①用户管理:记录登录企业服务总线进行操作的用户信息。

②权限管理:记录并识别用户所关联的系统以及所具有的操作权限。

③数据字典:记录系统中所使用到的基础数据定义。

(4)和其他系统的关联关系

企业服务总线和所有信息系统都存在集成交互关系,所有的信息系统都应该通过 ESB 进行服务的发布和使用。总体集成关系如图 5-83 所示。

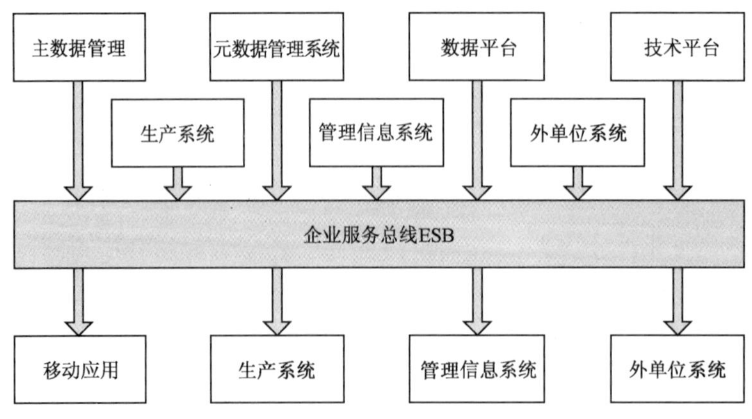

图 5-83 系统关联图

（三）系统应用效益

ESB 的主要效益在于对集成和管理方面的提升，主要包括：

①信息系统所提供的服务可以进行直观的查看和使用，服务使用者和管理者可更快捷地进行服务信息的了解、检查和提供，降低项目实施时对集成所需的调研分析工作。

②服务的接入、调度、调整等工作可以通过管理平台直接操作，降低管理维护人员的技术能力要求，提高对服务的管理维护效率。

③结合 ESB 的应用，元数据管理通过对源系统的监控和获取，实现元数据的自动更新和维护，提高信息的有效性和可靠性，进而保障数据服务的有效性和正确性。

二、企业工作流系统

（一）系统建设背景

在城市轨道交通企业的日常工作中，有许多流程类工作，如业务的分级审批工作、各类申请表单、公文签审、业务处理等。在企业信息化建设过程中需要对诸多烦琐复杂的业务流程进行梳理、优化和自动化，并对其进行有效的管理。

传统的流程设计方式将业务流程以编码的方式固化在应用系统中，在业务流程和组织结构发生改变的情况下，需要将系统进行重大修改，甚至重新设计。当企业信息系统不断增加时，用户需要在不同的系统间进行审批事务处理，风格迥异的界面往往让用户无所适从。企业还会出现跨系统的业务流程，需要调用多个业务系统的数据进行集成。为此，很有必要引入一套企业级工作流管理系统。

（二）系统方案简介

1. 系统建设目标

参考国际工作流管理联盟（WFMC）的工作流模型标准，建成一个符合工作流管理联盟（WFMC）标准要求的企业级工作流管理系统，实现流程管理的独立支持平台，向流程审批业务提供集中、统一的流程管理支持。

2. 系统主要功能

企业涉及的流程类系统主要包括嵌入式工作流引擎和独立运行类工作流引擎两种类型。

①嵌入式工作流引擎是以一个软件组件（或者说构件）的形式运行在使用它的业务应用中，它不能独立运行，但是业务应用又依赖于工作流引擎，它们是一个有机的整体，互不可分。嵌入式工作流引擎通过提供 WAPI（Workflow API）为展现层或业务逻辑层的其他部分提供服务（如启动指定工作流程、查询工作任务、设置流程运行业务数据等）。另一方面，工作流引擎经常需要业务相关的数据或逻辑来决定流程流转，或者需要在不同任务之间传递业务数据，这时候，流程引擎会调用业务应用中业务逻辑或数据访问模块提供的 API 接口来完成相应操作。

②独立运行工作流引擎本身就是一个单独的应用，作为服务应用，如果又没有基于某个中间件技术的话，独立运行工作流引擎必须自己实现多线程同步、网路通信处理、资源池等服务端技术，因此实现的成本高、技术复杂。同时，独立运行工作流引擎反过来也必须为如何调用业务应用提供解决办法。一般情况下，独立运行工作流引擎应该能够直接调用外部业务应用

提供的远程接口(如基于 RMI、JMS 或者 Web Service 的业务接口),另一方面,业务应用也必须为独立运行工作流引擎提供远程调用业务方法。

对于需要多方面业务支持、多系统集成应用的工作流应用,独立运行的工作流引擎具备更好的优势;而针对某些成熟产品,其所具备的嵌入式工作流引擎则可以很好地完成流程处理的任务。

工作流管理系统的总体框架如图 5-84 所示。

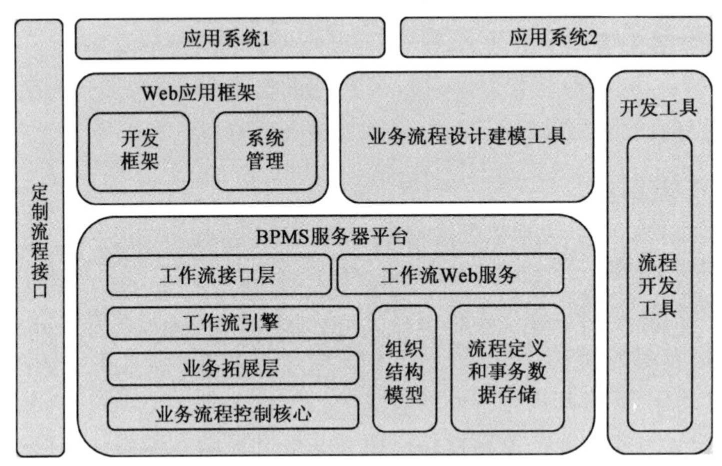

图 5-84 企业工作流系统总体框架图

系统包含四个组成部分,即流程运行核心服务、流程设置工具、开发工具和 Web 应用开发框架。四模块主要内容如下。

a. 流程运行服务。

主要提供核心的流程运算服务,自动控制业务过程的执行,同时为管理和跟踪业务的执行提供支持;通过 WCF 技术为各应用系统使用工作流引擎服务提供支持。

b. 流程设置工具。

集成的、图形化的流程设计建模工具,可快速直观地设计业务流程。同时该工具还包含了一个 Silverlight 技术实现的 Web 在线设计建模工具。

c. 开发工具。

工作流开发工具和 SDK 资源,与 Visual Stutio 无缝集成,通过重写各适配器及类方法,满足不同层级的功能扩展需求。

d. Web 应用开发框架。

提供一套应用开发框架,为用户快速建立应用程序提供支持。

以上四大组成部分为应用系统提供支持,应用系统可以以组件的方式通过工作流系统接口层(Workflow API)使用流程引擎,也可以 WCF 的方式使用工作流平台 Web 服务(Web Service)。

应用系统将工作流运算相关数据传递给工作流系统接口,工作流服务进行流程运算后,将运算结果返回给各应用系统,所有与流程运算相关的数据由工作流系统统一维护,业务相关数据由各应用系统自行维护或存放在流程平台。

3. 和其他系统的关联关系

工作流系统提供相应功能和数据的标准 WebService 接口,包括创建流程、审批流程、加签、转签、抄送、保存、抄送、删除等。工作流系统为业务流程类应用提供核心功能的技术支持,大量的业务应用与其有关联关系，主要包括：协同办公管理系统、立项管理系统、工程项目管理系统等信息系统都需要使用工作系统。集成关系如图5-85所示。数据流转说明如表5-6所示。

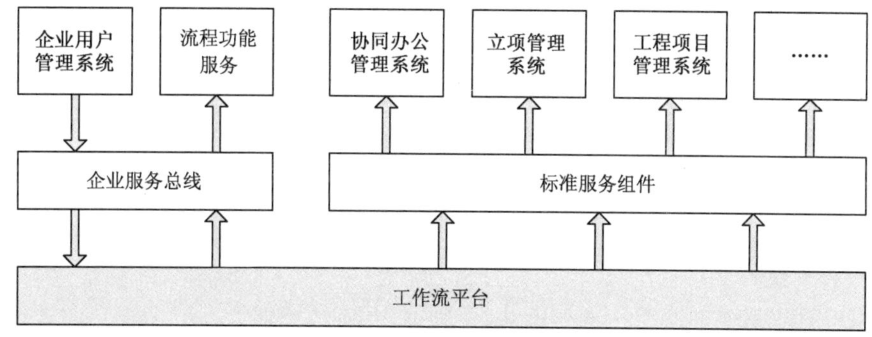

图5-85　系统关联图

数据流转说明表　　表5-6

编号	数据名称	说明	数据位置	备注
1	用户和组织数据	用户和组织等基本信息	企业用户管理系统	获取信息系统运行所必需的用户和组织等基本信息
2	业务流程运行数据	工作流平台通过企业服务总线或标准服务组件对外提供业务流程运行所必需的角色和流程信息	工作流平台	各个系统直接获取运行，并进行展现和操作

(三)系统应用效益

①通过建立符合国际工作流管理规范的工作流系统，可以促进企业业务流程的规范化。

②建立企业统一的工作流平台，实现统一的流程支持管理，可以减少系统间的沟通环节，提高工作效率。

③通过工作流系统的流程审批功能，可以提供更有效的流程监控手段，全方位了解流程的运作情况。结合反馈机制，促进系统的完善，基于反馈的结果进行改进，形成完整的管理闭环。

④企业统一的工作流平台提供的流程可视化设计工具和丰富的流程设计模板，可以大大提高流程设计的工作效率。

三、企业用户管理系统

(一)系统建设背景

企业信息系统数量和用户数量不断增加后，用户数据在各个信息系统的分散管理，会导致用户账号开通时间长、同一用户具有多个不同账号、用户和组织信息更新不及时、用户账号审计复杂、用户信息维护成本高以及用户数据安全隐患等问题。

建立企业用户管理系统，能有效地解决用户数据分散管理带来的各类问题。首先需要确定用户数据和组织数据的数据源，通常为人力资源管理系统。当数据源中用户数据和组织数据发生变化时，企业用户管理系统会自动从数据源进行用户数据和组织数据同步，并对用户数据和组织数据进行标准化转换，同时自动管理维护企业AD域中的用户数据，为各个应用系统提供用户数据和组织数据同步的服务，形成用户统一管理体系。

(二)系统方案简介

1. 系统建设目标

通过企业用户管理系统,明确用户数据和组织数据的数据源;建立用户账号生成规则;实现用户账号的自动化生成;实现用户数据和组织数据从数据源的自动同步;建立用户数据和组织数据的标准规范;实现对用户数据和组织数据的统一管理和发布;实现对 AD 域系统的自动管理;实现与单点登录的集成。提高用户使用体验,提升企业运行效率,降低企业维护成本和信息化投资成本,提高信息系统安全性。

2. 系统主要功能

企业用户管理系统的主要功能如图 5-86 所示,具体描述如下。

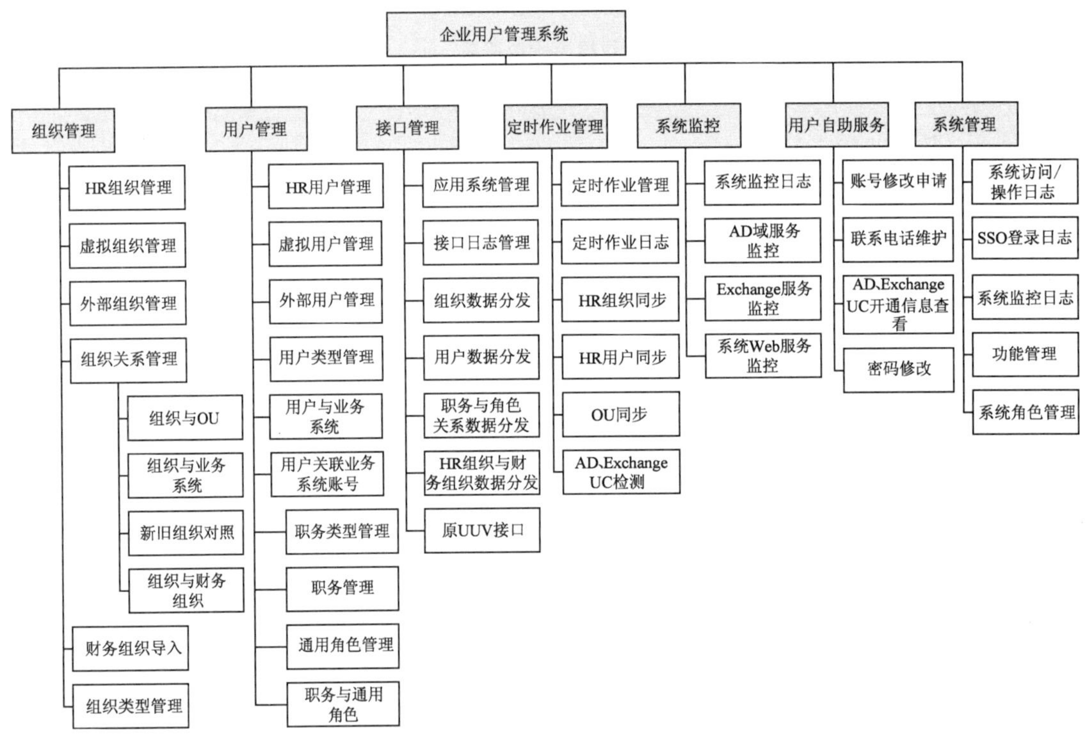

图 5-86 企业用户管理系统功能框架图

①组织管理:管理企业组织信息、管理虚拟组织信息、管理外部组织信息、管理组织与业务系统映射关系、管理组织与 AD 中 OU 的映射关系。

②用户管理:管理企业用户信息、管理虚拟用户信息、管理外部用户信息、管理用户与业务系统映射关系、管理职务和角色映射关系,管理用户 AD 账号、管理用户邮箱账号。

③接口管理:管理接入企业用户管理系统的应用系统信息,提供组织信息、用户信息等其他关联关系的接口,记录并查看各应用系统访问各接口的日志信息。

④定时作业管理:管理系统后台服务,提供即时启动定时作业,查看定时作业运行状态,查看作业运行日志。

⑤系统监控:监控本系统的数据库服务器、应用服务器、数据源服务器、AD 服务器、邮箱

服务器的可用性及告警功能，记录监控日志。

⑥用户自助服务：提供用户信息的查看和自助维护功能，提供密码自助维护功能。

⑦系统管理：管理系统权限、系统配置参数，查看系统访问/操作日志。

3. 和其他系统的关联关系

如图 5-87 所示。

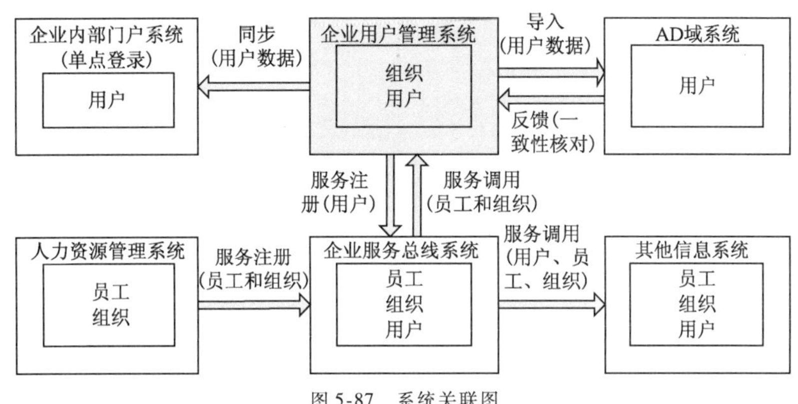

图 5-87 系统关联图

①与人力资源管理系统集成：企业用户管理系统明确以人力资源管理系统中组织信息和员工信息作为数据源头。通过与人力资源管理系统集成，读取人力资源管理系统中组织信息和员工信息，并生成用户账号、用户标准数据、组织标准数据，保存到企业用户管理系统中。

②与 AD 域系统集成：企业用户管理系统负责维护企业 AD 域中的数据信息。把生成的用户账号及相关的用户信息写入 AD 域系统中，并在用户数据发生变化时对 AD 域中的数据信息进行更新。

③与单点登录模块集成：企业门户单点登录模块负责用户认证服务，从企业用户管理系统获取用户数据。

④与企业服务总线集成：企业用户管理系统通过与企业服务总线集成，通过企业服务总线发布组织信息和用户信息的服务供其他系统调用。

（三）系统应用效益

①通过明确用户信息和组织信息的数据源并集成，实现用户账号的自动生成，用户和组织信息的自动获取，避免了用户账号、用户信息、组织信息的多次手工录入，降低了用户管理和组织管理的复杂程度和人工维护成本。

②通过每个用户在信息系统具有唯一账号的原则及与单点登录的集成，实现用户账号在企业信息系统的唯一性，避免用户因多账号带来的账号和密码记忆困难、账号冲突等问题，提升企业运行效率和用户体验。

③通过建立用户数据和组织数据的标准规范，通过用户管理、组织管理功能实现用户数据和组织数据的标准化转换，降低了其他信息系统对用户数据和组织数据的管理需求，减少了信息化投资。

④通过实现对用户数据和组织数据的统一发布，保证了用户信息和组织信息在各个应用系统中完全一致，且能随数据源的变化而自动更新，降低了信息系统的集成难度、集成成本和维护成本。

第六章 城市轨道交通企业资产一体化管理信息化实践

第一节 城市轨道交通企业资产一体化管理理念与目标

城市轨道交通企业是典型的资产密集型企业，具有投资规模巨大、建设周期长、资产类型与数量多、物资品种庞杂；系统专业性强、专业数量多、集成程度高、隶属关系复杂；设备全生命周期长、智能化程度高、技术更新快、设备运行安全性要求高等特点。如何实现国有资产的保值增值，在资产生命周期内能充分发挥资产效用，提高资产使用效率，使得投资效益最大化并能通过有效的成本管理方法合理控制成本，是资产管理的最终目标。同时，随着城市轨道交通企业信息化的不断发展，资产全生命周期中各业务领域的信息化覆盖程度不断提高，迫切需要以资产一体化的要求对相关系统进行整合优化，以共同发挥资产全生命周期管理的作用。

一、资产一体化管理理念

城市轨道交通企业资产全生命周期管理涉及资产的规划、设计、购置/构建、安装验收、移交、运营、维修维护、改造、更新直至报废等阶段，涵盖了工程建设管理、合同管理、物流管理、设备维护维修、财务管理、项目管理、人力资源管理、知识管理等业务领域，资产一体化管理是用一体化的思路管理资产全生命周期的各项业务，打通资产从无到有，再到运行、维护、更新直至报废各个环节，从而达到提高资产利用率、降低企业管理成本、保障资产安全的目的，最终实现城市轨道交通企业资产的“保值、增值”。

资产一体化管理信息化，是在资产一体化管理理念的指导下，基于资产实物链与资产价值链两条生命线，以“资产分类的统一、资产编码的统一、信息平台的统一”为原则，搭建资产一体化管理相关信息系统，实现各信息系统之间的业务及数据的顺畅流转，做到前端建设信息为后端移交及运营业务做好准备，后端运营信息为前端设计及采购提供指导与支持，以信息化手段支撑城市轨道交通企业资产全生命周期管理。

二、资产一体化管理信息化目标

以资产一体化管理理念进行资产的全生命周期管理，打通资产管理各阶段的业务流与数据流，减少重复管理，避免各阶段的信息不一致，提升资产信息的共享，建立资产编码体系及资产一体化管理信息化体系，全面支撑企业资产全生命周期管理，具体可分为三个目标：

①实现资产配置优化，提高资产利用率。

②降低企业管理成本，实现可持续发展的最大效益化的高效资产运营，并实现安全运营和提供快捷服务的社会效益。

③规范管控，规避风险，保障资产安全。具体如图6-1所示。

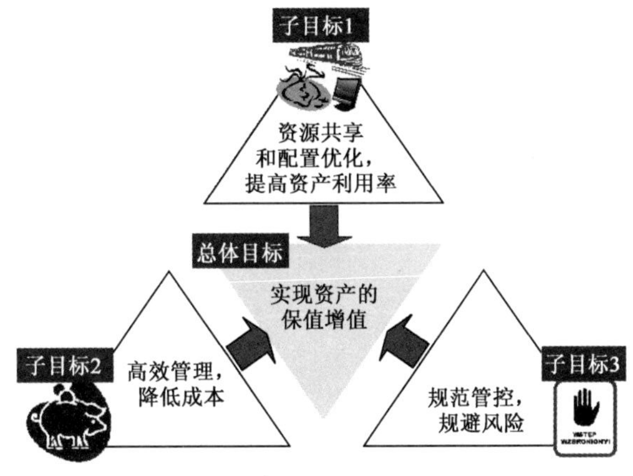

图6-1 资产一体化管理目标图

第二节 城市轨道交通企业资产一体化管理的信息化体系

一、资产一体化管理关键能力要求

为了实现资产一体化管理的三个目标，城市轨道交通企业应在资产管理的各个环节关注如下五项关键能力的建立和完善。如图6-2所示。

(一)标准化的管理能力

从企业内部管理的角度建立流程和技术标准的相关规范，并且切实加强规范操作的执行力。

①完善资产管理策略和价值链条中财务、物流、合同、维修、项目管理各个领域对关键资产形成和投资策略的优化。

②多渠道、多类别资产经营的标准化管理。

③建立标准化管理基础：建立统一的资产分类标准，标准化业务流程，实现资产全生命周

期数据标准的统一。

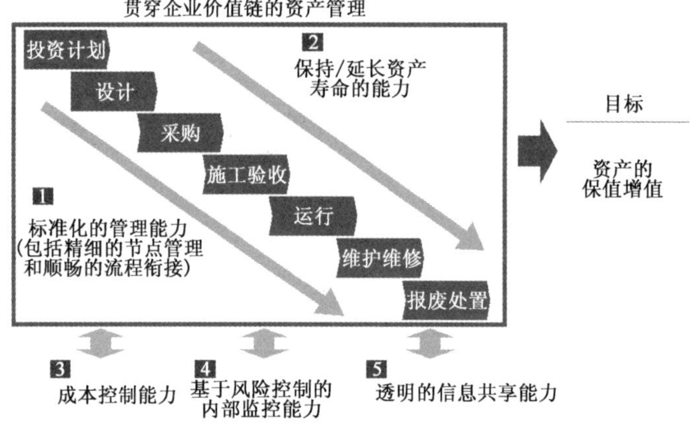

图 6-2　资产一体化管理关键能力要求图

(二)保持和延长资产寿命的能力

规模巨大的资产,需要保持或延长资产的有效寿命。

①共享资源、减少资产闲置。

②通过高效运维延长资产的寿命。

③将运营过程中发现的问题反馈到资产设计及采购环节,从前端提高资产的质量。

(三)成本控制能力

从全生命周期的视角关注总体成本的管理,加强投资控制和效益分析。

①关注和控制投资规模和回报与未来资产运营维护成本的相匹配。

②加强和完善项目建设过程中的成本归集,实现投资控制和资本化能力的整合。

③建立完善的运营维护体系,加强定额管理,实现对运营维护成本的精细化管理和控制。

④结合国产化,推进资产成本结构优化。

(四)风险控制能力

形成效率与风险平衡的内部监控。

①关注过程中因单个业务单元目标实现与企业管理总体目标可能存在的矛盾与风险。

②将风险控制与业务活动结合考虑,形成制衡机制。

③关注监控成本,侧重业务重点与关键风险的识别与控制。

(五)透明的信息共享能力

避免信息孤岛对业务实现的影响,加强对规范化管理的支撑。

①统一、规范的信息将成为企业业务沟通中最有效的“语言”。

②跨系统的集成可打破存在的业务壁垒,起到优化流程、提高效率的作用。

③形成过程明确可跟踪、结果清晰的资产管理视图。

二、资产一体化管理的信息化体系

城市轨道交通企业信息化建设覆盖了企业各个业务领域，包含了统一展现层、决策支持层、核心业务层、支撑管理层系统，资产一体化管理信息化体系主要围绕资产的全生命周期管理的各阶段业务，从资产的投资计划开始，到设计、采购、安装验收、运行、维护维修直至报废处置阶段，涵盖了工程项目管理（含新线规划管理）、合同管理、物流管理、资产移交、固定资产管理、设备维修维护管理及财务管理、人力资源管理多个业务系统，具体如图 6-3 所示。

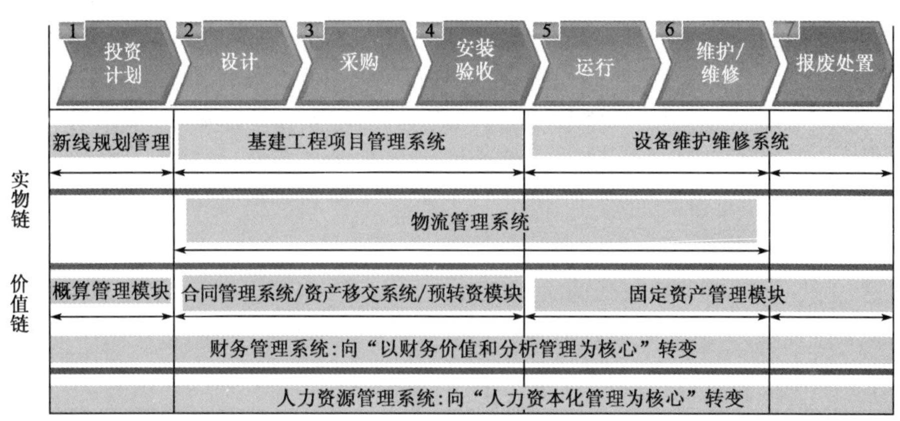

图 6-3　资产一体化管理信息化体系图

资产一体化管理信息化体系的建设紧密结合了资产一体化管理关键能力的要求，如通过信息化的建设，促进标准化管理，包括工程建设各项工序的细化、资产分类标准化、资产编码体系的统一、设备运行状态的分析与预警、设备维护维修过程中消耗物资的管理及与定额管理的双向反馈等。

三、资产一体化管理信息化建设的关键环节与解决思路

资产一体化管理理念的信息化建设，主要围绕资产的全生命周期管理，以资产实物管理与价值管理两条生命线为基础，将资产各阶段的信息有效地联系起来，避免信息中断或冲突。但由于城市轨道交通企业存在工程建设周期长，关键环节就在于如何克服资产的实物形成与价值形成的时间差，建立资产实物信息与价值信息的关联，因此在资产的验收移交阶段，需要将前端的采购、安装信息按照统一的资产分类标准进行整合与组织，形成资产的实物信息及价值信息，并以此为基础形成运营设备管理的信息及资产管理的信息。解决思路如下。

（一）建立统一的固定资产分类及单元划分标准

城市轨道交通企业运营期的资产主要由建设期转入，在建设期，主要从工程项目管理的角度对资产进行管理；在运营期，主要从运营维护维修及实物安全的角度对资产进行管理；而财务管理部门需要在符合会计制度和准则的前提下，完成资产的会计核算、价值与实物管理，这三个管理维度在专业、资产类型及资产管理颗粒度方面都可能不一致，因此，要实现资产全生

命周期管理,首先要建立全公司统一的固定资产分类及单元划分标准(以下简称“资产分类标准”),并将运营管理及财务管理的要求反映到建设前端,指导采购合同按资产分类标准建立合同开项,即合同每个设备类开项都能够确定对应唯一的固定资产单元,以保证资产移交阶段能快速形成资产,高效地完成竣工决算。

资产分类标准的制定,统一了合同、移交、转资的管理口径,使前后的清晰对应和信息流转成为可能,也为资产一体化管理的实现打下最坚实的基础。

(二)明确资产管理业务领域的主数据与编码体系

资产管理业务领域的主数据是跨业务系统应用、共享的企业核心数据,是用统一的语言来描述各个不同业务阶段的资产,明确识别这些主数据、统一主数据标准和实现各相关数据的关联,是实现资产一体化管理理念的重要基础。“资产”“物资”和“设备”三大主数据,涵盖了资产管理业务领域的各个不同状态,此三大主数据的明确,规范和统一了资产全生命周期管理中各项业务对资产、物资与设备的描述,定义了主数据属性和数据关联关系,保证了数据的一致性。

同样,搭建统一、关联关系清晰的编码体系,也对资产一体化的管理起着至关重要的作用。信息化的推进过程中,关键业务数据的编码是信息化建设的核心关注点,编码原则是信息系统的设计及集成管理的重要内容,关乎信息系统的应用。资产一体化管理的编码体系主要与资产管理涉及的各阶段业务相关,如合同编码、固定资产编码、实物资产编码、设备编码等,编码体系的内容主要包括数据分类、编码原则、使用要求等,而含义码与非含义码的应用、编码之间的隶属及关联关系,是资产一体化管理编码体系中的重点内容。

(三)搭建资产移交系统与预转资模块,以信息化手段建立资产实物与价值的关联关系

搭建预转资模块可以用于工程项目验收及资产移交工作。将建设阶段的合同信息和安装情况按照资产分类标准进行资产组合,并通过工作流审批的方式实现资产移交信息的审批,同时将审批完成的资产数据同步到预转资模块,完成预转资工作,形成相应的预转资码,为未来的转资及固定资产管理奠定基础。

预转资模块的搭建,是资产一体化管理实现的关键,可以解决资产实物形成与价值形成较大时间差带来的问题,避免运营期资产维护维修阶段的信息与建设期合同信息、运营期固定资产信息的脱节及不一致,预转资码在资产形成时产生,未来真正转固定资产时即成为此项资产在财务资产管理模块的固定资产编码,同时也在资产形成时即作为资产的重要属性带入运营维护维修阶段,真正实现资产实物链与价值链的关联。

(四)实现资产移交系统与设备维修管理系统的集成,保证数据的一致性

资产一体化管理的另一个关键点是必须保证资产的实物管理与维护维修管理的数据一致性,通俗来说,就是一个同时作为财务实物资产管理和维护维修对象(即设备)的资产,在系统中应该使用相同的资产编码。然而实物资产管理与资产维护维修管理的颗粒度不同,因此需要结合资产分类标准和维护维修的管理要求,梳理资产与设备的匹配原则,以资产移交系统的资产数据为基础,形成运营期维护维修的设备数据,才能真正实现资产一体化的管理要求,而

这就需要实现资产移交系统与设备维修管理系统的集成，以保证数据的一致性。

第三节 城市轨道交通企业资产一体化管理信息化实践

城市轨道交通企业资产一体化管理信息化的建设，以统一规划、分步实施为指导思想，结合企业实际业务的开展，推进系统建设，同步选取条件成熟的线路进行应用实践，并逐步推广至所有的线路，以全面实现资产一体化的管理。

资产一体化管理信息化体系中的工程项目管理、合同管理、物流管理、设备维修管理及财务管理、人力资源管理系统均已经在本章前四节中进行了详细介绍，本节将基于资产移交系统与预转资模块的方案介绍，详细介绍实际应用实践及其效益分析。

一、资产移交系统与预转资模块建设方案

资产一体化管理的目标是打通资产的业务与数据链，实现建设期、运营期资产信息的关联与一致，以实现资产全生命周期管理。在资产全生命周期管理的核心业务阶段，相应的信息系统的业务数据流转如下。如图 6-4 所示。

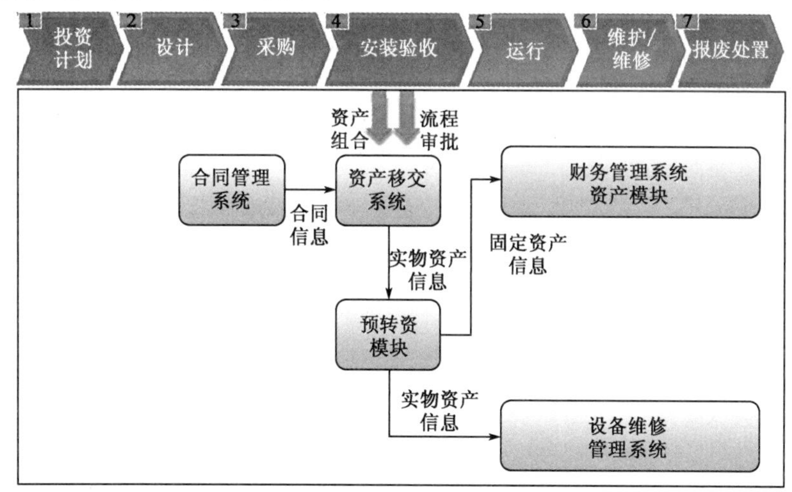

图 6-4　资产一体化管理信息系统业务数据流转图

通过合同管理、资产移交、预转资、财务资产管理、设备维修管理信息系统的建设及集成，将建设期的合同详细信息与资产信息建立关联关系，同时建立实物资产与固定资产的关联关系、实物资产与设备的对应匹配关系，从而实现资产信息的一致性与完整性。

（一）资产移交系统方案

1. 系统建设目标

利用信息化手段将原本通过纸质文件进行的资产移交工作转到信息系统中实现，建立资

产与合同信息、与设备信息的关联以及实物资产与固定资产的关联，为竣工决算打好数据基础，为实现资产一体化管理打通最关键的环节。

2. 系统主要功能

资产移交系统以合同管理系统的合同开项信息为资产组合的数据来源，按照资产分类标准进行资产的组合，并通过工作流的方式完成建设、运营部门的审核，最后同步资产数据至预转资模块及设备维修管理系统。如图6-5所示。主要功能如下所述。

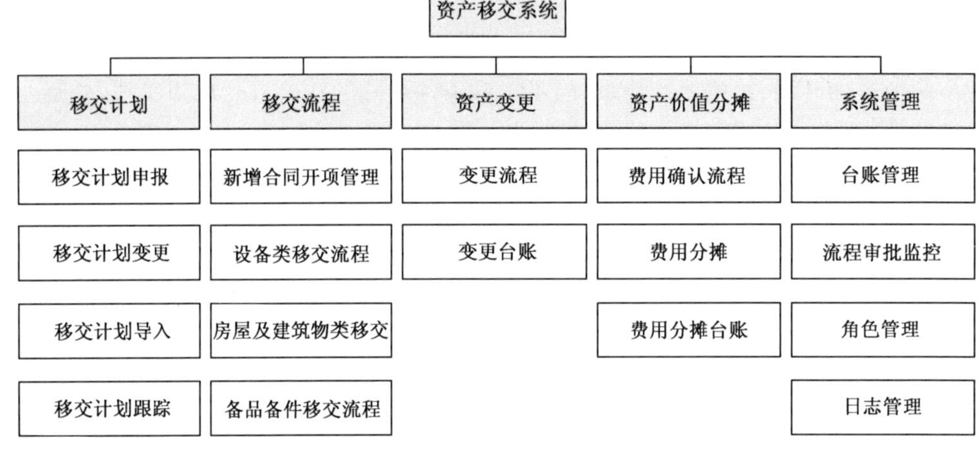

图6-5 资产移交系统功能框架图

①移交计划：根据资产移交的工作要求，结合实际情况进行移交计划的申报，提供移交计划的变更及跟踪功能。通过移交计划的申报，可了解整体移交情况，方便跟踪与督促。

②移交流程：包括设备类资产、房屋及建筑物类、备品备件等资产的移交流程。同时，由于合同变更整体进度滞后，系统提供新增合同开项的功能，针对已经明确的变更项，可以提前新增，以保证资产移交的顺利进行。新增的合同开项同时反馈回合同管理系统，在进行合同变更的时候，建立变更开项与新增开项的联系，以保证整个数据流的完整与一致。

③资产变更：当资产完成组合、流程审批后，如有发现子资产信息错误的，可以通过变更流程进行子资产信息的修改。原则上已移交的资产（即父资产）不允许变更，如有错误数据，需要申请进行后台数据变更。

④资产价值分摊：财务竣工决算是城市轨道交通企业线路竣工验收的最重要环节之一，竣工决算需要结合资产移交信息、合同信息及库存信息，明确所有采购的合同均已完成，且形成了对应的资产及备品备件，并明确资产的原值信息。在资产移交的过程中，合同清单组合成的资产只体现了实物资产的裸价，但是在设备实际安装过程中会产生很多安装费用和系统集成的服务费用等费用，这些费用在计算资产的实际价值的时候需要进行体现，资产移交系统的资产价值分摊模块就是提供了各种费用的分摊功能，并实现与财务管理系统的集成，自动获取相关的分摊费用信息。

⑤系统管理：包含了系统中相关台账的管理、流程审批监控功能、角色管理、日志管理等系统管理的功能。

(二)预转资模块方案

1. 预转资模块建设目标

预转资模块通过与资产形成的前端系统或模块的集成,提前在资产形成实物但未有价值时就根据固定资产的管理要求及编码原则产生预转资码,建立资产实物信息与价值信息的联系,为资产的全生命周期管理提供有力的支持。

2. 预转资模块主要功能

预转资模块主要包含预转资、资产变更、资产合并、资产确认与审核、转资五部分功能,并实现了与资产移交模块、财务管理系统的资产管理模块的集成。

①预转资:移交的资产数据通过接口同步到预转资模块,对应每一条资产信息生成预转资码。

②资产变更:资产移交系统中子资产信息变更后,将改变资产的初始价值信息,资产变更模块功能实现了根据资产移交系统的变更信息,对已预转资的资产信息进行变更。

③资产合并:资产合并模块允许对资产信息进行合并处理,将多个资产合并为一个资产,产生新的预转资码,并建立新旧资产的关联关系。

④资产确认与审核:对已转资的资产信息进行逐条或批量的确认、审核。当资产进行确认与审核后,将不再允许进行资产变更与合并操作。

⑤转资:在竣工决算阶段,针对已经转资的资产进行价值分摊,完成价值分摊操作后,新的价值信息由资产移交系统同步到预转资模块,财务管理人员确认后进行转资,所有的资产信息同步到财务管理系统的资产模块,形成真正明确的固定资产信息。

二、资产移交系统与预转资模块编码体系

资产移交系统与预转资模块涉及的资产相关数据,主要包含固定资产、实物资产、设备。其中对应的编码及编码原则主要如下所述。

(一)固定资产编码

根据预转资模块的方案,资产在预转资阶段生成的预转资码即未来竣工决算后形成的固定资产的编码,由于固定资产存在调拨,对应的线路信息和位置信息不要体现在编码中,固定资产编码采用流水码方式可以保证唯一性、适应性与扩展性。

(二)实物资产编码

本文中的实物资产管理包括固定资产的实物管理和非固定资产的实物管理,实物资产编码使用单独的一套编码原则,同样,由于线路、位置信息的可变性,实物资产编码采用流水码的方式进行编码。

(三)设备编码

根据资产一体化管理信息化建设关键环节与解决思路的要求,设备编码与实物资产编码采用相同的编码原则,同一项资产,如果同为实物资产及设备,则采用相同的编码。

(四)位置编码

位置编码在城市轨道交通企业的运营管理中起着非常重要的作用,位置不同于设备,但位

置与设备的关系异常紧密。设备是可移动可变动的，而位置是物理的、客观的，不随设备的变化而变化的，因此位置编码采用多段式的含义码。以线路、公共位置（如车站、区间、车辆段等称为公共位置）为基础，结合位置上对应的设备的专业、设备类型，形成整套的位置编码。

三、资产移交系统及预转资模块应用实践

资产移交与预转资功能的实现和应用是资产一体化管理得以真正应用的关键，但资产移交系统与预转资模块的真正应用，与城市轨道交通企业的业务运转及信息化应用的深度有着密切的联系，业务上需要时间上的匹配、业务成熟度的匹配；信息系统的建设方面，需要已搭建合同管理系统、设备维修管理系统，且需要移交的线路须满足所有的合同信息都流转在系统中，设备的维护维修具备通过信息系统开展的条件，固定资产管理亦实现了信息化。在这样的基础之上，通过资产移交系统与预转资模块的应用，就能实现资产一体化管理。

以广州地铁六号线首期工程为例，在合同信息、设备管理及固定资产管理都具备条件的情况下，在开展建设部门向运营部门资产移交的阶段，应用资产移交系统与预转资模块，完成了资产的信息化移交，并成功建立了资产与合同、资产与设备、资产实物信息与价值信息的关联关系。具体应用情况如下。

（一）资产组合信息的准备

资产的信息源于合同，广州地铁六号线所有合同的审批、支付已全部在广州地铁合同管理系统中实现。在合同签订阶段，在资产分类标准的指导下，合同开项按标准建立，每个合同开项都对应了具体的资产分类；在资产移交的准备阶段，将对应线路的设备采购合同与安装合同信息按照资产分类标准定义的固定资产单元进行组合，由于移交资产的数据将作为未来竣工决算的基础，因此需要组合每一个资产涉及的设备采购开项与安装开项。组合完毕即形成移交的资产清单，清单的内容包括资产名称、数量、单位、存放地点、资产分类、对应合同开项、供应商信息等内容。

资产组合非常重要，需要谨慎、认真进行。资产组合的正确与否，关系到资产信息的准确、完整，关系到竣工决算的数据基础，准确的资产组合能提高资产管理与竣工决算的效率，提高资产、设备的数据质量，也为资产信息的可追溯打下了坚实的基础。

（二）资产移交的系统审批

将已组合的移交资产信息导入资产移交系统，开始移交流程的流转与审批。移交信息的审批通过建设部门、运营各相关部门的逐层审批，审批重点关注资产的账实是否相符，是否按照资产分类标准进行移交，资产信息是否完整与准确，资产组合信息是否正确。在广州地铁六号线首期工程的应用实践中，可以发现，建设部门资产组合工作的质量对流程审批的效率有重要的影响，资产组合不准确会导致审批流程多次返回修改、影响整体资产移交工作、延长资产移交完成的时间以及制约设备数据的产生。

（三）资产数据的同步

资产移交流程审批完成后，资产移交系统的资产数据会同步到预转资模块，对应每一项资产生成唯一的预转资码，然后再将这套增加了预转资码的移交资产数据同步至设备维修管理系统，在设备维修管理系统中，以同步过来的资产数据为基础，按设备维修的颗粒度进行细化或合并，形成一套完整的设备数据。而同时，这套移交资产数据即成为各部门实物资产管理的

数据，进而开展日常的实物资产管理工作。

城市轨道交通企业的特点在于，当线路开始试运营，则运营部门必须开始进行设备的维护维修，而按照资产一体化管理的要求，设备数据须以移交的资产数据为基础进行完善，因此整个资产移交工作需要在试运营开始之前就完成。

四、资产一体化管理信息化实践效益

资产一体化管理理念的推行，是城市轨道交通企业的必然选择。大规模建设的推进，带来集中的新线验交工作，以往无信息化支撑的手工方式已经无法满足业务的发展需要，信息化的推行势在必行，但孤立的各业务信息系统的应用同样满足不了城市轨道交通企业的管理要求。

资产一体化管理信息化体系，找到了城市轨道交通企业最核心的业务主线，通过对工程项目管理、财务管理等领域的流程梳理，细化职责，明确各管理业务间的相互关系，统一信息标准，打通了新线规划、新线设计、计划进度管理、工地现场管理、质量管理、合同管理、仓储物流管理、验交管理、转资管理、概算管理、会计核算、资产管理、设备维修维护管理、备品备件采购管理、资产处置管理等业务连接，并围绕这条主线，构建了城市轨道交通企业信息化整体的架构，采用基于业务流程的信息系统开发和设计，消除了部门间管理壁垒，提高了信息的准确性，避免了重复录入，降低了劳动强度，最终实现了资产管理一体化、项目管理一体化、业务管理与财务管理一体化，有效地为企业的核心业务创造了价值。具体表现如下。

（一）一条主线

搭建了资产全生命周期管理体系，实现了资产信息向前端可追溯，向后端可反馈的闭环管理。

（二）二个维度

实现了资产的实物链与价值链的数据流转与信息关联，有利于从资产的两个不同维度进行分析，提升资产管理效率。

（三）三者统一

建设、财务、运营三个口径在资产分类标准下的统一，资产分类及相关规范、标准成为企业、系统共用的“语言”，统一了合同、移交、转资的管理口径，使前后的清晰对应和信息流转成为可能。

（四）四单相符

实现了合同清单、到货清单、支付清单及移交清单的四单相符，资产的形成至移交过程严格可控，合同清单与到货、支付、交付相符使概算回归日常化，更好地监控投资进度，同时也使建设期采购管理得到了更好的规范。

（五）五项追踪

实现了项目、合同、概算、运营需求、实物五项追踪，通过规范流程和操作得以掌握资产一体化管理过程中项目、合同、采购计划、实物周转、成本归集等关键业务活动，在主线畅通的基础上，解决好“毛细血管”的问题。

第七章 城市轨道交通企业信息化运维服务管理

第一节 城市轨道交通企业信息化运维服务管理体系

一、IT 运维服务管理的最佳实践

信息化运维服务管理(Information Technology Service Management,简称 ITSM),在业界也称 IT 服务管理,强调以流程为导向、以客户为中心、注重服务质量和服务成本的平衡。

在 IT 运维服务管理领域,ITIL 被公认为业界最佳实践和 IT 服务管理事实上的标准。ITIL,全称是 Information Technology Infrastructure Library,中文译为“信息技术基础架构库”,是英国商务部于 20 世纪 80 年代中期所做的一项关于 IT 服务质量调查项目的产物,是一套针对 IT 行业的服务管理标准。这种方法独立于厂商,适用于不同规模、不同技术和业务需求的组织。

到目前为止,ITIL 的版本已经从 1.0 发展到 3.0,版本的框架和内容有所不同。ITIL1.0 包括服务支持和服务交付两部分内容;ITIL2.0 涵盖服务管理、业务管理、基础设施管理、应用管理、安全管理、IT 服务管理规划与实施共六大管理领域;ITIL3.0 按照 IT 服务管理生命周期理念,将 IT 服务管理重新组合为服务战略、服务设计、服务转换、服务运维和持续性服务改进五部分内容。

二、IT 运维服务管理体系框架

根据 ITIL 的最佳实践,同时根据城市轨道交通企业特点,IT 运维服务管理体系可以设计如图 7-1 所示,包括三个层次的内容,即规划管理层、流程管理层和业务管理层。

整体框架主要反映了“以客户为中心、以流程为主线、各专业分工合作”的管理思想。

规划管理层包括从战略目标和用户需求出发进行业务分析,提出服务目标,分析 IT 运维服务现状和需求,制订 IT 运维服务战略,组织战略实施,对实施进行考核评估,发现差距,提出改进方案,组织持续改进的全过程。

流程管理层将 IT 运维服务流程划分为服务支持和服务交付两大类,包含 9 个流程和 1 个

服务台。服务支持类流程包括:事件管理、问题管理、发布管理、变更管理、配置管理流程,服务交付类流程包括能力管理、IT 财务管理、可用性管理、连续性管理流程。服务支持类的流程都是日常操作类的流程,是运维服务的基础,通过服务台的收发和跟踪协调,实现服务支持的五大流程。服务交付类的流程涉及 IT 规划和战略决策,将根据运维服务工作发展阶段适时开展,逐步完善。

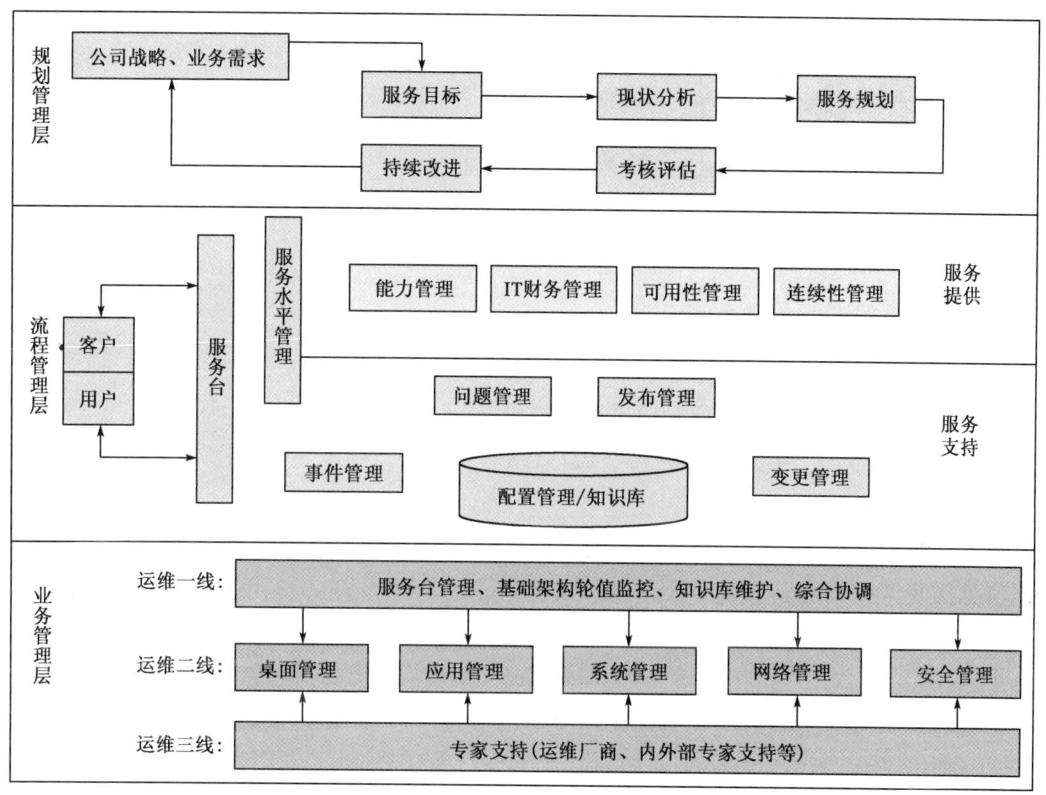

图 7-1　某城市轨道交通企业 IT 运维服务管理体系

业务管理层可以划分为运维一线、运维二线和运维三线。其中运维一线包括服务台、轮值监控和综合管理工作,而综合管理又包括运维规范管理、资产管理、文档管理、绩效管理及人员管理等内容;运维二线包括服务管理、应用管理、系统管理、网络管理及安全管理;运维三线特指对运维二线的专家支持,包括运维厂商企业内外部专家。

三、城市轨道交通企业信息化运维服务模式

(一)IT 运维服务组织

IT 运维服务组织负责企业的管理信息系统稳定运行、维护和安全管理工作,覆盖 IT 服务从开始到结束的整个过程。根据服务内容可将 IT 运维服务组织划分为服务管理、应用管理、系统管理、网络管理四个专业组织。运维服务组织体系如图 7-2 所示。

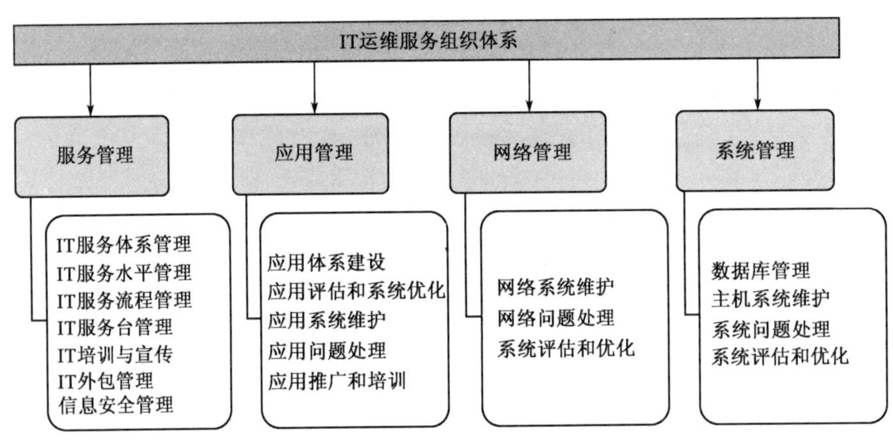

图 7-2 IT 运维服务组织体系

各专业组织的主要职责如下：

1. 服务管理专业组

服务管理专业组的主要职责是以客户满意度为导向，建立并完善运维服务与安全管理体系；作为用户服务窗口（服务台），为用户提供高效、优质 IT 技术支持和服务及安全保障。具体包括：

①建立对应的运维服务管理体系，协调体系整体运作，组织信息系统专兼职管理员、终端用户信息化日常应用及其安全等方面的普及培训。

②建立 IT 运维服务台，并负责服务台的运行管理。

③建立 IT 运维服务管理系统，并作为系统的主管部门，开展系统应用推广工作。

④组织落实信息系统运维安全技术控制措施，维护与优化各类信息安全系统，指导监督应用、系统、网络、服务等部分的运维安全管理。

⑤配合开展信息安全风险识别、评估、防范体系的建设，配合定期的信息安全审计。

2. 应用管理专业组

应用管理专业组的主要职责是对信息系统应用管理与维护，管理已正式交付并正常投入使用的应用系统维护工作，确保系统运行正常稳定，建立层次清晰、响应迅速、运转高效和管理规范的 IT 应用管理架构。具体包括：

①提供信息系统应用层面的技术支持服务，及时解决用户使用系统的问题。

②配合开展 IT 需求管理工作，并根据运维类需求对系统进行纠错、配置、设置、局部功能调整的变更实施。

③负责信息系统应用推广体系的建立和维护，组织开展目标考核。

④负责应用管理的操作规范、技术规程和维护标准的编制。

⑤负责信息系统关键用户的培训工作，并定期与各系统用户进行沟通。

⑥参与企业管理信息系统的建设、验收、委托工作。

⑦对系统应用情况进行评估，提出合理化建议并协助实现，促进系统深化应用。

3. 系统管理专业组

系统管理专业组的主要职责是对信息系统基础架构系统进行管理与维护，确保系统运行安全稳定。具体包括：

①负责信息系统基础系统维护管理，包括正式环境、测试环境、容灾环境、开发环境、操作系统、数据库系统、主机、存储等系统的维护与管理。

②负责基础系统可用性管理工作，包括系统监控分析、健康检查、备份与恢复、性能调优等工作；负责系统疑难问题分析、落实问题的解决。

③负责系统管理的操作规范、技术规程和维护标准的编制工作。

④参与企业管理信息系统（基础系统部分）的建设、验收、委托工作。

⑤负责对系统性能与容量进行评估，提出系统优化扩容需求方案等。

4. 网络管理专业组

网络管理专业组的主要职责是对信息系统网络进行管理与维护，确保网络运行安全稳定，建立安全稳定、高效运行、快速恢复、管理规范的网络维护体系。具体包括：

①负责城市轨道交通各线路、办公区域计算机网络的维护管理工作，包括核心网络、骨干网络、线路网络、投资企业网络、容灾网络的维护与管理。

②负责网络系统可用性管理工作，包括网络监控分析、健康检查、备份与恢复、性能调优等工作。

③负责各线路、车辆段计算机机房和网络设备间相关设施的维护管理工作。

④负责网络管理的操作规范、技术规程和建设标准的编制工作。

（二）IT 运维服务模式

参照 ITIL 最佳实践，城市轨道交通企业可根据业务、人员、技术、安全、成本等多方面的因素，采取统一规划、统一管理、三线支持的混合服务管理模式。高风险、核心的管理工作如应用运维、系统运维、服务器运维、网络运维和机房管理必须由运维服务部门负责管理，风险相对较低、管理成熟度较高的管理工作如服务台、桌面维护和软硬件的维保服务可采用服务外包方式。

各线主要工作内容和职责如下。

1. 运维一线

运维一线指负责受理和记录用户的服务请求的服务运维人员，负责对用户请求进行分类，对简单问题进行应答或转交二线支持，并执行服务支持过程中的标准化操作，由服务管理专业组人员组成。

2. 运维二线

运维二线指承担信息系统运行维护任务的服务运维人员，负责解决来自运维一线分派的系统故障事件，保持信息系统前后台软硬件服务稳定运行。人员主要由服务管理、系统管理、应用管理和网络管理人员组成。

3. 运维三线

运维三线负责对运维二线人员不能解决的系统故障或缺陷进行修复更正，其人员主要由

IT运维服务部门技术研究人员、维护外包单位、原系统建设人员以及外部专家组成。

第二节 城市轨道交通企业信息化运维服务管理流程

IT运维服务管理流程是IT运维服务管理的核心，以下以某城市轨道交通企业IT运维服务管理流程为样例，对日常运维服务管理、事件管理、问题管理和变更管理流程进行描述。

一、日常运维服务管理流程

日常运维服务管理流程的目的是通过精细化管理，规范运维服务人员的日常运维服务管理工作，提高IT运维服务质量和效率。日常运维服务管理工作包括：IT调度服务台人员每日进行系统通报，应用系统管理人员对系统进行日常监控，系统管理员定期进行系统检查和数据备份，网络管理员进行网络系统检查与优化和机房现场巡检等工作。日常运维服务管理按照执行频率不同可分为：日检、周检、月检、季检、半年检、年检等。

（一）日常运维服务管理原则

1.常规原则

①所有日常运维工作都应该有记录，应如实记录日常运维处理的情况，包括处理的问题、异常情况和处理结果等内容。

②根据日常维护工作需要，必须提前编制日常运维任务计划，包括任务名称、执行频率、执行方式等内容。

③日常运维任务计划制定之后，必须严格按照任务计划执行，如有修改需经过严格审批。

④在制定日常运维任务计划时需明确计划执行检查制度。

2.分派执行原则

①日常运维任务分派到具体的工作小组或人员。

②任务执行人不能拒绝任务的分派，也无权取消，如果对分派任务有异议须经上级批准后调整。

3.任务通知原则

①任务工单超过处理时限仍未关闭时，必须通知日常运维流程经理。

②任务工单执行失败时，必须通知相关人员。

4.任务执行原则

①任务执行中发现业务中断或其他需要升级事件流程的情况，应及时提交事件单。

②没有成功执行的任务应及时上报，由日常运维流程经理决定是否重新派发任务。

③任务执行人由于某些原因(例如出差、休假、培训等)离开岗位时,必须提前指定代办人代为执行任务并知会上级。

5. 任务关闭原则

①已完成的任务工单由执行人或流程经理关闭。

②已关闭的任务工单不允许重新打开和通过其他途径进行修改。

(二)日常运维服务组织与职责

1. 日常运维流程经理

①负责统筹编制、收集和整理工作任务分解表及调度人员日常检查计划,通过预先定义日常运维任务,如设置任务的起止时间、执行周期、任务执行人,并录入运维系统,通过过滤、转换和实例化,使能符合运维系统分派任务的形式,通过运维系统分派任务。

②通过系统、邮件和其他的方式提醒各员工按时开展工作。

③确保和事件管理流程之间的有效合作。

2. 专业组负责人

①具体制定和审核日常运维任务,决定日常运维任务的执行人、周期或具体时间。

②收集和整理组内员工的日常运维任务,以邮件或其他方式及时向日常运维流程经理提交并督促其及时录入运维系统。

③协调日常运维任务的各方面资源,解决室内员工遇到的难题,提交优化建议或方案,向部门经理定时进行汇报。

④及时检查运维系统日常运维任务处理过程及状态(日常运维单是否受理、是否响应超时、是否处理超时、后续处理情况等)进行跟踪与检查,必要时候可让日常运维流程经理提交检查情况和报表。

3. 专业组员工

①按运维规程和相关规范开展日常运维工作。

②完整记录日常运维情况信息,包括:检查时间、工作地点、检查内容、检查人、开展的方式、异常情况等。

(三)日常运维服务管理流程

1. 日常运维任务定义流程

日常运维任务定义流程样例如图 7-3 所示。

(1)年度工作计划或特定工作任务项

确立任务优先级和分类,并分派任务给各专业执行。

(2)计划任务定义

明确任务开展方式、频率和交付要求等。

(3)审核计划任务

审核任务分派是否合适,包括审核责任人是否有足够的权限和能力完成所分派的任务。如果审核不通过,需要返回上一步重新定义。

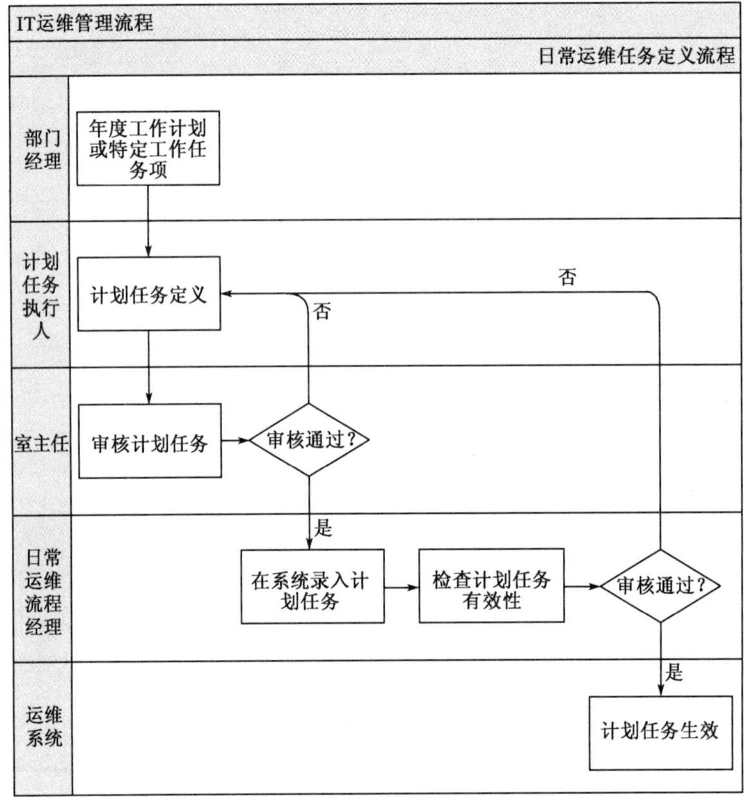

图 7-3 日常运维任务定义流程样例

(4)在系统录入计划任务

由日常运维流程经理在系统录入计划任务,并负责任务的跟踪管理。

(5)检查计划任务有效性

检查计划任务是否成功通过系统派发,并检查判断计划任务是否符合现状,是否需要修改等。

(6)计划任务生效

该流程环节由运维系统自动完成,根据既定的方式进行日常运维任务工单分派和归档记录相关的任务项。

2. 日常运维任务执行与关闭流程图

日常运维任务执行与关闭流程样例如图 7-4 所示。

(1)根据预定的计划任务创建工单

①流程环节由运维系统执行。

②系统根据预定的计划任务配置,自动创建维护作业单。

③系统自动派发作业单给定义好的执行人或执行组。

(2)创建临时任务工单

①流程环节责任人为运维服务部门负责人或日常运维流程经理。

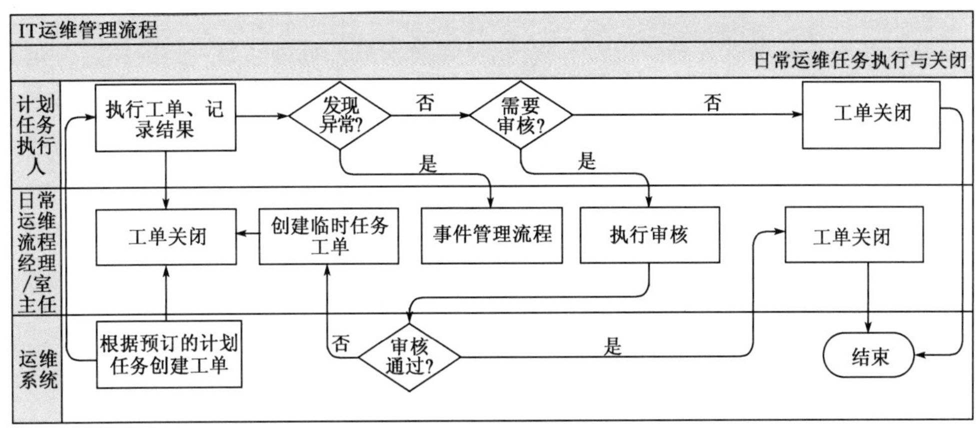

图 7-4　日常运维任务执行与关闭流程样例

②创建临时任务工单,通过系统派发给执行人或执行组。

(3)执行工单、记录结果

①流程环节责任人为各计划任务执行人。

②在接到日常运维工单后,确立任务优先级和分类,按时、按要求完成工作任务。

③详细记录执行过程和执行结果,并通过系统上传相关记录。

④如果发现异常情况,则在系统建立事件单,通过系统派发给执行人或执行组。

(4)工单关闭

①流程环节责任人为日常运维计划任务执行人、日常运维流程经理。

②通过系统关闭按钮工序关闭任务工单。

(5)执行审核

①流程环节责任人为专业组负责人。

②按照既定规程、原则审核已经完毕的或正在执行的任务工单情况,对于执行情况与计划不符的人员进行相关提醒和考核。

③若审核发现任务工单无执行或需要返工的情况,则重新创建日常运维临时任务工单。

二、事件管理流程

此概念中的“事件”是指任何不符合标准的操作并引起或可能引起服务中断和服务质量下降的活动。事件管理目标是在尽可能小地影响业务情况下尽快恢复服务。事件管理采用事件登记、分类、分级、状态跟踪、关闭确认等手段。

(一)事件管理原则

1. 常规原则

所有事件都应该记录备查。事件记录信息包括事件处理过程、详细的解决方案和相应的附件;对比其他事件,优先级为紧急和高的事件应优先处理;定期组织分析每月反复发生的事件和可以采取变更方法解决的事件,并落实解决方案。

2. 所有权原则

必须确保每个事件都有人负责跟踪与解决，并需要对事件处理结果进行验证后方可关闭。

3. 分派执行原则

事件处理单分派后要严格执行。紧急事件或 VIP 用户服务单可预先处理，但应及时补办相关手续；重大事件处理完成后，要总结回顾处理过程，并在事件单补录详细的处理信息、解决方案及相关改进点。

4. 流程关联原则

对于根本原因未明、采用变通方法解决的事件，应新建问题单或关联现有问题单；事件处理过程中需实施变更申请的，须按变更管理要求提交变更申请单；事件处理过程中需实施服务请求的，须按服务请求管理要求提交服务请求申请单；事件处理过程中故障定位到某个配置项的，须将事件单与该配置项关联。

5. 升级原则

一线人员应及时将不能解决的事件升级到二线支持人员，若未及时升级，协调员应及时介入，负责协调升级处理。一线人员和二线人员在必要时通知协调员，将事件升级为紧急事件；只有协调员和事件经理才有权限变更事件的优先级。

6. 事件关闭原则

所有事件单必须在验证通过后关闭。已关闭的事件单不允许重开，如果事件重复发生，则创建一个新的事件单。对于已解决事件单，如果在确认时无法联系用户，由质控员判断并决定是否关闭交互并关闭该事件。

（二）组织与职责

1. 事件管理经理

由 IT 调度服务台人员承担，负责统筹编制及更新 IT 运维管理责任清单及大面积重要事件定义标准；负责监控事件流程的运行状况；负责对事件解决过程中的资源进行协调，保证故障的最终排除；当事件超时升级或升级为大面积事件时，负责或参与资源协调，解决事件；确保和问题管理流程之间的有效合作；基于事件处理状况，发现 IT 或业务的相关问题。

2. 协调员

由 IT 调度服务台人员承担，负责审核并接受或拒绝分配给支持组的突发事件；协调事件单的分派；定期通过 IT 运维管理系统进行运维数据收集和整理，向事件经理提交运维数据；定期收集、整理和汇总运维数据，撰写信息运维周报及月报，提交事件经理审核；每日对事件处理过程及事件状态（事件单是否受理、事件单是否响应超时、事件单是否处理超时、设备送修情况等）进行跟踪与检查，每天向事件经理提交检查日志和通报大面积故障信息。

3. 一线人员

由 IT 调度服务台人员承担，负责按监控流程和规范进行监控工作，并对告警信息进行筛选和识别；负责完整记录所有接收的事件信息，处理事先确定的服务请求，对事件进行适当的分类、为事件分配优先级等属性；使用知识库等手段对事件进行初步诊断和分析，尝试解决问题；必要时联系供应商和现场服务人员，参与事件处理；检查事件记录的处理进度，保持与用户的联系，适时通知事件处理状况；与用户确认事件解决方案，关闭事件。

4. 二线人员

由部门各运维专业人员承担，负责验证事件的描述和处理状况，进一步收集相关信息；根据专业技能和知识库等，确定并实施有效解决方案或临时变通方法；必要时联系供应商和现场服务人员参与事件处理；更新事件记录和解决方案，确保事件状态代码真实反映事件状态；必要时与其他二线人员合作，确定解决方案或临时变通方法；将已解决的事件转回一线人员，由其进行用户确认并关闭事件。

（三）事件管理流程

流程的核心活动包括事件识别与分派和实施解决方案（一、二线），与问题管理流程、变更管理流程及服务请求流程相关联。如图 7-5 所示。

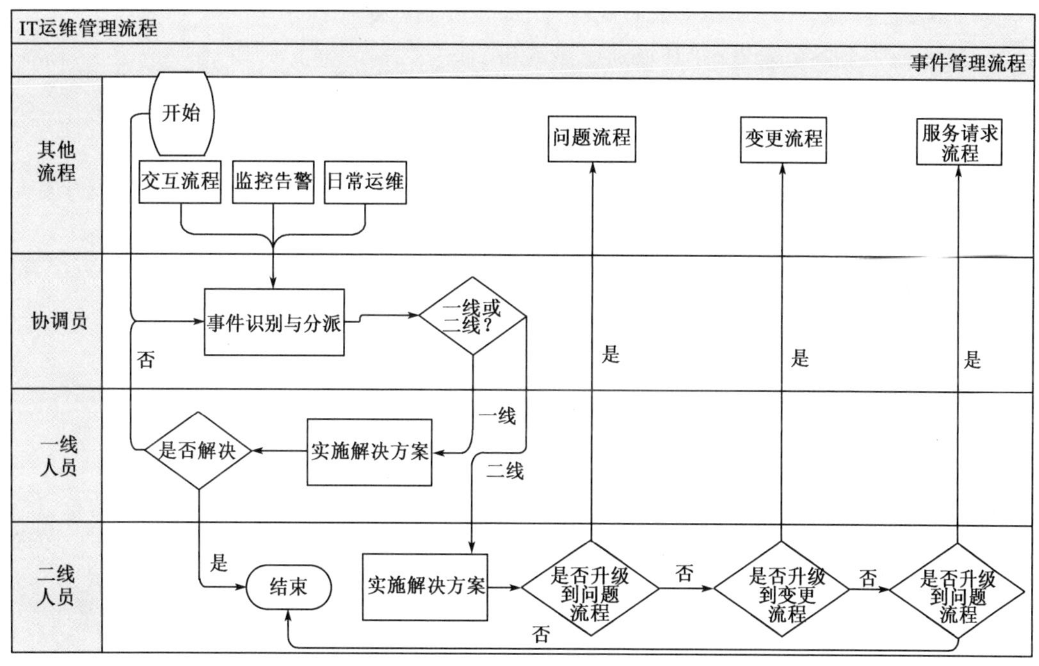

图 7-5　事件管理流程样例

1. 事件识别与分派

本流程环节责任人为 IT 调度服务台人员，本流程环节包括以下内容：

①在事件发生时快速准确地发现，确立事件优先级和分类。

②若没有现成解决方案或临时解决措施，分配事件给一、二线人员对此进行调查处理。

③收集创建事件记录所需的信息并初审事件单的关键信息。

④检查事件单信息是否足够，如发现事件单信息不完整，可退回服务台完善。

⑤当事件处理过程超过预期时限，通知处理人员和相应管理层，以引起干系人重视和参与。

2. 实施解决方案(一线人员)

本流程环节责任人为一线人员,主要为IT调度服务台人员,本流程环节包括以下内容:

①确定用什么方式解决事件。

②判断是否有足够的权限独自实施解决方案,如具备权限可直接实施解决方案。

③针对权限不足或者处理过程中发生错误的情况,都应及时把事件单转回协调员处理。

④记录故障事件解决方案。

3. 实施解决方案(二线人员)

本流程环节责任人为二线人员,主要为专业组系统责任人,本流程环节包括以下内容:

①确定用什么方式解决事件。

②判断是否有足够的权限独自实施解决方案,如具备权限可直接实施解决方案。

③针对权限不足或者处理过程中发生错误的情况,都应及时把事件单转回协调员处理。

④如需通过问题管理才能彻底解决故障,即升级到问题流程。

⑤判断是否要发起变更,并升级到变更流程。

⑥判断是否要发起请求,并升级到服务请求流程。

⑦记录故障事件解决方案。

三、问题管理流程

问题管理是指通过调查分析查明事件产生的潜在原因,制定解决方案和措施,防止事件再次发生,将事件和问题对业务产生的负面影响减小到最低。

(一)问题管理原则

1. 常规原则

①所有问题都应该被完整准确地记录下来,并保证相关信息应尽可能详细。

②明确问题管理的问题信息来源,消除事件管理与问题管理之间存在的灰色地带。

③所有对用户业务环境可能造成影响的问题都应通过问题管理流程处理。

④对未解决的问题,应交由多专业小组会议(如IT调度交班会等)进行讨论和评估。

⑤应当定期(每半年)进行流程回顾和评审,以改善问题管理流程。

2. 责任人原则

①确保每个问题都有人员负责落实责任,确保其和时性和有效性。

②问题经理作为问题处理过程的负责人,负责全程跟踪与协调此问题处理。

③当问题单被分派后,被分派方(指定问题分析专家)负责该问题的处理责任。

④问题单当前处理责任人(问题分析专家)负责将问题处理情况反馈问题申请人。

3. 分派执行原则

①问题的分派是由IT调度交班会集中评估确认后分派给问题分析专家。

②被分派任务的问题分析专家负责对故障的潜在原因进行调查、诊断及解决。

③如果未能找到问题的根本原因,应及时将问题单退回给问题经理并写明退回原因,以便

让问题经理把问题重新分派给合适的问题分析专家或者取消该问题调查。

④问题经过问题分析专家诊断与查明根源后，调查解决方案，如果找到，需要把相应的解决方案/替代方法提交到 IT 调度交班会进行评审。

4. 流程关联原则

①问题分析专家应借助配置项重要信息对问题进行有效的调查、分析和诊断。

②变更管理流程负责控制执行变更，包括由问题管理为消除问题而发出的变更请求。

③变更管理通知问题管理关于纠正性变更的进展和完成情况。这些纠正性变更的实施效果需要得到问题管理的最终确认。

④完整有效的事件记录是问题的主要来源，也是问题识别和分析诊断的重要基础。

⑤问题管理通过趋势分析和主动问题分析，进而采取预防措施，有助于降低事件的重发率和事件总数。

5. 问题关闭原则

①问题单在实施了解决方案之后，需要经过一段时间的回顾。

②只有问题经理才有权关闭问题单。

（二）组织与职责

1. 问题管理经理

由专业负责人担任问题管理经理，履行以下职责：

①定期组织 IT 调度交班会对大面积事件或系统隐患进行主动分析，发现潜在问题。

②组织对各专业提交的潜在问题进行分析，并对所需资源进行评估。

③跟踪监控问题的分析、诊断和处理过程，确保问题能及时有效地得到解决。

④定期制定问题报表，提供正确的决策信息。

⑤负责与事件及其他流程经理的沟通交流，确保与各个相关流程的有效合作。

2. 问题分析专家

由各运维专业人员承担，履行以下职责：

①定期分析事件记录数据及相关信息，发现和识别问题，进行主动预防。

②接受问题经理分派的问题，将本人不能受理的问题单及时退还给问题经理。

③分析诊断问题的根本原因，提出解决方案并落实执行，必要时发起变更请求。

④必要时协调配合第三方供应商诊断和解决问题。

⑤将常见或者典型的问题整理为知识记录。

3. 问题申请人

由各运维专业人员承担，履行以下职责：

①收集记录问题基本信息并将其与相应事件、配置项进行关联。

②将问题归类，设定其紧急度、影响度和优先级。

③将问题提交给问题经理。

（三）问题管理流程

流程的核心活动包括问题识别与记录、问题审核与分派、问题调查与分析、实施解决方案和验证问题解决结果。如图7-6所示。

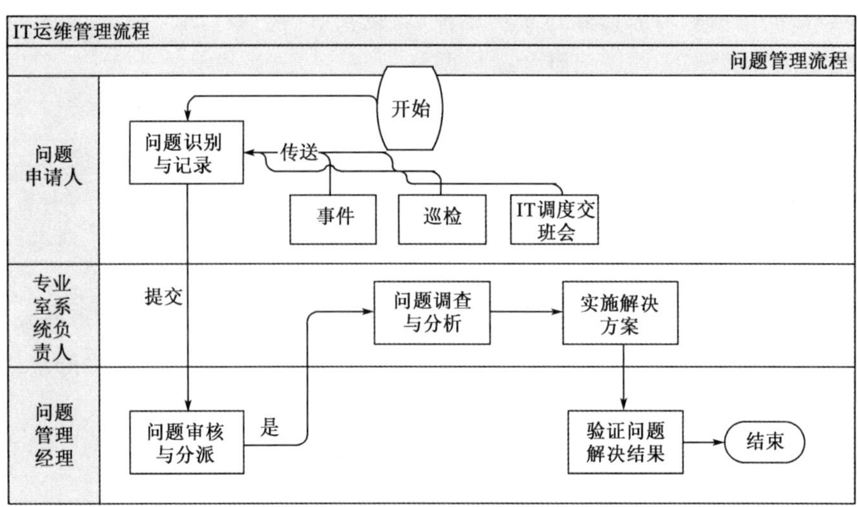

图7-6 问题管理流程样例

1. 流程触发条件

①一段周期内,同个事件反复发生(一月发生三次以上)。

②多个事件具有相同的症状;单个重大故障。

③通过运行周报/月报的趋势分析识别出潜在问题。

④通过巡检发现的系统层面重大问题/隐患。

2. 输入

未解决的事件单,需要通过问题管理流程解决;已解决的但需要进行根本原因分析的事件;对事件趋势分析的结果;事件尚未发生,属于问题分析专家主动发现的新问题。

3. 输出

对事件管理流程的通知;关闭的问题单。

4. 流程关闭条件

问题单分析处理完毕并经过评审,提交知识条目后可以关闭。

四、变更管理流程

变更管理流程是指为在最短中断时间内完成变更而对其进行控制的流程,减少或消除由于变更实施准备不足等原因而造成信息系统环境不稳定的情况。变更管理的内容主要是已正式上线运行的信息管理系统的功能调整、扩展、缺陷修改等,不包括系统上线之前的软件开发、测试等活动;主要是对现有系统改正性维护,可通过配置或修改完成的操作,但不涉及对系统架构的调整。具体包括:

①硬件环境与配套设施的变更,如服务器、网络设备、存储、机房UPS和精密空调等变更。

②基础系统软件(如域名管理系统、防病毒管理系统)的变更,如操作系统、数据库等变更。

③业务应用系统软件的变更,如版本升级、补丁升级与版本配置等变更。

④已上线正式运行的业务应用系统变更，如信息系统的工作流流程调整、显示界面修改、相关报表修改、业务数据更改和导入、系统缺陷修复等。

（一）变更管理原则

1. 通用原则

①所有影响到运营生产环境的配置项变更，都须严格遵循变更管理流程的审核，对涉及面广或对业务核心流程有较大调整的重大变更的需谨慎评估。

②系统变更的实施时间应尽可能避开相关业务繁忙期，比如在夜间的维修作业、车务排班计划编制期、月底年末财务结算期等情况下不宜实施相关业务系统的变更。

③如非必要，不同运维专业的变更要错开执行，减少故障问题分析的复杂程度。

④变更流程中的处理意见及过程信息应被完整记录以便追踪，记录的内容应包括变更起始时间、结束时间、执行人、执行结果、异常情况等。

⑤要通过定期组织技术例会，对变更管理的执行情况进行回顾，对变更管理报表与关键衡量指标进行分析，以此持续性优化变更管理流程。

2. 分类原则

①信息系统变更包含标准变更、常规变更和紧急变更三类。

②标准变更由服务请求管理流程设置入口并负责提出，对于重复且执行风险较低的常规变更，可通过评估后转化成标准变更进行管理。

③常规变更则可由变更经理总体管控，通过与各相关方面协同并采取多种方式进行，严格管理其计划、评估、审批、实施、反馈等活动。

④紧急变更则提供变更快速实施处理机制，并由变更评审小组组织评估和审批。

3. 关联原则

①重大系统变更的评估应进行关联性分析，在充分征求相关系统运维专业人员的意见后审核。

②系统变更实施完成后，应将关联的配置项信息及时更新。

③如变更管理流程由事件管理流程触发，则事件记录必须与变更记录相关联。

④如变更管理流程由问题管理流程触发，则问题记录必须与变更记录相关联。

4. 告知原则

①凡对现有业务系统产生影响的变更，如实施变更涉及停机或者中止业务服务的，均须在变更执行前提前告知有关业务部门。

②对于涉及面广的系统变更，可通过门户网站、邮件、企业通信工具广而告之。

③需告知相关系统运维专业相关人员做好变更前后的应急准备与可用性测试。

④在变更实施完毕后亦应再次通告服务恢复，告知相关用户以及运维专业相关人员。

（二）变更管理流程

变更管理流程的核心活动包括草拟变更申请、审核变更方案、专业评估意见、变更后评估及变更回滚。如图 7-7 所示。

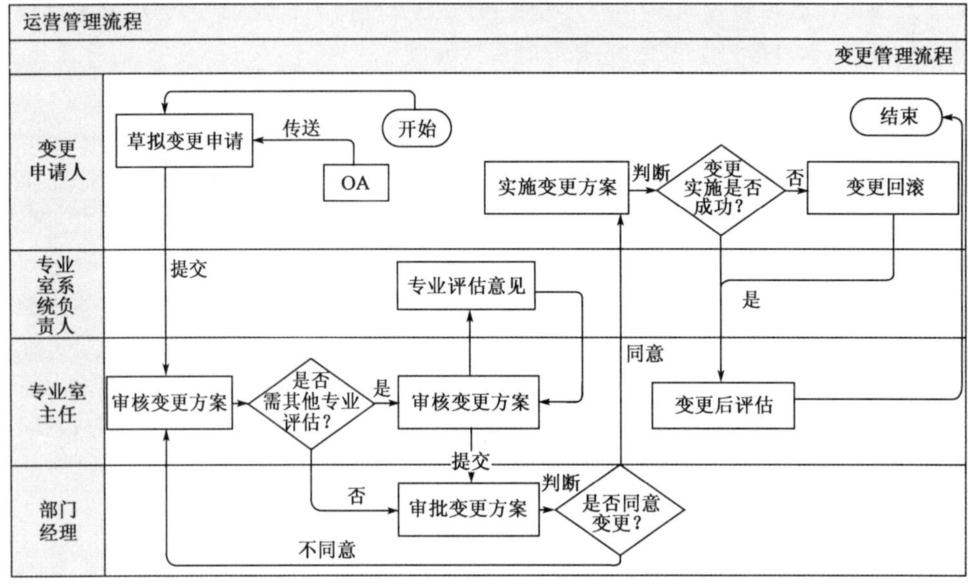

图 7-7 变更管理流程样例

1. 流程触发条件

①为了改正一个系统错误而提出的变更请求。

②通过事件管理或问题管理流程触发的变更请求。

③由已知的错误解决方案提出的变更请求。

系统责任人提交变更请求。

2. 输入

①变更申请基本信息(包括名称、类别、优先级等)。

②变更请求的描述、问题解决方案描述、变更计划的实施日期等。

3. 输出

①由于未达到预期目标而制定的后续行动计划。

②更新并关闭的变更请求单;改进管理流程的建议。

4. 流程关闭条件

变更实施已结束并经过评估确认。

第三节
城市轨道交通企业信息系统的维修管理

IT 维修模式包括故障性维修及预防性维修两大类,其中故障性维修的目的在于快速排除故障，从而最大程度减少对业务的影响，预防性维修是避免问题的出现，实现性能和可用性的最大化，提高业务可用性水平。

不同类别的系统对于停机时间有不同要求，开发、测试和容灾系统通常允许进行非计划停机维护，非计划停机会影响内部业务信息系统的运作，而面对外部客户的正式环境系统，非计划停机会导致企业经营收入受损，甚至会导致负面的社会影响，如客户诉讼、客户流失等问题。

在信息化部门和系统使用部门间的服务级别协议中需要明确对维修模式的相关要求。例如，基于服务级别协议中可用性协议指标，IT 维修模式在星期一至星期六上午 8 点至晚上 11 点期间达到 99.5% 的可用性；基于恢复的协议指标，IT 维修模式必须在 8 小时内解决 95% 的系统问题；基于响应的协议指标，IT 部门必须在服务台收到系统问题解决请求的 4 小时内做出响应。

一、城市轨道交通企业信息系统的故障性维修

（一）故障性维修处理方式

1. 远程问题诊断与处理

用户通过拨打指定的 IT 部门的支持电话号码提出服务请求后，IT 服务部门将在限定的服务时间内解决系统问题。这种诊断与处理方式属于响应式服务。在提供任何必要的现场维修之前，系统维护人员将在可行的情况下，首先使用远程支持服务工具对其提供支持的系统进行远程诊断，或通过其他方式为远程解决问题提供帮助。

2. 系统监控诊断与处理

系统监控程序客户端安装在被监控系统上，24 小时实时监测服务器、存储设备及网络设备上的软硬件故障。一旦发现服务器或存储设备有硬件或系统软件故障，监控系统将自动产生一个事件，并自动把事件通过网络发送到系统的响应中心，系统工程师将主动解决可能的或潜在的故障。系统工程师还可以通过远程登录到系统进行诊断，快速恢复系统及设备。与用户自己发现问题再报修的响应式服务不同，系统监控可以帮助及时发现系统级别的软硬件异常，并在第一时间内告知 IT 运维部门，提供主动式服务。

3. 现场故障处理

如果系统管理员确定硬件问题不能通过远程方式解决，则系统管理员将到用户现场或设备部署现场进行硬件的维修，使其恢复运行。此外，系统维护人员还可能进行一些必要的系统改进或采取优化措施，以使这些设备能够正常运行，并与更换部件兼容。

（二）故障性维修处理步骤

1. 系统故障分类

系统故障分为软件故障、硬件故障、软件 + 硬件故障三种：

①软件故障为系统不能正常使用，服务器硬件正常时的故障。

②硬件故障为服务器出现指示灯警告或通过检测手段检查到硬件不正常，但系统还可以正常使用的故障。

③软件+硬件故障为系统不能正常使用,同时出现服务器硬件不正常的故障。

2. 系统故障类型定位

(1)发现故障

当系统管理员检查系统发现故障,或得到一线报障,或用户直接反映故障灯,假设从上述各种途径得知故障,应立即进行系统故障分析和排错。

(2)故障类型识别

①检查所有日志,包括硬件故障灯警告、操作系统日志、数据库日志、应用系统日志、中间件(基础)日志。

②运行服务器自带诊断工具(例如服务器安装的 HP 硬件管理工具,IBM 硬件检测工具等),进行排错。

③通过以上检查,对照故障类型定义,可以初步定位是软件、硬件还是软件+硬件错误。

3. 软件故障处理步骤

(1)软件故障分析

当确定出现了软件故障时,从系统内部和外部找。系统内部看是否有多台服务器同时提供应用,若是,要定位到哪一台出错还是全面出错,看是应用还是数据库出错,看是否是操作系统层面资源紧缺引起等。还要从系统外部看接口服务和网络是否正常等。

(2)软件故障处理具体操作

①查看报错信息,包括编写的脚本、监控软件及报错页面的提示信息,初步定位到类别,是数据库、应用还是网络。是数据库的话,进一步查看数据库日志及用数据库性能指标查看性能;是应用的话,立即查看应用日志;如果是网络,确认网络是否通。

②运行命令产生跟踪日志/状态(如果具备这种功能的,例如数据库可以通过运行 event 获取事件日志等)。

③运行诊断工具(如果系统或应用有带,例如数据库性能分析工具等)。

④运行命令,查看系统的状态,系统依赖的服务(本地和远程)是否正常。

⑤通过以上步骤,如果能初步识别出到底是系统内部还是外部出错,甚至可以更细致地识别出具体的出错部位,例如是数据库或网络等,就利用经验进行修复,修复完毕后检查系统是否恢复正常。

(3)软件故障逐步解决

如果在第一步识别出故障之后,仍然无法摸清故障原因,就按照以下步骤逐步排除故障:

①第一步,修复报错。在凭借经验解决不了时,也不能识别出故障的原因,若看到的一些错误提示信息与所发生的故障现象没有直接的联系,这时先把发现的错误修复,再检查系统。

②第二步,回退变更。在上步之后,发现仍然不行,查看近期变更记录,回退变更。

③第三步,利用外部资源。确定自己无法解决的情况下,充分利用公司已购买的技术支持服务,如硬件厂家的 800 电话服务热线、Oracle 的 metalink 网站等,也可以通过搜索引擎如谷歌(Google)、百度(Baidu),软件厂家的官方网站或者各相关技术论坛等网络资源寻找技术解决方案。

(4)故障处理后续工作

当处理完故障之后，填写故障处理单。有必要时，要召开故障分析会，各系统管理员分析故障出现源头，分享故障处理，汲取经验，以便在日后系统管理工作中避免类似故障的发生，在以后故障处理中利用实践所得出的经验。

4. 硬件故障处理步骤

当确认为硬件故障时，半小时内报修，按照维保相关约定，督促维保单位维修过程，监督其遵从维保完成的时间要求等。

5. 软件 + 硬件故障处理步骤

当确认为软件 + 硬件故障类型时，软件部分故障按照上述软件故障处理步骤进行，硬件部分故障按照上述硬件故障处理指引进行。

二、城市轨道交通企业信息系统的预防性维修

预防性维修是企业 IT 运维中设备例行检查、维护工作，重点在于对硬件设备及与之相关的各种环境信息、状态的检查，其内容取决于系统配置和相应单项功能的可执行性。信息系统设备预防性维修主要分为月度、季度、半年和年度维修。

(一)月度维修

1. 系统检查

检查系统和存储设备目前的状态，并分析其潜在的问题，进而给出解决这些问题的建议和方法，以便尽早发现系统存在的隐患，防患于未然，减少非正常宕机的危险。系统维护工程师需提供检查报告，对发现的问题作出必要的调整。系统检查的目的是提高系统的可用性。系统维护工程师还需对若干次检查结果进行比较，帮助维护系统的正常运行。

2. 系统健康检测

①系统可恢复性检测：检测远程访问连接；系统诊断及预防维护进程 Dump 及交换区配置；内核备份。

②系统可靠性检测：检测根盘、数据盘的镜像；电源配置；单点故障检测；线缆连接。

③系统一致性检测：检测 Firmware、Patch 信息 SCSI 配置及 SS_CONFIG 参数。

④系统文档及备份策略检查：检测系统文档资料是否完整；系统备份策略是否合理。

3. 数据库健康检查

检查内容包括数据库内部空间使用情况；数据库内部内存使用情况；数据库与 OS 之间空间使用对应情况描述；数据库 session 与 OS 进程之间对应关系及 session 活动描述；数据库 IO 分析；数据库锁分析；数据库回滚段分析；数据库状态历史数据分析与报错分析；数据库对象空间扩展分析及预测；数据库备份健康检查；数据库初始化参数设置检查。

(二)季度维修

1. 增补软件及硬件固件分析

增补软件是指对系统中当前未安装的所有通用增补软件进行检查，根据厂商推荐的增补软件列表进行分析，由于增补软件包是客户化的，根据需求增补可使升级时间缩到最短，从而

减少对系统的影响。此外,还需根据主机或存储设备的型号更新所需的固件(Firmware),更新硬件版本,提高系统可用性。

2. 系统季度性能分析

系统季度性能分析是指对系统硬件、操作系统、数据库、中间件、其他第三方软件及应用系统的综合分析,定位系统性能瓶颈,建立长期系统性能优化方案,进行系统资源规划设计,从而使系统高速、稳健地运行,并可满足业务不断增长的需求。系统维护工程师还需基于对应用系统、操作系统、数据库及其他相关软件的理解,利用相关性能调试工具对系统的主机硬件、存储设备、网络、数据库、中间件和应用程序的 SQL 语句等方面的运行状况进行全面的数据收集和分析,找出系统当前存在或潜在的性能问题,并以报告的方式提交,指出系统运行的瓶颈所在,给出优化建议,以提高系统的运行效率,有助于资源规划报告的形成。

(三)半年维修

1. 硬件预防性维护

硬件预防性维护的重点在于对硬件设备及与之相关的各种环境信息、状态的检查,其内容取决于系统配置和相应单项功能的可执行性。

2. 数据备份方案检查

数据备份方案检查工作是检查已有的数据备份方案,检查应用系统备份情况,并分析其潜在的问题,找寻可能存在的威胁数据安全的隐患,进而给出解决这些问题的建议和方法,制订有效的数据保护计划,提高并确保业务数据的安全性。主要工作包括:

①应用系统信息收集:用户应用系统配置;关键程度;数据量;备份要求。

②应用系统备份策略检查:操作系统备份;应用系统备份;逻辑卷配置信息备份;数据库备份。

③应用系统恢复策略检查:恢复流程检查;备份的可恢复性检查。

④备份工具配置检查:介质管理检查;介质保存检查。

(四)年度维修

年度维修主要依靠高可用性集群软件配置运行审计,通过高度可用集群的专业化软件产品保护关键任务应用免受多种硬件和软件故障的影响。高可用性集群软件监测每一个结点的健康状态,并通过最大程度减少或消除应用停机,对故障作出快速响应。

审计工作内容包括:检查物理环境;安装审核软件;收集数据;分析可用性和集群软件的兼容性;高可用性环境配置信息、事件和推荐归档;测试推荐方案;回顾曾发生的事件、提出建议;制订改进计划。

第八章 城市轨道交通企业信息安全管理

第一节 城市轨道交通企业信息安全概述

近年来,我国城市轨道交通的发展日新月异。作为城市轨道交通运行的神经中枢,信息系统更是发挥着不可忽视的作用,信息系统的作用和影响力已经从单一的业务领域扩展到整个企业。在信息系统给企业带来活力、利润和竞争力的同时,也给企业增加了风险。特别是随着信息系统朝着互联共享方向的发展,系统面临的风险也越来越大。如何充分利用信息技术获得企业价值的最大化,同时最大限度地降低由此而带来的风险,已经成为企业必须要面对的问题。因此,保证信息安全已成为城市轨道交通企业健康、快速、持续发展的关键。

信息安全是指信息在产生、传输、处理和存储过程中不被泄露或破坏,确保信息的保密性、完整性和可用性,同时保证信息系统的可靠性和可控性。保密性、完整性和可用性是信息安全的基本属性,具体含义如下:

①保密性:是指信息不能被未授权的个人、实体或者过程利用或知悉的特性。

②完整性:是指信息未经授权不能被修改、不被破坏、不被插入、不延迟、不乱序和不丢失的特性。

③可用性:是指合法用户访问并能按要求顺序使用信息的特性。

一、信息安全建设的必要性

伴随着信息技术的高速发展和信息系统在企业管理中的广泛应用,网络威胁、数据泄漏和欺诈等风险越来越大,信息安全事件层出不穷,带来的影响和损失也越来越严重。保障信息安全已经成为企业信息化的一项重要工作。

(一)应对信息安全威胁

城市轨道交通企业信息化进程在加快,信息化的覆盖面在扩大,信息安全问题也就随之日益增多和复杂,其造成的影响和后果也会不断扩大和日趋严重。主要威胁如下所述。

1. 系统漏洞越来越多

新发现的安全漏洞每年都在增加,这些漏洞是入侵者的攻击目标。管理人员必须不断用最新的补丁修补这些漏洞,入侵者经常在漏洞修补前发现并攻击目标。

根据中国国家信息安全测评中心中国国家信息安全漏洞库2015年7月发布的"信息安全漏洞通报",2015年7月份一个月新增漏洞858个,日均新增28个,漏洞分类情况如表8-1所示。

表8-1

序号	漏洞类型	漏洞数量	所占比例(%)
1	缓冲区溢出	141	16.43
2	权限许可和访问控制	74	8.62
3	跨站脚本	68	7.93
4	输入验证	55	6.41
5	信息泄露	55	6.41
6	代码注入	27	3.15
7	资源管理错误	27	3.15
8	SQL注入	19	2.21
9	跨站请求伪造	18	2.10
10	路径遍历	16	1.86
11	数字错误	11	1.28
12	加密问题	8	0.93
13	操作系统命令注入	7	0.82
14	授权问题	4	0.47
15	竞争条件	2	0.23
16	信任管理	2	0.23

2. 攻击防不胜防

防火墙是人们用来防范入侵者的主要保护措施。但是越来越多的攻击技术可以绕过防火墙,例如,攻击者曾通过互联网打印协议(Internet Printing Protocol,IPP)和Web分布式创作和版本管理协议(WebDAV Web-based Distributed Authoring and Versioning,WebDAV)绕过防火墙进行攻击。

同时,随着信息技术的发展,攻击工具也在发展变化中,而且通过互联网就能获取,这些工具能按照特定的编码规则自动执行攻击,可对系统造成较大破坏。

此外,由于人们的日常生活对互联网的依赖性越来越强,支持互联网系统的基础设施的安全越来越让人担心。基础设施面临分布式拒绝服务攻击、蠕虫病毒、对互联网域名系统的攻击和路由器攻击等多种威胁。基础设施被攻击会引起基础设施服务大面积受影响,会导致如供电、供水、移动通信、电话/有线电视、警务或急救电子政务网络等服务瘫痪。

3. 工业控制系统也面临风险

工业控制系统在过程生产、电力设施、水力油气和运输等领域有着广泛的应用。传统控制系统的安全性主要依赖于其封闭性。为了实现企业信息系统的整合和建立企业级商务智能系统,企业采用开放接口协议将工业控制系统和企业管理信息系统进行互连互通,因此导致工业

控制系统不再封闭，有了可以攻击的“开口”。这些“开口”有可能存在安全漏洞，攻击者可以通过这些漏洞对工业控制系统实施攻击，进而使其控制的关键基础设施受到严重损坏。例如，2010 年的“震网”病毒席卷全球，伊朗布什尔核电站因遭此攻击，导致延期运行。

另外，一些新技术的应用例如 BYOD(Bring Your Own Device)移动终端办公的应用普遍性越来越广，由于智能终端的多样化和网络通道的多元化，使得信息访问共享和沟通程序复杂的多样性，移动终端给人们带来便利的同时，同样也需要考虑如何防范存在的安全隐患。

(二)保障企业信息化健康发展

企业信息安全建设的最终目的是为企业信息化发展提供全方位的安全保障。

城市轨道交通企业的信息系统服务于网络化建设和运营生产，由于其业务和应用种类繁多、复杂性高且实时性要求强，以及部分系统面向公众服务等特点，系统对可靠性、可用性、可维护性等方面的要求较高。

建设企业信息化是企业可持续发展的战略。信息化建设降低了数据收集、整理、分析和使用的成本，提高了数据准确性及权威性，为企业管理提供了决策支持。要确保信息系统的可靠运行和业务协同过程中数据流转的一致性，就需要加强信息化建设过程中的信息安全建设。

在中国共产党第十六届四中全会通过的《关于加强党的执政能力的决议》中，信息安全与政治安全、经济安全、文化安全并列为四大主题之一，信息安全已成为国家安全的重要组成部分。在党的十八大三中全会通过的《中共中央关于全面深化改革若干重大问题的决定》中进一步提出要健全公共安全体系，并随后成立了国家安全委员会。

在信息安全保护措施方面，从 2003 年开始，中国政府就将信息安全等级保护作为国家信息安全保障工作的重中之重，要求各级党委、人民政府认真组织贯彻落实。2004 年，公安部、国家保密局、国家密码管理委员会办公室、国务院信息化工作办公室联合下发了《关于信息安全等级保护工作的实施意见》(66 号文)；2005 年国信办下发了《电子政务信息安全等级保护实施指南》(25 号文)；2005 年年底，公安部下发了《关于开展信息系统安全等级保护基础调查工作的通知》(公信安[2005]1431 号)。从 2006 年 1 月开始，由全国各级公安机关组织开展了全国范围内各行业、企业信息系统的基础信息调研工作，先后出台了《信息系统安全保护等级定级指南》《信息系统安全等级保护基本要求》《信息系统安全等级保护测评准则》《信息系统安全等级保护实施指南》等指导性文件。

国家明确要求，在信息系统定级、总体安全规划、安全设计与实施、安全运行与维护等阶段，要按照相应的信息安全标准，建设符合信息安全等级保护要求的信息系统。

二、信息安全规划与建设方法

在制定和建设企业信息安全体系时，应从企业整体出发，建立信息安全方针，确定信息安全策略，构建信息安全体系，并在实际工作中不断完善。企业在建立与完善信息安全体系时，可根据企业具体情况，采取具体的步骤和方法。

建立信息安全体系的主要步骤如下。

(一)信息安全体系策划和准备

在策划和准备阶段，需要定义体系的适用范围，确定体系建设的工作组织和工作计划，并编写体系建设策划报告。

信息安全体系建设范围是需要重点进行管理的安全领域，可以是整个企业、也可以是个别重要部门或领域。一般会将企业划分成不同的信息安全控制领域，这样做易于对有不同需求的领域进行适当的信息安全管理。在定义适用范围时，应重点考虑企业的适用环境、适用人员、现有信息系统、现有信息资产及它们之间的相互关系等。

(二)现状调查与风险评估

依据有关信息安全技术与管理标准，对信息系统及由其生成、处理、传输和存储的信息的机密性、完整性和可用性等安全属性进行调研和评价，并评估信息资产面临的威胁以及导致安全事件发生的可能性，结合安全事件所涉及的信息资产价值来判断安全事件一旦发生对企业造成的影响。

(三)建立信息安全总体框架

从整体和全局的视角，根据业务性质、组织特征、信息资产状况和技术条件，建立信息资产清单，进行风险分析、需求分析和选择安全控制，准备适用性声明等步骤，从而建立安全体系并提出安全解决方案。

(四)信息安全体系文件编写

信息安全体系文件是建立信息安全体系的基础工作，也是企业实现风险控制、评价和改进信息安全体系、实现持续改进不可少的依据。在信息安全体系建立的文件中应该包含：安全方针文档、适用范围文档、风险评估文档、实施与控制文档、适用性声明文档。

(五)信息安全体系的运行与改进

信息安全体系文件编制完成以后，企业应按照文件的控制要求进行审核与批准并发布实施，至此，信息安全体系将进入运行阶段。在此期间，企业应加强运作力度，充分发挥体系本身的各项功能，及时发现体系策划中存在的问题，找出问题根源，采取纠正措施，并按照更改控制程序要求对体系予以更改，以达到进一步完善信息安全体系的目的。

(六)信息安全体系审核

信息安全体系审核包括内部审核和外部审核(第三方审核)。内部审核一般以企业名义进行，可作为企业自我合格检查的基础。外部审核由外部组织独立进行，可以提供符合要求(如ISO/IEC 27001)的认证或注册。信息安全体系的建立是一个目标叠加的过程，是在不断发展变化的技术环境中进行的，是一个动态的、闭环的风险管理过程，要想获得有效的成果，需要通过评估、防护、监督、响应和恢复等几个环节的工作，促进信息安全体系的不断改进和完善。

三、信息安全标准规范

(一)信息安全标准规范发布情况

1. 国际标准和国外标准

从美国国防部1985年发布的著名的《可信计算机系统评估准则》(Trusted Computer System Evaluation Criteria，TCSEC）起，世界各国相继发布了一系列有关信息安全的标准规范，主要包括：

①TCSEC：《可信计算机系统评估准则》（Trusted Computer System Evaluation Criteria），1985年由美国国防部发布。

②ITSEC ：《信息技术安全评价标准》（Information Technology Security Evaluation Criteria ），1991 年由英国、法国、德国和荷兰组织发布。

③CTCPEC ：《加拿大可信计算机产品评价准则》（Canadian Trusted Computer Product Evaluation Criteria），1993 年由加拿大发布。

④BS7799：《信息安全管理实施通则》（Code of Practice for Information Security Management），1996 年由英国发布。

⑤GMITS：《IT 安全管理指南》（Guidelines for the Management of IT Security, ISO/IEC TR 13335 ），1996 年 ISO/IEC 发布。

⑥CC：《信息技术安全评估通用准则》（The Common Criteria for Information Technology Security Evaluation），1996 年由美国、加拿大、英国、法国等 7 国组织联合发布。

⑦ISO/IEC 15408：《信息技术 安全技术 IT 安全评估准则》（Information technology—Security Techniques—Evaluation Criteria for IT Security），1999 年 ISO/IEC 发布第一版。

⑧ISO/IEC 17799：《信息技术—安全技术—信息安全管理实用规则》（Information technology—Security techniques—Code of Practice for Information Security Management）, 2000 年 ISO/IEC 发布。

⑨ISO/IEC 27001：《信息技术—安全技术—信息安全管理体系要求》（Information technology—Security Techniques—Information Security Management Systems-Requirements），2005 年 ISO/IEC 发布。

2. 中国信息安全标准规范

①GB 17859：《计算机信息系统安全保护等级划分准则》，1999 年发布。

②GB/T 18336：《信息技术　安全技术 信息技术安全性评估准则》，2001 年发布。

③GB/T 19716：《信息技术　信息安全管理实用规则》，2005 年发布。

④GB/T 19715：《信息技术　信息技术安全管理指南》，2005 年发布。

⑤GB/T 19716：《信息技术　信息安全管理实用规则》，2005 年发布。

⑥GB/Z 20985：《信息技术　安全技术 信息安全事件管理指南》，2007 年发布。

⑦GB/T 20984：《信息安全技术　信息安全风险评估规范》，2007 年发布。

⑧GB/T 22019：《信息安全技术　信息系统安全等级保护基本要求》，2008 年发布。

⑨GB/T 22080：《信息技术 安全技术 信息安全管理体系要求》，2008 年发布。

其中，国际标准 ISO 27000 系列和中国信息安全等级保护相关标准是目前企业依据的主要标准，下面对这两类标准进行简单介绍。

（二）ISO 27000 系列标准

1. ISO 27000 系列标准

ISO 为信息安全管理体系（Information Security Management System，ISMS）标准预留了 ISO/

IEC 27000 系列编号，类似于质量管理体系的 ISO 9000 系列和环境管理体系的 ISO 14000 系列标准。ISO 27000 系列主要包含下列标准：

①ISO 27000:《信息安全管理体系原理和术语》(Information Security Management System Fundamentals and Vocabulary)，该标准主要用于阐述 ISMS 的基本原理和术语。

②ISO 27001:《信息安全管理体系要求》(Information Security Management System Requirements)，该标准源于 BS7799-2，主要提出 ISMS 的基本要求。

③ISO 27002:《信息安全管理实践规则》(Code of Practice for Information Security Management)，该标准取代了 ISO/IEC 17799:2005。

④ISO 27003:《信息安全管理体系实施指南》(Information Security Management Systems Implementation Guidance)，该标准为 ISMS 的建立、实施、维持、改进提供指导。

⑤ISO 27004:《信息安全管理测量与指标》(Information Security Management Measurements and Metrics)，该标准阐述信息安全管理的测量和指标，用于测量信息安全管理的实施效果。

⑥ISO 27005:《信息安全风险管理》(Information Security Risk Management)，该标准以 BS7799-3 和 ISO 13335 为基础。

⑦ISO 27006:《信息安全管理体系审核认证机构要求》(Information Technology—Security Techniques—Requirements for Bodies Providing Audit and Certification of Information Security Management Systems)，该标准对提供 ISMS 认证的机构提出要求，所有提供 ISMS 认证服务的机构需要按照该标准的要求证明其能力和可靠性。

2. ISO 27001 标准

上述标准中，ISO 27001 是 ISO 27000 系列的主标准，类似于 ISO 9000 系列中的 ISO 9001，企业可以按照 ISO 27001 的要求建立自己的信息安全管理体系，并通过认证。

作为目前国际上具有代表性的信息安全管理体系标准，ISO 27001 已在世界各地的政府机构、银行、证券、保险公司、电信运营商、网络公司及许多跨国公司得到了广泛应用。

在 ISO/IEC 27001 中详细说明了建立、实施和维护信息安全管理体系的要求，指出实施组织需要通过风险评估来确定最适宜的控制对象，并对企业的需求采取适当的控制。该标准可用于组织的信息安全管理体系的建立和实施，保障组织的信息安全，采用 PDCA 过程方法，基于风险评估的风险管理理念，全面系统地持续改进组织的安全管理。

ISO 27001 标准的体系框架如图 8-1 所示。

(三)信息安全等级保护标准

信息安全等级保护是对信息和信息载体按照重要性等级分级别进行保护的工作，是指对国家安全、法人和其他组织及公民的专有信息以及公开信息，以及存储、传输、处理这些信息的信息系统分等级实行安全保护，对信息系统中使用的信息安全产品实行按等级管理，对信息系统中发生的信息安全事件分等级响应、处置的综合性工作。信息安全等级保护工作包括定级、备案、安全建设和整改、信息安全等级测评、信息安全检查五个阶段。

我国国家标准《计算机信息系统安全保护等级划分准则》(GB 17859—1999)中，根据其信息系统在国家安全、经济建设、社会生活中的重要程度，以及遭到破坏后对国家安全、社会秩序、公共利益和公民、法人、其他组织的合法权益的危害程度等，将其由低到高划分为五级。不同安全等级的信息系统要求具有不同的安全保护能力。

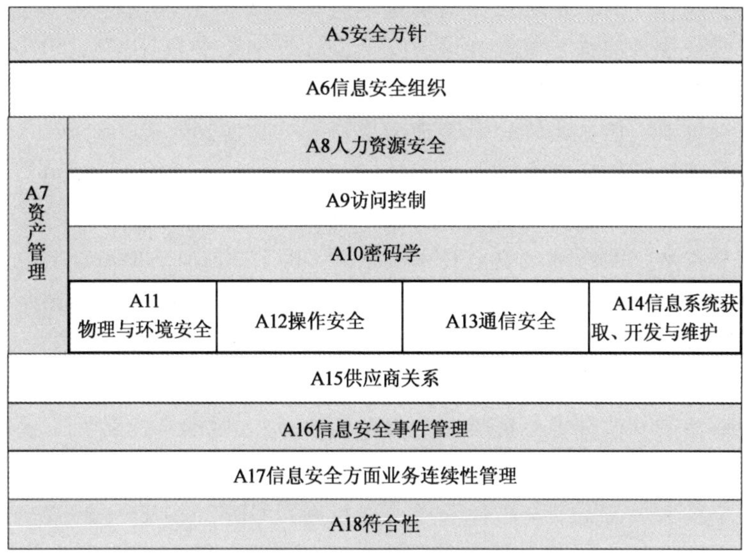

图 8-1　ISO 27001 体系框架

1. 信息系统等级保护体系

信息系统等级保护的安全基本要求分为技术要求和管理要求两大类。技术安全从物理安全、网络安全、主机系统安全、应用安全和数据安全等方面提出安全的要求，通常与信息系统提供的技术安全机制有关，主要是通过在信息系统中部署软硬件并正确地配置其安全功能实现技术上的安全；管理安全从安全管理机构、安全管理制度、人员安全管理、系统建设管理和系统运维管理等方面提出安全要求，通常与信息系统中各种角色参与的活动有关，主要是通过控制各种角色的活动，从政策、制度、规范、流程以及记录等方面做出规定实现管理上的安全。如图 8-2所示。

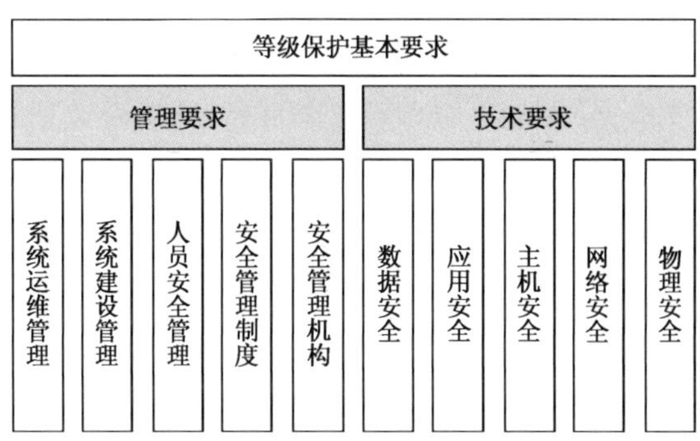

图 8-2　信息系统等级保护体系框架

2. 信息系统等级保护相关标准

①《计算机信息系统安全等级保护划分准则》(GB 17859—1999)。

②《信息安全技术　信息系统安全保护等级定级指南》(GB/T 22240—2008)。

③《信息安全技术　信息系统安全等级保护基本要求》(GB/T 22239—2008)。

④《信息安全技术　信息系统通用安全技术要求》(GB/T 20271—2006)。

⑤《信息安全技术　信息系统等级保护安全设计技术要求》(GB/T 25070—2010)。

⑥《信息安全技术　信息系统安全等级保护测评要求》(GB/T 28448—2012)。

⑦《信息安全技术　信息系统安全管理要求》(GB/T 20269—2006)。

⑧《信息安全技术　信息系统安全工程管理要求》(GB/T 20282—2006)。

⑨《信息安全技术　信息系统物理安全技术要求》(GB/T 21052—2007)。

⑩《信息安全技术　网络基础安全技术要求》(GB/T 20270—2006)。

⑪《信息安全技术　信息系统通用安全技术要求》(GB/T 20271—2006)。

⑫《信息安全技术　操作系统安全技术要求》(GB/T 20272—2006)。

⑬《信息安全技术　数据库管理系统安全技术要求》(GB/T 20273—2006)。

⑭《信息安全技术　信息安全风险评估规范》(GB/T 20984—2007)。

⑮《信息安全技术　信息安全事件管理指南》(GB/T 20985—2007)。

⑯《信息安全技术　信息安全事件分类分级指南》(GB/Z 20986—2007)。

⑰《信息安全技术　信息系统灾难恢复规范》(GB/T 20988—2007)。

第二节
城市轨道交通企业信息安全管理体系

一、企业信息安全管理体系框架概述

企业信息安全管理体系建设是一项复杂的系统工程,需要总体规划和分步实施。首先需要依据企业业务发展战略和 IT 战略规划,综合考虑法律法规、保护竞争优势、规范业务秩序和维护企业声誉等方面的要求,分析企业的高层安全目标,明确企业信息安全方针,制定信息安全策略和相关规章制度,进而在方针和策略指导下,逐步建立和完善信息安全管理体系。

城市轨道交通企业信息安全管理体系的总体架构如图 8-3 所示,高层包括信息安全方针、策略和制度,基本内容包括信息安全组织、信息安全技术和信息安全运营各要素。

下面对框架图中的主要要素进行简单描述。

(一)信息安全方针

信息安全方针是企业信息安全建设总的指导原则,主要阐述企业在信息化建设过程中所追求的信息安全目标和总体原则。

信息安全的总体目标是保证信息的机密性、完整性和可用性,保证信息系统能够安全稳定运行,防止各类攻击对系统的破坏,防止系统运行故障,防止系统数据的丢失和失密,防止有害信息的传播等。

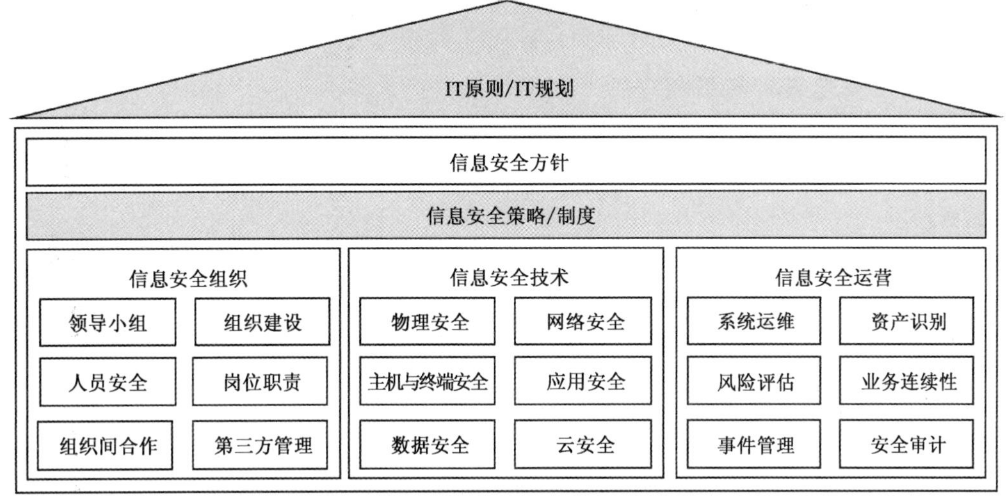

图8-3　轨道交通企业信息安全管理架构图

在信息安全保障过程中，要坚持“安全第一、预防为主”的原则，要依照“分区、分级、分域”总体安全防护策略，执行信息系统安全等级保护制度。此外，还需要坚持主要领导负责、全员参与、持续改进、依法管理、自主保护和国家监管相结合等原则。要坚持管理与技术并重的原则，以确保网络和信息系统的安全性为主，采用多重保护、最小授权和严格管理等措施。

(二)信息安全策略

信息安全策略度是信息安全方针在各保障领域的具体落实。

按照保障对象的不同，总体策略可以按照分为环境安全、数据访问控制安全、数据加密与备份、病毒防治、系统安全、身份认证与授权、灾难恢复与连续性、安全审计、人员与安全教育等多个方面。也可以按照物理安全、网络安全、系统安全、应用安全、数据安全、运营安全、组织安全、安全审计等领域进行划分。

(三)信息安全组织

在信息安全组织领域，需要明确企业信息安全的组织模式、管理职责和管理流程，对企业人员安全的要求，此外，还需要考虑对组织间合作以及对于第三方管理的信息安全要求。需要明确相关的安全目标与措施，并要定期开展对目标与措施的核查与持续改进。

(四)信息安全技术

信息安全技术是保障企业信息安全的技术手段，主要包含物理安全、网络安全、主机安全、应用安全、数据安全、终端安全、云安全等内容。

(五)信息安全运营

信息安全运营是保障企业信息安全体系的工作，包括企业信息安全体系的建设和运维工作，包括为建立和维护企业信息安全体系而进行的资产识别、风险评估、安全审计工作，也包括安全事件管理、应急响应、业务连续性管理等日常工作。

二、信息安全策略/制度

(一)信息安全方针与策略

信息安全方针是纲领性的安全策略主文档,描述企业业务安全目标、信息安全策略的目的、适用范围、信息安全的管理意图、支持目标和指导原则,是企业信息安全实践的根本性和指导性的策略。

企业所有的信息安全策略、安全标准、安全指南和安全操作流程都遵照安全方针定义的安全目标,不能与之发生违背和抵触。

企业安全方针至少应该包括以下几部分内容:

①企业信息安全的定义、总体目标、范围及重要性。

②对企业有重大意义的安全策略、原则、标准和符合性的简要说明。

③申明支持业务安全目标和原则的管理意向。

④对业务安全管理的总体和具体责任的定义。

⑤安全方针支持性文件,如:详细的信息系统安全策略和程序、用户应该遵守的安全规定等文件。

安全方针应以恰当、易得、易懂的方式向预期使用者传达。安全方针是建立策略体系、指导安全工作的基础。在安全方针指导下,再进一步建设策略文档体系。

安全策略应当由专门的部门编制,并由专人按照既定的评审程序评审和维护。应确保任何影响原始策略制定的变化都得到相应的评审,如:重大的安全事故、新的弱点、组织基础结构或技术基础设施的变化。定期评审内容如下:

①策略的有效性,可通过记录在案的安全事故的性质、数量和所造成的影响来论证。

②对运营效率进行控制的成本和效果。

③技术变化所造成的影响。

安全策略系列文档制定后,必须有效发布和执行。发布和执行过程中除了要得到管理层的大力支持和推动外,还必须要有合适的、可行的发布和推动手段,同时在发布和执行前对每个人员都要做与其相关部分的充分培训,保证每个人员都了解与其相关部分的内容。

制定安全策略是一个长期、艰苦的工作,牵扯到企业许多部门和很多人员,推行阻力会相当大。

安全策略年度审核的主要内容如下:

①系统安全策略中的主要更新。

②系统安全标准中的主要更新。

③安全管理组织机构和人员安全职责的主要更新。

④操作流程的主要更新。

⑤各类管理规定、管理办法和暂行规定的主要更新。

⑥用户协议的主要更新。

(二)信息安全标准规范

规范包括技术规范和管理规范。技术规范将作为设备、系统和应用程序的安装、配置、采购、评审以及日常安全管理和维护时的标准。管理规范将作为组织建设、人员考评等方面必须遵照的标准,向上遵照信息安全策略,向下延伸到安全操作流程、考评标准等文档。各类管理规定、管理办法、暂行规定和技术标准,针对具体情况,具有较强的可操作性,可以随情况变化及时调整,向上遵照规范,向下延伸到具体设备配置流程、年度培训计划等文档。

(三)信息安全管理制度

企业必须制定详细的信息安全管理制度规范日常信息安全管理工作。通过信息安全管理制度把日常工作要求规范化和标准化,减少由于操作失误造成的问题,及时发现各种信息安全事件并形成定期规范的汇报管理流程。这些制度包括《信息安全管理细则》《信息安全应急计划管理细则》《信息系统建设第三方测评管理细则》等。此外，还必须编制日常操作维护手册和程序文件,包括:

1. 信息安全管理体系手册

2. 信息安全管理体系程序文件

①ISMS-业务持续性管理程序。

②ISMS-事故、薄弱点与故障管理程序。

③ISMS-企业商业技术秘密管理程序。

④ISMS-信息处理设施引进实施管理程序。

⑤ISMS-信息处理设施维护管理程序。

⑥ISMS-信息安全人员考察与保密管理程序。

⑦ISMS-信息安全奖励、惩戒管理规定。

⑧ISMS-信息安全适用性声明。

⑨ISMS-信息安全风险评估管理程序。

⑩ISMS-内部审核管理程序。

⑪ISMS-恶意软件控制程序。

⑫ISMS-更改控制程序。

⑬ISMS-物理访问程序。

⑭ISMS-用户访问控制程序。

⑮ISMS-管理评审控制程序。

⑯ISMS-系统开发与维护控制程序。

⑰ISMS-系统访问与使用监控管理程序。

⑱ISMS-计算机应用管理岗位工作标准。

⑲ISMS-计算机管理程序。

⑳ISMS-记录控制程序。

㉑ISMS-重要信息备份管理程序。

㉒ISMS-预防措施程序。

三、信息安全组织和人员安全管理

(一)信息安全组织

信息安全管理组织包括以下三个层次。

1. 信息安全领导小组

信息安全领导小组是企业信息安全的最高决策机构,对企业信息安全的重大事件进行决策,审定企业信息安全政策和方针,并听取信息安全管理工作组织的工作汇报。

2. 信息安全管理工作组织

信息安全管理工作组织在信息安全领导工作小组领导下组织开展企业信息安全管理工作,编制企业信息安全管理规划,建立企业信息安全管理体系,建立信息安全管理规章制度和标准规范,听取信息安全运维组织的工作汇报。

3. 信息安全运维组织

信息安全运维组织负责信息安全体系和系统的维护,负责安全机制的配置与管理,对与安全有关的信息进行汇集与分析,对与安全有关的事件进行响应与处置,对分布在信息系统中有关的安全机制进行集中管理。主要职责如下。

①防范与保护:建立安全控制机制,负责安全机制的配置与管理,确保各个安全机制按照设计要求运行。

②监控与检查:对服务器、路由器、防火墙等重要设备设施的安全运营性状态进行监控和检查,汇集各种安全机制所获取的与系统安全运营有关的信息,对所获取的信息进行综合分析,及时发现系统运行中的安全问题和隐患,提出解决对策和方法。

③响应与处置:根据应急处理预案,对应急事件做出快速处理,并详细记载和及时归档,作为对后续事件分析的参考和可查性的依据。

④负责接受和配合政府有关部门的信息安全监管工作。

(二)人员安全管理

人是影响信息安全的重要因素,人员安全管理是信息安全管理工作的重点。人员范围应该包括企业能影响信息安全的企业内外部人员,包括企业管理人员、关键岗位业务人员、安全管理人员、应急企业内外部的系统用户。必须针对性建立人员信息安全管理相关制度,并开展信息安全教育培训。如要规范人员录用、离岗和变动的流程,关键岗位人员必须签署保密协议,开展安全意识教育、岗位技能培训和相关安全技术培训,对关键岗位的人员进行全面、严格的安全审查和技能考核,对外部人员允许访问的区域、系统、设备和信息等进行控制。要培养企业信息安全意识文化,树立员工信息安全责任心,形成全员自觉的安全意识和行为。

第三节 城市轨道交通企业信息安全技术

一、企业信息安全技术概述

城市轨道交通企业在进行信息系统安全技术建设过程中应优先考虑采用先进的标准和成熟的技术来设计、实现和验证信息安全体系结构,必须按照国家信息安全等保的安全技术要求进行规划和建设。

在物理层、网络层、系统层、应用层和数据层五个层面的技术安全要求如下：

①物理层安全要求：主要是从外界环境、基础设施、运行硬件、介质等方面为信息系统的安全运营提供基本的后台支持和保证。

②网络层安全要求：为信息系统能够在安全的网络环境中运行提供支持，确保网络系统安全运营，提供有效的网络服务。

③主机层安全要求：在物理、网络层面安全的情况下，提供安全的操作系统和安全的数据库管理系统，以实现操作系统和数据库管理系统的安全运营。

④应用层安全要求：在物理、网络、系统等层面安全的支持下，实现用户安全需求所确定的安全目标。

⑤数据及备份恢复层安全要求：全面关注信息系统中存储、传输、处理等过程的数据的安全性。

此外，还应该关注由新技术的发展和应用所带来的安全问题，如需要关注云计算的安全性。

二、企业信息安全技术管理要点

（一）物理安全

物理安全保护的主要对象包括计算机机房、运行信息系统的设备和存储数据的介质等内容。保护的目的是让保护对象免受自然灾难、人为操作失误和恶意操作等威胁所产生的损失。物理安全是防护信息系统安全的基础。在物理安全方面，需要遵循《电子信息系统　机房设计规范》（GB 50174—2008）、《电气装置安装工程 66kV 及以下架空电力线路施工及验收规范》（GB 50173—2014）等标准规范的要求，如在物理位置的选择、物理访问控制、防盗窃和防破坏、防雷击、防火、防水和防潮、防静电、温湿度控制、电力供应等方面具体要求如下。

1. 物理位置选择

机房应选择在具有防震、防风和防雨等能力的建筑内。

2. 物理访问控制

采取监控设备对进入机房的人员进行身份鉴别并登记在案，监控并限制进入机房人员的活动等。

3. 防盗窃和防破坏

应将主要设备放置在物理受限的范围内；应对设备或主要部件进行固定，并设置明显的不易除去的标记；应将通信线缆铺设在隐蔽处，如铺设在地下或管道中等；应对介质分类标识，存储在介质库或档案室中；应安装必要的防盗报警设施，以防进入机房的盗窃和破坏行为。

采取的技术措施有：防盗报警器。

4. 防雷击

设置防雷设备，进行防雷击措施的保护；设置交流电接地线。直接雷击区域，危险性最高，采用 AR 限流避雷针保护可减少雷害；电源系统采用 DSOP 多级保护，可将雷电过电压降到设备承受的水平;电源线应尽可能远离信号线,并避免并排敷设,否则,应采取屏蔽措施。

采取的技术措施有:防雷击设备。

5. 防火

设置灭火设备和火灾自动报警系统,并保持灭火设备和火灾自动报警系统的良好状态。

采取的技术措施有:烟感器,自动灭火器。

6. 防水防潮

在水管安装时,不要使得水管穿过屋顶和活动地板下,以免水管破裂或者爆裂造成水灾;对穿过墙壁和楼板的水管增加必要的保护措施,如设置套管;采取必要的措施防止雨水通过屋顶和墙壁渗透,造成水灾;采取措施防止室内水蒸气结露和地下积水的转移与渗透。

采取的技术措施有:套管,除湿装备。

7. 防静电

在机房和办公场所设置必要的接地等防静电措施。一般在机房内建议选择无边全钢抗静电地板。

8. 温湿度控制

购置温、湿度自动调节设备,保证设备运行在允许温、湿度环境下,防止设备在非正常的情况下运行造成的安全隐患。

采取的技术措施有:恒湿空调。

9. 电力供应

计算机系统供电应与其他供电分开;设置稳压和过压防护设备;提供短期电力供应系统,如 UPS 系统。

采取的技术措施有:稳压、过压器;UPS。

(二)网络安全

网络安全为信息系统在网络环境的安全运营提供保障。一方面,确保网络设备的安全运营,提供有效的网络服务;另一方面,确保在网上传输数据的保密性、完整性和可用性等。网络环境是抵御外部攻击的第一道防线,因此必须进行各方面的防护。

城市轨道交通网络总体要求是:技术先进、成熟、运行安全可靠。城市轨道交通企业部分信息系统传输的语音、数据、图像等内容具有较高的敏感性,因此系统需要有严密的安全措施,对数据存储、传输等均应采取安全有效的技术手段。作为轨道交通“神经系统”的通信骨干网络,需要保持可靠、永不停顿的运行。

网络安全主要控制点包括结构安全、访问控制、安全审计、边界完整性检查、入侵防范、恶意代码防范、网络设备防护等方面。

1. 结构安全

针对网络结构安全普遍采用的措施是采用策略路由和 VLAN,目前主流的网络结构安全设计采用基于国际 IATF 流行网络安全域的划分方法,可以把一个复杂的大型网络系统安全问题转化为较小区域更为单纯的安全保护问题,从而更好地控制网络安全风险,降低系统风险，理顺网络架构，明确各区域防护重点，将有限的安全设备投入到最需要保护的资产，提高安全设备利用率。

安全域划分模型参考如图 8-4 所示。

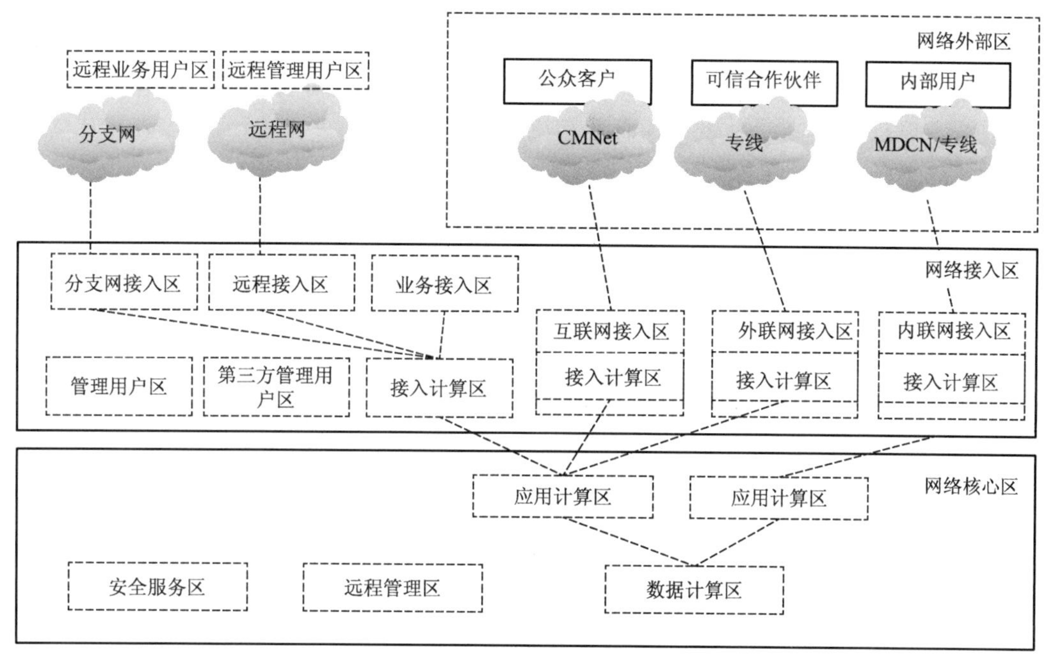

图 8-4　安全域划分模型

2. 访问控制

对于网络而言，最重要的一道安全防线就是边界，边界上汇聚了所有流经网络的数据流，必须对其进行有效的监视和控制。所谓边界即采用不同安全策略的两个网络连接处，比如用户网络和互联网之间的连接、和其他业务往来单位的网络连接、用户内部网络不同部门之间的连接等。有连接，必有数据间的流动，因此在边界处，重要的就是对流经的数据（或者称进出网络）进行严格的访问控制。按照一定的规则允许或拒绝数据的流入、流出。

如果说，网络访问控制是从数据的角度对网络中流动的数据进行控制，那么，拨号访问控制则是从用户的角度对远程访问网络的用户进行控制。对用户的访问控制，同样应按照一定的控制规则来允许或拒绝用户的访问。

网络边界可通过防火墙来实现隔离与访问控制，能够根据数据包的源地址、目的地址、传输层协议、端口（对应请求的服务类型）、时间、用户名等信息执行访问控制规则。

3. 安全审计

如果将安全审计仅仅理解为“日志记录”功能，那么目前大多数的操作系统、网络设备都有不同程度的日志功能。但是实际上仅这些日志根本不能保障系统的安全，也无法满足事后的追踪取证。安全审计并非日志功能的简单改进，也并非等同于入侵检测。

网络安全审计重点包括：对网络流量监测以及对异常流量的识别和告警、网络设备运行情况的监测等。通过对以上方面的记录分析，形成报表，并在一定情况下发出报警、阻断等动作。

其次，对安全审计记录的管理也是其中的一方面。各个网络产品产生的安全事件记录格式也不统一，难以进行综合分析，因此，集中审计已成为网络安全审计发展的必然趋势。

网络安全审计包括两个部分：一是防火墙设备上开启审计功能，从而有效记录经过防火墙的所有访问行为，同时通过集中的日志审计系统，将防火墙日志收集起来，以便系统管理员能够对网络的活动状态进行分析，并发现深层次的安全问题；二是关键的业务服务器区域的接入交换机上部署网络审计系统，网络审计系统是根据跟踪检测、协议还原技术开发的功能强大的系统，为网上信息的监测和审查提供完备的解决方案。系统以旁路、透明的方式实时高速地对进出信息网络的传输信息进行数据截取和还原，并可根据用户需求对通信内容进行审计，提供高速的敏感关键词检索和标记功能，从而为完整的记录各种信息的起始地址和使用者，为保障关键应用系统，实现对应用访问的全面监控提供依据。

4. 边界完整性检查

虽然网络采取了防火墙、IDS 等有效的技术手段对边界进行了防护，但如果内网用户在边界处通过其他手段接入内网（如无线网卡、双网卡、modem 拨号上网），这些边界防御则形同虚设。因此，必须在全网中对网络的连接状态进行监控，准确定位并能及时报警和阻断。

根据等级保护技术要求，系统的边界应当能够有效监测非法外联和非法接入的行为，考虑到该区域内的主机设备均为服务器，不会主动对外发起访问，因此为实现边界完整性保护的要点就是要杜绝非法接入。

在业务服务器区域的接入交换机端口上绑定 MAC 地址，对于接入的非许可终端，由于其 MAC 不会被交换机识别，而有效阻止了非法接入。

5. 入侵防范

网络访问控制在网络安全中起到大门警卫的作用，对进出的数据进行规则匹配，是网络安全的第一道闸门。但其也有局限性，它只能对进出网络的数据进行分析，对网络内部发生的事件则无能为力。基于网络的入侵检测，被认为是防火墙之后的第二道安全闸门，它主要是监视所在网段内的各种数据包，对每一个数据包或可疑数据包进行分析，如果数据包与内置的规则吻合，入侵检测系统就会记录事件的各种信息，并发出警报。

通过在网络边界部署入侵防护系统来实现对网络攻击的防范，入侵防护系统往往以串联的方式部署在网络中，提供主动的、实时的防护，具备对 2 ~7 层网络的线速、深度检测能力，同时配合及时更新的攻击特征库，即可以有效检测并实时阻断隐藏在海量网络中的病毒、攻击与滥用行为，也可以对分布在网络中的各种流量进行有效管理，从而达到对网络架构防护、网络性能保护和核心应用防护。

6. 恶意代码防范

目前，对恶意代码的防范已是全方位、立体的。根据对恶意代码引入的源头进行分析，可以得出，随着互联网的不断发展，从网络上引入到本地的恶意代码占绝大多数。因此，在网络边界处对恶意代码进行防范是整个防范工作的重点。

可在网络边界部署防病毒网关，在网络层实现对病毒的查杀，病毒过滤网关运行在区域边界上，分析不同安全区域之间的数据包，对其中的恶意代码进行查杀，防止病毒在网络中的传播。

有些病毒在网络中传播(比如蠕虫病毒),在没有感染到主机时,对网络已经造成危害,而病毒过滤网关针对这些病毒产生的扫描数据包,采用“空中抓毒”的安全机制,在边界处就过滤了这些无用的数据包,从而为网络创造一个安全的环境。

病毒过滤网关与部署在主机、服务器上的防病毒软件相配合,从而形成覆盖全面、分层防护的多级病毒过滤系统。

7.网络设备防护

骨干网络企业信息网络的核心,连接到企业信息系统的各个计算环境,因此对于骨干通信网络应当重点加强可用性的保护。目前某些企业骨干网络采取了单核心设备、单链路,因此很容易形成单点故障。

因此应对骨干网络进行适当的网络改造,将原有的单核心防火墙、单链路优化为双核心防火墙、双链路的方式,以提升信息网络的可靠性。

此外,还应对防火墙进行适当的加固,具体措施包括:

①估算业务处理流量需求,分析核心防火墙和边界出口防火墙的处理能力,确保各设备的处理能够满足业务流量的需求。

②应当分析并绘制详细的网络拓扑图,标明 IP 地址分配情况、VLAN 划分情况、关键节点网络设备的简要配置。

③在网络核心交换机/路由器上执行严格的 QoS 策略,确保重要的业务应用的持续性。

企业各类业务对网络的依赖程度很高,业务的发展,网络规模的扩张,导致网络设备、主干链路、安全设备的数量日益增多,对信息网络的整体管理成为难点,同时根据等级保护技术要求,应实现网络的应急处理和可信网络设备连接,因此对全网的安全管理应当被高度重视起来。

(三)应用安全

应用安全是信息系统整体防御的最后一道防线。在应用层面运行着信息系统的基于网络的应用以及特定业务应用。基于网络的应用是形成其他应用的基础,包括消息发送、Web 浏览等基本应用。业务应用采纳基本应用的功能以满足特定业务的要求,如 OA、邮件、人力资源管理、合同管理等应用。

应用安全涉及的主要安全控制点包括:身份鉴别、访问控制、安全审计、剩余信息保护、通信完整性、通信保密性、抗抵赖性、软件容错性、资源控制等方面。

1.身份鉴别

同主机系统的身份鉴别一样,应用系统同样对登录的用户进行身份鉴别,以确保用户在规定的权限内进行操作。

(1)鉴别机制

①系统实施鉴别的能力,包括是否实施鉴别。

②系统实现鉴别涉及的要素,包括用户所知道的、所拥有的权限等。

③系统实施鉴别采用的机制,包括简单口令、一次性口令、PKI 等。

④鉴别机制安全强度,包括口令长度、密码算法、密钥长度、更新时间等。

⑤鉴别机制的实用性。

(2)鉴别失败处理

系统鉴别失败处理采用的机制,包括返回失败信息、暂时或永久锁定用户等。

(3)口令规范

①口令的长度。

②口令的组成元素。

③口令更新的时间要求。

2.访问控制

在应用系统中实施访问控制是为了保证应用系统受控合法地使用。用户只能根据自己的权限大小来访问应用系统,不得越权访问。

(1)访问控制机制

①访问控制安全策略的设计。

②用户安全属性的定义与分配。

③如何设计、建立访问控制表。

(2)用户权限/角色的定义与管理

①确定管理模式,比如采用集中式管理、分布式管理或两者结合。

②针对管理员自身的管理权限,对管理员进行授权管理。

③权限/角色的划分,一个可行的方案是按照组织结构来划分角色。

④确保权限/角色分配的合理、有效、安全。

3.安全审计

同主机安全审计相似,应用系统安全审计目的是为了保持对应用系统的运行情况以及系统用户行为的跟踪,以便事后追踪分析。应用安全审计主要涉及的方面包括:用户登录情况、系统功能执行以及系统资源使用情况等。

(1)安全审计机制

①自动响应的方式。

②侵害的类型。

③审计日志的查阅能力。

④对查阅审计日志应采取的保护措施。

⑤识别侵害的能力。

⑥对审计事件的管理操作,如增加、删除。

⑦日志的记录内容。

⑧日志存储能力(大小)。

⑨审计进程保护。

(2)日志产生

核心业务数据是整个系统中最关键的部分,数据库审计系统无疑是保护数据库安全的有力工具。选用的数据库审计应采用独立于网络及应用系统的工作方式,通过网络监听,获取相关信息。这样的方式不会影响主机系统效率,不会增加系统负荷。在经过适当配置的千兆主交换机上部署一台数据库安全监控系统代理,监听对数据库的操作。数据库安全监控系统代理主机配置千兆网卡。同时,部署一台数据库安全审计控制台,用于监控、审计、管理数据库操作。一方面可以做到防止黑客入侵破坏，另一方面也可以防止失误操作造成的损失。最大程度地保护核心数据的安全、保护用户投资。

4. 剩余信息保护

为保证存储在硬盘、内存或缓冲区中的信息不会被非授权用户访问，应用系统应对这些剩余信息加以保护。用户的鉴别信息、文件、目录等资源所在的存储空间，应将其完全清除之后，才能重新分配给其他用户或者直接释放。

5. 通信完整性

许多应用程序通过网络与最终用户之间传递数据，此外还在中间应用程序节点之间传递数据，这些数据由于与应用有关，多数带有机密性，如财务交易明细数据等。为了防止发生意外的信息泄漏，同时保护数据免受传输时擅自修改，就必须确保通信点间的安全性。安全的通信具有以下两个特点：完整性和保密性。首先了解通信完整性。

①选择完整性保护机制。

②选择密码算法或单向校验码。

③通信双方事先约定密码算法。

④应选用符合国家有关部门要求且行业认可的标准密码算法，包括 DES、3DES、RC4、RC2、AES 等。

⑤发送计算通信数据报文的校验码，附在业务数据之后。

⑥接收方使用同样的密码算法验证校验码，以判断报文的有效性。

6. 通信保密性

同通信完整性一样，通信保密性也是保证通信安全的重要方面。它主要确保数据处于保密状态，不被窃听。

①选择保密性保护机制。

②选择密码算法。

③对于业务未要求长时间连接的会话，当通信双方中的一方在十五分钟内未作任何响应，另一方应能够自动结束会话。

④在通信双方建立连接之前进行会话初始化验证，包括：双方身份鉴别、用户密码加密传输等。

⑤应对通信过程中的整个报文或会话过程进行加密。

⑥应选用符合国家有关部门要求且行业认可的标准密码算法，包括 DES、3DES、RC4、RC2、AES 等。

7. 抗抵赖

通信完整性和保密性并不能保证通信抗抵赖行为，即通信双方或不承认已发出的数据或不承认已接收到的数据，从而无法保证应用的正常进行。必须采取一定的抗抵赖手段，从而防止双方否认数据所进行的交换。

抗抵赖机制：包括附加发送/接受信息、数据完整性、数字签名等。

抗抵赖强度：包括密码算法、密钥长度、更新时间、加密设备等。

(1)采用日志技术(例如：用户信息、IP 地址等)

①日志不可删除或有备份。

②日志保存时间不低于数据保存时间。

(2)采用 MAC 技术

①密码技术使用与密码支持第二级要求一致。

②对称密钥保存时间不低于数据保存时间。

(3)采用数字签名技术

①密码技术使用与密码支持第二级要求一致。

②有 CA 签发的标准数字证书。

③数字签名值保存时间不低于数据保存时间。

8. 软件容错

容错技术是提高整个系统可靠性的有效途径,通常在硬件配置上,采用了冗余备份的方法,以便在资源上保证系统的可靠性。在软件设计上,则主要考虑应用程序对错误(故障)的检测、处理能力。

(1)输入合法性检测

①输入合法性检测能力。

②输入合法性检测方式。

③假定用户的输入是恶意的。

④对所有输入采用统一模块化输入合法性检测机制,保证策略的一致性。

⑤输入合法性检测集中进行,输入合法性检测机制应用到所有从可信边界外部的输入。

⑥合法性检测方法应根据情况限制、拒绝和修正用户的输入。

⑦检查范围包括数据的类型、长度、格式和范围等。

(2)故障处理能力

在故障发生时,应用系统应能够继续提供一部分功能,确保能够实施必要的恢复措施。(例如:当数据库崩溃时,必须提供数据恢复机制;当进程出现问题,有何机制自动判断进程是否有问题而进行自动重启)关系到应用程序、数据的备份机制和恢复机制。

(3)故障处理的方式。

应提供自动保护功能,当故障发生时自动保护当前状态,保证系统能够进行恢复。(例如:当主机出现故障可以快速地切换到备机运行;当数据库崩溃时,选择相应的恢复机制来快速恢复数据;当进程出现问题,能自动判断进程是否有问题而进行自动重启)。

9. 资源控制

操作系统对同时的连接数量、打开文件数量、进程使用内存等进行了一定的资源控制,保证资源合理有效的使用,以及防止系统资源被滥用而引发各种攻击。同样,应用程序也有相应的资源控制措施,包括限制单个用户的多重并发会话、限制最大并发会话连接数、限制单个用户对系统资源的最大和最小使用限度、当登录终端的操作超时或鉴别失败时进行锁定、根据服务优先级分配系统资源等。

(四)主机安全

主机系统安全包括服务器、终端/工作站等在内的计算机设备在操作系统及数据库系统层面的安全。终端/工作站是带外设的台式机与笔记本计算机，服务器则包括应用程序、网络、Web、文件与通信等服务器。主机系统是构成信息系统的主要部分，其上承载着各种应用。因此，主机系统安全是保护信息系统安全的中坚力量。

主机系统安全涉及的控制点包括：身份鉴别、访问控制、安全审计、剩余信息保护、入侵防范、恶意代码防范和资源控制等方面。

1. 身份鉴别

为确保系统的安全，必须对系统中的每一用户或与之相连的服务器或终端设备进行有效的标识与鉴别，只有通过鉴别的用户才能被赋予相应的权限，进入系统并在规定的权限内操作。

传统系统使用的身份鉴别技术主要有如下两种类型：

①个人识别码及密码，两者可以组合使用，也可以单独使用。

②IC/感应式 ID/RFID 卡证件。

2. 访问控制

在系统中实施访问控制是为了保证系统资源（操作系统和数据库管理系统）受控合法地使用。用户只能在自己的权限范围内来访问系统资源，不得越权访问。

3. 安全审计

同网络安全审计相似，对主机进行安全审计，目的是为了保持对操作系统和数据库系统的运行情况以及系统用户行为的跟踪，以便事后追踪分析。主机安全审计主要涉及的方面包括：用户登录情况、系统配置情况以及系统资源使用情况等。

常用的安全策略如下：

①日志收集策略：日志审计系统能够收集用户内、外网的网络设备、安全设备、服务器、数据库以及采取 B/S 方式进行开发的各类应用系统，进行汇总，并提供给系统管理人员进行进一步的分析和查询。

②日志查询策略：日志审计系统支持多种查询方式，包括：按照日志类型查询日志、按照日志格式查询日志、按照审计域查询日志等，系统可提供业务系统日志查询界面，界面上提供通用库通用表查询功能，方便用户查询其他产品的日志信息。

③日志监控策略：系统可根据过滤条件，实时监控各类日志，同时系统还能够对审计日志能够提供完整性保护，防止非授权用户对日志信息进行修改。

④异常检测：通过日志审计系统，可实现基于攻击规则库对日志分析后可以发现异常事件。

⑤报表统计策略：统计报表的生成是基于日志源的，管理员通过输入相应的参数来有计划地定制一批报表任务，报表任务可根据用户预先设定的条件立即执行或按一定周期执行。

⑥日志管理策略：安全日志系统采取分级方法进行部署和管理。

⑦安全审计系统监视策略：通过日志审计系统，系统管理人员能够监视安全审计系统的性能信息，包括 CPU 信息、内存信息和磁盘使用信息。

⑧日志代理信息监视策略：通过日志审计系统，系统管理人员能够监视代理的性能信息，包括被监控代理的 CPU 信息、内存信息和磁盘使用信息。

⑨安全审计信息监视策略：通过日志审计系统，系统管理人员能够对安全审计信息监视。

⑩报警策略管理：日志审计系统可以定义事件的报警方式，即定义什么样的事件采取什么样的报警方式。另外，系统管理人员利用日志审计系统，也可以定义自动告警功能，而且用户可以自定义告警内容及管理员应采取的措施，保证报警信息能够提醒安全保密管理人员有安全事件发生。

4. 剩余信息保护

为保证存储在硬盘、内存或缓冲区中的信息不被非授权的访问，操作系统应对这些剩余信息加以保护。用户的鉴别信息、文件、目录等资源所在的存储空间，操作系统将其完全清除之后，再释放或重新分配给其他用户。

5. 入侵防范

由于基于网络的入侵检测只是在被监测的网段内对网络非授权的访问、使用等情况进行防范，它无法防范网络内单台主机、服务器等被攻击的情况。基于主机的入侵检测，可以说是基于网络的“补充”，补充检测那些出现在“授权”的数据流或其他遗漏的数据流中的入侵行为。

6. 恶意代码防范

恶意代码一般通过两种方式造成各种破坏，一种是通过网络，另外一种就是通过主机。网络边界处的恶意代码防范可以说是防范工作的“第一道门槛”，然而，如果恶意代码通过网络进行蔓延，那么直接后果就是造成网络内的主机感染。所以说，网关处的恶意代码防范并不是“一劳永逸”。另外，通过各种移动存储设备的接入主机，也可能造成该主机感染病毒，而后通过网络感染其他主机。所以说，这两种方式是交叉发生的，必须在两处同时进行防范，才能尽可能地保证安全。

在重要的应用服务器和数据库服务器上安装防病毒软件，在服务器上有效查杀威胁服务器正常运行的病毒、恶意脚本、木马、蠕虫等恶意代码。常用的安全策略如下：

①在应用服务器上安装服务器版的防病毒软件，可以保护服务器免受病毒和其他恶意程序的侵袭，不让其有机会透过文件及数据的分享散布到整个用户的网络环境。

②文件系统对象的实时保护策略：服务器防病毒系统通过对文件系统所有模块进行分析，以及阻止恶意代码的执行，为文件服务器中的文件系统提供实时保护。

③隔离可疑对象策略：服务器防病毒系统隔离与备份组件隔离任何可疑对象。

④通过集中隔离工具，可以将感染病毒档案集中隔离到一台服务器。

⑤通过病毒追踪工具，当有病毒通过网络共享扩散时，可以侦测到感染病毒的机器。

⑥软件安装时可对病毒进行预处理，安装后不需要重新启动。

⑦实现病毒库的自动升级。

7. 资源控制

操作系统是非常复杂的系统软件，其最主要的特点是并发性和共享性。在逻辑上多个任务并发运行，处理器和外部设备能同时工作。多个任务共同使用系统资源，使其能被有效共享，大大提高系统的整体效率，这是操作系统的根本目标。

通常计算机资源包括：中央处理器、存储器、外部设备、信息（包括程序和数据），为保证这

些资源有效共享和充分利用，操作系统必须对资源的使用进行控制，包括限制单个用户的多重并发会话、限制最大并发会话连接数、限制单个用户对系统资源的最大和最小使用限度、当登录终端的操作超时或鉴别失败时进行锁定、根据服务优先级分配系统资源等。

（五）数据安全

信息系统的数据（用户数据、系统数据、业务数据等）在维持系统正常运行上起着至关重要的作用。一旦数据遭到破坏（泄漏、修改、毁坏），会在不同程度上对系统造成影响，从而危害到系统的正常运行。由于信息系统的各个层面（网络、主机、应用等）都会进行数据传输、存储和处理等任务，因此，需要从物理环境、网络、数据库、操作系统、应用程序等各部分把关。各个“关口”把好了，数据本身再具有一些防御和修复手段，则对数据造成的损害能降至最小。

另外，数据备份也是防止数据被破坏后无法恢复的重要手段，而硬件备份等更是保证系统可用的重要内容，在高级别的信息系统中采用异地适时备份会有效地防治灾难发生时可能造成的系统危害。

数据安全的主要控制点包括数据完整性、数据保密性、数据备份与恢复：

1. 数据完整性

数据完整性主要保证各种重要数据在存储和传输过程中免受未授权的破坏。这种保护包括对完整性破坏的检测和恢复。

①采用系统层技术保证重要存储数据的完整性，即存储数据完整性靠系统功能来实现。

②采用应用层技术保证重要存储数据的完整性，即存储数据的完整性是靠业务操作来实现的。

③采用非秘密机制对重要存储数据完整性进行保护。

2. 数据保密性

数据保密性主要从数据的传输和存储两方面保证各类敏感数据不可以被未授权用户访问，以免造成数据泄漏。应采用加密或其他有效措施实现系统管理数据、鉴别信息和重要业务数据传输保密性和存储保密性。

通过网络传输数据，需要保证数据的保密性，需要能够对数据的发送者进行身份验证。这些都需要通过一些加密算法实现，数据的加密方式有以下几种。

①对称加密：加密和解密使用同一个密钥，特点是保证了数据的保密性。局限性在于无法解决密钥交换问题。常用的算法有：DES，3DES 和 AES。公钥加密：生成一个密钥对（私钥和公钥），加密时用私钥加密，解密时用公钥解密，特点是解决了密钥交换问题。局限性：对大的数据加密速度慢。

②单向加密：提取数据的特征码，特点：定长输出，不可逆，可检验数据的完整性。局限性：无法保证数据的保密性。常用算法：MD5、SHA1 和 CRC-32。

3. 数据备份与恢复

随着城市轨道交通企业业务的发展，其存储需求也日益增加。企业数据保护环境变得极其复杂，因而需要软件工具具有更好的性能。为了满足对管理日益增长的数据和对于 24 × 7 × 365 的可用性的需要，SAN (Storage Area Network and SAN Protocols，企业部署存储区域网）能够随时使用的理想数据保护解决方案必须满足电子商务对性能和可用性的需求，并且能够随着环境扩展，充分利用 SAN 等存储体系。

备份管理软件可以对各种开放平台数据实现在线备份，可以集中管理应用系统数据的在线备份。提供当今大型数据库、网络以及 LAN 和 SAN 上的文件系统备份所需的性能、可扩展性及可靠性，有助于保证关键系统在任何时间、任何地点都是可用的。主要功能特性包括：

①备份管理软件应采用业界领先开放的技术和方案，从而保证存储管理、备份管理与已有系统的兼容性，可以和业界流行的系统兼容。

②备份管理软件应为最新版的操作系统提供全方位保护。

③备份管理软件应能保证管理的安全性，比如：账号验证机制、访问权限控制机制等。

④备份管理软件通过相关的数据库系统的代理模块可以将数据库在线的备份到磁带设备上。

磁带库具有自动备份和数据恢复功能，同时具有更先进的技术特点。它的存储容量可达到数百 PB，可以实现连续备份、自动搜索磁带，也可以在驱动管理软件控制下实现智能恢复、实时监控和统计，整个数据存储备份过程要完全摆脱人工干涉。在网络系统中，磁带库通过 SAN 系统可形成网络存储系统，为企业存储提供有力保障，很容易完成远程数据访问、数据存储备份，或通过磁带镜像技术实现多磁带库备份，无疑是数据仓库、ERP 等大型网络应用的良好存储设备。

（六）终端安全

在城市轨道交通企业网络中，任何一台终端的安全状态都将直接影响到整个网络的安全，这些问题极大地困扰着城市轨道交通企业高层管理人员和 IT 部门。终端安全的主要控制点包括终端安全准入、终端合规管理和终端行为管理。

1. 终端安全准入

城市轨道交通企业网络是一个复杂的环境系统，既要保证其访问的便捷性，又要考虑对其进行安全的控制，而城市轨道交通企业终端就是重点安全管控的对象之一。随着现代计算机技术和网络通信技术的发展、融合，传统意义上的“终端”已经发生了变化，它不仅是网络中与网线连接的台式机、笔记本电脑以及服务器，还应包括智能手机、平板电脑、电子阅读器等各类新式的移动设备，而城市轨道交通企业网络中的打印机、IP 电话等也是不容忽视的“哑终端”。

这些形形色色的终端给网络安全工作带来了巨大挑战：一方面它们类型众多，通过有线、无线、VPN 等多种方式接入；另一方面，它们是网络中大部分事物的源头和起点，是用户登录并访问网络的起点，是用户访问应用系统并获取数据的起点，也极有可能是病毒传播、从内部发起的恶意攻击、内部保密数据盗用或失窃的起点。

因此，终端安全管理对每个城市轨道交通企业来说都是非常重要的，良好的终端安全控制技术能够保证城市轨道交通企业的安全策略真正得到实施，有效控制各种非法安全事件，确保城市轨道交通企业网络安全。

终端网络准入控制技术通常包括：802.1x 准入控制、DHCP 准入控制、网关型准入控制、ARP 型准入控制、portal 型准入。

①802.1x 准入控制：802.1x 准入控制的设计强调对交换机端口的控制。但与网络兼容性

较差。在用户使用终端接入前,会将终端隔离在隔离 VLAN 中。只有在进行完身份认证后,才能将终端放在应属的 VLAN 中。当 802.1x 准入技术要求交换机必须支持 802.1x。当端口下挂 Hub 或普通交换机的情况下,则无法实现对非法人和终端的 VLAN 隔离。

②DHCP 准入控制:DHCP 准入控制与现有网络兼容性较好。

③网关型准入控制:网关型准入控制实际上不是一种真正意义上的准入控制。因为网关型准入控制只控制了网络的出口,没有控制内网的边界接入。

④ARP 型准入控制:ARP 型准入控制是用 ARP 欺骗和 ARP 攻击对不合规的终端进行攻击,达到对网络边界进行保护的目的。ARP 的欺骗和攻击对装有 ARP 防火墙的终端没有作用。另外,ARP 的攻击会造成网络堵塞,不利于大型网络。

⑤portal 型准入:portal 型准入控制是兼容性相对比较好的一种控制手段,利用交换机端口重定向的手段进行身份认证。这种方式不需要考虑客户网络的情况进行部署的,只要下面的终端能与设备进行通信就没有问题。

2. 终端合规管理

考虑到城市轨道交通企业对内网计算终端安全合规性管理的要求,对于内网计算终端需要实现软硬件资产管理、行为管理、网络访问管理、安全漏洞管理、补丁管理以及全面审计等功能。内网计算终端安全管理主要通过引入第三方内网安全风险管理与审计系统实现,主要解决以下问题:

①移动设备和新增设备未经过安全检查和处理违规接入内部网络。

②内部网络用户通过 modem、红外设备、无线设备或蓝牙设备等进行在线违规拨号上网、违规离线上网。

③违反规定将专网专用的计算机带出网络进入到其他网络。

④网络出现病毒、蠕虫攻击等安全问题后不能迅速定位安全事件源,进行实时、快速、精确定位,远程阻断隔离操作。

⑤静态 IP 地址使用管理混乱、IP 地址的使用、IP 同 MAC 地址的绑定情况以及网络中 IP 分配情况不透明。

⑥能够自动检测网络计算机系统漏洞,弱口令,自动分发系统所需补丁。

⑦能够实现软件自动分发功能,脚本定制开发功能。

⑧网络系统中区域结构复杂,不能明确划分管理责任范围,进行多用户管理。

⑨终端硬件设备繁多,不能做到精确统计,实现节点桌面控制。

⑩控制用户随意使用各种 USB 移动设备而导致的机密文件外漏。

3. 终端行为管理

现在网络应用越来越重要,诱惑和安全隐患也越来越多,例如:QQ 聊天、迅雷下载、微博做任务送奖品、弹窗推广等。那么如何规范员工上网行为,提高城市轨道交通企业生产效率?如何保护城市轨道交通企业内网安全,避免城市轨道交通企业机密外泄?如何合理利用网络带宽,提升网络带宽价值?如何净化网络使用环境,规避城市轨道交通企业法律风险?这些问题都是目前所有城市轨道交通企业面临的重大挑战。采用上网行为管理产品可以解决内部员工上网带来的工作效率低下、带宽滥用、恶意软件感染、内部信息泄漏以及法律合法等问题。

上网行为管理常见功能如下：

①身份管理：利用IP/MAC识别方式、用户名/密码认证方式、与已有认证系统的联合单点登录方式准确识别确保上网人员合法性，识别检查主机的注册表/进程/硬盘文件的合法性，确保接入城市轨道交通企业网的终端PC的合法性和安全性。

②搜索引擎管理：利用搜索框关键字的识别、记录、阻断技术，确保上网搜索内容的合法性，避免不当关键词的搜索带来的负面影响。

③网址URL管理：利用网页分类库技术，对海量网址进行提前分类识别、记录、阻断，确保上网访问的网址的合法性。

④网页正文管理：利用正文关键字识别、记录、阻断技术，确保浏览正文的合法性。利用文件名称/大小/类型/下载频率的识别、记录、阻断技术，确保网页下载文件的合法性。

⑤网页发帖管理：利用对BBS等网站的发帖内容的标题、正文关键字进行识别、记录、阻断，确保外发言论的合法性。

⑥即时通讯管理：利用对微博、QQ、微信等主流IM软件的外发内容关键字识别、记录、阻断，确保外发言论的合法性。

⑦网络流量管理：为每个或多个应用设置虚拟通道上限值，对于超过虚拟通道上限的流量进行丢弃，为每个或多个应用设置虚拟通道下限值，确保为关键应用保留必要的网络带宽。

（七）云安全

云计算是在分布式计算、网格计算、并行计算等基础上提出的一种新型计算模型，它提供了一种新兴的共享基础框架的方法，它面对的是超大规模的分布式环境，核心是提供数据存储和网络服务。

作为大型运营型企业，城市轨道交通企业的运作完全架构于各种IT系统中，存在大规模的复杂网络环境和特殊系统，每天上万班次的列车运行对于IT系统的稳定性和安全性提出了极高的要求。

云计算的核心是虚拟化平台（Hypervisor），它不仅仅承担着资源虚拟化调度等基本功能，也是实现虚拟机之间安全隔离、访问控制、安全监控和审计等安全管理职能的关键。可以说，虚拟化平台就是整个云计算的“总控制阀”，所以有数据和访问行为均需通过虚拟化平台实施调度、管理和处理，通过控制虚拟化平台，可以轻易突破系统的重重防护，实施包括非法获取敏感资源、瘫痪系统运行等威胁。云计算的安全必须从虚拟化平台开始。

计算和网络资源虚拟化后，带来的最大问题除了引入新的云平台漏洞、不安全的API、共享风险等，最大的不可控性在于二层流量直接通过软件vSwitch交互，不通过传统物理安全设备，这部分不可控流量形成安全防护的盲点，使得VM很容易成为黑客攻击的跳板，控制VM权限，进而对Hypervisor实施攻击，或直接攻击相邻主机，篡改数据，导致VM不能正常提供服务。

通过在分布式部署在Hypervisor层或者独立安全VM中部署软件虚拟防火墙，对二层流量实现过滤和监控，并与传统集中部署在三层的安全设备形成联合防护，通过统一的控制中心，实现“传统集中式安全控制＋虚拟化分布式安全控制”的立体资源池方案，通过统一的安全控制中心实现三层和虚拟化二层数据流的按需指定路径进行过滤，和按需的业务编排策略，是业界最普遍和先进的有效方案。虚拟化安全需要提供如下功能。

①统一安全控制:虚拟环境同样构筑于实体物理环境之上,除了虚拟环境拥有其特有的安全问题之外,实体物理环境中的安全问题也同样存在,因此,虚拟化安全控制需要能与实体安全控制协作,两者有效结合达到整体防御的成效。通过安全控制中心,vFW 和物理安全设备形成“分布 + 集中”的安全资源池,提供北向接口供安全中心调用,按需配置引流路径,基于业务需求,编排安全业务,最终实现实体安全和虚拟安全控制的统一动态协作。

②流量控制与监测:vSwitch 与 vNIC 之间的流量,包括需要和不需要出入主机的流量都要进行控制与监测,不同的 VM 往往部署不同的业务功能,因此需要对 VM 之间(包括同一主机和不同主机上的 VM)的流量进行控制与监测。在相同租户、相同虚拟网段内,可根据不同的安全策略在虚拟机之间划分不同的“安全域”,并实现通信隔离以及网络通信安全控制功能。

③VM 安全状态监测:平台云计算资源池中大量的 VM 可能被随时启动或者关闭,也可能随时产生变化,而这种变化触发的一种可能就是由于安全问题的出现而引发的,例如某些入侵手段的一个初始动作就是监测系统里面的防病毒软件,一旦发现有防病毒软件的存在,入侵者或者工具将首先关闭它,然后才会进行后续的恶意动作,而这些问题如果能够得到监控,将大大提升系统的安全防护能力。

1. 云网络安全

云网络安全主要是将云平台的网络通信平面划分为业务平面、存储平面和管理平面,且三个平面之间是隔离的。通过网络平面隔离保证管理平台操作不影响业务运行,用户不能破坏公共基础管理。

①业务平面:为用户提供业务通道,为虚拟机虚拟网卡的通信平面,对外提供业务应用。

②存储平面:为 ISCSI(Internet Small Computer System Interface, Internet 小型计算机系统接口)存储设备提供通信平面,并为虚拟机提供存储资源,但不直接与虚拟机通信,而通过虚拟化平台转化。

③管理平面:负责整个云计算系统的管理、业务部署、系统加载等流量的通信。

2. 云虚拟主机隔离

云虚拟机主机隔离保证资源使用不受周边虚拟机的影响,Hypervisor 能实现同一物理机上不同虚拟机之间的资源隔离,避免虚拟机之间的数据窃取或恶意攻击。终端用户使用虚拟机时,仅能访问属于自己的虚拟机的资源(如硬件、软件和数据),不能访问其他虚拟机的资源,保证虚拟机隔离安全。

x86 架构为了保护指令的运行,提供了指令的 4 个不同特权级别,术语称为 Ring,优先级从高到低依次为 Ring0(被用于运行操作系统内核)、Ring1(用于操作系统服务)、Ring2(用于操作系统服务)、Ring3(用于应用程序),各个级别对可以运行的指令进行限制。vCPU 的上下文切换,由 Hypervisor 负责调度。Hypervisor 使虚拟机操作系统运行在 Ring1 上,有效地防止了虚拟机 Guest OS 直接执行所有特权指令;应用程序运行在 Ring3 上,保证了操作系统与应用程序之间的隔离。

3. 云虚拟机磁盘加密

云虚拟机的出租服务给用户带来很大的方便,但一些用户担心云虚拟机的安全问题,感到对服务缺乏控制。特别是虚拟机上数据的安全性，包括磁盘失窃的风险以及云供应商管理员非法挂卷风险。

虚拟磁盘加密特性(Virtual Machine Encryption System，VES)，实现虚拟机的全盘透明加解密。虚拟机的系统卷和数据卷被加密后，任何人包括管理员都无法通过挂卷、物理方式读取等途径窃取用户隐私数据，只有用户自己能够查看自己虚拟机中的数据。VES解决了云计算数据安全中最重要的安全问题，为使用云计算产品的用户提供了把个人数据放到云中的信心。VES包含磁盘加密、密钥管理、身份认证、License管理等模块，支持虚拟机加密业务的灵活部署，并具有高集成度、高可靠性和高性能等特点。

第四节 城市轨道交通企业信息安全运营

一、信息系统建设过程中的安全管理

城市轨道交通企业在其信息系统建设的过程中应同步进行信息安全的建设，将信息安全工作融入信息系统建设的全过程中。信息安全工作应当与信息系统建设工作“三同步”：同步规划、同步建设、同步运行。

在信息系统投入运行之前，信息系统安全的能力、强度、脆弱性、可改进的潜力基本确定。因此，应当在信息系统方案设计、产品采购、软件开发、系统实施、测试验收、系统交付等过程中进行信息安全建设。

(一)方案设计

在信息系统方案设计阶段就需要同步进行安全方案设计。一套完整的安全设计方案是整个系统安全的有力保障。安全方案设计应结合信息系统实际的运行状况，指定和授权专门的部门对信息系统的安全建设进行总体规划，制订近期和远期的安全建设工作计划，从人力、物力、财力各方面做好部署与配置。安全设计方案的内容包括：系统的安全隐患与对策分析、系统的体系结构及拓扑设计、系统的业务流程实现过程、系统的安全体系与其他平台的关系、系统在物理、网络、主机系统、应用、数据以及管理层面的不同设计要求、设计目标、性能要求、接口要求、资源如何分配等。

(二)产品采购

一旦系统的详细方案设计确定下来，就要选择合适的产品并按照详细设计方案来进行技术实现，保障系统安全设计的方案在系统中得到有效实施，同时保证产品得到正确的配置和使用。产品采购需按照一定的采购流程或要求进行，确保产品在符合国家安全有关规定的前提下，满足系统功能的需要。

（三）软件开发

软件开发包括两种情况：自行开发和外包第三方开发。开发过程中，要以协议方式与第三方确定开发安全要求。

在软件开发过程中，应指定责任部门负责软件开发的安全工作，定义开发过程的控制方法和人员行为准则，确保开发环境与实际运行环境物理分开，开发人员和测试人员分离，测试数据和测试结果要受到控制；制定、维护并推行代码编写安全规范，开发人员参照规范编写代码；提供软件设计相关文档和使用指南，并由专门人员负责保管；对程序资源库的修改、更新、发布进行授权和批准。

软件开发部门和系统使用部门要共同做好外包软件开发的安全管理工作。包括根据开发需求检测软件质量，软件安装之前要检测软件包中可能存在的恶意代码，在合同中要求开发单位提供软件设计的相关文档和使用指南，要求开发单位提供软件源代码，并审查可能存在的后门，在服务期内如发现安全漏洞，则开发单位必须及时提供相关安全补丁或者进行及时升级等。

（四）系统实施

为了约束实施方行为，必须制订详细的实施方案。为了双方合作顺利，也为了监督、督促工程实施单位的工作，建设方要指定专人或部门负责工程实施过程的管理与协调，要求根据实施方案实施。必要时可以请监理控制项目的实施过程。

（五）测试验收

为保证项目建设按照既定方案和要求实施，在项目实施完成之后，系统交付使用之前，建设方应指定或授权专门的部门按照系统测试验收管理制度、设计方案或合同要求进行系统的安全测试验收。如果建设方本身没有能力自行测试验收，也可以委托公正的第三方测评单位对系统进行测试。测评单位资质应符合国家相关法律法规和质量认可要求，并出具符合有关监管部门要求的安全测评报告。

测评单位在测试验收前应根据设计方案或合同要求等制订测试验收方案，在测试验收过程中应详细记录测试验收结果，并形成测试验收报告。测评单位要对系统测试验收的控制方法和人员行为准则进行书面规定，企业应组织相关部门对系统测试验收报告进行审定并签字确认。

（六）系统交付

系统在完成建设和测试验收后，就进入交付阶段。在交付阶段，系统委托建设方和承建方都要按照委托协议或其他协议而形成的交接清单进行交付工作，保证交付工作能够按照既定的要求顺利完成。系统交付工作不仅是简单的交接工作，由于系统的许多安装、配置、开发等都是由建设方来负责的，而委托方在此方面较为生疏，因此，在交付后，建设方需承担一段时间的技术支持工作（如培训、维护等服务），保证委托方能够熟练、顺利地对系统进行日后的运行维护。

二、信息系统运维过程中的安全管理

城市轨道交通企业在其信息系统及其信息安全系统建设完成后，其安全工作并没有结束。真正安全的效果要通过日常运作中的安全管理来实现，工程过程中奠定的信息安全基础需要通过有效的运维管理进一步加强。

信息系统运维过程中的安全管理主要包括:环境管理、资产管理、介质设备管理、系统安全管理、配置变更管理、备份与恢复管理、安全事件处置、应急预案管理等方面内容。

(一)环境管理

环境包括计算机机房环境以及设置有网络终端的办公环境。计算机机房是信息系统硬件资源的集中地,机房管理主要以加强机房物理访问控制和维护机房良好的运行环境为主。办公环境管理主要以加强信息保密性为主,防止敏感信息遭到非法访问。

需要建立《机房安全管理制度》,明确机房管理职责和规范机房管理行为,要定期对机房供配电、空调、温湿度控制等设施进行维护管理,对机房的出入、服务器的开关机等工作进行管理,要对机房物理访问、物品带进带出机房和机房环境安全等方面做出规定。

需要规范办公环境人员行为,包括工作人员调离办公室应立即交还该办公室钥匙、不在办公区接待来访人员、工作人员离开座位应确保终端计算机退出登录状态以及桌面上不能留有包含敏感信息的文件等要求。

(二)设备管理

设备主要指承载信息系统的各种计算机硬件设备。需要建立计算机设备管理相关制度,明确计算机设备管理的基本要求,明确计算机设备管理模式、组织与职责、台账管理和设备标识等要求,同时要明确设备新增、借调、交接、维修、报废等规定和流程。计算机设备责任部门要按照制度要求建立和维护计算机设备台账,台账中需要明确设备编码、设备名称、责任部门、设备分类、重要程度和所处位置等信息。

(三)介质管理

由于各类介质中存放的数据对机构来讲都是非常重要的,因此对介质的管理也至关重要。介质管理主要关注介质的安全存放、介质的使用(包括借出、传输、销毁)等。主要要求如下:

要明确责任部门负责介质的存放、使用、维护和销毁。对存储环境进行实行专人管理,确保介质存放在安全的环境中。对介质在物理传输过程中的人员选择、打包、交付等情况进行控制,对介质归档和查询等进行登记记录,并根据存档介质的目录清单定期盘点。

对存储介质的使用过程、送出维修以及销毁等进行严格的管理,对带出工作环境的存储介质进行内容加密和监控管理,对送出维修或销毁的介质应首先清除介质中的敏感数据,对保密性较高的存储介质未经批准不得自行销毁。

根据数据备份的需要对某些介质实行异地存储,存储地的环境要求和管理方法应与本地相同。对重要介质中的数据和软件采取加密存储,并根据所承载数据和软件的重要程度对介质进行分类和标识管理。

(四)系统管理

1.网络安全管理

网络安全管理主要关注网络的合法连接、网络设备的正确配置、软硬件的及时升级、网络漏洞的管理、网络日志管理等方面。主要要求如下:

对通信线路、主机、网络设备和应用软件的运行状况、网络流量、用户行为等进行监测和报警,形成记录并妥善保存。每周对监测和报警记录进行分析、评审,形成分析报告。发现可疑情况要采取必要的应对措施。应有专人负责对运行日志、网络监控记录的日常维护和报警信息分析和处理工作。对网络安全配置、日志保存时间、安全策略、升级与打补丁、口令更新周期等方面做出规定。

定期对网络设备进行更新,并在更新前对现有的重要文件进行备份。定期对网络系统进行漏洞扫描,发现网络系统安全漏洞要及时修补。实现设备的最小服务配置,并对配置文件进行定期离线备份。所有与外部系统的连接必须得到授权和批准。依据安全策略允许或者拒绝便携式和移动式设备的网络接入。每周检查违反规定拨号上网或其他违反网络安全策略的行为。

2. 系统安全管理

系统安全管理主要关注系统访问权限、系统漏洞补丁、系统日志、系统账户等方面。主要要求如下:

应指派专人负责对系统进行管理,划分系统管理员角色,明确各个角色的权限、责任和风险,权限设定应当遵循最小授权原则。根据业务需求和系统安全分析确定系统的访问控制策略。每周定时进行漏洞扫描,对发现的系统安全漏洞及时进行修补。安装系统的最新补丁程序,在安装系统补丁前,首先在测试环境中测试通过,并对重要文件进行备份后,方可实施系统补丁程序的安装。

依据操作手册对系统进行维护,详细记录操作日志,包括重要的日常操作、运行维护记录、参数的设置和修改等内容,严禁进行未经授权的操作。每周对运行日志和审计数据进行分析,以便及时发现异常行为。对系统安全策略、安全配置、日志管理和日常操作流程等方面做出具体规定。

(五)配置管理与变更管理

配置管理和变更管理是影响系统安全的两个主要流程。引起系统变动的原因是偏多元化的如技术的发展导致新设备的引进、旧设备的淘汰,而系统局部的这种变化常常可能会给整个系统安全状态带来影响,因而有必要对系统所做的各种大的变更活动进行控制,使其在控制范围内。配置管理和变更管理是任何形式管理所必需的管理过程。在信息安全管理中,这两方面管理的作用尤为突出。

1. 配置管理

从信息安全管理的角度看,应当对被保护的资产以及相应的保护措施进行配置描述(比如,给出适当的基线描述或视图描述等),并应当对各个配置描述进行持续的跟踪管理。

2. 变更管理

人员、设备、流程等各个方面的变化都可能导致信息安全风险的变化,因此要对一些重要的变更进行管理。需要建立正规的变更流程来控制变更可能导致的风险。

在配置管理和变更管理中首先建立变更流程:确认系统中要发生的变更,制订变更方案,系统发生变更前向主管领导申请,变更和变更方案经过评审、审批后方可实施变更,在实施后将变更情况向相关人员通告。

建立《变更申报和审批程序》,对变更影响进行分析并文档化,记录变更实施过程,并妥善保存所有文档和记录。建立《中止变更程序》,中止变更并从失败变更中恢复,明确过程控制方法和人员职责,必要时对恢复过程进行演练。

(六)备份与恢复管理

系统在实际环境中运行可能会遇到各种问题而导致数据的丢失或系统中断,因此机构应根据实际需要,通过数据备份或设备、系统冗余等方式,为可能发生的事故和灾难做准备。

应由信息管理部门和业务部门共同识别需要定期备份的重要业务信息、系统数据及软件系统等;定义备份信息的备份方式、备份频度、存储介质和保存期等。

根据数据的重要性和数据对系统运行的影响,制订数据的备份策略和恢复策略,备份策略须指明备份数据的放置场所、文件命名规则、介质替换频率和将数据离站运输的方法。

建立《数据备份和恢复过程》,对备份过程进行记录,所有文件和记录应妥善保存。

建立演练流程,每季度对恢复程序进行演练,检查和测试备份介质的有效性,确保可以在恢复程序规定的时间内完成备份的恢复。

(七)安全事件处置

信息安全事件包括事故、故障、病毒、黑客攻击性活动、犯罪活动、内部误用和误操作、信息战等,对这些安全事件必须有一定的处置手段,使其对信息系统的危害性减到最小。

在系统运行维护过程中应迅速发现并确认突发的安全事件或异常状况,初步评估事件性质、危害程度和影响范围。

为保证应急响应的各项资源能够得到最有效的利用,避免应急响应体系由于受到错误或虚假报警而受到干扰,各单位在报告信息安全事件或请求应急支援时应尽可能确保事件信息的可靠性。信息安全应急支援中心在对各单位提供应急支援前,也应确认信息安全事件的真实性,必要时可要求求援方提供尽可能详细的信息。

制定《安全事件处置管理制度》,指定责任部门,每年进行培训。通过培训让所有人能够报告所发现的安全弱点和可疑事件,但任何情况下用户均不应尝试验证弱点。

制定《安全事件报告和处置管理程序》,明确安全事件的类型,规定安全事件的现场处理、事件报告和后期恢复的管理职责;确定事件的报告流程,响应和处置的范围、程度,以及处理方法等;在安全事件报告和响应处理过程中,分析和鉴定事件产生的原因,收集证据,记录处理过程,总结经验教训,制定防止再次发生的补救措施,过程形成的所有文件和记录均应妥善保存;为造成系统中断和造成信息泄密的安全事件制定不同的处理程序和报告程序。

制定《安全事件等级划分方法》,根据国家相关管理部门对计算机安全事件等级划分方法和安全事件对本系统产生的影响,对本系统计算机安全事件进行等级划分。

(八)业务连续性管理

业务连续性管理就是要找出企业有潜在影响的威胁及其对企业业务运行的影响,通过有效响应措施保护企业的利益、信誉、品牌和创造价值的活动,并为企业提供建设恢复能力框架的整体管理过程。

业务连续性管理的组织由业务部门、信息系统运维部门、信息安全管理部门共同组成，其中，业务部门主要负责业务影响分析；信息系统运维部门负责建立信息系统的应急计划，并定期组织应急计划的测试；信息安全管理部门负责建立业务连续性管理程序，督促相关计划的编制、执行。

制定《信息安全业务连续性管理规定》，通过预防和恢复控制措施，确保组织的关键业务活动不会因信息安全故障造成中断或在最短的时间内恢复业务运作。规定应明确当核心业务面临重大灾难时需采取的保护措施，在有计划及受控制的情况下，执行可预见的减少业务停顿、失败或灾难影响的措施，尽可能消除业务活动所出现的中断，保护关键业务过程免受重大故障或灾难的影响，避免和减少可能导致关键业务中断事件的发生，减少意外事故所造成的影响，缩短业务中断的恢复时间，保证关键业务活动的连续性。

业务连续性管理的步骤包括：确定业务连续性管理策略、业务影响性分析、制订应急计划、制订恢复计划、应急计划的实施、应急计划的演练和应急计划的维护，具体如下。

①业务连续性策略：明确定义企业整体的业务连续性管理目标并建立业务连续性管理的整体框架和职责。

②业务影响分析：确定各部门的关键业务流程，判断由于该业务中断或数据丢失可能对企业造成的影响，确定恢复优先顺序以便确定恢复时间目标（RTO）及恢复点目标（RPO）。

③制订应急计划：根据各个业务特点和事件分类，结合业务影响性分析（BIA）记录，分别制订相应的应急计划，其内容应包含计划通知/启动、应急程序、维护时间表、宣传培训程序、团队/个人职责等。

④制订恢复计划：由信息安全管理部门组织制定恢复计划。在制订了详细的应急计划和对安全事件进行分级的基础上，根据业务的恢复需求，制订恢复计划。

⑤应急计划的实施：根据制订的应急计划，当紧急情况和中断发生时，一旦符合应急计划的启动条件，应严格按照计划规定来行动。

⑥应急计划演练：所有应急计划在制订或修订完成后，应进行测试，并根据测试结果修订应急计划，保证应急计划的可行性。

⑦应急计划的维护：建立应急计划的维护方案和进度，定期对应急响应计划进行复审或由特定事件触发对应急响应进行复审（如测试、变更及真正实施了应急响应等）。

（九）应急预案管理

信息系统会受到各种安全事件和灾难的伤害而导致中断，特别是在一些突发情况下，如不采取应急措施，会导致重大的社会影响和经济损失。为了把系统因灾难或安全失效导致的停顿降到可接受程度，必须建立有效的应急预案、灾难恢复计划，并定期组织演练。

应急预案应包括事件分级方法、应急措施启动条件、应急处理流程、系统恢复流程、事后教育和培训等内容。应急预案要明确预案适用的系统或设备，如《门户网站被篡改的应急预案》和《路由器瘫痪的应急预案》。应急预案需要定期审查和根据实际情况进行更新。

要根据不同的应急恢复内容，确定应急预案演练的周期。演练前应首先确定演练的目标和范围，制定详细的演练方案，避免对正常业务造成不必要影响。演练的范围可视具体情况而定，小至一个单位或单位内的一个部门，大至整个企业。

演练过程中如需涉及上级主管部门或其他相关部门，应事先做好协调沟通工作，避免由于协调工作不到位而导致对这些部门正常工作的干扰。如果演练过程涉及社会网络和应急机构，需要事先与其进行协商，并明确服务范围、服务级别及相关费用等事项。

三、信息安全风险管理

可以参考《信息安全技术 信息安全风险评估规范》(GB 20984—2007-T)开展城市轨道交通企业信息安全风险评估工作。

资产是具有价值的信息或资源，是安全策略保护的对象。它能够以多种形式存在，有无形的、有形的，有硬件、软件，有文档、代码，也有服务、形象等。机密性、完整性和可用性是评价资产的三个安全属性。信息安全风险评估中资产的价值可以资产的账面价格来衡量，而且可以用资产在这三个安全属性上的达成程度或者其安全属性未达成时所造成的影响程度来衡量。安全属性达成程度的不同将使资产具有不同的价值，而资产面临的威胁、存在的脆弱性以及已采取的安全措施，都将对资产安全属性的达成程度产生影响。

(一)风险评估工作准备和风险评估流程

风险评估的准备是整个风险评估过程有效性的保证。组织实施风险评估是一种战略性的考虑，其结果将受到组织业务战略、业务流程、安全需求、系统规模和结构等方面的影响。在风险评估实施前，需确认以下事项：

①确定风险评估的目标。

②确定风险评估的范围。

③组建适当的评估管理与实施团队。

④选择与组织相适应的具体的风险判断方法。

⑤获得最高管理者对风险评估工作的支持。

在风险评估的准备阶段应明确风险评估的目标，为风险评估的过程提供导向。信息系统是重要的资产，其机密性、完整性和可用性对于维持竞争优势、获利能力、法规要求和组织形象是必要的。组织要面对来自内、外部日益增长的安全威胁，信息系统是威胁的主要目标。由于业务信息化程度不断提高，对信息技术的依赖日益增加，一个组织可能出现更多的脆弱性。

基于风险评估目标确定风险评估范围是完成风险评估的前提。风险评估范围可能是组织全部的信息及与信息处理相关的各类资产、管理机构，也可能是某个独立的系统，关键业务流程，与客户知识产权相关的系统或部门等。

组建适当的风险评估管理与实施团队，以支持整个过程的推进，如成立由管理层、相关业务骨干、IT技术人员等组成的风险评估小组。评估团队应能够保证风险评估工作的有效开展。

应考虑评估的目的、范围、时间、效果、人员素质等因素来选择具体的风险判断方法，使之能够与组织环境和安全要求相适应。

上述所有内容确定后应得到组织的最高管理者的支持、批准，并对管理层和技术人员进行传达，应在组织范围就风险评估相关内容进行培训，以明确各有关人员在风险评估中的任务。风险评估过程可以分为以下几个阶段(图8-5)。

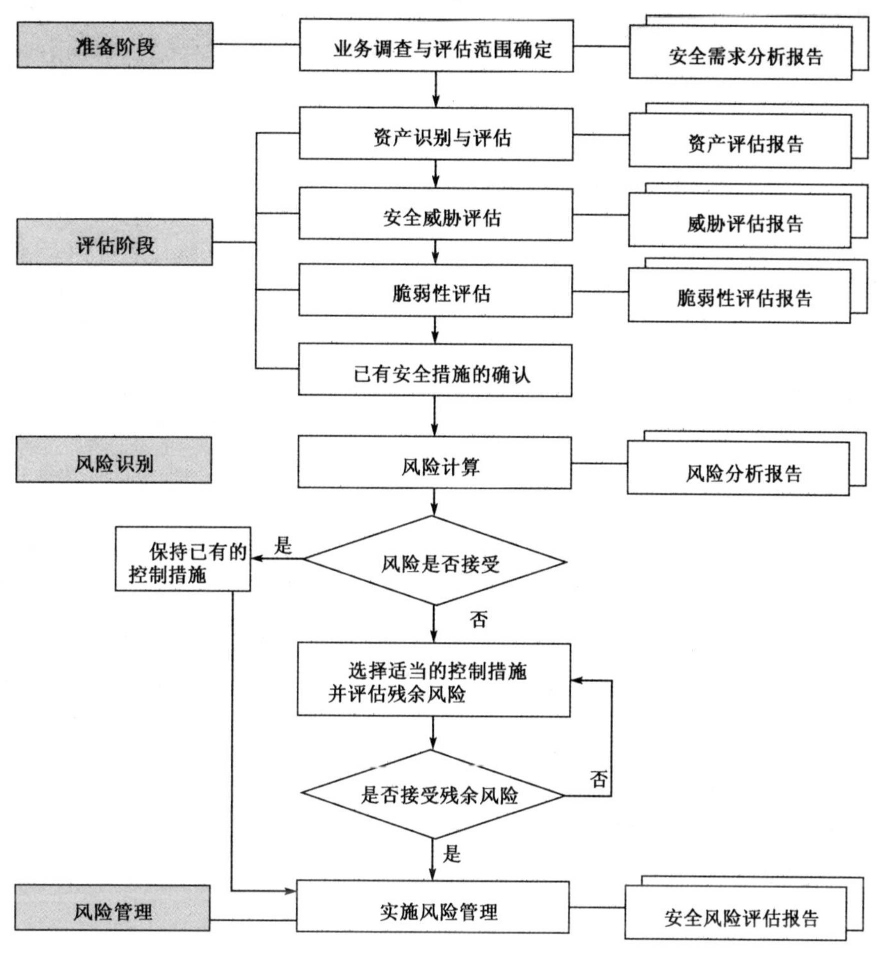

图 8-5　风险评估流程

1. 准备阶段

进行业务调查并确定评估范围。调查并了解企业的业务流程和运行环境，确定评估范围的边界以及范围内的所有网络系统。

2. 评估阶段

进行资产识别与评估、安全威胁评估、脆弱性评估和对已有安全措施进行确认。要对评估范围内的所有资产进行识别，调查资产破坏后可能造成的影响大小，并根据影响的大小为资产进行相对赋值；从技术、管理、策略方面进行脆弱程度检查，特别是技术方面，以远程和本地两种方式进行系统扫描和手动抽查的评估；评估资产所面临的每种威胁发生的可能性。

3. 识别阶段

通过分析上面所评估的数据，进行风险值计算、区分和确认高风险因素。

4. 管理阶段

这一阶段主要是总结整个风险评估过程，制定相关风险控制策略，建立风险评估报告，实施某些紧急风险控制措施。

(二)资产分类与赋值

支持业务持续运行的信息系统数量可能很多。这时首先需要将信息系统及相关的资产进行恰当的分类,以此为基础进行下一步的风险评估。

根据资产的表现形式,可将资产分为数据、软件、硬件、文档、服务、人员等。信息资产分类示例如表 8-2 所示。

信息资产分类示例　　表 8-2

分　类	示　例
数据	存在信息媒介上的各种数据资料,包括源代码、数据库数据、系统文档、运行管理规程、计划、报告、用户手册等
软件	系统软件:操作系统、语言包、工具软件、各种库等 应用软件:外部购买的应用软件,外包开发的应用软件等 源程序:各种共享源代码、可执行程序、自行或合作开发的各种程序等
硬件	网络设备:路由器、网关、交换机等 计算机设备:大型机、服务器、工作站、台式计算机、移动计算机等 存储设备:磁带机、磁盘阵列等 移动存储设备:磁带、光盘、软盘、U 盘、移动硬盘等 传输线路:光纤、双绞线等 保障设备:动力保障设备(UPS、变电设备等)、空调、保险柜、文件柜、门禁、消防设施等 安全保障设备:防火墙、入侵检测系统、身份验证等 其他电子设备:打印机、复印机、扫描仪、传真机等
服务	办公服务:为提高效率而开发的管理信息系统(MIS),它包括各种内部配置管理、文件流转管理等服务 网络服务:各种网络设备、设施提供的网络连接服务 信息服务:对外依赖该系统开展服务而取得业务收入的服务
文档	纸质的各种文件、传真、电报、财务报告、发展计划等
人员	掌握重要信息和核心业务的人员,如主机维护主管、网络维护主管及应用项目经理及网络研发人员等
其他	企业形象,客户关系等

1. 资产赋值

对资产的赋值不仅要考虑资产本身的价值,更重要的是要考虑资产的安全状况对于组织的重要性,即由资产在其三个安全属性上的达成程度决定。为确保资产赋值时的一致性和准确性,组织应建立一个资产价值评价尺度,以指导资产赋值。

资产赋值的过程也就是对资产在机密性、完整性和可用性上的达成程度进行分析,并在此基础上得出一个综合结果的过程。达成程度可由安全属性缺失时造成的影响来表示,这种影响可能造成某些资产的损害以致危及信息系统,还可能导致经济效益、市场份额或组织形象的损失。

2. 机密性赋值

根据资产在机密性上的不同要求,将其分为五个不同的等级,分别对应资产在机密性上的应达成的不同程度或者机密性缺失时对整个组织的影响。如表 8-3 所示。

机 密 性 赋 值 表　　表 8-3

赋值	标识	定　　义
5	极高	包含组织最重要的秘密,关系未来发展的前途命运,对组织根本利益有着决定性影响,如果泄漏会造成灾难性的损害
4	高	包含组织的重要秘密,其泄露会使组织的安全和利益遭受严重损害
3	中等	包含组织的一般性秘密,其泄露会使组织的安全和利益受到损害
2	低	包含仅能在组织内部或在组织某一部门内部公开的信息,向外扩散有可能对组织的利益造成损害
1	可忽略	包含可对社会公开的信息,公用的信息处理设备和系统资源等

3. 完整性赋值

根据资产在完整性上的不同要求,将其分为五个不同的等级,分别对应资产在完整性上达成的不同程度或者完整性缺失时对整个组织的影响。如表 8-4 所示。

完 整 性 赋 值 表　　表 8-4

赋值	标识	定　　义
5	极高	完整性价值非常关键,未经授权的修改或破坏会对组织造成重大的或无法接受的影响,对业务冲击重大,并可能造成严重的业务中断,难以弥补
4	高	完整性价值较高,未经授权的修改或破坏会对组织造成重大影响,对业务冲击严重,比较难以弥补
3	中等	完整性价值中等,未经授权的修改或破坏会对组织造成影响,对业务冲击明显,但可以弥补
2	低	完整性价值较低,未经授权的修改或破坏会对组织造成轻微影响,可以忍受,对业务冲击轻微,容易弥补
1	可忽略	完整性价值非常低,未经授权的修改或破坏对组织造成的影响可以忽略,对业务冲击可以忽略

4. 可用性赋值

根据资产在可用性上的不同要求,将其分为五个不同的等级,分别对应资产在可用性上的达成的不同程度。如表 8-5 所示。

可 用 性 赋 值 表　　表 8-5

赋值	标识	定　　义
5	极高	可用性价值非常高,合法使用者对信息及信息系统的可用度达到年度 99.9% 以上
4	高	可用性价值较高,合法使用者对信息及信息系统的可用度达到每天 90% 以上
3	中等	可用性价值中等,合法使用者对信息及信息系统的可用度在正常工作时间达到 70% 以上
2	低	可用性价值较低,合法使用者对信息及信息系统的可用度在正常工作时间达到 25% 以上
1	可忽略	可用性价值可以忽略,合法使用者对信息及信息系统的可用度在正常工作时间低于 25%

5. 资产重要性等级

资产价值应依据资产在机密性、完整性和可用性上的赋值,同时根据企业自身的特点,选择对资产机密性、完整性和可用性最为重要的一个属性的赋值等级作为资产的最终赋值结果,也可以根据资产机密性、完整性和可用性的不同重要程度对其赋值进行加权计算而得到资产的最终赋值。

表 8-6 提供了一种资产重要性等级划分的参考。

资产重要性等级划分表　表 8-6

等级	标识	定　义
5	很高	非常重要,其安全属性破坏后可能对组织造成非常严重的损失
4	高	重要,其安全属性破坏后可能对组织造成比较严重的损失
3	中	比较重要,其安全属性破坏后可能对组织造成中等程度的损失
2	低	不太重要,其安全属性破坏后可能对组织造成较低的损失
1	很低	不重要,其安全属性破坏后对组织造成很小的损失,甚至忽略不计

评估者可根据资产赋值结果,确定重要资产的范围,并主要围绕重要资产展开以下实施步骤。

(三)脆弱性识别与赋值

脆弱性是对一个或多个资产弱点的总称。脆弱性识别也称为弱点识别,弱点是资产本身存在的,如果没有相应的威胁发生,单纯的弱点本身不会对资产造成损害。而且如果系统足够强健,再严重的威胁也不会导致安全事件,并造成损失。即威胁总是要利用资产的弱点才可能造成危害。脆弱性识别所采用的方法主要有:问卷调查、工具检测、人工核查、文档查阅、渗透性测试等。

1. 脆弱性的识别

脆弱性的识别可以资产为核心,即根据每个资产分别识别其存在的弱点,然后综合评价该资产的脆弱性;也可以分物理、网络、系统、应用等层次进行识别,然后与资产、威胁结合起来。

脆弱性识别主要从技术和管理两个方面进行,技术脆弱性涉及物理层、网络层、系统层、应用层等各个层面的安全问题。管理脆弱性又可分为技术管理和组织管理两方面,前者与具体技术活动相关,后者与管理环境相关。

对不同的识别对象,其脆弱性识别的具体要求应参照相应的技术或管理标准实施。例如,对物理环境的脆弱性识别可以参照《计算机场地安全要求》(GB/T 9361—2000)中的技术指标实施,对操作系统和数据库的脆弱性识别可以参照《计算机信息系统安全保护等级划分准则》(GB 17859—1999)中的技术指标实施,对管理脆弱性识别可以参照《信息技术—安全技术—信息安全管理实用规则》(ISO/IEC 17799)的要求进行。如表 8-7 所示。

脆弱性识别表　表 8-7

类型	识别对象	识别内容
技术脆弱性	物理环境	从机房场地、机房防火、机房供配电、机房防静电、机房接地与防雷、电磁防护、通信线路的保护、机房区域防护、机房设备管理等方面进行识别
	服务器(含操作系统)	从物理保护、用户账号、口令策略、资源共享、事件审计、访问控制、新系统配置(初始化)、注册表加固、网络安全、系统管理等方面进行识别
	网络结构	从网络结构设计、边界保护、外部访问控制策略、内部访问控制策略、网络设备安全配置等方面进行识别
	数据库	从补丁安装、鉴别机制、口令机制、访问控制、网络和服务设置、备份恢复机制、审计机制等方面进行识别
	应用系统	审计机制、审计存储、访问控制策略、数据完整性、通信、鉴别机制、密码保护等方面进行识别

续上表

类型	识别对象	识别内容
管理脆弱性	技术管理	物理和环境安全、通信与操作管理、访问控制、系统开发与维护、业务连续性
	组织管理	安全策略、组织安全、资产分类与控制、人员安全、符合性

2. 脆弱性赋值

根据对资产损害程度、技术实现的难易程度、弱点流行程度，采用等级方式对已识别的脆弱性的严重程度进行赋值。由于脆弱性很多弱点反映的是同一方面的问题，应综合考虑这些弱点，最终确定这一方面的脆弱性严重程度。

脆弱性严重程度的等级划分为五级，分别代表资产脆弱性严重程度的高低。等级数值越大，脆弱性严重程度越高。如表 8-8 所示。

脆弱性严重程度的等级　表 8-8

等级	标识	定义
5	很高	如果被威胁利用，将对资产造成完全损害
4	高	如果被威胁利用，将对资产造成重大损害
3	中	如果被威胁利用，将对资产造成一般损害
2	低	如果被威胁利用，将对资产造成较小损害
1	很低	如果被威胁利用，将对资产造成的损害可以忽略

（四）威胁识别与赋值

威胁是一种对组织及其资产构成潜在破坏的可能性因素，是客观存在的。造成威胁的因素可分为人为因素和环境因素。根据威胁的动机，人为因素又可分为恶意和无意两种。环境因素包括自然界不可抗的因素和其他物理因素。

1. 威胁分类

在对威胁进行分类前，首先要考虑威胁的来源。如表 8-9 所示。

威胁分类表　表 8-9

威胁类型		描述
环境因素		由于断电、静电、灰尘、潮湿、温度、鼠蚁虫害、电磁干扰、洪灾、火灾、地震等环境条件和自然灾害；意外事故或由于软件、硬件、数据、通信线路方面的故障
人为因素	恶意人员	不满的或有预谋的内部人员对信息系统进行恶意破坏；采用自主的或内外勾结的方式盗窃机密信息或进行篡改，获取利益 外部人员利用信息系统的脆弱性，对网络和系统的机密性、完整性和可用性进行破坏，以获取利益或炫耀能力
	无恶意人员	内部人员由于缺乏责任心，或者由于不关心和不专注，或者没有遵循规章制度和操作流程而导致故障或被攻击；内部人员由于缺乏培训，专业技能不足，不具备岗位技能要求而导致信息系统故障或被攻击

对威胁进行分类的方式有多种多样，针对威胁来源，可以根据其表现形式将其分为以下种类。表 8-10 提供了一种基于表现形式的威胁分类方法。

基于表现形式的威胁分类表　　表 8-10

种　类	描　述
软硬件故障	由于设备硬件故障、通讯链路中断、系统本身或软件 Bug 导致对业务高效稳定运行的影响
物理环境威胁	断电、静电、灰尘、潮湿、温度、鼠蚁虫害、电磁干扰、洪灾、火灾、地震等环境问题和自然灾害
无作为或操作失误	由于应该执行而没有执行相应的操作或无意地执行了错误的操作,对系统造成影响
管理不到位	安全管理无法落实,不到位,造成安全管理不规范或者管理混乱,从而破坏信息系统正常有序运行
恶意代码和病毒	具有自我复制、自我传播能力,对信息系统构成破坏的程序代码
越权或滥用	通过采用一些措施,超越自己的权限访问了本来无权访问的资源;或者滥用自己的职权,做出破坏信息系统的行为
黑客攻击技术	利用黑客工具和技术,例如侦察、密码猜测攻击、缓冲区溢出攻击、安装后门、嗅探、伪造和欺骗、拒绝服务攻击等手段对信息系统进行攻击和入侵
物理攻击	物理接触、物理破坏、盗窃
泄密	机密泄漏,机密信息泄漏给他人
篡改	非法修改信息,破坏信息的完整性
抵赖	不承认收到的信息和所做的操作和交易

2. 威胁赋值

判断威胁出现的频率是威胁识别的重要工作,评估者应根据经验和(或)有关的统计数据来进行判断。在风险评估过程中,还需要综合考虑以下三个方面,以形成在某种评估环境中各种威胁出现的频率。

①以往安全事件报告中出现过的威胁及其频率的统计。

②实际环境中通过检测工具以及各种日志发现的威胁及其频率的统计。

③近一两年来国际组织发布的对于整个社会或特定行业的威胁及其频率统计,以及发布的威胁预警。

威胁频率等级划分为五级,分别代表威胁出现的频率的高低。等级数值越大,威胁出现的频率越高。如表 8-11 所示。

威胁频率等级划分表　　表 8-11

等级	标识	定　义
5	很高	威胁出现的频率很高,在大多数情况下几乎不可避免或者可以证实经常发生过
4	高	威胁出现的频率较高,在大多数情况下很有可能会发生或者可以证实多次发生过
3	中	威胁出现的频率中等,在某种情况下可能会发生或被证实曾经发生过
2	低	威胁出现的频率较小,一般不太可能发生,也没有被证实发生过
1	很低	威胁几乎不可能发生,仅可能在非常罕见和例外的情况下发生

(五)已有安全措施的确认

组织应对已采取的安全措施的有效性进行确认,对有效的安全措施继续保持,以避免不必要的工作和费用,防止安全措施的重复实施。对于确认为不适当的安全措施,应核实是否应被取消或者用更合适的安全措施替代。

安全措施可以分为预防性安全措施和保护性安全措施两种。预防性安全措施可以降低威胁利用脆弱性导致安全事件发生的可能性,如入侵检测系统;保护性安全措施可以减少因安全事件发生对信息系统造成的影响,如业务持续性计划。

已有安全措施的确认与脆弱性识别存在一定的联系。一般来说,安全措施的使用将减少脆弱性,但安全措施的确认并不需要与脆弱性识别过程那样具体到每个资产、组件的弱点,而是一类具体措施的集合。比较明显的例子是防火墙的访问控制策略,不必要描述具体的端口控制策略、用户控制策略,只需要表明采用的访问控制措施。

(六)风险分析

在完成了资产识别、威胁识别、脆弱性识别以及对已有安全措施确认后,将采用适当的方法与工具确定威胁利用脆弱性导致安全事件发生的可能性,考虑安全事件一旦发生,其所作用的资产的重要性及脆弱性的严重程度判断安全事件造成的损失对组织的影响,即安全风险。风险值计算公式如下:

$$风险值 = R(A,T,V) = R(L(T,V),F(Ia,Va))$$

式中:R——安全风险计算函数;

A——资产;

T——威胁;

V——脆弱性;

Ia——安全事件所作用的资产重要程度;

Va——脆弱性严重程度;

L——威胁利用资产的脆弱性导致安全事件发生的可能性;

F——安全事件发生后产生的损失。

风险值划分标准如表8-12所示。

风险值划分标准表　　表8-12

等级	标识	描　述
5	很高	一旦发生将使系统遭受非常严重的破坏,组织利益受到非常严重的损失
4	高	如果发生将使系统遭受严重破坏,组织利益受到严重损失
3	中	发生后将使系统受到较重的破坏,组织利益受到损失
2	低	发生后将使系统受到的破坏程度和利益损失一般
1	很低	即使发生只会使系统受到较小的破坏

1. 风险评估文件记录

记录风险评估过程的相关文件应符合以下要求。

①确保文件发布前是得到批准的。

②确保文件的更改和现行修订状态是可识别的。

③确保在使用时可获得有关版本的适用文件。

④确保文件的分发得到适当的控制。

⑤防止作废文件的非预期使用,若因任何目的需保留作废文件时,应对这些文件进行适当的标识。

对于风险评估过程中形成的相关文件,还应规定其标识、储存、保护、检索、保存期限以及处置所需的控制。相关文件是否需要以及详略程度由管理过程来决定。

2. 风险评估文件

风险评估文件包括在整个风险评估过程中产生的评估过程文档和评估结果文档,主要文件如下。

①风险评估计划:阐述风险评估的目标、范围、团队、评估方法、评估结果的形式和实施进度等。

②风险评估程序:明确评估的目的、职责、过程、相关的文件要求,并且准备实施评估需要的文档。

③资产识别清单:根据组织在风险评估程序文件中所确定的资产分类方法进行资产识别,形成资产识别清单,清单中应明确各资产的责任人/部门。

④重要资产清单:根据资产识别和赋值的结果,形成重要资产列表,包括重要资产名称、描述、类型、重要程度、责任人/部门等。

⑤威胁列表:根据威胁识别和赋值的结果,形成威胁列表,包括威胁名称、种类、来源、动机及出现的频率等。

⑥脆弱性列表:根据脆弱性识别和赋值的结果,形成脆弱性列表,包括脆弱性名称、描述、类型及严重程度等。

⑦已有安全措施确认表:根据已采取的安全措施确认的结果,形成已有安全措施确认表,包括已有安全措施名称、类型、功能描述及实施效果等。

⑧风险评估报告:对整个风险评估过程和结果进行总结,详细说明被评估对象,风险评估方法,资产、威胁、脆弱性的识别结果,风险分析、风险统计和结论等内容。

⑨风险处理计划:对评估结果中不可接受的风险制订风险处理计划,选择适当的控制目标及安全措施,明确责任、进度、资源,并通过对残余风险的评价确保所选择安全措施的有效性。

⑩风险评估记录:根据组织的风险评估程序文件,记录对重要资产的风险评估过程。

(七)风险评估类型

依据信息安全风险评估的评估内容的不同,信息安全风险评估可分析安全管理风险评估和安全技术风险评估。

1. 安全管理风险评估

安全管理风险评估主要参照 ISO27000 和信息安全等级保护的安全管理要求,运用风险评估方法,识别分析组织内部可以存在的安全管理风险。

(1)评估范围

安全管理风险评估的范围主要有以下方面。

①技术管理:物理和环境安全、通信与操作管理、访问控制、系统开发与维护、业务连续性等。

②组织管理:安全策略、组织安全、资产分类与控制、人员安全、符合性等。

(2)工作方法

①现场访谈:根据安全管理要求制作访问问卷,对组织内的管理层相关人员和安全管理人员进行现场访谈,了解信息安全管理的现状,评估可能存在的安全风险。

②制度调研:信息安全管理制度是规定日常的信息安全活动的强制性,通过收集相关的信息安全制度,依据安全管理标准要求,对比评估日常的信息安全活动可能存在的安全风险点。

③调研问卷:根据信息安全管理要求,制定信息安全调研问卷,并以随机抽样的方式,对组织内部人员进行问卷调查,了解组织内部的信息安全建设现状,并根据调研结果,对比分析安全管理要求,分析可能存的安全风险。

2. 安全技术风险评估

安全技术风险评估主要参照 ISO 27000 和信息安全等级保护的安全技术要求,运用风险评估方法,识别分析组织内部可以存在的安全技术风险。

(1)评估范围

安全技术风险评估范围主要有以下方面:

①物理环境:从机房场地、机房防火、机房供配电、机房防静电、机房接地与防雷、电磁防护、通信线路的保护、机房区域防护、机房设备管理等方面进行识别。

②服务器(含操作系统):从物理保护、用户账号、口令策略、资源共享、事件审计、访问控制、新系统配置(初始化)、注册表加固、网络安全、系统管理等方面进行识别。

③网络结构:从网络结构设计、边界保护、外部访问控制策略、内部访问控制策略、网络设备安全配置等方面进行识别。

④数据库:从补丁安装、鉴别机制、口令机制、访问控制、网络和服务设置、备份恢复机制、审计机制等方面进行识别。

⑤应用系统:审计机制、审计存储、访问控制策略、数据完整性、通信、鉴别机制、密码保护等方面进行识别。

(2)工作方法

①安全漏洞扫描:通过评估工具,以本地扫描的方式对评估范围内的系统和网络进行安全扫描,从内网和外网两个角度来查找网络结构、网络设备、服务器主机、数据和用户账号/口令等安全对象目标存在的安全风险、漏洞和威胁。

②人工安全检查:安全扫描是利用安全评估工具对绝大多数评估范围内的主机、网络设备等系统环境进行的漏洞扫描。但是评估范围内的网络设备安全策略的弱点和部分主机的安全配置错误等并不能被扫描器全面发现,因此有必要对评估工具扫描范围之外的系统和设备进行手工检查。

③渗透测试:模拟黑客可能使用的攻击技术和漏洞发现技术,对目标系统的安全作深入的探测,发现系统最脆弱的环节。渗透测试能够直观地让管理人员知道自己网络所面临的问题。渗透测试主要依据安全专家已经掌握的安全漏洞和安全检测工具,模拟黑客的攻击方法在客户的授权和监督下对客户的系统和网络进行非破坏性质的攻击性测试。

④IDS 抽样分析:利用入侵检测系统的对系统内可能存在的安全威胁进行实时采样收集,对象包括各类主机系统、网络设备、数据库应用等在网络中传输的数据,采样结果将作为安全风险评估的一个重要参考依据。

(八)风险处置

1. 风险控制范围

通过上面的风险评估分析,可以明显看出评估的中某种资产对应各种风险情况。因此,在这一过程中,根据企业的需求,描述本次评估需要进行控制的风险范围,并详细确定每一业务或应用所要达到的安全级别以及每类风险的处理方式(如降低、转移、拒绝、接受风险),以便于后面风险控制策略的制定和实施。

2. 风险控制策略

按照企业的需求,选出某个范围内的所有风险,并找到与这些风险相关的资产、威胁和脆弱性,制订相应的风险控制策略。这些策略的正确实施,可以检测风险事件的发生,阻止或减小风险事件发生可能性,最小化或转移风险的影响。制定相应的安全控制策略主要过程如下。

(1)鉴定已有措施

首先进一步鉴定那些已经存在的或已经有计划但还没有完成的安全控制措施,以避免将来不必要的工作及消耗。对那些不太适合的已经存在或计划好但没有完成的安全措施的鉴定也是有好处的,这样可以决定是否取消或是用其他的措施来替换这些安全措施,因为不适合的安全措施本身就可能引入新的安全漏洞。

(2)组织安全策略的规范化

上一步完成后,剩下的安全控制措施应同组织安全策略相比较,修正与其相违背的安全措施,补充行业管理规范中规定的有关安全的要求。

(3)安全需求补充

将安全控制策略同用户所能提出的安全需求相比较,进行必要的补充,以保证全部安全需求的满足。对于一些不在所划风险范围内的可能影响系统安全需求的事件,补充一些相应的安全控制措施。

(4)安全与性能和费用的平衡

网络安全涉及两个平衡,一个是安全与网络性能的平衡,另一个是安全与网络投资的平衡。安全技术既要充分保证企业的安全,又不能影响整个系统的性能。同时,对解决同样问题的不同的安全技术措施,通过计算不同技术或管理手段所需要的花费来平衡预算,选择性能价格比最优的解决方案。

3. 风险处置计划

企业应根据风险评估的结果制订并实施一系列风险处理计划。掌握了真实需求(不仅仅是风险评估,还有法律法规、行业规范等方面明确的需求)之后,企业需要为实施整体的信息安全管理体系建设制订各类计划和方案。

计划可以是分阶段分层次的,通常分为短期、中期和长期计划(从阶段来讲),或者是事务实施计划、策略计划和战略计划(从层次来讲)。企业制订信息安全计划应该优先考虑与关键业务最紧密相关的信息系统环境。至于先做什么后做什么,只有根据风险评估得出风险等级之后,由决策者最终确定,并有计划地实施以下事务。

编写并完善企业信息安全策略文件,这是统领企业信息安全管理各项事务的总体纲领、指导方针和行动指南。务必做到信息安全管理"有法可依"和"有法必依",并且尽量实现"执法必严"和"违法必究"(这也和企业文化相关)。

(1)在人员组织方面应该做到

①组建信息安全管理组织架构,设定人员责任(需要与企业整体的信息安全文件体系建设一起考虑)。

②实施层次化和全方位的人员意识培训,使每一个员工能够自觉履行安全责任,使每一个系统管理和维护人员掌握应有的安全技能,使信息安全管理者有能力去行使信息安全管理职权。

(2)在流程建设方面应该做到

①加强内部审核。这要求企业建立内部审核流程和制度,明确责任人,制订审核计划,定期对公司信息安全管理体系的运行情况进行审核,审核结果应该和人员考核挂钩,发现问题及时改进,使遵守信息安全策略真正成为每一个员工的意识和习惯。

②建立 BCP/DRP 机制,包括应急响应,完善企业业务连续性管理框架。

③将安全管理流程与 IT 服务管理流程结合,在变更管理、配置管理、问题管理等方面进行规范化。

(3)在信息安全技术运用方面应该考虑

①对 IT 基础设施实施安全加固,从系统一级消减因为配置或者操作不当而造成的安全风险。

②加强应用系统的安全性,采取应用审计和分析等手段,对架构于基础设施之上的各种应用系统进行安全加强。

③对适合于采用技术措施来予以消减的风险,应该制订可行的解决方案(包括产品解决方案)或者委托专业技术公司来提供并实施解决方案,方案的实施应该在相应的策略或程序指导下进行。

安全计划制定后,为了落实既定的目标,必须有针对性地设计解决方案,其中技术或产品解决方案就是很典型的例子。这里需要澄清:信息安全体系建设,并不能简单地认为就是信息安全集成(产品集成),还包括用管理手段去解决风险问题。设计怎样的解决方案,直接取决于企业真正的安全需求和管理决策。

计划和方案确定后,需要管理层充分重视和支持,项目过程中管理操作完善,及时总结和调整,就能达到既定的目标。

四、信息安全审计

(一)信息安全审计概述

为确定企业信息安全管理体系是否符合既定的安全方针和目标,确定安全控制措施是否依然有效,轨道交通企业应开展信息安全审计工作。信息安全审计应由安全审计部门及安全审计人员应按计划的时间间隔进行内部审核,以及定期进行管理评审(至少一年一次),确保范围是否充分,识别改进机会。

内部审核应策划审计方案,考虑审计过程和区域的状况及重要性,以及上次审计的结果。

定义审计的准则、范围、频次和方法。审计员的选择和审计的实施应保证设计过程的客观和公正。审计员不能审计自己的工作。

管理评审应包括评估信息安全管理体系改进的机会和变更的需要，包括安全策略和安全目标。评审结果应清楚地写入文件，并保持记录。在企业中，管理评审可以由执行层按照策划的时间间隔（至少一年一次）来组织。

信息安全审计的主要目的如下：

①检查安全措施是否符合现行的安全政策、标准、指南和规程。

②找出不足之处，并检验现行政策、标准、指南和程序的有效性。

③找出并了解现存的漏洞。

④检查操作、行政和管理等事项的安全控制措施，并确保在操作、行政和管理等方面符合最低安全标准。

⑤为改进提供建议和纠正措施。

（二）信息安全审计组织

轨道交通企业针对信息安全审计可以设立具有充分独立性的内部审计部门。内部审计部门应配备具有相应资质和能力的审计人员，应有权获得企业的所有信息安全管理的相关信息。在对信息安全要求较高的部门，必须建立审计制度，配备专职审计人员。审计人员应该是精通业务，对计算机系统有较好的掌握又有一定实际工作经验的高级技术人员。

（三）信息安全审计内容

信息安全审计内容包括文档审计、日志审计和行为审计。

1. 文档审计

①安全策略的内容必须由信息安全协调小组及相应的安全管理员、网络管理员、系统管理员、应用管理员和开发管理员等每一年进行一次审核，及时修订不合理要求，增加遗漏要求。

②安全管理制度必须由信息安全协调小组及相应的安全管理员每三个月进行一次审核，并根据实际情况进行建立、增加、修改、调整、删除等操作。

③业务系统操作规范和流程必须由相应的应用管理员每六个月进行一次审核，并根据业务应用情况进行建立、增加、修改、调整、废除等操作。

④应急方案必须由信息安全协调小组及相应的安全管理员、网络管理员、系统管理员、应用管理员和开发管理员等每六个月进行一次审核，并根据人员、技术等实际情况进行修改。

2. 日志审计

①网络设备、操作系统、数据库系统、业务应用系统等系统日志审计功能全部开启，管理员根据实际情况修改默认设置。

②网络设备、操作系统、数据库系统、业务应用系统等系统日志由相应的安全管理员、网络管理员、系统管理员、应用管理员等进行至少每周一次的安全审核，及时发现问题并根据问题采取相应措施。

③网络设备、操作系统、数据库系统、业务应用系统等系统日志由相应的安全管理员、网络管理员、系统管理员、应用管理员等进行每月一次转存，以保障系统日志有足够的存储空间，管

理员统一保存和管理转存的日志，确保这些数据的安全。

3. 行为审计

①应采取人员监督、绩效考核、技术监控等手段，对安全管理员、网络管理员、系统管理员、应用管理员等的日常工作行为（包括日常操作、授权、备份等）进行审核，保证行为的正确性和合法性。

②应通过信息安全巡检的方式对机房业务系统及普通员工的客户端等进行安全审查，了解当前的安全现状以及安全隐患，及时查找原因，提供解决方案以及时进行修补。

（四）信息安全审计方法

信息安全审计方法包括管理审计、系统审核和渗透测试等。

1. 管理审计

管理审计是通过访谈、走访、文件检查和观察等以人工方式检查系统控制和程序，以确定在目前的环境所设置的一般控制措施。控制措施包括但不限于：物理控制、信息安全事故应急及处理、变更管理控制、用户名称、密码、访问权限等访问控制、安全意识和人员培训、人员的角色和职责、安全政策、标准、指南和程序等。

安全审计员可检查及评估上述各方面的控制，以确定这些控制措施是否只流于空谈，是否按照政策和程序的规定付诸实行。计算机资源只限获得特定权限的获授权者访问，并应就已确认的所有计算机资源编制清单。

2. 系统审计

系统审计是从内部访问的角度，将焦点集中在网络或系统的薄弱环节。系统评估着重不同平台的操作系统、管理和监察工具，目的在于找出计算机目前安装的软件所存在的任何安全漏洞。系统评估的内容包括：系统文件或日志、运行中的程序、访问控制文件、加密或认证工具、网络管理工具、日志或入侵侦测工具。

3. 渗透测试

渗透测试可在内部或从外部进行。渗透测试可使用自动化工具，扫描网络或系统，以得出完整的工作站和服务器连接图，同时尝试渗透被测试网络和系统，在网络和系统内部或从外部找出安全漏洞。

渗透测试也可能包括与用户进行访谈和运用不同的黑客入侵技巧测试系统或网络。在进行黑客入侵测试前，必须全面地计划和商量具体的黑客入侵程度和种类。黑客入侵可能在访问某系统后或在进一步深入分析被渗透的系统后停止。在决定进行黑客入侵测试前，应寻求安全服务商或安全审计员的建议。

渗透测试的目的在于：测试系统抵御蓄意攻击的能力，以找出安全薄弱环节；为要求高度可用性、完整性及保密性的网络和系统提供额外保证。

（五）信息安全审计工具

审计工具包括自动化的工具和人工审计清单。审计工具中有不少有助于找出安全漏洞的自动化工具。选择采用何种自动化审计工具则依据安全需要和检查工作负荷的影响而定。

审计工具必须实施严格的访问控制,以禁止任何未获授权访问和使用。由于利用这些工具能够对系统或网络发动拒绝服务攻击等仿真攻击,在使用审计工具时,安全审计员和系统管理员应密切监视这些工具。

(六)信息安全审计流程

信息安全审计的流程包括:审计信息收集、审计报告编写、审计报告汇报和后续措施等。

1. 审计信息收集

审计信息收集分为初步调查、详细调查和问题询问三个步骤进行。

(1)初步调查

初步调查的目的是使安全审计人员了解审计对象的背景情况、基本运作流程、具体管理人员和操作人员的人员配备等大致的情况,以便快速熟悉审计对象,并制定相应的审计策略和工作清单。

(2)详细调查

在初步调查的基础上,安全审计人员对审计对象进行深入了解,同时调整、修改并最终决定审计策略和工作清单。

(3)问题询问

安全审计人员就审计的细节问题向具体管理人员和操作人员提出询问,进行审计报告编写前的最后准备工作。

2. 审计报告编写

安全审计人员对收集的资料进行分析整理,并完成安全审计报告的编写工作。安全审计报告内容要求包括:安全审计的范围、安全审计的标准、安全审计的检查清单、列举所有安全问题和安全隐患并按照严重程度进行划分、列举所有安全问题和安全隐患的有关责任人员或责任部门、安全审计的整体评估意见。

3. 审计报告汇报

由安全审计人员对各单位的审计情况汇总整理后,提交给相关安全负责人进行审阅。

4. 安全问题确认

所有在审计过程中发现的安全问题和安全隐患,需要提交责任部门确认后进行通报,要求责任部门在规定时间内提出解决方案和处理报告,并保证在今后的工作中不再出现类似的问题。

第九章 城市轨道交通企业信息化总结与展望

第一节 城市轨道交通企业信息化总结

企业信息化是先进的管理思想和技术手段在企业管理过程中的应用，其基础是企业的业务管理过程和运行模式。企业信息化的实现是一个过程，包括信息化理念培训、业务现状调研、业务需求分析、管理流程优化、信息化基础设施建设、信息系统实施、管理制度建设、系统应用推广和持续改进等工作。

企业信息化的价值需要通过业务过程进行体现，体现在企业员工信息化理念的提升，体现在业务管理流程的优化，体现在管理过程的规范化和精细化，体现在管理效率的提升和成本的降低，体现在管理水平的提升和知识的持续积累，体现在更方便快捷的业务整合和架构调整，更体现在业务数据质量的提升和决策水平的提高。

企业级信息化不同于部门级信息化，企业级信息化必须站在整个企业集团层面进行全面规划、总体组织，必须以支持企业发展战略、支持公司可持续发展为最终目的。企业领导层要达成对信息化的一致重视，并建立信息化领导小组，作为统筹指导企业信息化的最高决策机构。要做好信息化与业务的协同，根据业务的发展情况选择推动模式或是引导模式，是开展城市轨道交通企业信息化的首要前提条件。信息化源于业务，但不墨守于现有业务，而是企业开展业务变革的重要机会。信息化作为企业规范化、标准化、精细化管理思路的落地手段，更是固化企业业务变革成果与思路的关键载体。

选择正确的信息化方法能提高信息化建设质量与效果。IT 规划先行能为信息化建设明确方向与计划，科学的项目管理方法能确保信息系统建设质量，结合行业标准和最佳实践建立 IT 服务体系能提高 IT 运维服务水平。

在企业 IT 规划中，需要全面了解企业的业务现状、总体评估企业信息化的现状和发展需求，进而设计合理的企业架构体系，包括业务架构、应用架构、数据架构和技术架构，同时需要完善企业 IT 管控体系，建设企业信息化规章制度和标准规范，并以此指导和规范企业信息化的实施过程。

在企业信息化建设过程中，需要明确项目整体管理、范围管理、时间管理、成本管理、质量管理、人力资源管理、沟通管理、采购管理和风险管理的流程和要求，建立相应的项目管控体系，严格开展总体管控和专业管控，规避项目风险、保证项目质量。

在应用过程中要成立以业务部门为主的应用推广组织、建立系统配套的管理制度和标准规范、对应用效果进行定期评价、对系统问题及时记录和持续改进。要充分发挥业务主管部门的组织作用，鼓励使用部门的积极参与，有效推进系统与业务的深度融合。

第二节 现代信息技术发展对企业信息化的影响

创新理论奠基人约瑟夫·熊彼特认为，"创新"是将生产要素和生产条件的新组合引入生产体系，建立一种新的生产函数，进而产生新的价值。现代信息技术由于其独特的特性和日新月异的发展，为企业带来生产技术的革新、生产方式的变革，带来生产要素的重新组合，进而能为企业带来更大的价值。大数据、云计算、社交网络、移动技术、物联网、人工智能等为代表的现代信息技术的快速发展正在驱动新的企业商业模式的产生。

这些新技术的发展为企业信息化创新应用提供了新的途径和方法。这些新技术虽各有特点，但它们相互间也存在着密切联系。例如，移动互联网和物联网更多地表现为互联网接入和工作终端的扩展，社交网络和大数据是基于互联网的新应用和新方案，云计算则正在改变 IT 资源的管理和使用方式。这些新技术的发展和应用，不仅会改变人类社会的信息交互方式，也将对企业运营及管理产生深刻的影响。

现代信息技术的发展和应用会为城市轨道交通企业信息化带来什么样的影响和机遇？下面进行简单分析。

一、大数据与云计算

大数据（Big Data）是指那些超过传统数据处理能力的数据。它的数据规模和转输速度要求很高，为了获取大数据中的价值，我们必须选择非传统的处理方式。数据中隐藏着有价值的信息，在以往需要相当的时间和成本才能提取这些信息，而当今的各种资源，如硬件、云架构和开源软件使得大数据的处理更为方便和廉价。大数据技术的战略意义不在于掌握庞大的数据信息，而在于对这些含有意义的数据进行专业化处理，通过"加工"实现数据的"增值"，快速获得有价值的信息。

业界将大数据特点归纳为 4 个"V"，即 Volume（海量）、Variety（多样）、Velocity（高速）、Value（价值）。第一个 V 是说数据量巨大，已经从 TB 级别跃升到 PB 级别；第二个 V 是说数据类型多样，包括通过各种渠道收集的数据，有结构化数据，而更多的是非结构化数据。第三个 V 是说数据的高速处理。高速处理才能让企业及时把握市场动态和快速决策，才能应对激烈的市场竞争。第四个 V 是说数据的价值。价值是大数据分析的真正目的。要能从各种类型的数据中快速获得高价值的信息，这一点和传统的数据挖掘技术有着本质的不同。

大数据处理关键技术包括大数据采集、大数据预处理、大数据存储及管理、大数据分析及挖掘、大数据展现和应用(大数据检索、大数据可视化、大数据应用、大数据安全等)。

业界对于云计算没有统一的定义,引用美国国家标准与技术研究院(NIST)对它的定义:云计算是一种按使用量付费的模式,这种模式提供可用的、便捷的、按需的网络访问,进入可配置的计算资源共享池(资源包括网络、服务器、存储、应用软件、服务),这些资源能够被快速提供,只需投入很少的管理工作或与服务供应商进行很少的交互。狭义云计算指 IT 基础设施的交付和使用模式,指通过网络以按需、易扩展的方式获得所需资源;广义云计算指服务的交付和使用模式,指通过网络以按需、易扩展的方式获得所需服务。这种服务可以是 IT 和软件、互联网相关,也可是其他服务。

云计算的核心思想是将大量用网络连接的计算资源统一管理和调度,构成一个计算资源池向用户按需服务,提供资源的网络被称为“云”。“云”中的资源在使用者看来是可以无限扩展的,并且可以随时获取,按需使用,随时扩展。

从技术上看,大数据与云计算的关系就像一枚硬币的正反面一样密不可分。大数据无法用单台的计算机进行处理,必须采用分布式架构。它的特色在于对海量数据进行分布式数据挖掘,但它必须依托云计算的分布式处理、分布式数据库和云存储、虚拟化技术。大数据需要特殊的技术,以有效地处理大量的容忍经过时间内的数据。适用于大数据的技术,包括大规模并行处理(MPP)数据库、数据挖掘电网、分布式文件系统、分布式数据库、云计算平台、互联网和可扩展的存储系统。物联网、云计算、移动互联网、车联网、手机、平板电脑、PC 以及遍布地球各个角落的各种各样的传感器,无一不是数据来源或者承载的方式。

随着云时代的来临,大数据也吸引了越来越多的关注。在以云计算为代表的技术创新大幕的衬托下,这些原本很难收集和使用的数据开始容易被利用起来了,通过各行各业的不断创新,大数据会逐步为人类创造更多的价值。

大数据与云计算对城市轨道交通企业的主要影响如下。

(一)企业 IT 管控体系调整

在大数据应用下,由于企业所要管理的数据范围和数据处理要求的巨大变化,一般企业现有 IT 管控体系都难于满足,需要做相应的调整,包括信息化战略中需要明确大数据管理战略,明确需要管理哪些大数据、这些数据的责任部门、数据管理的方式和职责分工,需要明确采取统一的数据管控策略、统一的数据标准、需要设置专门的数据管控组织、加强数据安全措施等等。针对云计算的应用,企业需要规划和实施云化的基础设施架构,建立配套的云计算标准规范和运维管理体系。

(二)商业模式的创新

城市轨道交通企业组织架构可能会愈加扁平化,基于城市轨道交通行业云带来产业生态链的整合与创新等,如城市轨道交通可集行业之力,搭建服务城市轨道交通行业的专业云计算服务平台,以解决行业内信息化建设过程中普遍存在的信息化实施周期长、集成难度高、投资大、资源利用率不高等问题,甚至可以在成熟的城市轨道交通企业中提炼出具有行业价值的经验,形成行业云服务(SaaS 应用即服务),根据企业不同发展阶段的需求,采用自定义策略进行调整形成特性服务,用户可在成熟企业的运作经验上,迅速获得符合自身需求的信息化服务。

(三)提升数据决策分析能力和企业竞争力

大数据能够帮助城市轨道交通企业确定乘客等各类客户的需求、偏好和愿望,并能够帮助他们了解如何满足这些不同的需求、特点怪癖和特性;各地城市轨道运营的数据也是未来宝贵的行业财富,如设备维护维修管理若要实现状态修模式,单个城市轨道交通企业需要积累多年的数据后方可形成有效的支撑,但如聚合各地的数据后,则可有效地缩短数据积累时间。城市轨道可集合各地运营信息库,利用分布式数据管理技术,通过软件有效黏合网络上众多独立的存储节点,在不增加新设备情况下建造一台虚拟的超级存储,构建大数据平台,解决海量信息的存储、分析和利用,如果城市轨道交通企业能够成功地分析这些数据,那么他们将从这些数据分析中为企业安全、高效运营服务提供重要的数据支撑。

(四)创新企业服务模式

综合利用移动互联网、大数据分析等技术创新舆情管理模式,实时监测媒体、网络上的舆情并自动生成预警信息,及时进行危机公关,树立城市轨道交通企业良好的社会形象。

(五)帮助员工发现激发创造力与幸福感的有效机制

大数据将从机械重复的低级劳动中被解放,投身更具价值的创造过程,也将帮助员工发现激发创造力与幸福感的有效机制,这为企业的人力资源管理模式带来一些新的创新;通过桌面云应用及云数据中心的搭建,提升对企业培训、车站管理、档案管理等方面的信息化支持力度。

二、移动互联与物联网

移动互联网作为一个新兴产业,诞生时间较短,发展速度迅猛。其概念在20世纪末被提出,目前仍处于明确内涵和拓展内涵的初期阶段,因此,还没有形成一个比较统一或者被广泛认可的定义。[1] 综合来说,移动互联网是基于移动通信技术、广域网、局域网的各种移动信息终端按照一定的通信协议组成的互联网络,或者指手持移动终端通过各种无线网络进行通信,与互联网结合就产生了移动互联网。

移动互联网经过近几年迅猛发展,呈现出以下几个发展趋势:

①移动互联网逐渐超过PC互联网。

②移动互联网的社交化趋势。

③向移动电商端的发展趋势。

④移动互联终端趋向多样化。

⑤开放平台与应用多样化。

1999年移动计算和网络国际会议最早提出了物联网的概念,其含义是利用传感设备使现实的物体与互联网相连,能够智能地对这些物体进行识别和管理。2005年11月,国际电信联盟在信息社会世界峰会上发布《ITU互联网报告2005:物联网》,报告将物联网描述为一切物体通过传感器等智能设备主动地与互联网进行信息交换。2009年9月,欧盟委员会RFID部门负责人将物联网描述成动态的具有自组织能力的全球网络基础设施,它有特定的标准和通

---

[1] 刘颖.移动互联网发展趋势研究:电子技术与软件工程2014(14).

信协议，存在于其中的物体有自己的身份属性和标识，能够与物联网进行连接。

目前普遍的物联网概念是：任何物体以特定的协议通过红外感应器、射频识别、二维码等智能传感设备与互联网连接通信，智能地去识别、监控和管理这些物体。互联网依旧是物联网的基础和核心，物联网是互联网的扩展和延伸，网络被延伸到了任何物体之间，任何物体之间都能进行通信[1]。

目前，物联网技术已开始广泛应用于电力、交通、公安、农渔业、物流等信息通信技术的服务，并进一步延伸到其他的行业。

以下分两个方面介绍移动互联和物联网给城市轨道交通行业带来的影响。

(一)改变传统模式下的作业管理模式

如城市轨道交通设施设备专业众多、数量巨大、分布地点分散，给设备维护维修管理单位带来了重大的挑战。移动互联、物联网等信息技术的发展和应用，可使原有的传统维修管理模式无法改变的问题得以解决。

①利用物联网技术的电子标签功能，使每一台设备通过网络连接在一起，状态可被随时获知，便于管理。

②利用移动互联技术的移动终端作业方式，让维护维修在线作业“随时随地”变成可能。

③整合并设计一套基于移动互联和物联网技术的企业级设备管理信息系统，可最终实现维修业务“管理有标准，操作有指引；计划有统筹，执行有监控；事后可追溯，数据可分析”的管理目标。

(二)信息随时随地可获取，加速企业信息的流动

随着企业规模及业务的不断扩张，城市轨道交通企业协同办公管理与沟通管理面临着新的挑战。在移动信息化实施之下，企业在电脑上应用的各种信息化软件体系，如办公信息化软件、ERP 软件、CRM 软件、物流管理软件以及特定的行业软件，都可以移植到手机终端使用。手机变身为一台移动化的电脑，既能在手机与手机端进行信息化工作联动，也能够与原有的电脑端信息化体系保持互联互通。企业移动化管理为城市轨道交通企业带来新的活力与全新的办公模式，实现移动办公，实现公司内部管理流程移动化，实现协同办公流程、合同管理流程、费用报销审批、员工服务流程、培训管理流程、资金管理流程等在移动终端的应用，使得办公人员可在任何时间、任何地点处理与业务相关的任何事情，从而让办公人员摆脱时间和空间的束缚。企业信息可以随时随地通畅地进行交互流动，工作将更加轻松有效，企业整体运作更加协调。

---

[1] 候丰山．物联网技术研究与应用[M]．北京邮电大学．

参 考 文 献

[1] 何霖.城市轨道交通网络化运营的实践与思考[M].北京:人民交通出版社股份有限公司,2015.

[2] 何霖. 城市轨道交通运营管理从有序到有效[M].北京:中国劳动社会保障出版社, 2015.

[3] 何霖. 城市轨道交通运营筹备与组织[M].北京:中国劳动社会保障出版社, 2013.

[4] 刘云峰,刘继承. 集团企业 IT 架构治理实践[M].北京:清华大学出版社, 2014.

[5] 王仰富,刘继承. 中国企业的 IT 治理[M].北京:清华大学出版社,2010.

[6] (日)野村综合研究所. 周自恒译. 图解 CIO 工作指南[M].4 版.北京:人民邮电出版社, 2014.

[7] 雷万云. 信息化与信息管理实践之道[M].北京:清华大学出版社, 2012.

[8] 燕福龙. 大型企业 ERP 项目实施与应用分析[M].北京:清华大学出版社, 2013.

[9] 陈启申. ERP——从内部集成起步[M].3 版.北京:电子工业出版社, 2013.